여러분의 합격을 응원하는
해커스공무원의 특별 혜택

FREE 공무원 행정법 **동영상강의**

해커스공무원 [무료강좌] 클릭 ▶

해커스공무원 온라인 단과강의 **20% 할인쿠폰**

5EB24F8B66727968

해커스공무원(gosi.Hackers.com) 접속 후 로그인 ▶ 상단의 [나의 강의실] 클릭 ▶
좌측의 [쿠폰등록] 클릭 ▶ 위 쿠폰번호 입력 후 이용

* 등록 후 7일간 사용 가능(ID당 1회에 한해 등록 가능)

해커스 회독증강 **5만원 할인쿠폰**

5FFC859FE7D44D6X

해커스공무원(gosi.Hackers.com) 접속 후 로그인 ▶ 상단의 [나의 강의실] 클릭 ▶
좌측의 [쿠폰등록] 클릭 ▶ 위 쿠폰번호 입력 후 이용

* 쿠폰 등록 후 7일간 사용 가능
* ID당 1회에 한해 등록 가능(특별 할인상품 적용 불가)
* 월간 학습지 회독증강 행정학/행정법총론 개별상품은 할인쿠폰 할인대상에서 제외

합격예측 모의고사 응시권 + 해설강의 수강권

6752A6245D9784AP

해커스공무원(gosi.Hackers.com) 접속 후 로그인 ▶ 상단의 [나의 강의실] 클릭 ▶
좌측의 [쿠폰등록] 클릭 ▶ 위 쿠폰번호 입력 후 이용

* 쿠폰 등록 후 1년 내 사용 가능(ID당 1회에 한해 등록 가능)

쿠폰 이용 관련 문의 **1588-4055**

단기 합격을 위한
해커스 커리큘럼

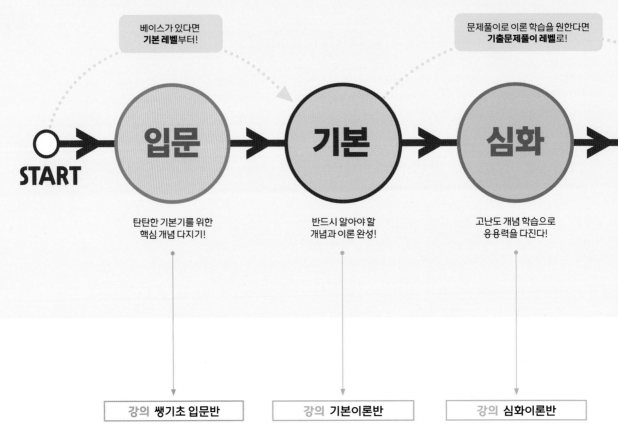

베이스가 있다면 **기본 레벨**부터!

문제풀이로 이론 학습을 원한다면 **기출문제풀이 레벨**로!

입문
START

기본

심화

탄탄한 기본기를 위한
핵심 개념 다지기!

반드시 알아야 할
개념과 이론 완성!

고난도 개념 학습으로
응용력을 다진다!

강의 쌩기초 입문반

이해하기 쉬운 개념 설명과 풍부한
연습문제 풀이로 부담 없이 기초를
다질 수 있는 강의

강의 기본이론반

반드시 알아야 할 기본 개념과 문제풀이
전략을 학습하여 핵심 개념 정리를
완성하는 강의

강의 심화이론반

심화이론과 중·상 난이도의 문제를
함께 학습하여 고득점을 위한 발판을
마련하는 강의

레벨별 교재 확인 및
수강신청은 여기서!

gosi.Hackers.com

* 커리큘럼은 과목별·선생님별로 상이할 수 있으며, 자세한 내용은 해커스공무원 사이트에서 확인하세요.

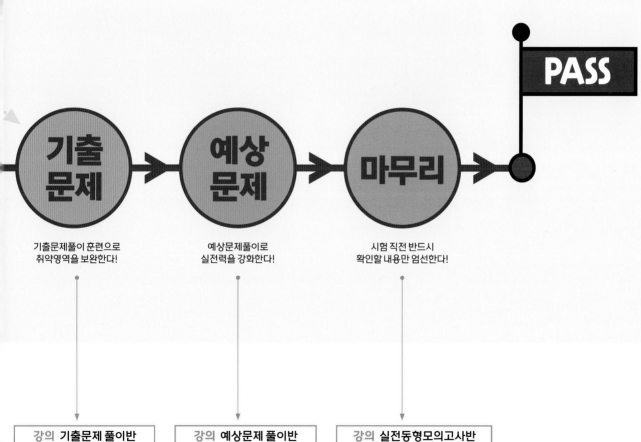

PASS

기출문제

기출문제풀이 훈련으로
취약영역을 보완한다!

예상문제

예상문제풀이로
실전력을 강화한다!

마무리

시험 직전 반드시
확인할 내용만 엄선한다!

강의 기출문제 풀이반

기출문제의 유형과 출제 의도를 이해
하고, 본인의 취약영역을 파악 및 보완
하는 강의

강의 예상문제 풀이반

최신 출제경향을 반영한 예상 문제들을
풀어보며 실전력을 강화하는 강의

강의 실전동형모의고사반

최신 출제경향을 완벽하게 반영한 모의고사를
풀어보며 실전 감각을 극대화하는 강의

강의 봉투모의고사반

시험 직전에 실제 시험과 동일한 형태의
모의고사를 풀어보며 실전력을 완성하는 강의

해커스공무원

황남기
행정법총론

문제족보를 밝히다

해커스공무원

황남기

약력

현 | 해커스공무원 행정법, 헌법 강의
해커스경찰 헌법 강의

전 | 외교부 사무관
제27회 외무고시 수석합격
2012년 공무원 승진시험 출제위원
동국대 법대 겸임교수

저서

해커스공무원 황남기 행정법총론 기본서
해커스공무원 황남기 행정법총론 문제족보를 밝히다
해커스공무원 황남기 행정법각론 기본서
해커스공무원 황남기 행정법 모의고사 Season 1
해커스공무원 황남기 행정법 모의고사 Season 2
해커스공무원 황남기 행정법 최신 판례집
해커스공무원 황남기 헌법 기본서 1권
해커스공무원 황남기 헌법 기본서 2권
해커스공무원 황남기 헌법 진도별 모의고사 기본권편
해커스공무원 황남기 헌법 진도별 모의고사 통치구조론편
해커스공무원 황남기 헌법족보
해커스공무원 황남기 헌법 최신 판례집
해커스경찰 황남기 경찰헌법 기본서
해커스경찰 황남기 경찰헌법 핵심요약집
해커스경찰 황남기 경찰헌법 Season 1 쟁점별 기출모의고사
해커스경찰 황남기 경찰헌법 Season 1 진도별 모의고사
해커스경찰 황남기 경찰헌법 Season 2 진도별 모의고사 플러스
황남기 행정법총론 기출문제집, 멘토링
황남기 행정법각론 기출문제집, 멘토링

머리말

전화번호책과 같은 수험서를 보면 한숨부터 나오는 시간이 다가왔습니다.

한 과목도 아니고 그 두꺼운 책을 어떻게 해야 할지, 무엇을 먼저 해야 할지 고민하다가 시간만 가고 있습니다. 그렇다고 요약서는 너무 요약되어 있어, 문장으로 출제되는 실제 시험에서는 연결이 잘 안 됩니다.

「**황남기 행정법총론 문제족보를 밝히다**」는 이런 수험생들의 고민을 충분히 반영한 책입니다. 양을 줄여 주면서도, 실제 시험장에 가서 문제를 바로 풀 수 있는 문장으로 지문을 구성했습니다. 실전에서 바로 써먹을 수 있는 무기를 수험생들에게 주고자 했습니다.

이 책의 특징은 다음과 같습니다. ☆

• 기출문제 형태의 문장
• 빠져나갈 수 없는 문제의 그물망
• 주제별로 출제 가능한 지문으로 구성
• 중요한 사례 분석

본서를 보며 문장을 점차 지워 가면서 세 번, 네 번 반복해서 본다면 좋은 성과를 거둘 수 있을 것입니다.

여러분의 건투를 빕니다.

2023년 2월
저자 황남기

차례

PART 01 / 행정법통론

CHAPTER 01 일반론 008

CHAPTER 02 행정법 009

CHAPTER 03 행정법의 일반원리 026

CHAPTER 04 행정상 법률관계 047

CHAPTER 05 행정법상 법률관계의 발생과 소멸 067

CHAPTER 06 공법상 행위 072

PART 02 / 일반행정작용법

CHAPTER 01 행정입법 082

CHAPTER 02 행정행위 097

CHAPTER 03 행정행위의 요건과 효력 134

CHAPTER 04 행정행위의 하자 142

CHAPTER 05 그 밖의 행정의 행위형식 163

PART 03 / 행정절차, 개인정보 보호와 행정정보공개

CHAPTER 01 행정절차 180

CHAPTER 02 개인정보 보호와 행정정보공개 198

PART 04 / 행정의 실효성 확보수단

CHAPTER 01	실효성 확보수단의 체계	216
CHAPTER 02	행정상 강제집행	217
CHAPTER 03	행정상 즉시강제와 행정조사	227
CHAPTER 04	행정벌	233
CHAPTER 05	새로운 의무이행 확보수단	241

PART 05 / 행정구제법 1

CHAPTER 01	행정구제	250
CHAPTER 02	손해배상	252
CHAPTER 03	손실보상	269

PART 06 / 행정구제법 2

CHAPTER 01	행정심판	288
CHAPTER 02	행정소송	304

부록

핵심정리	366

황남기,
생각만 했던 것을 정리하다.
정리를 정리하다.

해커스공무원 학원·인강
gosi.Hackers.com

황남기,
행정법총론
문제족보를 밝히다

PART 01

행정법통론

CHAPTER 01 일반론

CHAPTER 02 행정법

CHAPTER 03 행정법의 일반원리

CHAPTER 04 행정상 법률관계

CHAPTER 05 행정법상 법률관계의 발생과 소멸

CHAPTER 06 공법상 행위

01 / 일반론

제1절 행정의 의의

1 행정과 권력분립

행정과 권력분립	① 행정은 권력분립을 전제로 한다. ② 행정은 국가작용을 입법·사법·행정으로 구별하면서 성립하였다. → 행정은 권력 분립원리에 따라 확립된 개념이다.
권력분립원칙	① 견제와 균형 ② 자유를 보호하기 위한 국가조직원리 ③ 법치주의의 전제 ④ 효율성(X) ⑤ 위임입법 인정(X)

2 형식적 의미의 행정과 실질적 의미의 행정

형식적 의미의 행정	행정부가 하는 모든 행위이다.
실질적 의미의 행정	개별적·구체적 작용으로서 능동적으로 국가목적을 실현하는 국가작용이다.

3 행정의 특징

① 일반적·구체적 또는 개별적·구체적(○), 추상적 규율(X)
② 능동적·적극적(○), 수동적·소극적(X)

제1절 행정법의 의의

1 행정법의 의의

① 행정에 관한 법
② 행정조직법, 행정작용법, 행정구제법
③ 국제조약도 행정법이 될 수 있다.

2 헌법과 행정법

헌법과 행정법의 비교	① 헌법: 입법·행정·사법작용과 그 조직법 ② 행정법: 행정작용과 그 조직에 관한 법
헌법은 변해도 행정법은 변하지 않는다 (O. Mayer)	① 행정법의 헌법에 대한 무감수성의 표현 ② 헌법의 정치성에 대한 행정법의 비정치성, 기술성, 수단성 강조
행정법은 헌법을 구체화하는 집행법이다 (F. Werner)	① 행정법은 헌법의 하위규범이다. → 헌법과 행정법의 규범상 단계구조의 표현 ② 헌법과 행정법의 상호 밀접한 관련성 강조 ③ 헌법이 변하면 행정법도 변한다는 의미
행정법의 적용 우위	행정법이 헌법보다 우선 적용
헌법의 효력 우위	행정법이 헌법에 위반될 경우
헌법	행정법의 최고법원
헌법의 기본권 제한의 한계원칙	과잉금지원칙과 같은 헌법의 기본권 제한의 한계원칙은 행정법의 해석에도 적용될 수 있다.
헌법상 기본권과 개인적 공권	① 기본권은 국고적 행위까지 구속한다. ② 개인적 공권인 기본권도 있다. ③ 모든 기본권이 개인적 공권이 되는 것은 아니다. ④ 법률에 규정된 개인적 공권이 우선 적용된다.

제2절 행정법의 성립과 특징

1 프랑스와 독일 행정법의 차이

구분	프랑스	독일	비고
행정법의 중심	판례 중심으로 발전	제정법 중심으로 발전	프랑스 행정법이 더 구체적이다.
행정법의 적용 범위	① 비권력작용도 넓게 포함한다(블랑꼬 사건). ② 블랑꼬 사건 이후 권력관계와 관리관계를 구별할 필요성 가중(X)	권력작용 중심으로 발전했다.	프랑스 행정법의 적용범위가 독일보다 넓다.

2 영미계 행정법

1. 법의 지배와 행정법 발전
① **법의 지배**: 행정법 발전에 부정적 역할
② **행정법 발전**: 법의 지배 폐기(X), 수정(○)

2. 영미에서의 복지국가적 요청은 행정법의 성립에 기여했다.

3. 영미에서는 행정위원회 활동과 관련해서 절차법 중심으로 행정법이 발전했다.

구분	대륙법계	영미법계
행정법의 발전배경	권력분립, 법치주의	복지국가
공법과 사법의 구별	○	X
행정법의 지위	① 행정법은 민법의 특별법이 아니다. ② 실체법 중심으로 발전	① 행정법은 일반법(민법)의 특별법이다. ② 행정법은 공법이 아니다. ③ 절차법 중심으로 발전

3 행정법의 특징

① 통일적인 법전 부재
② 행정법은 「민법」과는 다른 독자적인 공법이다. 「민법」의 특별법이 아니다.
③ **획일성 · 강행성**
④ **행정법의 강행법규**: 단속규정(○) / 효력규정(X)
⑤ 형식의 다양성
⑥ 행정주체의 우월성
⑦ 「**행정기본법**」: 행정법의 일반법, 행정법의 일반원칙 규정

4 행정법의 최근 경향

행정법의 최근 경향인 것	행정법의 최근 경향이 아닌 것
① 개인적 공권의 확대 ② 특별권력관계에서 사법심사의 확대 ③ 행정입법에 대한 통제의 강화 ④ 행정절차의 존중 및 행정에 대한 절차적 통제의 확대 ⑤ 국민(주민)참여의 강조 ⑥ 지방자치와 지방분권의 실현 ⑦ 정보공개의 확대 ⑧ 국가배상에서의 위험책임론의 확장 ⑨ 항고소송의 대상인 처분개념의 확장 ⑩ 법률상 보호이익 내지 원고적격의 확대	① 통치행위 범위의 확대 ② 국회입법의 확대 ③ 행정입법의 축소 ④ 행정재량의 확대 ⑤ 자유재량의 확대 ⑥ 판단여지의 확대

제3절 　행정기본법

1 의의

1. 행정에 관한 기본법

　「행정기본법」은 행정에 관한 기본법이다.

2. 행정법상 일반원칙의 성문화

　「행정기본법」은 헌법 원칙 및 그동안 학설과 판례에 따라 확립된 원칙인 법치행정ㆍ평등ㆍ비례ㆍ권한남용금지ㆍ신뢰보호ㆍ부당결부금지의 원칙 등을 행정의 법 원칙으로 규정하였다.

3. 행정의 민주성과 적법성 확보

| 조문 |

제1조 【목적】 이 법은 행정의 원칙과 기본사항을 규정하여 행정의 민주성과 적법성을 확보하고 적정성과 효율성을 향상시킴으로써 국민의 권익 보호에 이바지함을 목적으로 한다.

💡 해설

① 행정의 민주성 확보: 행정기관과 공무원 관련 사항의 법정화, 국민참여, 행정에 대한 책임 추궁을 그 내용으로 한다. 민주성에 반하는 행정작용은 위법하거나 부당한 행정작용이다.

② 행정의 적법성 확보: 적법성에 반하는 행정작용은 위법이다.

③ 행정의 적정성 향상: 국민의 합의가 이루어지는 행정으로 행정의 적정성을 향상시킬 수 있다. 적정성에 반하는 행정작용은 위법하거나 부당한 행정작용이다.

④ 행정의 효율성 향상: 효율성이 떨어지는 행정작용은 위법하거나 부당한 행정작용이다.

2 정의

1. 행정청

| 조문 |

제2조【정의】
2. '행정청'이란 다음 각 목의 자를 말한다.
가. 행정에 관한 의사를 결정하여 표시하는 국가 또는 지방자치단체의 기관
나. 그 밖에 법령등에 따라 행정에 관한 의사를 결정하여 표시하는 권한을 가지고 있거나 그 권한을 위임 또는 위탁받은 공공단체 또는 그 기관이나 사인(私人)

해설

「행정기본법」의 행정청의 정의는 「행정절차법」의 그것과 동일하다. 국가 또는 지방자치단체의 기관은 조직상 행정청이고, 그 밖에 법령등에 따라 행정에 관한 의사를 결정하여 표시하는 권한을 가지고 있거나 그 권한을 위임 또는 위탁받은 공공단체 또는 그 기관이나 사인은 기능상 의미의 행정청이다.

2. 당사자

| 조문 |

제2조【정의】
3. '당사자'란 처분의 상대방을 말한다.

해설

「행정절차법」 제2조 제4호는 '당사자등'을 행정청의 처분에 대하여 직접 그 상대가 되는 당사자와 행정청이 직권으로 또는 신청에 따라 행정절차에 참여하게 한 이해관계인을 규정하고 있는데, 「행정기본법」은 '당사자'란 처분의 상대방을 말한다고 규정하고 있다.

3. 처분

| 조문 |

제2조【정의】
4. '처분'이란 행정청이 구체적 사실에 관하여 행하는 법 집행으로서 공권력의 행사 또는 그 거부와 그 밖에 이에 준하는 행정작용을 말한다.

해설

「행정기본법」의 처분의 정의는 「행정절차법」, 「행정소송법」의 그것과 동일하다.

4. 제재처분

| 조문 |

제2조 【정의】

5. '제재처분'이란 법령등에 따른 의무를 위반하거나 이행하지 아니하였음을 이유로 당사자에게 의무를 부과하거나 권익을 제한하는 처분을 말한다. 다만, 제30조 제1항 각 호에 따른 행정상 강제는 제외한다.

- 🔆 해설 -

법령등에 따른 의무를 위반하거나 이행하지 아니하였음을 이유로 당사자에게 의무를 부과하는 과징금과 「도로교통법」 위반을 이유로 한 면허정지와 같은 권익을 제한하는 처분을 말한다. 행정의 실효성 확보수단에서 관허사업의 제한보다는 넓은 개념이다.

3 국가와 지방자치단체의 책무

| 조문 |

제3조 【국가와 지방자치단체의 책무】 ① 국가와 지방자치단체는 국민의 삶의 질을 향상시키기 위하여 적법절차에 따라 공정하고 합리적인 행정을 수행할 책무를 진다.
② 국가와 지방자치단체는 행정의 능률과 실효성을 높이기 위하여 지속적으로 법령등과 제도를 정비·개선할 책무를 진다.

| 기본서 보충 |

책무의 주체로 국가와 지방자치단체를 규정하고, 공법인은 포함하지 않고 있다.

4 행정의 적극적 추진 책무

| 조문 |

제4조 【행정의 적극적 추진】 ① 행정은 공공의 이익을 위하여 적극적으로 추진되어야 한다.
② 국가와 지방자치단체는 소속 공무원이 공공의 이익을 위하여 적극적으로 직무를 수행할 수 있도록 제반 여건을 조성하고, 이와 관련된 시책 및 조치를 추진하여야 한다.
③ 제1항 및 제2항에 따른 행정의 적극적 추진 및 적극행정 활성화를 위한 시책의 구체적인 사항 등은 대통령령으로 정한다.

① 「행정기본법」 제4조 제2항의 공무원은 행정공무원, 입법부 공무원, 사법공무원 등을 포함하며 법령등에 따라 행정에 관한 의사를 결정하여 표시하는 권한을 가지고 있거나 그 권한을 위임 또는 위탁받은 공공단체 또는 그 기관이나 사인(私人)은 공무를 수행하는 자이므로 「행정기본법」 제4조 제2항의 공무원에 해당하나 사법상 계약에 의해 한정된 공무를 수행하는 행정대행인은 공무원에 해당하지 않는다.
② 「행정기본법」 제4조 제2항은 국가나 지방자치단체에 구체적인 법적 의무를 부과하는 규정으로 보기 어려우나 선언적 규정으로 보기도 어렵다.

5 일반법으로서 「행정기본법」

| 조문 |

제5조 【다른 법률과의 관계】 ① 행정에 관하여 다른 법률에 특별한 규정이 있는 경우를 제외하고는 이 법에서 정하는 바에 따른다.
② 행정에 관한 다른 법률을 제정하거나 개정하는 경우에는 이 법의 목적과 원칙, 기준 및 취지에 부합되도록 노력하여야 한다.

─┤ 기본서 보충 ├─

「행정기본법」은 일반법이므로 개별법에 특별한 규정이 있으면 특별규정이 우선 적용되고, 없으면 「행정기본법」이 적용된다.

6 행정에 관한 기간의 계산(제6조)과 법령등 시행일의 기간 계산(제7조)

7 규정사항

1. 법령등 개정 시 신법과 구법의 적용 기준(제14조)

2. 처분

① 처분의 효력(제15조)
② 결격사유(제16조)
③ 부관(제17조)
④ 위법 또는 부당한 처분의 취소(제18조), 적법한 처분의 철회(제19조)
⑤ 자동적 처분(제20조), 재량행사의 기준(제21조)
⑥ 제재처분의 기준(제22조)
⑦ 제재처분의 제척기간 제도 도입(제23조)
⑧ 인허가의제의 공통 기준(제24조~제26조)
⑨ 처분에 대한 이의신청 제도 확대(제36조)
⑩ 처분의 재심사 제도 도입(제37조)

3. 공법상 계약(제27조)

4. 행정의 실효성 확보수단

① 과징금(제28조, 제29조)
② 행정상 강제(제30조~제33조)

5. 수리가 필요한 신고의 효력(제34조)

6. 수수료 및 사용료의 일반조항(제35조)

| 조문 |

제35조 【수수료 및 사용료】 ① 행정청은 특정인을 위한 행정서비스를 제공받는 자에게 법령으로 정하는 바에 따라 수수료를 받을 수 있다. *수수료 법정주의
② 행정청은 공공시설 및 재산 등의 이용 또는 사용에 대하여 사전에 공개된 금액이나 기준에 따라 사용료를 받을 수 있다. *사용료 법정주의 규정은 없음.
③ 제1항 및 제2항에도 불구하고 지방자치단체의 경우에는 「지방자치법」에 따른다.

7. 행정의 입법활동(제38조), 행정법제의 개선(제39조), 법령해석(제40조)

8 「행정기본법」에 규정이 없는 행정사항(영업자 지위승계, 하자 있는 행정행위의 치유와 전환, 하자승계, 확약, 행정계획, 제재처분의 효과의 승계, 법위반사실의 공표, 대행, 입법영향평가제)

구분	「행정기본법」에 규정된 것	「행정기본법」에 규정되지 않은 것
행정법통론	행정법의 법원(제2조 제1호) 기간의 계산(제6조, 제7조) 행정법의 시간적 효력(제14조) 법률우위원칙과 법률유보원칙(제8조) 평등원칙(제9조)	행정법의 법원으로서 조약, 헌법, 관습법 법률의 법규창조력 자기구속의 법리
처분의 효력 (제15조)	공정력	불가변력, 불가쟁력
부관 (제17조)	부관을 붙일 수 있는지. 부관의 종류, 사후부관, 부관의 요건으로서 목적에 위배되지 않을 것, 실질관련성이 있을 것, 비례원칙	요건충족적 부관 가능성 부관의 쟁송가능성, 쟁송 유형
위법 또는 부당한 처분의 취소 (제18조)	취소사유, 일부취소인정, 소급효원칙과 예외적으로 장래효 이익형량, 이익형량의 배제사유	감독청의 취소권, 사인의 취소신청권, 취소절차, 취소기간, 피해보상

적법한 처분의 철회 (제19조)	철회사유, 일부철회가능성, 이익형량	감독청의 철회권, 사인의 철회신청권, 철회절차, 철회기간, 피해보상
인허가의제 (제24조~제26조)	법정주의, 인허가 서류 동시제출주의와 동시제출의 예외, 협의, 관련 행정청 의견제출, 관련 인허가 요건 심사, 인허가의제 효과, 인허가의제되는 사항, 효과 발생시점, 인허가의제 사후관리	주된 인허가 통보, 수수료 등 비용부담, 인허가 취소 시 의제된 인허가가 취소되는지 여부, 의제된 인허가만 취소할 수 있는지 여부
공법상 계약 (제27조)	계약의 주체: 행정청 법률우위 계약의 목적 규정 문서주의	「행정기본법」에 반하는 공법상 계약의 효력 법률유보 구두계약 계약변경, 해지, 해제 계약의 강제집행
행정의 실효성 확보수단 (제28조~제33조)	과징금, 행정상 강제로서 대집행, 이행강제금, 직접강제, 강제징수, 즉시강제	변형과징금, 행정형벌과 행정질서벌(과태료), 명단 공표, 공급거부, 가산세
규정이 없는 것	행정절차, 정보공개, 개인정보 보호, 손해배상, 손실보상	

9 「행정절차법」과의 비교

「행정절차법」은 처분, 신고, 입법예고, 행정예고, 행정지도에 관한 절차를 다루는 법이라면 「행정기본법」은 실체적 내용을 다루는 일반법이다. 침익적 처분 시 사전통지나 의견청취는 절차이므로 「행정절차법」에 따르고, 처분을 취소하거나 철회하는 사유나 이익형량은 「행정기본법」에서 다루고 있다. 영업허가를 취소하거나 철회하려는 경우 당사자에게 사전에 통지하고 의견진술의 기회를 부여하는 것은 「행정절차법」이고, 영업허가 취소나 철회 사유, 이익형량, 철회나 취소의 효과는 「행정기본법」이 다루고 있다.

법률 비교	「행정절차법」	「행정기본법」
적용영역	처분, 신고, 행정상 입법예고, 행정예고 및 행정지도의 절차(이하 '행정절차')에 관한 절차법	실체법
원리	제4조(신의성실 및 신뢰보호)	제8조(법치행정의 원칙) 제9조(평등의 원칙) 제10조(비례의 원칙) 제11조(성실의무 및 권한남용금지의 원칙) 제12조(신뢰보호의 원칙) 제13조(부당결부금지의 원칙)
처분	제17조(처분의 신청) 제18조(다수의 행정청이 관여하는 처분) 제19조(처리기간의 설정·공표) 제20조(처분기준의 설정·공표) 제21조(처분의 사전통지) 제22조(의견청취) 제23조(처분의 이유 제시) 제24조(처분의 방식) 제25조(처분의 정정) 제26조(고지) 제27조~제37조(의견제출 및 청문) 제38조~제39조의3(공청회)	제14조(법 적용의 기준) 제15조(처분의 효력) 제16조(결격사유) 제17조(부관) 제18조(위법 또는 부당한 처분의 취소) 제19조(적법한 처분의 철회) 제20조(자동적 처분) 제21조(재량행사의 기준) 제22조(제재처분의 기준) 제23조(제재처분의 제척기간) 제24조(인허가의제의 기준) 제25조(인허가의제의 효과) 제26조(인허가의제의 사후관리 등) 제36조(처분에 대한 이의신청) 제37조(처분의 재심사)
신고	제40조(신고): 수리를 요하지 않는 신고	제34조: 수리를 요하는 신고
행정입법	제41조(행정상 입법예고) 제42조(예고방법) 제43조(예고기간) 제44조(의견제출 및 처리) 제45조(공청회)	제38조(행정의 입법활동) 제39조(행정법제의 개선) 제40조(법령해석)
「행정절차법」에만 있는 사항	제6조(행정청의 관할), 제7조(행정청 간의 협조), 제8조(행정응원), 제10조(당사자등 지위의 승계), 제11조(대표자), 제12조(대리인), 제14조(송달), 제15조(송달의 효력발생), 제48조~제51조(행정지도), 제52조~제53조(국민참여의 확대)	
「행정기본법」에만 있는 사항	제4조(행정의 적극적 추진), 제6조(행정에 관한 기간의 계산), 제7조(법령등 시행일의 기간 계산), 제27조(공법상 계약), 제28조~제29조(과징금), 제30조~제33조(행정상 강제), 제35조(수수료 및 사용료)	

제4절 행정법의 법원

1 법원의 범위(행정규칙의 법원성에 대한 학설 대립)

구분	개념	행정규칙의 법원성
협의설(판례)	법규만이 법원이다.	X
광의설(다수설)	법으로서 효력을 가지는 일체의 법규범이 법원이다.	○

2 「행정기본법」 제2조 행정법의 법원

법령	① 법률 및 대통령령 · 총리령 · 부령 ② 국회규칙 · 대법원규칙 · 헌법재판소규칙 · 중앙선거관리위원회규칙 및 감사원규칙 ③ ① 또는 ②의 위임을 받아 중앙행정기관(「정부조직법」 및 그 밖의 법률에 따라 설치된 중앙행정기관을 말한다. 이하 같다)의 장이 정한 훈령 · 예규 및 고시 등 행정규칙
자치법규	지방자치단체의 조례 및 규칙

3 성문법원

헌법	① 헌법도 행정법의 법원이 된다. ② 인간다운 생활을 할 권리는 행위규범이자 통제규범이므로 행정법의 법원이다. ③ 헌법 규정은 행정권을 직접 구속한다.
조약	① 조약은 법원이다. (○) ② 조약은 국내입법 없이 바로 효력을 가진다. ③ 모든 조약이 국회의 동의를 요하는 것은 아니다. ④ 국회의 동의를 받는 조약은 법률의 효력을 가진다. **예** 미군의 지위에 관한 협정(한미행정협정), 국제통화기금협정, 마라케쉬협정, 국제인권규약(법률) ⑤ 국내법적 효력이 없는 신사협정 　㉠ 한미 동맹 동반자 관계를 위한 전략대화 출범에 관한 공동성명은 조약이 아니다. 　㉡ 남북 사이의 화해와 불가침 및 교류협력에 관한 합의서: 조약(X), 공동성명 · 신사협정에 준하는 성격(○) 　㉢ 국제인권선언, 교원의 지위에 관한 권고 ⑥ 학교급식을 위해 국내 우수농산물을 사용하는 자에게 보조금을 지급하는 조례안은 내국민대우조항을 규정하고 있는 '1994년 관세 및 무역에 관한 일반협정'에 위반되어 그 효력이 없다. ⑦ 반덤핑부과처분이 WTO협정에 위반된다 하여 사인이 국내법원에 처분의 취소를 구하는 소를 제기할 수 없다.
명령	① 법규명령: 법원성(○) ② 행정규칙: 법원성 부정(판례) / 법원성 긍정(다수설)

자치법규	① 지방의회의 조례, 지방자치단체장의 규칙, 교육감의 교육학예규칙: 모두 법원성(○) ② 조례가 규칙보다 상위의 효력을 가진다.

4 불문법원

1. 관습법

관습법의 성립요건	① 국가승인(X) / 국민승인(○) ② 가산세의 종류가 여러 가지인 경우에도 그 합계액만 표시하는 것이 오랜 과세관행처럼 되어 있었다. 하지만 가산세라고 하여 적법절차원칙의 법정신을 완화하여 적용할 합당한 근거는 어디에도 없다.
관습법의 법원성	행정법의 법원(○)
관습법의 성립가능성	행정법에서 관습법이 성립될 수 있다. 그러나 「민법」보다 행정법에서 관습법 성립 가능성은 낮다.
관습법의 효력	관습법은 성문법 보충(○), 성문법 개폐(X)
행정선례법의 근거규정	「국세기본법」과 「행정절차법」은 행정선례법을 명문으로 인정하고 있다.
민중관습법상 인정되는 권리	① 입어권, 유수사용권 등은 민중관습법으로 인정되는 권리이다. ② 그러나 어업권과 광업권은 각각 「수산업법」과 「광업법」에서 인정되는 성문법상 권리이다. ③ 굴채묘어업은 관행어업권의 대상이 될 수 없다.
현대	관습법 축소, 성문법 증가
관습헌법	① 서울 수도는 관습헌법이고, 관습헌법은 성문헌법과 동등한 효력을 가진다. ② 관습헌법은 국민투표를 거쳐 헌법개정절차를 통해 개정될 수 있다. ③ 서울이 수도라는 관습헌법을 법률로 변경하는 것은 국민투표권 침해이다.

2. 판례법

영미법계	선례구속력 인정
대륙법계	선례구속력 부정
상급법원의 판단	해당 사건(○) / 동종사건(X), 유사사건(X)에서 기속력이 있다.
대법원 판례의 구속력	대법원 판례가 사안이 서로 다른 사건을 재판하는 하급심법원을 직접 기속하는 효력이 있는 것은 아니다(96다31307).
대법원 판결	형식적·법적 구속력은 없으나, 실질적·사실상 구속력은 있다.
헌법재판소의 위헌결정	국가기관과 지방자치단체 모두를 기속한다. → 법원성 인정

구분	대법원 판결	헌법재판소 결정
구속력	해당 사건	일반사건

3. 조리법

① 법원성 인정

② 조리는 최후의 법원이다.

③ 조리에 위반된 행정행위: 부당(X), 위법(○)

④ 조리는 영구불변은 아니다.

⑤ 헌법상 효력을 가지는 조리도 있다.

⑥ 조리는 행정법의 일반원칙이기도 하다.
　→ 조리와 행정법의 일반원칙은 명확히 구분된다. (X)

5 법원 간의 충돌

법효력 순위	헌법 및 헌법원리 → 법률, 긴급명령·긴급재정경제명령, 국회의 비준동의를 받은 조약 → 대통령령 → 총리령 또는 부령 → 광역단체의 자치법규(조례 > 규칙) → 기초단체의 자치법규
상위법과 하위법의 충돌	대통령령과 법률은 특별법과 일반법의 관계가 아니라, 하위법과 상위법의 관계이다. 양자가 충돌하면 상위법인 법률이 적용된다. 📖 시행령과 시행규칙이 모순·충돌하는 경우 시행규칙이 특별법인 경우 시행규칙이 적용된다. (X)
동일한 효력을 가진 법원 간의 충돌	특별법 우선, 신법 우선 원칙
특별법과 신법의 충돌	특별법 우선

행정법의 효력

1 행정법의 효력발생 시

1. 법률/조례 공포방법

대통령	관보 게재, 관보의 내용 해석 및 적용 시기 등에 대하여 종이관보와 전자관보는 동일한 효력을 가진다.
국회의장	서울에서 발간되는 2개 이상의 일간신문 게재
지방자치단체장	공보
지방의회의장	공보, 일간신문, 게시판

2. 효력발생

법령 효력발생일	공포한 날부터 20일 경과 후 법령의 효력발생
국민의 권리 제한, 의무 부과 법령	공포일부터 적어도 30일이 경과한 날부터 발생하도록 해야 한다.
공포한 날	관보·신문이 발행된 날(「법령 등 공포에 관한 법률」)
관보·신문이 발행된 날	최초 구독 가능한 날(판례·다수설)
관보일자보다 실제 인쇄일이 다른 경우	관보가 발행된 날은 실제 인쇄일이다.

3. 「행정기본법」 제7조(법령등 시행일의 기간 계산)

법령등을 공포한 날부터 시행하는 경우	공포한 날을 시행일로 한다.
법령등을 공포한 날부터 일정기간이 경과한 날부터 시행하는 경우	법령등을 공포한 날을 첫날에 산입하지 아니한다.
법령등을 공포한 날부터 일정기간이 경과한 날부터 시행하는 경우	그 기간의 말일이 토요일 또는 공휴일인 때에는 그 말일로 기간이 만료한다.

2 부진정소급적용

원칙	① 부진정소급효를 가지는 법령은 원칙적으로 금지되지 않는다. 따라서 진행 중인 사실에 대해 신법을 적용하는 것은 소급입법금지원칙에 위반되지 않는다. ② 구법에 대한 신뢰보호보다 입법형성권이 우선된다. 따라서 구법에 대한 기대이익을 존중할 의무가 없다. ③ 파산선고를 받고 복권되지 않은 의사에 대해 개정 「의료법」에 따라 의사면허를 취소한 것은 처분 당시 법을 적용한 것이므로 위법하지 않다. ④ 2022년 3월에 세율을 인상하는 법이 제정되어 해당 연도인 2022년에 적용하는 것은 부진정소급적용이므로 허용된다(81누423). 그러나 2021년 소득에 적용하는 것은 진정소급적용이므로 허용되지 않는다. ⑤ 2022년 3월 1일에 입학한 학생에 대하여 학기 중(6월 1일)에 개정된 학칙을 적용하여 6월 19일 시행한 1학기 말 시험성적 불량을 이유로 한 8월의 징계는 소급효금지원칙에 반하지 않는다. ⑥ '1977년 「유료도로법」'에 따라 통행료를 징수할 수 없게 된 고속국도라 하더라도 '2001년 「유료도로법」'에 따른 유료도로의 요건을 갖추었다면 그 시행 이후 도로를 통행하는 차량에 대하여 통행료를 부과할 수 있다고 해석하는 것이 헌법상 소급입법에 의한 재산권 침해 금지 원칙에 반한다고 볼 수 없다. ⑦ 2012.3.21. 법률 제11406호로 개정된 「독점규제 및 공정거래에 관한 법률」이 시행되기 이전에 위반행위가 종료되었더라도 시행 당시 구 「독점규제 및 공정거래에 관한 법률」 제49조 제4항의 처분시효가 경과하지 않은 사건에 대하여, 부칙 제3조에 따라 구법보다 처분시효를 연장한 현행법 제49조 제4항을 적용하는 것이 현재 진행 중인 사실관계나 법률관계를 대상으로 하는 것으로서 부진정소급에 해당하고, 헌법상 법률불소급의 원칙에 반하지 않는다(2018두58295). ⑧ 법 위반행위가 종료된 이후 공정거래위원회의 시정조치나 과징금 부과의 제재처분이 있기 전에 현행법 제49조 제4항이 구 독점규제 및 공정거래에 관한 법률 제49조 제4항의 처분시효를 연장하는 내용으로 개정된 경우, 현행법은 시행과 동시에 효력이 발생하고, 현행법 제49조 제4항이 적용된다. 이와 같이 현행법이 시행되기 이전에 위반행위가 종료되었더라도 그 시행 당시 구법 제49조 제4항의 처분시효가 경과하지 않은 사건에 대하여, 위 부칙 조항에 따라 구법에 비하여 처분시효를 연장한 현행법 제49조 제4항을 적용하는 것은 현재 진행 중인 사실관계나 법률관계를 대상으로 하는 것으로서 부진정소급에 해당하고, 헌법상 법률불소급의 원칙에 반하지 않는다. 따라서 현행법 제49조 제4항의 적용이 제한되어야 한다고도 볼 수 없다(2018두58295).
예외	다만, 부진정소급효를 가지는 법령도 법령이 실현하고자 하는 공익보다 법령에 의해 침해받는 신뢰보호가치가 더 큰 경우에는 정당화될 수 없다.

3 진정소급적용

원칙	진정소급효를 가지는 법령은 원칙적으로 금지된다.

예외적 허용	① 일반적으로 국민이 소급입법을 예상할 수 있었거나 법적 상태가 불확실하고 혼란스러워 보호할 만한 신뢰이익이 적은 경우와 소급입법에 의한 당사자의 손실이 없거나 아주 경미한 경우 그리고 심히 중대한 공익상의 사유가 소급입법을 정당화하는 경우 예외적으로 진정소급입법이 허용된다(2008헌바141). ② 친일재산의 소급적 박탈: 진정소급입법이지만 허용된다.

4 적용되는 법

「행정기본법」 제14조	① 새로운 법령등은 법령등에 특별한 규정이 있는 경우를 제외하고는 그 법령등의 효력발생 전에 완성되거나 종결된 사실관계 또는 법률관계에 대해서는 적용되지 아니한다. ② 당사자의 신청에 따른 처분은 법령등에 특별한 규정이 있거나 처분 당시의 법령등을 적용하기 곤란한 특별한 사정이 있는 경우를 제외하고는 처분 당시의 법령등에 따른다. ③ 법령등을 위반한 행위의 성립과 이에 대한 제재처분은 법령등에 특별한 규정이 있는 경우를 제외하고는 법령등을 위반한 행위 당시의 법령등에 따른다. 다만, 법령등을 위반한 행위 후 법령등의 변경에 의하여 그 행위가 법령등을 위반한 행위에 해당하지 아니하거나 제재처분 기준이 가벼워진 경우로서 해당 법령등에 특별한 규정이 없는 경우에는 변경된 법령등을 적용한다.
유리하게 변경된 경우	① 「행정기본법」: 법령등을 위반한 행위 후 법령등의 변경에 의하여 그 행위가 법령등을 위반한 행위에 해당하지 아니하거나 제재처분 기준이 가벼워진 경우로서 해당 법령등에 특별한 규정이 없는 경우에는 변경된 법령등을 적용한다. ② 기존 판례 　㉠ 법령이 변경된 경우 명문의 다른 규정이나 특별한 사정이 없는 한 변경 전에 발생한 사항에 대하여 변경 전의 구법령이 적용된다. 건설업면허 수첩대여행위가 행위 후 취소사유에서 삭제되었더라도 구법을 적용하여 건설면허를 취소해야 한다. 　㉡ 장해급여 지급을 위한 장해등급결정은 그 지급사유 발생 당시의 법령을 적용하여야 함이 원칙이다. 　㉢ 과세요건이 완성된 후 조세법령이 폐지·개정된 경우: 폐지·개정 전의 구 법령을 적용하는 것은 조세법률주의에 반하지 않는다. 　㉣ 경과규정을 두고 법시행일 이전에 완성된 사건에 유리한 신법을 소급적용하는 것은 피적용자의 신뢰보호를 해치지 아니하므로 허용될 수 있다. 피적용자에게 유리한 법을 소급적용할 것인지 여부는 입법자의 재량이다. 　㉤ 법령을 소급적용하더라도 일반 국민의 이해에 직접 관계가 없는 경우, 오히려 그 이익을 증진하는 경우, 불이익이나 고통을 제거하는 경우 등의 특별한 사정이 있는 경우에 한하여 예외적으로 법령의 소급적용이 허용된다. 　㉥ 구법의 형벌조항이 유리하게 개정된 경우 구판례는 반성적 고려에서 법령을 변경하였을 경우에만 신법이 적용된다고 보았으나 판례 변경으로 반성적인 고려와 관계없이 유리한 신법을 적용한다(2020도16420).

해커스소방 함수민 행정법총론 문제족보를 받아라

처분시법 적용	① 신청 이후 법이 개정된 경우 허가시법, 변경된 법
	② 남녀를 차별하는 법령을 반성적인 고려에서 개정한 경우에는 개정법령을 적용해야 한다.
	③ 진행 중에 법이 개정된 경우
	④ 공정거래위원회의 과징금 납부명령: 의결일

5 법령의 효력상실

한시법의 경우	유효기간이 지나면 별도의 폐지절차 없이 자동으로 효력상실(O), 폐지에 의한 효력상실(X)
비한시법의 경우	명시적 폐지, 묵시적 폐지

6 법령의 개정과 종전 부칙상 경과규정의 효력

일부개정		법률을 개정하면서 종전 법률 부칙의 경과규정을 개정하거나 삭제하는 명시적인 조치가 없다면 개정 법률에 다시 경과규정을 두지 않았다고 하여도 부칙의 경과규정이 당연히 실효되는 것은 아니다.
전부개정	원칙	기존 법률을 폐지하고 새로운 법률을 제정하는 것과 마찬가지이어서 종전 법률 부칙의 경과규정도 모두 실효된다.
	예외	① 대법원: ⊙ 전부개정된 법률에서 종전 법률 부칙의 경과규정을 계속 적용한다는 별도 규정을 두거나, 그러한 규정을 두지 않았다고 하더라도 종전 경과규정이 실효되지 않고 계속 적용된다고 보아야 할 만한 특별한 사정이 있는 경우에 한하여 효력이 존속한다. ⓒ 법령을 전부개정하는 경우에도 신법의 효력발생 이후 종전 경과규정을 계속 적용하는 것이 입법자의 의사에 부합하고, 그 결과가 수범자인 국민에게 예측할 수 없는 부담을 지우는 것이 아니라면 별도의 규정이 없더라도 종전 경과규정은 실효되지 않는다.
		② 헌법재판소: 개정법에 경과규정을 두어 계속 적용한다는 규정이 없는 경우 종전 부칙은 효력을 상실한다.

7 지역적 효력

법령	전국적으로 효력을 가진다. 그러나 특정한 지역에만 효력을 가지는 법령도 있다.
조례	지방자치단체 안에서만 효력을 가진다. 그러나 지방자치단체구역을 넘어 효력을 가지는 경우도 있다.

8 대인적 효력

외국에 거주하는 국민	적용(O)
외국인	① 외국인에 대한 특칙(「출입국관리법」 제7조 이하) ② 「국가배상법」은 상호주의에 따라 외국인에게 적용(O)
영주권을 가진 재일교포	구 「외국인토지법」의 준용(X)
북한주민	대한민국 국민, 국내법 적용(O)

03 / 행정법의 일반원리

제1절 우리나라 행정법의 지도원리

실질적 법치주의, 민주행정원리, 복지국가원리, 권력분립원리, 사법국가주의

제2절 법치주의

1 법치주의 이념

① 권력분립 전제, 권력남용 억제라는 소극적 목적 → 효율성(X)
② 법적 안정성, 신뢰보호, 예측가능성
③ **법치주의에서 법**: 형식적 의미의 법률 + 법률에 근거한 명령·조례

2 형식적 법치주의와 실질적 법치주의의 비교

구분	형식적 법치주의	실질적 법치주의
개념	국회가 제정한 법에 따라 통치해야 한다.	정당한 법에 따라 통치해야 한다.
이념	① 악법도 법이다. ② 행정의 합법률성 강조	① 악법은 법이 아니다. ② 행정의 정당성 강조 ③ 행정의 합헌성 강조 ④ 위헌법률심판
위헌법률심판	X	O
법률유보	침해유보설	① 법률유보 범위 확대 ② 중요사항유보설
행정구제	열기주의	개괄주의
국가손해배상책임	X	O
특별권력관계에서 법치주의 적용	X	O
자유재량/사법심사	X	O

3 법률의 법규창조력

① **개념**: 법률만이 시원적으로 법규창조
② 법률에 따른 법규명령, 조리, 관습법에 따른 법규창조도 가능
③ 행정부, 시원적 법규창조력(X)

4 법치행정(「행정기본법」 제8조)

행정작용은 법률에 위반되어서는 아니 되며(법률우위), 국민의 권리를 제한하거나 의무를 부과하는 경우와 그 밖에 국민생활에 중요한 영향을 미치는 경우에는 법률에 근거하여야 한다(법률유보).

5 법률우위

① 행정부는 법률에 반하는 행위를 해서는 안 된다. (국회의 의사 > 행정부의 의사)
② 법률우위는 모든 것을 법제화하는 것을 요구한다. (X)

6 법률우위와 법률유보의 비교

구분	법률우위	법률유보
의미	소극적 의미 → 행정에 대한 법률 침해 방지	적극적 의미 → 행정도 법률의 근거가 필요함.
문제되는 경우	법률이 있는 경우	법률이 없는 경우
법률의 범위	관습법 ○	관습법 X
	행정규칙 X	행정규칙 X
	법률 + 법규명령(○)	법률 + 법규명령(○)
적용영역	모든 행정작용 ○	모든 행정작용 X
공법상 계약·행정규칙·행정지도에의 적용 여부	○	X

7 법률유보와 법률우위의 적용범위

구분	법률유보 적용	법률우위 적용
침해행정	○	○
급부행정	급부유보설과 전부유보설(○), 침해유보설(X)	○
법규명령, 조례	○	○
행정규칙	X	○
공법상 계약	X	○
행정행위의 철회 · 취소	X	○
행정상 즉시강제	○	○

8 법률유보

의의	행정부는 법률에 근거해서 행정작용을 해야 한다. 행정청이 행정처분의 단계에서 당해 처분의 근거가 되는 법률이 위헌이라 판단하여 그 적용을 거부할 수 없다.
법률유보에서 법률의 의미	조직규범(X) / 작용규범(○)
기본권 제한과 법률유보의 의미	① 법률유보의 형식은 반드시 법률에 의한 규율만이 아니라 법률에 근거한 규율이면 되므로 법률에 근거를 둔 위임입법에 의하여도 기본권을 제한할 수 있다. ② 법률의 시행령이 법률에 의한 위임 없이 법률이 규정한 개인의 권리 · 의무에 관한 내용을 변경 · 보충하거나 법률에 규정되지 아니한 새로운 내용을 규정할 수 없으므로 「노동조합 및 노동관계조정법 시행령」 제9조 제2항이 법률의 위임 없이 법률이 정하지 아니한 법외노조 통보에 관하여 규정함으로써 헌법상 노동 3권을 본질적으로 제한하여 그 자체로 무효이다.
예산과 법률유보	① 예산은 국가를 구속하나, 국민을 구속하지는 않는다. ② 예산안 편성지침의 수립: 법률유보 적용(X) ③ 예산: 헌법소원 대상(X), 항고소송 대상(X)
법률유보위반 사례	도로 외의 곳에서 음주운전한 자에 대해 도로교통법에 형벌조항에 규정되어 있는 경우 면허취소하는 것은 법률에 근거가 없으므로 법률유보원칙에 반한다(2018두42771).

1. 법률유보 학설

구분	특징	비판
침해유보설	① 군주와 시민의 타협의 산물 ② 자유주의사상과도 관련 ③ O. Mayer가 주창한 학설로 제2차 세계 대전까지 독일 다수설 ④ 행정의 자유	① 사회국가원리 실현이 어렵다. ② 급부영역에서 법률의 근거가 필요하다.
권력행정유보설	① 권력작용이면 급부영역에서도 법률의 근거가 필요하다. ② 비권력작용에서는 법률의 근거가 필요 없다.	침해유보설의 변형
급부유보설	① 사회적 법치국가사상에 근거 ② 침해작용 + 급부작용에도 법률의 근거 필요 ③ 행정을 통한 자유 강조	법률이 없으면 급부가 불가능하게 된다.
전부유보설	① 국민주권, 의회주의에 근거 ② 공법상 계약, 행정지도와 같은 비권력작용도 법률에 근거해야 한다.	① 전부유보설은 행정의 입법에 대한 전면적 종속을 낳아 권력분립을 훼손할 수 있다. ② 국가의 적극적 목적달성이라는 행정작용의 목적을 무시하고 있다. ③ 법률이 없으면 급부가 불가능하게 된다.
중요사항유보설 (본질성이론)	① 기본권과 공동체의 기본적인 사항을 법률로 정해야 한다. ② 독일 연방헌법재판소, 우리 헌법재판소, 대법원에 의해 지지받는 학설이다. ③ 의회유보의 근거	무엇이 본질적 내용이냐에 대한 문제가 있다.

2. 본질성이론 관련 판례

본질적 내용	비본질적 내용
① 수신료 금액: 입법자가 스스로 결정하여야 할 사항이다. 수신료 금액을 한국방송공사에 전적으로 맡기고 있는 「한국방송공사법」은 법률유보원칙에 반한다.	① 수신료징수업무를 한국방송공사가 할 것인지, 제3자에게 위탁할 것인지 여부
② 중학교의무교육의 실시 여부와 연한	② 중학교의무교육의 실시시기와 범위
③ 「국가를 당사자로 하는 계약에 관한 법률」상 입찰참가자격 제한처분에서 제재처분의 주체, 사유, 기간, 방법	③ 제재처분의 시기, 처분이 중복될 경우의 제재기간 상한
④ 구 「토지초과이득세법」상의 기준시가 ⑤ 중과세대상이 되는 고급주택, 고급오락장 ⑥ 지방의회의원에 유급보좌인력을 두는 것 ⑦ 병(兵)의 복무기간 ⑧ 납세의무자가 신고의무불이행 시 납세의무자가 입게 될 불이익 ⑨ 주택재개발사업 시행인가 신청 시 토지소유자의 동의요건 ⑩ 재량권행사에는 법률유보원칙이 적용되지 않는다. 허가관청은 법규에 명문의 근거가 없더라도 산림훼손에 대한 허가신청을 거부할 수 있다.	④ 법학전문대학원 총입학정원의 구체적인 수 ⑤ 국가유공자단체의 대의원선출에 대한 관련 사항 ⑥ 「주택법」상 입주자대표회의의 구성원인 동별 대표자가 될 수 있는 자격

9 의회유보와 행정유보

의회유보	① 개념: 공동체와 관련된 중요한 사항은 의회가 직접 결정해야 한다는 원리이다. ② 본질성이론과의 관계 　㉠ 의회유보원칙은 본질성이론 또는 중요사항유보설과 관련해서 발전했다. (○) 　　↔ 행정유보설(X) 　㉡ 오늘날의 법률유보원칙은 단순히 행정작용이 법률에 근거를 두기만 하면 충분한 것이 아니라, 국가공동체와 그 구성원에게 기본적이고도 중요한 의미를 갖는 영역, 특히 국민의 기본권 실현에 관련된 영역에 있어서는 행정에 맡길 것이 아니라 국민의 대표자인 입법자 스스로 그 본질적 사항에 대하여 결정하여야 한다는 요구, 즉 의회유보원칙까지 내포하는 것으로 이해되고 있다. ③ 공사의 정관에 위임하는 경우 포괄위임금지원칙은 적용되지 않으나 의회유보원칙은 적용된다.
행정유보	① 개념: 행정의 일정영역은 행정부가 독자적으로 결정하도록 유보되어 있다는 원리이다. ② 한계: 일정 행정활동에는 법률제정이 허용되지 않고 행정입법에 근거하면 된다는 배타적 행정유보는 법치주의 원칙에 위반되므로 허용될 수 없다.

제3절 **법치주의와 통치행위**

1 통치행위

개념	실정법 개념(X) / 학문·판례상 개념(O)
성질	입법(X), 집행(X), 사법(X) / 제4의 국가작용(O)
확립	프랑스 판례를 통해 확립(O) / 독일 판례로 확립(X)
영국	대권(大權)
허용	통치행위는 입헌국가에서도 허용된다.
열기주의·개괄주의와의 관계	① 열기주의: 통치행위를 논할 실익 없음 ② 개괄주의: 통치행위를 논할 실익 있음(O) / 통치행위의 이론적 근거(X)
통치행위 주체	정부(O), 국회(O) / 법원(X)
통치행위인지 판단 주체	각급법원(O), 헌법재판소(O) / 검찰(X)
통치행위 범위	축소(O) / 확대(X)

2 통치행위이론

부정설	개괄주의, 포괄적 재판청구권
긍정설	권력분립설(내재적 한계설), 사법부자제설, 재량행위설, 독자성설
대법원	사법부자제설, 내재적 한계설
헌법재판소	사법부자제설

3 통치행위의 범위

1. 국회의원과 지방의원 징계

구분	항고소송 대상	통치행위
국회의원 징계	X	O
지방의원 징계	O	X

2. 긴급조치

구분	대법원	헌법재판소
법률효력	X	O
심사	대법원이 최종적 심사	헌법재판소의 전속적 관할

4 통치행위의 한계

통치행위	사법적 통제로부터 자유(○) / 정치적 통제로부터 자유(X)
국회	통치행위 통제(○)
국민	이라크파병결정에 대해 선거에서 정치적 심판을 할 수 있다.
통치행위로 인한 손해	학설 대립
통치행위로 인한 손실	보상해야 한다.
가분행위이론	통치행위로부터 분리될 수 있는 행정작용은 사법심사의 대상이 될 수 있다.
입법절차상 하자	국회의 의사절차나 입법절차에 헌법이나 법률의 규정을 명백히 위반한 흠이 있는 경우에도 국회가 자율권을 가진다고는 할 수 없다. 따라서 입법절차상 하자는 권한쟁의대상이 된다(96헌라2).

5 통치행위 해당 여부

통치행위에 해당	통치행위에 불해당
1. 정부의 행위 ① 대통령의 외교행위(조약의 체결·비준) ② 국가의 승인, 외교사절의 신임·접수·파견 ③ 선전포고 및 강화, 외국(이라크)에의 국군의 파견결정 - 사법부자제설 ④ 사면 ⑤ 비상계엄의 선포나 확대행위: 법원에 비상계엄선포의 요건구비 여부나 선포의 당·부당을 판단할 권한 없음 - 내재적 한계설 ⑥ 긴급명령이나 긴급재정경제명령의 발동(93헌마186): 다만, 국민의 기본권 침해와 직접 관련되는 경우에는 헌법재판소의 심판대상이 됨. ⑦ 「군사시설보호법」에 의한 군사시설보호구역의 설정·변경 또는 해제 ⑧ 남북정상회담의 개최 ⑨ 영전수여 ⑩ 법률안거부권의 행사 ⑪ 중요정책의 국민투표부의(실시): 신행정수도건설이나 수도이전의 문제를 국민투표에 부칠지 여부에 관한 대통령의 의사결정 ⑫ 대통령의 국무총리·국무위원의 임명 ⑬ 대통령의 지방자치단체장 선거일을 공고하지 아니한 부작위 2. 국회의 행위	1. 비상계엄의 선포나 확대가 국헌문란의 목적을 달성하기 위하여 행하여진 군사반란·내란행위인 경우: 법원은 그 자체가 범죄행위에 해당하는지 여부를 심사할 수 있음. 2. 계엄 관련 집행행위 3. 대북송금행위 4. 신행정수도건설이나 수도이전 5. 한미연합 군사훈련의 일종인 2007년 전시증원연습을 하기로 한 결정 6. 지방의회의원의 징계 7. 기타 ① 대통령선거 ② 서울시장의 국제협약체결행위 ③ 대법원장의 법관인사조치 ④ 고등검찰청장의 파면 ⑤ 과세처분 ⑥ 헌법재판소의 위헌법률심사 ⑦ 국무총리의 부서거부행위 ⑧ 법규명령(대통령령, 총리령, 부령)이나 행정규칙의 제정 ⑨ 대통령의 서훈취소 ⑩ 대통령의 국회해산 ↳ (법규정이 없음)

① 국무총리 · 국무위원의 해임건의
② 국회의원의 징계 · 제명

제4절 행정법의 일반원칙

1 일반론

① 행정법의 일반원칙에 반한 행정행위: 위법(○), 부당(X)
② 헌법적 효력을 가지는 행정법의 일반원칙도 있다.
③ 행정법의 일반원칙에 성문법적 근거가 요구되는 것은 아니다. 조리상 행정법의 일반원칙이 인정될 수 있기 때문이다.
④ 평등원칙이나 비례원칙을 위반한 경우에도 재량권의 일탈 · 남용이 인정된다.

2 「행정기본법」의 일반원칙

| 조문 |

제8조【법치행정의 원칙】 행정작용은 법률에 위반되어서는 아니 되며, 국민의 권리를 제한하거나 의무를 부과하는 경우와 그 밖에 국민생활에 중요한 영향을 미치는 경우에는 법률에 근거하여야 한다.

제9조【평등의 원칙】 행정청은 합리적 이유 없이 국민을 차별하여서는 아니 된다.

제10조【비례의 원칙】 행정작용은 다음 각 호의 원칙에 따라야 한다.
1. 행정목적을 달성하는 데 유효하고 적절할 것
2. 행정목적을 달성하는 데 필요한 최소한도에 그칠 것
3. 행정작용으로 인한 국민의 이익 침해가 그 행정작용이 의도하는 공익보다 크지 아니할 것

제11조【성실의무 및 권한남용금지의 원칙】 ① 행정청은 법령등에 따른 의무를 성실히 수행하여야 한다.
② 행정청은 행정권한을 남용하거나 그 권한의 범위를 넘어서는 아니 된다.

제12조【신뢰보호의 원칙】 ① 행정청은 공익 또는 제3자의 이익을 현저히 해칠 우려가 있는 경우를 제외하고는 행정에 대한 국민의 정당하고 합리적인 신뢰를 보호하여야 한다.
② 행정청은 권한 행사의 기회가 있음에도 불구하고 장기간 권한을 행사하지 아니하여 국민이 그 권한이 행사되지 아니할 것으로 믿을 만한 정당한 사유가 있는 경우에는 그 권한을 행사해서는 아니 된다. 다만, 공익 또는 제3자의 이익을 현저히 해칠 우려가 있는 경우는 예외로 한다.

제13조【부당결부금지의 원칙】 행정청은 행정작용을 할 때 상대방에게 해당 행정작용과 실질적인 관련이 없는 의무를 부과해서는 아니 된다.

제5절 평등원칙과 자기구속의 법리

1 자기구속의 법리

개념	행정청은 재량권 행사에 있어서 자기가 행한 재량준칙과 관행에 구속당해 제3자에 대해 동일한 처분을 해야 한다는 원칙이다.
성질	① 배제할 공익이 큰 경우 적용배제, 절대적 원칙은 아니다. ② 일반적·추상적 법 원칙이므로 구체적이고 개별적인 계약이나 확약과는 구별된다.
근거	① 다수설: 평등원칙(○), 신뢰보호원칙(X) ② 판례: 평등원칙(○), 신뢰보호원칙(○) ③ 「행정기본법」 규정 없음
요건	동종 사안이고, 행정선례가 있어야 한다.
적용영역	① 기속영역(X) / 재량영역(○) ② 사안이 다른 경우와 행정청이 다른 경우: 적용 배제 ③ 수익적 행위(○) / 침익적 행위(○) ④ 법규명령에서 주로 논의(X), 행정규칙인 재량준칙에서 주로 논의(○)
불법영역에서 미적용	① 자기구속의 법리와 평등원칙은 불법영역에는 적용되지 않는다. 위법한 행정처분이 수차례에 걸쳐 반복적으로 행하여졌다 해도 행정청에 대하여 자기구속력을 갖게 된다고 할 수 없다. ② 행정의 자기구속의 법리에 따라 행정청은 선행결정이 위법하다면 동종 사안이라도 후행결정에 있어서도 그 선행결정과 동일한 결정을 해야 하는 것은 아니다. ③ 교육시설을 운영하던 A가 용도변경 없이 불법적으로 숙박허가를 받았다고 하더라도, B도 용도변경 없이 숙박업허가를 해 줄 것을 요구할 수 없다.
행정규칙의 전환규범으로서 평등원칙과 자기구속의 법리	① 행정규칙은 일반적으로 행정조직 내부에서만 효력을 가지는 것이고 대외적인 구속력을 갖는 것은 아니지만, 재량권 행사의 준칙인 규칙이 그 정한 바에 따라 되풀이 시행되어 행정관행을 이루게 되어 평등의 원칙이나 신뢰보호의 원칙에 따라 행정기관이 그 상대방에 대한 관계에서 그 규칙에 따라야 할 자기구속을 당하게 되는 경우, <u>그를 위반한 처분은 평등원칙이나 신뢰보호원칙에 위배되어 위법한 처분이 된다.</u> ② 재량준칙에 위배되는 처분은 <u>평등원칙이나 신뢰보호원칙에 위반되어 위법이 된다.</u> ③ 행정규칙은 자기구속의 법리를 통해 간접적으로 대외적 효력을 갖게 된다. 자기구속의 법리는 행정규칙을 준법규로 전환시키는 기능을 한다.

2 평등원칙 위반 여부 판례

평등원칙 위반인 것	평등원칙 위반이 아닌 것

① 함께 화투놀이를 한 3명은 견책, A는 파면
② 외교관 자녀에 대한 대학입시 가산점 20% 부여
③ 국가유공자가족에 대한 가산점 10% 부여
④ 제대군인 가산점 3~5% 부여(98헌마363)
⑤ 청원경찰의 인원감축 때 초등학교 이하 학력집단과 중학교 중퇴 이상의 학력집단을 나누어 시험을 실시한 것
⑥ 전기공급시설에 대한 부담금의 부과율을 100분의 20으로 하면서 집단에너지 공급시설부담금을 100분의 100으로 정한 것
⑦ 국립사범대졸업자를 국공립학교 교사로 우선 채용하는 것
⑧ 기초단체의원선거의 후보자에 한해 정당표방을 금지한 것
⑨ 지방의회의 조사·감사를 위해 채택된 증인의 불출석에 대한 과태료를 신분에 따라 차등 부과할 것을 규정한 조례
⑩ 형식상 요건 불비가 없는 사회단체등록신청에 대해 선등록단체가 있다 하여 등록신청을 반려하는 것
⑪ 일반재산(구 잡종재산)에 대한 시효취득금지
⑫ 플라스틱폐기물부담금과 관련해 국내제조업자에게는 합성수지투입 kg당 7.6원 또는 3.8원으로 정하고, 수입업자에 대해서는 수입원가의 0.7%로 정하고 있는 것
⑬ 법률의 근거 없이 다수의 체육시설 중 오직 당구장업자에 대하여만 출입문에 '18세 미만 출입금지'를 표시하도록 규정한 것
⑭ 약사에 한해서 법인을 구성하여 업무를 수행할 수 없도록 한 것
⑮ 근로자가 도보나 자기 소유 교통수단 또는 대중교통수단 등을 이용하는 것과 같이 사업주의 지배관리 아래 있다고 볼 수 없는 통상적 경로와 방법으로 출퇴근하던 중에 발생한 재해를 업무상 재해로 인정하지 않는 것
⑯ 일정한 교통사고운전자에 대해 공소제기를 할 수 없도록 한 「교통사고처리 특례법」을 피해자가 중상해를 입은 경우까지 적용
	① 택시자격요건을 강화하고 그 요건을 변경함에 있어 유예기간을 두지 않은 것
	② 미신고 집회의 주최자를 미신고 시위 주최자와 동등하게 처벌하는 것
	③ 국유재산을 무단으로 점유한 A에 대해 적법하게 국유재산을 사용하고 있는 자의 대부료에 20%를 할증한 변상금부과
	④ 같은 정도의 비위를 저지른 자들에 대하여 그 구체적인 직무의 특성, 개전의 정이 있는지 여부 등에 따라 징계 종류의 선택과 양정에 있어서 차별적으로 취급하는 것
	⑤ 뇌물수수사건에서, 범죄사실 인정·돈을 받게 된 사정을 고려해서 징계를 달리한 경우
	⑥ 금품을 수수한 경우 그 액수와 횟수 등에 따라 징계의 종류 선택과 양정에서 차별적으로 취급하는 것
	⑦ 금전을 증여받은 경우에는 증여세의 신고기한 이내에 동액 상당의 금전을 반환해도 증여세의 부과대상으로 삼고 있는 것
	⑧ 법관의 명예퇴직수당액에 대하여 정년 잔여기간만을 기준으로 하지 아니하고 임기 잔여기간을 함께 반영하여 산정하도록 한 것
	⑨ 정년문제
	  ㉠ 초중고 교원 정년 62세: 합헌
	  ㉡ 대법원장 정년 70세, 대법관 정년 65세, 법관 정년 63세: 합헌
	  ㉢ 농촌지도관 61세, 농촌지도사 58세: 합헌
	  ㉣ 안기부공무원의 계급정년제: 합헌
	  ㉤ 한국전기통신공사 정년 일반직 직원 58세, 전화교환직 직원 53세: 합헌
	  🔠 국정원 입력직원·안내직원 43세: 위법

1 의의

연혁	경찰행정법 → 헌법의 원리
근거	헌법 제37조 제2항, 「행정기본법」, 「경찰관 직무집행법」, 「국세기본법」, 「행정절차법」의 행정지도
내용	적합성 원칙, 필요성 원칙, 상당성 원칙 → 비례원칙 중 어느 하나라도 위반되면 위헌·위법이 된다.
최소성 원칙 위반	① 甲은 5층 건물을 소유하고 있다. 건물 수도관이 노후되었다는 이유로 행정청은 건물철거명령을 내렸다. 필요성의 원칙에 반한다. ② 음식점영업허가의 신청이 있는 경우에 부관으로서 부담을 붙이면 공익목적의 달성이 가능함에도 그 허가를 거부하는 것은 필요성의 원칙에 반한다.
행정계획과의 관계	행정계획과 관련하여서는 계획재량을 제한하는 형량명령이론으로 발전하였다.

2 비례원칙의 적용범위

행정영역	침익적 + 급부적 행정행위(○) → 모든 행정영역(○)
수익적 행정행위의 취소·철회	○
부관의 한계	○
재량영역	○
기속영역에 직접 적용	X
사법관계	X
고권주체 간 권한분배	X

3 비례원칙 위반 여부 판례

비례원칙 위반인 것	비례원칙 위반이 아닌 것
① 판사, 검사로 근무한 자 중 15년 미만 근무한 자에 한해 변호사 개업지를 3년간 제한한 「변호사법」 ② 18세 미만 자의 당구장 출입금지 ③ 수사 · 재판을 받는 과정에서 미결수용자에게 재소자용 의류를 입게 한 것 📖 구치소 안에서 사복을 입지 못하도록 한 것은 비례원칙 위반이 아니다. ④ 태아성별을 임신 전(全) 기간에 걸쳐 부모에게 고지하지 못하도록 한 「의료법」 ⑤ 선거운동 과정에서 물품, 음식물 등을 제공받은 경우 과태료 50배 ⑥ 1회 훈령에 위반하여 요정에 출입한 공무원에 대한 파면처분 ⑦ 미성년자를 1회 출입시켰다는 이유로 룸살롱허가를 취소하는 것 ⑧ 경찰관이 가스총을 근접 발사하여 실명 ⑨ 상관을 살해한 경우 사형만을 유일한 법정형으로 규정하고 있는 「군형법」 ⑩ 자동차 이용범죄 경중 없이 면허취소 ⑪ 단 1회 부정휘발유를 판매한 경우 영업취소 ⑫ 양도인이 등유가 섞인 휘발유를 판매한 바를 모르고 양수한 석유판매업자에 대한 6월의 사업정지처분 ⑬ 공정한 업무처리에 대한 사의로 두고 간 돈 30만 원이 든 봉투를 소지함으로써 피동적으로 금품을 수수하였다가 돌려준 경찰공무원에 대한 해임처분 ⑭ 근무지를 이탈하여 상관을 비판하는 기자회견을 한 고등검사장을 면직 ⑮ 대여한 만화가 청소년유해매체물로 고시된 지 8일 밖에 안 되어 A가 유해매체물인지 모르고 대여했음에도 700만 원의 과징금 ⑯ 북한 고위직 탈북인사에 대해 신변안전을 이유로 여권발급을 거부 ⑰ 계약보다 우수한 물품을 납품했는데 3개월 영업정지	① 수입 녹용의 일부 성분이 유해하다고 하여 수입 녹용 전부에 대하여 전량 폐기 또는 반송처리를 지시한 것 ② 법규에 명문의 근거가 없는 경우 환경보전을 이유로 산림훼손허가를 거부 ③ 계획관리지역에서 특정대기유해물질을 배출하는 시설의 설치를 금지하는 시행령 규정 ④ 사법시험 제2차시험 과락제도 ⑤ 혈중 알코올 농도 0.18% 상태에서 음주운전하다가 교통사고를 낸 택시운전사에 대하여 운전면허를 취소한 처분 ⑥ 상관 폭행 시 징역형만 규정한 「군형법」 ⑦ 「도로교통법」 제148조의2 제1호의 ''「도로교통법」 제44조 제1항을 2회 이상 위반한 것'에 구 「도로교통법」 제44조 제1항을 위반한 음주운전 전과도 포함된다고 해석하는 것

제7절 부당결부금지원칙

1 의의

부당결부금지원칙의 효력	헌법적 효력을 가진다.
근거	법치주의, 「행정기본법」
부당결부금지원칙에 위반한 행정행위	위법(○) / 부당(X)
적용영역	공법상 계약(○), 부관(○), 급부행정영역(○)
비례원칙과의 관계	① 수익적 행정처분에 붙이는 부관인 부담은 비례원칙이나 부당결부금지원칙에 위배되지 않아야 적법하다. ② 부관의 한계로서의 부당결부금지원칙은 비례원칙과 별개로 취급(○) → 판례는 부관의 한계와 관련하여 비례원칙을 내세워 부당결부금지의 원칙을 인정하였다. (X)

2 관련 판례

위법	① 기숙사 건물과 무관한 도로 기부채납의무를 부과하고 이를 이행하지 않았다는 이유로 한 준공거부처분 ② 주택사업계획승인을 하게 됨을 기화로 그 주택사업과는 아무런 관련이 없는 이 사건 토지를 기부채납하도록 하는 부관: 부당결부금지원칙 위반(○), 당연무효(X), 취소(○) ③ 공법상 제한을 회피할 목적으로 사법상 체결된 증여계약
위법 아님	① 주택사업계획을 승인하면서 입주민이 이용하는 진입도로의 개설 및 확장과 이의 기부채납의무를 부과하는 것 ② 송유관 매설을 위한 도로점용허가를 하면서 도로공사비용을 부담시키는 부관

3 복수운전면허 취소 여부

복수운전면허가 취소되는 경우	복수운전면허가 취소되지 않는 경우
① 한 사람이 여러 종류의 자동차운전면허를 취득하는 경우뿐 아니라 이를 취소 또는 정지하는 경우에도 서로 별개의 것으로 취급하는 것이 원칙이나, 취소사유가 특정 면허에 관한 것이 아니고 다른 면허와 공통된 것이거나 운전면허를 받은 사람에 관한 것일 경우에는 여러 면허를 전부 취소할 수도 있다. ② 제2종 소형면허 외에 제1종 대형, 제1종 보통, 제1종 특수면허도 취소할 수 있다. ③ 제2종 원동기장치자전거 운전면허, 제1종 보통면허, 제1종 대형면허를 모두 취소할 수 있다. ④ 제1종 보통운전면허 외에 제1종 대형면허까지 취소할 수 있다. ⑤ 제1종 대형면허와 제1종 보통면허까지 취소할 수 있다. ⑥ 택시를 음주운전한 경우 제1종 보통면허와 제1종 특수면허를 모두 취소할 수 있다. 택시는 제1종 보통면허와 특수면허로 모두 운전할 수 있기 때문이다.	① 제1종 특수·대형·보통면허를 가진 자가 제1종 특수면허만으로 운전할 수 있는 차량을 운전하다 운전면허 취소사유가 발생한 경우, 제1종 대형·보통면허에 대한 취소사유는 되지 아니한다. ② 제1종 특수·대형·보통면허를 가진 자가 제1종 보통·대형면허만으로 운전할 수 있는 12인승 승합자동차를 운전하다 운전면허 취소사유가 발생한 경우, 제1종 특수면허를 취소할 수는 없다. ③ 제1종 대형, 제1종 보통 자동차운전면허를 가지고 있는 甲이 배기량 400cc의 오토바이를 절취하였다는 이유로 제1종 대형면허나 보통면허를 취소할 수 없다.

4 운전면허 관련 위법 여부

위법	① 개인택시운송사업자의 운전면허가 아직 취소되지 않았더라면 운전면허 취소사유가 있더라도 행정청은 명문 규정이 없으면 개인택시운송사업면허를 취소할 수 없다. 음주운전으로 사망한 개인택시업자의 운전면허를 취소할 수 없으므로 사업면허를 취소할 수 없어 상속인의 개인택시사업면허의 상속신고수리를 행정청이 거부한 것은 위법하다. ② 당해 신청이 면허발급의 우선순위에 해당함이 명백함에도 이를 제외시켜 면허거부처분을 하였다면 특별한 사정이 없는 한 그 거부처분은 재량권을 남용한 위법한 처분이 된다.
위법 아님	① 택시의 운전경력을 다소 우대하는 것이 객관적으로 합리적이 아니라거나 타당하지 않다고 볼 수 없다. ② 개인택시면허 발급요건을 유예기간 없이 가중한 것은 재량권의 남용·일탈이 아니다.

제8절 | 신뢰보호의 원칙

1 연혁

① 민법의 신의칙에서 출발했다. (○) 경찰행정법에서 출발했다. (X)
② 제2차 세계대전 후에는 사회국가적 기능과 관련하여 헌법상 원칙으로 발전해 왔다.
③ 영미에서는 금반언(禁反言)의 원칙으로 인정되어 왔다.

2 신뢰보호의 근거

통설	법적 안정성설(○) / 신의성실원칙(X)
대법원 판례	신의성실원칙과 법적 안정성에서 근거를 찾고 있다.
헌법재판소	법적 안정성
실정법적 근거	① 「행정절차법」과 「국세기본법」의 실정법에서 신뢰보호의 근거를 찾을 수 있다. ② 「행정기본법」에 신뢰보호와 실권의 법리 모두 규정하고 있다.

3 신뢰보호의 요건

요건인 것	요건이 아닌 것
① 행정청의 선행조치(공적 견해표명) ② 보호가치 있는 신뢰 ③ 개인적 처분 ④ 인과관계 ⑤ 선행조치에 반하는 처분 ⑥ 신뢰보호가 공익이나 제3자의 이익을 현저히 해하지 않을 것	① 선행조치가 적법할 것 ② 행정청이 공적인 견해를 명시적으로 표명하였을 것 ③ 필요성의 원칙

4 행정청의 공적 견해

행정청의 의미	① 판례는 선행조치를 공적 견해표명이라고 한다. ② 공적 견해표명인지 여부는 형식적인 권한분장에 구애될 것은 아니다. → 조직법적 관점(X) / 기능적 관점(O) ③ 형식적으로는 권한을 가지지 않는 기관의 발언도 공적 견해표명이 되는 경우가 있다. ④ 보조기관에 불과한 담당공무원의 공적 견해표명이라도 신뢰보호의 대상이 될 수 있다. ⑤ 안산시의 도시계획국장과 과장의 도시계획사업의 준공과 동시에 사업부지에 편입한 토지에 대한 완충녹지지정해제, 토지소유자에게 환매하겠다는 의사표명은 공적 표명이다. ⑥ 보건복지부장관에 의하여 이루어진 비과세의 견해표명은 공적 견해표명이다.
공적 견해표명 (선행조치)	① 적극적 행위 + 소극적 행위(O) ② 작위 + 부작위(O) ③ 적법한 행위 + 위법한 행위(O) ④ 권력적 행위 + 비권력적 행위(O) ⑤ 법률행위인 행정행위 + 행정지도 등의 사실행위(O) ⑥ 명시적 행위 + 묵시적 행위(O) → 문서에 의한 형식적 행위(X) ⑦ 행정계획, 확약(O) ⑧ 공적 견해표명이 있었는지 여부, 비과세관행 존재의 입증책임: 주장하는 자 (납세자)

1. 조세 관련 공적 견해의 표명 여부

조세 관련 공적 견해의 표명	조세 관련 공적 견해의 표명이 아닌 것
① 과세할 수 있음을 알면서도 공익을 위해 과세를 안 한 경우 　㉠ 면허세를 부과할 수 있음을 알면서도 수출확대를 위해 면허세를 4년간 부과하지 않은 경우 → 비과세관행 성립 　㉡ 20년 이상 간호전문대학병원에 사업소세를 부과하지 아니한 경우, 묵시적 비과세 의사표시를 한 것으로 볼 수 있다. 　㉢ 보건복지부장관의 의료취약지 병원설립 시 취득세 면세 　㉣ 구청장의 지시에 따른 총무과 직원이 대체부동산 취득에 대한 취득세 면제를 하겠다는 발언은 과세관청의 견해표명이다. ② 국세청장의 훈련교육용역제공이 사업경영상담업에 해당한다는 회신 ③ 세무처직원이 인체삽입용 골절치료기구가 부가가치세 면제대상이라는 세무지도 ④ 한국건설기술협회가 면제되는 기술진흥단체에 해당한다는 국토교통부장관과 행정자치부장관의 회신 ⑤ 甲법인이 재외공무원 자녀들을 위한 기숙사 건물의 면세문의에 대한 내무부장관의 면세된다는 회신	① 과세누락과 착오 　㉠ 과세관청이 A의 소득이 사업소득인 줄 모르고 양도소득세 부과처분을 한 경우 종합소득세를 부과하지 않겠다는 공적 견해표명을 한 것은 아니다. 　㉡ 전속계약금: '기타 소득에 해당한다'에서 → '사업소득'으로 　㉢ 상당한 기간에 걸쳐 과세를 하지 아니한 사실이 존재하는 경우 비과세관행이 있는 것으로 보아야 한다. (X) ② 추상적인 질의에 대한 일반론적인 회신: 공적 견해표명(X) → 신의칙 적용(X) ③ 면세사업자용 등록증 교부: 면세사업자용 사업등록증을 교부해 준 행위가 부가가치세를 과세하지 않겠다는 공적인 견해표명으로 볼 수 없다. ④ 지방해운항만청장의 지역개발세 감면

2. 공적 견해표명 여부

공적 견해표명인 것	공적 견해표명이 아닌 것
① 안산시 도시계획국장과 과장의 완충녹지지정을 해제하겠다는 의사표시 ② 삼청교육대 피해자들에게 피해를 보상하겠다는 대통령의 담화와 국방부장관의 공고 ③ 경찰서장이 사무착오로 위반자에게 운전면허정지처분을 한 상태에서 위반자의 주소지 관할 지방경찰서장이 위반자에게 운전면허취소처분을 한 것 ④ 토지거래계약허가를 통해 토지형질변경이 가능하다는 견해표명	① 견해표명이란 과세관청의 과세요건규정의 해석, 적용 및 과세요건사실의 인정에 관한 견해표명을 뜻하는 것으로서 법령의 규정 내용은 이에 해당하지 아니한다. ② 폐기물사업적정통보가 국토이용계획을 변경해 주겠다는 의사표시로 볼 수 없다. ③ 폐기물사업계획에 대한 적정통보는 토지형질변경신청을 허가하는 취지의 공적 견해표명은 아니다. ④ 천안시장이 H지구의 권장용도를 판매 · 위락 · 숙박시설로 고시한 것이 숙박시설에 대한 건축허가가 가능하다는 공적 견해가 아니다. ⑤ 관광숙박시설 신규사업자가 2002.12.31.까지 사업계획승인을 신청한 경우 면세혜택을 적용하자는 문화체육관광부장관의 지방자치단체장에 대한 회신 ⑥ 용도지역을 자연녹지지역으로 결정한 것이 용도지역을 자연녹지지역으로 유지하거나 보전녹지지역으로 변경하지 않겠다는 공적 견해표명이 아니다. ⑦ 정구장시설을 설치한다는 도시계획결정은 도시계획사업자의 시행자지정을 해 주겠다는 공적인 견해표명이 아니다. ⑧ 교육환경보호구역에 해당하는 사업부지에 콘도미니엄을 신축하기 위한 교육환경평가승인신청에 대하여, 관할 교육지원청 교육장이 "「관광진흥법」상의 휴양 콘도미니엄업이 「교육환경 보호에 관한 법률」에 따른 금지행위 및 시설로 규정되어 있지 않다."는 의견을 밝힌 것(2019두52799) ⑨ 재정경제부가 보도자료를 통해 '법인세 시행규칙을 개정하여 법제처의 심의를 거쳐 6월 말경 공포 · 시행할 예정'이라고 밝힌 것 ⑩ 「개발이익환수에 관한 법률」에 '저촉사항 없음'이라고 기재되어 있는 사실은 피고가 원고에게 부담금 면제가 된다는 신뢰의 대상이 되는 공적인 견해표명을 한 것이라고는 보기 어렵다. ⑪ 헌법재판소의 위헌결정 ⑫ 총무과 민원팀장에 불과한 공무원이 민원봉사차원에서 상담에 응하여 복무기간 6개월의 보충역편입이 가능하다고 안내한 것 ⑬ 행정청의 내부적인 사무처리지침인 행정규칙의 공표 ⑭ 국회의 법률안 의결 ⑮ 법령안의 내용을 입법예고한 적이 있다 해도 법령으로 확정되지 아니한 경우(2017다249769)

3. 보호가치가 있는 신뢰보호

귀책사유	① 귀책사유가 있으면 신뢰는 보호받을 수 없다. ② 청구인의 신뢰가 극히 주관적이거나 불확실하고도 잠정적인 것에 불과한 경우: 보호(X) ③ 당사자의 부정행위, 개인의 사기, 강박, 기재사항의 누락, 사실은폐 등으로 행정청의 선행조치가 행해진 경우 개인의 신뢰는 보호할 가치가 없다. ④ 적극적으로 사위·은폐한 경우뿐 아니라 과실로 인하여 중요한 사실을 간과한 경우에도 신뢰는 보호되지 못한다.
귀책사유 인정	① 건물주의 동의를 얻지 못하였음에도 불구하고 이를 갖춘 양 허가신청을 하여 그 충전소설치허가를 받아낸 경우 ② 개인택시운송면허를 양도한 후 10년이 경과되지 아니하여 「자동차운수사업법 시행규칙」에 따라 면허자격이 없음에도 이를 숨긴 채 면허신청을 하여 면허를 받은 경우 ③ 허위의 고등학교 졸업증명서를 제출하여 사관 임용 ④ 산업기능요원으로 근무하지 않고 있음에도 복무한 것처럼 꾸며 복무만료처분 ⑤ 회사가 허위이거나 부실한 배출시설 및 방지시설 설치 계획서를 제출하여 승인을 받은 경우 ⑥ 건축사가 건축한계선이 있는 줄 모르고 건축허가를 신청하여 행정청이 건축허가를 해 준 경우
귀책사유 판단기준	① 귀책사유의 유무는 상대방과 그로부터 신청행위를 위임받은 수임인 등 관계자 모두를 기준으로 판단하여야만 한다. ② 귀책사유가 있는 경우 신뢰가 보호받지 못하는데 건축주가 건축사에게 위임한 경우 건축사의 귀책사유가 있는 경우에도 신뢰는 보호될 수 없다.
국가가 유인한 신뢰	① 국가에 의하여 일정 방향으로 유인된 것이라면 특별히 보호가치가 있는 신뢰이익이 인정될 수 있고, 원칙적으로 개인의 신뢰보호가 국가의 법률개정이익에 우선된다고 볼 여지가 있다. ② 청구인의 징집면제연령에 관한 기대 또는 신뢰는 단지 법률이 부여한 기회를 활용한 것으로서 원칙적으로 사적 위험부담의 범위에 속하는 것이다. 따라서 징집면제연령을 31세에서 36세로 변경했더라도 신뢰보호 위반이 아니다.
귀책사유가 있는 경우 허가 취소	수익적 행정처분이 당사자의 사실은폐나 기타 사위에 의한 신청에 기인했다면 수익적 행정처분의 취소에 있어 신뢰이익을 고려하지 않았다 하더라도 재량권의 남용이 되지 않는다.

4. 개인적 처분과 인과관계

개인적 처분	① 행정청의 선행조치를 신뢰하는 것만으로는 신뢰보호원칙은 성립하지 않고 반드시 일정한 개인의 행위가 있어야 한다. ② 개인의 행위: 적극적 행위 + 소극적 행위
인과관계	사인의 처리는 행정청의 선행조치에 대한 신뢰에 근거한 것이어야 한다.

5 신뢰보호의 쟁점

법률적합성 원칙과 신뢰보호원칙의 충돌	① 법률적합성 우위설이 다수설(X), 이익형량설 다수설(O) ② 이익형량을 통해 신뢰보호 여부 결정
위법한 행위에 대한 신뢰	① 위법행위에 대한 신뢰이익이 크다면 위법행위에 대한 신뢰를 보호할 수 있다. ② 무효인 행정청의 행위에 대한 신뢰는 보호될 수 없다. ③ 공무원임용결격사유가 있는 자가 임용된 경우 임용행위는 당연무효이다. 임용 후 임용결격사유가 있음을 알고 임용행위를 취소한 것은 당연무효임을 확인시켜 주는 행위에 불과하다. 당초의 임용처분을 취소함에 있어 신뢰의 원칙을 적용할 수 없다. 또한 임용 취소권은 시효로 소멸하는 것도 아니다.
존속보호와 신뢰보호	① 선행조치에 반한 조치가 신뢰보호에 위반된 경우 선행조치를 존속시켜야 한다는 존속보호설과 선행조치를 폐지하는 대신 보상해야 한다는 보상보호설이 대립한다. ② 존속보호가 우선적이고, 예외적으로 보상을 해 줌이 타당하다.
사정변경	① 신뢰형성의 결정적 요인인 사실이 사후에 변경되고 관계자가 이를 인식하거나 인식할 수 있었던 경우에는 관계자는 신뢰의 이익을 원용할 수 없다. ② 행정청이 공적인 견해를 표명한 후 사정이 변경됨에 따라 그 견해표명에 반하는 처분을 한 경우, 신뢰보호원칙 위반이 아니다.

6 신뢰보호의 적용범위

수익적 행정행위 취소 · 철회에 적용	O
침익적 행정행위 취소 · 철회에 적용	X
확약에 적용	행정기관이 장차 일정한 작위 또는 부작위를 행할 것을 약속한 것을 개인이 신뢰했다면 이에 반하는 처분은 신뢰보호에 위반된다.
행정계획	행정계획존속청구권은 원칙적으로 인정되지 않으므로 행정계획변경은 신뢰보호 위반이 아니다. 다만, 기존 행정계획에 대한 신뢰보호가 계획변경에 따른 공익보다 큰 경우 행정계획존속청구권은 인정된다.
법령의 개정	O
사실상 공무원이론	임용결격사유가 있는 공무원의 행정행위는 무효이나, 상대방의 신뢰보호차원에서 공적 견해표명으로 인정되고 유효한 것으로 볼 수 있다.

7 실권의 법리

근거	① 「행정절차법」에는 규정이 없으나, 「행정기본법」에 규정되어 있다. ② 신의성실 · 신뢰보호의 원칙에서 도출된다.
실권의 법리 적용범위	권력관계 + 비권력적 관계에도 적용
실권의 법리 적용	3년이 지나서 행정청이 운전면허를 취소했다면 신뢰를 침해하는 행위이다.
실권의 법리 미적용	① 1년 10개월간 철회권을 행사하지 아니한 경우, 신뢰의 이익을 주장할 수 없다. ② 행정서사 허가를 받은 때부터 20년이 다 되어 결격사유가 있었다는 이유로 취소한 경우, 실권의 법리에 저촉되지 않는다.

8 신뢰보호 위반 여부

신뢰보호 위반인 것	신뢰보호 위반이 아닌 것
① 변리사시험이 2개월도 남지 않은 상태에서 절대평가를 상대평가로 변경한 것 ② 한약학과 졸업자에 한해 한약사시험을 응시할 수 있도록 개정된 「약사법 시행령」을 한약자원학과 재학 중인 자에게 적용한 것 ③ 국적이탈신고가 없었음에도 공무원이 주민등록을 말소해 국적이탈신고를 하지 않고 있다가 공무원이 이를 알고 주민등록을 재등록하여 징병검사통지를 하자 국적이탈신고를 했으나, 기간이 경과되었다는 이유로 신고를 반려한 것 ④ 삼청교육대 피해자들에게 보상을 해 주겠다는 대통령의 담화가 있어, 피해신고를 했음에도 보상하지 않은 것 ⑤ 보건복지부장관은 중앙일간지에 "의료취약지 병원설립 운용자에게 5년간 지방세 중 재산세를 면제한다."는 취지의 공고 후 재산세를 부과한 경우 ⑥ 폐기물사업적정통보 후 폐기물업체 과다난립으로 폐기물사업허가를 불허한 것	① 화랑공원구역 안에 있는 토지에 대해 공원 밖에 있다고 착오해 토지조성허가를 해 준 후, 사후에 착오를 발견해 그 토지를 화랑구역 안에 있는 것으로 지형도를 수정한 것 ② 주유소신축허가는 석유판매업을 허용하겠다는 견해표명이다. 그러나 주유소가 어린이집에서 25m 떨어져 있다는 이유로 석유판매업등록을 거부한 것 ③ 토석채취허가신청을 해 주겠다는 여천군의 약속을 믿고 토석채취사업을 추진했으나 한려해상국립공원의 환경미관을 해친다는 이유로 토석채취허가를 거부한 것 ④ 토지거래허가를 받고 공장설립신고서를 제출했으나 쾌적한 환경을 보호하기 위해 행정청이 신고서 수리를 거부하고 공장입지조정명령을 한 것 ⑤ 의료기관 시설의 일부를 변경하여 약국을 개설하는 것을 금지하는 조항을 신설하면서, 기존 약국을 개정법 시행일부터 1년이 경과한 후에는 폐쇄하도록 한 「약사법」 부칙

제1절 행정상 법률관계의 유형

1 공법관계와 사법관계의 구별기준

구분	공법관계 특징	문제점
주체설	① 공법관계: 행정주체가 일방당사자인 경우 ② 사법관계: 양쪽 당사자가 사인인 경우	행정주체의 국고행위는 사법관계인데, 주체설에 따르면 공법관계가 된다.
신주체설 (귀속설)	① 공법관계: 권리·의무가 공권력담당자에게만 귀속되는 경우 ② 사법관계: 권리·의무가 모든 권리주체에게 귀속되는 경우(예 국고행위)	① 행정주체가 공권력담당자인지, 그렇지 않은지 구별하기 힘들다. ② 공권력담당자의 지위는 공법을 전제로 하므로 순환논리에 빠진다.
권력설 (종속설)	① 공법관계: 법률관계가 지배·복종관계 ② 사법관계: 대등관계	① 공법상 계약은 대등관계이므로 권력설에 따르면 사법관계가 된다는 점에 문제가 있다. ∴ 공법상 계약과 사법상 계약을 구별하는 데 실패했다. ② 부모와 자녀는 종속관계이므로 공법관계가 된다는 점에 문제가 있다.
이익설	① 공법관계: 공익목적 추구 ② 사법관계: 사익목적 추구	① 공익과 사익을 구별하기 어렵다. ② 공익적 목적을 추구하는 사기업활동도 있다.
생활관계설	① 공법관계: 국민으로서 생활관계 ② 사법관계: 사인의 생활관계	국민과 사인의 생활관계를 구별하기 힘들다.

2 행정상 법률관계

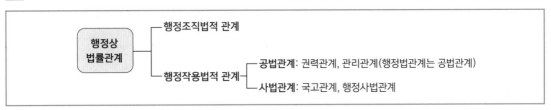

3 공법관계

권력관계	공법 적용, 예외적 사법 적용
관리관계	① 원칙적으로 사법 적용, 예외적 공법 적용 ② 프랑스에서는 블랑꼬 판결이 내려진 후 권력관계와 관리관계의 구별은 상대화되고, 의의도 감소되었다.

4 사법관계

국고관계	① 조달행정, 정부청사, 도로건설, 공사도급계약, 일반재산매각 ② 사법관계에는 전면적으로 사법이 적용 ③ 국고관계(사법관계): 기본권의 효력이 미친다.
행정사법관계	① 행정사법관계 적용영역: 법적 선택의 가능성이 인정되는 영역(O), 법적 선택의 가능성이 없는 영역(X), 경찰작용, 과세처분과 같은 권력적 행정행위에는 적용(X) ② 행정법 일반원칙에 구속 ③ 적용되는 법: 사법(O) ④ 관리관계이론을 행정사법이론으로 대체할 것이 주장되기도 한다.

5 공법관계와 사법관계의 구별

구분	공법관계	사법관계
국·공유 재산	① 행정재산의 관리, 처분, 사용·수익허가 ② 행정재산인 국립의료원 부설주차장 위탁관리운영계약 ③ 행정재산의 사용·수익허가 후 사용료부과 ④ 국·공유재산 무단점유에 대한 변상금부과 ⑤ 공유수면매립면허 ⑥ 귀속재산의 불하	① 일반재산(구 잡종재산)의 관리, 처분 ② 국·공유일반재산 대부행위 및 대부료 납부고지 ③ 기부채납받은 공유재산(일반재산으로 새김)의 기부자에 대한 무상사용허용행위 ④ 사용허가를 받은 행정재산을 전대하는 경우 그 전대행위는 사법상의 임대차 ⑤ 폐천부지의 양여행위 ⑥ 철도국장이나 부산시장의 건물임대행위 ⑦ 국유재산의 매각이나 매각신청의 거부행위 ⑧ 국유재산의 불하
일반국민 재산관계	① 조세부과처분 ② 회사의 조세원천징수관계 ③ 부가가치세 환급세액지급청구 ④ 국방부장관의 징발재산 매수결정 ⑤ 「하천법」상 제외지수용과 손실보상금청구 ⑥ 공익사업으로 인한 사업폐지	① 조세과오납 시 환급(부당이득반환)청구권 ② 조세부과처분이 당연무효임을 전제로 한 이미 납부한 세금의 반환청구 ③ 개발부담금 부과처분이 취소된 경우 과오납금에 대한 부당이득반환청구 ④ 국가배상청구 ⑤ 「수산업법」상 손실보상청구 ⑥ 환매권 행사, 환매권존부확인소송 및 환매금액증감소송: 민사소송 ⑦ 주택재건축정비조합과 조합설립에 동의하지 않는 자 사이의 매도청구를 둘러싼 법률관계
근무관계	① 국립대학의 장에 의하여 임용된 조교의 근무관계 ② 계약직공무원, 전문직공무원 ③ 서울특별시 경찰국 산하 서울 대공 전술연구소 소장 ④ 공중보건의사의 채용 ⑤ 광주광역시 시립합창단원, 국립중앙극장합창단원의 채용 ⑥ 국가·지방자치단체에 근무하는 청원경찰 ⑦ 지방소방공무원의 근무관계 ⑧ 도시재개발조합과 조합원 ⑨ 농지개량, 토지개량조합의 직원 ⑩ 공무원연금관리공단직원의 공무원 급여, 퇴직금결정	① 창덕궁 안내원의 채용 ② 한국조폐공사, 지하철공사, 의료보험관리공단, 한국방송공사, 종합유선방송위원회 사무국, 주한미군한국인직원의료보험조합 등의 직원 ③ 서울특별시 지하철공사 임원과 직원의 근무관계 ④ 공무원 및 사립학교 교직원 의료보험관리공단 직원의 근무관계 ⑤ 정부투자기관(한국토지공사)의 출자로 설립된 회사(한국토지신탁) 내부의 근무관계 ⑥ 경찰병원 전공의 임용관계 ⑦ 한국마사회가 조교사 또는 기수의 면허를 부여하거나 취소하는 것

계약 관련	① 조달청장, 국방부장관, 지방자치단체장의 입찰참가자격 제한: 처분 ② 한국전력공사와 한국수자원주식회사의 입 찰참가자격 제한: 처분 → 한국수력원자력 회사가 자신의 '공급자관리지침'에 근거하 여 등록된 공급업체에 대하여 하는 '등록취 소 및 그에 따른 일정기간의 거래제한조치' 는 '처분'에 해당한다(2017두66541). ③ 정보화사업지원협약체결: 공법상 계약	① 토지 등의 협의취득: 당사자 사이의 자유로 운 의사에 따라 채무불이행책임이나 매매 대금 과부족금에 대한 지급의무를 약정할 수 있다. (○) ② 국가와 지방자치단체의 물품매매계약 ③ 수도권매립지관리공사의 입찰참가자격 제한 ④ 입찰보증금의 귀속조치 ⑤ 사립학교 교원의 임용계약
공공 서비스	① 전염병환자의 국공립병원 강제입원(다만, 일반환자의 국공립병원이용관계는 사법상 관계임) ② 수도료의 부과·징수, 단수처분 ③ TV수신료 징수 ④ 국공립도서관, 시립도서관 이용관계 ⑤ 국공립대학과 학생관계 ⑥ 중학교 의무교육 위탁관계	① 전화가입계약 및 해지, 전기·가스 이용 ② 시영버스 이용 ③ 국유철도, 시영지하철 이용관계 ④ 사법인인 학교법인과 학생의 재학관계 ⑤ 사립대학교와 학생·교직원 관계, 등록금 징수(다만, 사립대학교 학위수여는 공법관 계임)

[일반재산문제이나 공법 적용]

① 일반재산 대부료 납입고지는 민사소송으로 다투나, 대부료 지급을 민사소송으로 구할 수 없다. 「국유재산법」에서 대부료 징수를 「국세징수법」에 따라 강제징수하도록 규정하고 있다. 그래도 여전히 사법관계이다.
② 일반재산 건축물 원상의무 확보는 민사소송으로 해결할 수 없고, 「국유재산법」에서 「행정대집행법」에 따라 대집행하도록 규정하고 있다.
③ 일반재산 무단점유에 대한 변상금부과에 대해서는 항고소송으로 해결해야 한다.

제2절 행정상 법률관계의 당사자

1 행정주체

국가 + 공공단체 + 공무수탁사인

2 행정주체와 행정기관의 비교

구분	행정주체	행정기관
개념	행정권을 행사하고 그 법적 효과가 궁극적으로 귀속되는 당사자	국가 또는 지방자치단체 등 행정주체의 행정에 관한 의견을 결정하고 이를 외부에 표시할 수 있는 주체
종류	① 국가 ② 지방자치단체를 포함한 공공단체 ③ 공무수탁사인	① 대통령, 국무총리, 기획재정부장관, 서울시장, 종로구청장, 한국은행장 ② 한국수력원자력 주식회사가 법령에 따라 행정처분권한을 위임받은 공공기관으로서 행정청에 해당한다(2017두66541).
처분의 주체	X	O
권리·의무의 주체 (법인격성)	O	X
당사자소송, 민사소송의 당사자/ 부당이득반환청구소송, 손해배상의 피고	O	X
항고소송의 피고	X	O

3 공공단체

지방자치단체	① 시원적 행정주체(X) ② 공법인(○) ③ 구성원(○) ④ 종류: 광역단체(광역시 · 특별시, 특별자치시, 도, 특별자치도), 기초단체(시 · 군 · 자치구)
공법상 사단	① 구성원(○) ② 농지개량조합, 의료보험조합, 주택재개발(재건축)조합, 국민건강보험공단, 대한변호사협회
공법상 재단	① 국가, 지방자치단체 출연재산으로 구성 ② 구성원(X) ③ 물적 결합체 ④ 한국학술진흥재단, 한국학중앙연구원
영조물법인	① 인적 · 물적 결합체 ② 서울대학교: 영조물법인 ③ 한국도로공사, 한국전력공사 등 공사, 한국은행, 서울대병원, 국립의료원

4 공무수탁사인

법률유보	① 반드시 법률에 근거가 있어야 한다. ② 구체적 공무수탁은 특허 또는 공법상 계약으로 한다.
지위	① 행정주체: 당사자소송의 피고가 될 수 있다. ② 행정청: 항고소송의 피고가 될 수 있다. 공무수탁사인의 행위에도 「행정절차법」이 적용된다. ③ 법인격 없는 단체도 공무수탁사인이 될 수 있다.
항고소송의 피고	① 공무수탁사인(○) / 위임한 기관(X) ② 세무서장이 한국자산관리공사로 하여금 공매를 대행하게 한 경우 세무서장이 공매한 것으로 본다(「국세징수법」 제103조 제1항). ↔ 종전 판례는 세무서장이 위탁한 공매처분을 한국자산관리공사가 한 경우 피고는 세무서장(X) / 한국자산관리공사(○)가 된다고 하였다.
공무수탁사인의 불법행위에 대한 「국가배상법」상 책임	국가, 지방자치단체
공무수탁사인의 행위로 손실을 입은 경우 손실보상책임	공무수탁사인을 포함한 사업시행자

5 공무수탁사인의 예

사립대학총장	「교육법」에 따라 학위 부여
선장, 항공기기장	일정한 경찰사무를 수행
별정우체국장	체신업무 수행
변호사협회	변호사등록업무 수행, 변호사 징계
사업시행자	토지의 강제취득
민영교도소를 운영하는 종교재단	교정업무: 「민영교도소 등의 설치·운영에 관한 법률」상의 민영교도소는 행정보조인(행정보조자)에 해당한다. (×)
한국광고자율심의기구	민간의 주도하에 설립한 기구이나 행정법상 공무수탁사인에 해당

6 공무수탁사인이 아닌 경우

소득세원천징수 의무자	원천징수행위는 법령에 규정된 행위를 이행하기 위함이지 공권력의 행사로서 행정처분을 한 경우가 아니다(89누4789).
공의무부담사인	석유비축의무를 부담하는 의무의 주체이다. 공무수탁사인이 아니다. 공무수탁사인은 권리의 주체이기도 하기 때문이다.
행정대행인	국가나 지방자치단체와 사법상 계약을 맺은 사인이다. 주차위반 차량을 견인하는 민간사업자, 쓰레기수거인, 자동차의 검사나 견인의 대행자, 대집행을 실행하는 철거업체 등이 있다. 📖 대집행권한을 위탁받은 한국토지주택공사는 행정대행인이 아니라 행정주체이다.
행정보조인	구청에서 아르바이트한 대학생, 사고 현장에서 소방공무원이나 경찰공무원을 돕는 사인
기타	시간강사, 수업료를 징수하는 사립대학장, 봉급을 지급하는 선장, 공공토목공사를 수급한 사기업 등

7 행정객체

① 국가는 행정객체가 될 수 없으나, 지방자치단체는 행정객체가 될 수도 있다.
② 서울국제우체국장은 국가의 기관이므로 납세의무자가 될 수 없다. 따라서 서울국제우체국장에 대한 관세부과처분은 당연무효이다(86누93).

[행정주체와 행정객체]

구분	행정주체	행정객체
국가	○	X
공공단체(지방자치단체 포함)	○	○

제3절 | 행정상 법률관계의 내용

1 국가적 공권과 개인적 공권인 것

국가적 공권	① 국가는 개인적 공권의 주체는 아니나, 국가적 공권의 주체는 된다. ② 국가는 국가적 공권뿐 아니라 사권의 주체가 되기도 한다.
개인적 공권인 것	① 자유권, 수익권, 참정권: 개인적 공권(○) ② 국세징수권, 특허처분권, 공물관리권, 행정대집행권: 개인적 공권(X), 국가적 공권(○) ③ 서울특별시의 '철거민에 대한 시영아파트 특별분양개선지침'에 의한 무허가건물 소유자의 시영아파트 특별분양신청권은 개인적 공권이 아니다.

2 공권의 성립요건

① 행정주체에게 의무가 부과되어야 한다. 법규에서 사익을 보호해야 한다.
② 법규가 사익보호성을 가지고 있어야 개인적 공권은 성립하는데, 그때 법규는 직접적인 근거조항뿐 아니라 관련 법규정을 포함한다.
③ **사익보호성(개인적 공권 성립 근거)**: 근거법조항 + 관련 법조항 + 기본권조항 + 관습법 + 조리

근거법률 + 관련 법률	① 처분의 근거가 되는 법률의 규정뿐 아니라, 관련 법률까지 고려해서 사익보호성 여부를 판단해야 한다. ② 명문의 법규정에는 규정이 없어도 전체 법의 취지를 고려하여 개인적 공권을 인정할 수 있다. ③ 「환경영향평가법」과 같은 절차법도 개인적 공권의 근거가 될 수 있다.
헌법의 기본권규정	근거법률이나 관련 법률의 근거가 없더라도 헌법의 기본권규정을 통해 권리를 도출할 수도 있다.
조리	① 부작위나 거부처분을 다투는 소송에서 신청권은 법규상 근거가 없더라도 조리에 근거가 있다면 인정될 수 있다. ② 조리상 신청권 인정 　㉠ 임용기간이 만료되기 전 교원은 조리상 임용을 신청할 권리가 인정된다. 　㉡ 안전진단서 제출로 공사중지명령의 사유가 소멸한 경우 조리상 공사중지명령의 해제를 요구할 권리가 인정된다. 이를 거부한 구청장의 행위는 위법하다. 　㉢ 검사 임용신청권과 임용 여부 응답을 받을 권리 ③ 조리상 신청권 부정 　㉠ 「건축법」은 건축물의 철거명령할 권한을 규정했을 뿐 의무를 규정한 것은 아니므로 철거명령을 구할 조리상 권리가 인정되는 것은 아니다. 　㉡ 불가쟁력이 발생한 처분의 변경신청권
공법상 계약	공법상 계약을 통해 계약직 공무원의 급여청구권 등이 발생한다.
관습법	공권은 관습법에 의해서도 성립할 수 있다.

법규명령	법규명령에 의해 개인적 공권이 성립한다.
행정규칙	행정규칙으로는 개인적 공권이 성립하지 않는다. 다만, 법규성을 가지는 규칙으로도 개인적 공권은 성립할 수 있다.

1. 헌법상 기본권과 개인적 공권

① 헌법에 의해서도 개인적 공권은 성립할 수 있다. 그러나 헌법상 기본권이 행정법상 당연히 개인적 공권이 되는 것은 아니다.

② 법률상 개인적 공권이 성립하면 헌법상 기본권을 주장할 필요가 없다. 법률에서 개인적 공권이 성립하지 않는 경우 헌법상 기본권을 주장할 필요가 있다.

헌법상 직접 인정되는 권리	만나고 싶은 사람을 만날 권리(구속된 피고인·피의자의 타인과의 접견권), 피의자가 변호인과 상담·조언을 구할 권리, 알 권리는 헌법상 직접 인정되는 권리이다.
헌법상 직접 인정되지 않는 권리	① 환경권, 국가유공자보상금수급권, 공무원연금수급권과 같은 사회보장수급권, 의료보험수급권, 산재보험수급권 등은 헌법상 직접 인정되는 권리가 아니고 법률규정이 있어야 비로소 인정되는 권리이다. ② 환경영향평가대상 지역 밖에 거주하는 주민들은 환경권 또는 「환경정책기본법」에 근거하여 공유수면매립면허처분의 무효확인을 구할 원고적격은 인정되지 않는다.

2. 반사적 이익과 개인적 공권

① 강행법규가 오로지 공익만을 목적으로 하여 사익보호성이 없는 경우 그 이익은 반사적 이익이다. 횡단보도의 설치 또는 폐지로 인하여 지하상가의 임대인 또는 임차인이 누리는 지하상가의 영업권 활성화와 같은 이익은 「도로교통법」에 의하여 보호되는 직접적·구체적 이익이라고 할 수 없으므로 지하상가의 임대인 또는 임차인은 횡단보도설치행위를 다툴 법률상의 이익이 없다.

② 반사적 이익과 개인적 공권

구분	강행법규	사익보호	취소소송의 원고적격	손해배상청구
반사적 이익	O	X	X	X
개인적 공권	O	O	O	O

3. 개인적 공권의 확대

구분	과거	현대
요소	3요소설	2요소설, 소제기가능성 또는 의사력의 존재는 제외
반사적 이익	넓게 인정	① 좁게 인정 ② 반사적 이익의 공권화 ③ 경업자 · 경원자 · 주민소송에서 원고적격 확대 ④ 제3자 보호규범론
재량영역에서 개인적 공권	부정	① 긍정 ② 무하자재량행사청구권 ③ 행정개입청구권 ④ 재량의 영으로 수축이론
사익보호성	① 근거법조항 ② 공익을 추구하고 있을 때 사익보호성 부정	① 관련 법조항 + 헌법상 기본권 + 관습법 + 조리 ② 공익을 추구하고 있는 경우에도 부수적으로 사익보호성 인정

4. 경업자소송과 개인적 공권

원고적격 인정	원고적격 부정
① 특허기업: 법령이 특허업자의 경영상 이익을 법적으로 보호하므로 신규업자에 대한 면허처분에 대해 다툴 이익 ② 「여객자동차 운수사업법」에 의하여 면허를 받은 기존업자의 경영상의 이익 ③ 구 「해상운송사업법」에 근거한 신규선박운항사업 면허허가처분에 대한 당해 항로에 취항하고 있는 기존업자 ④ 기존 담배소매업자 ⑤ 분뇨 · 축산폐수 수집 · 운반업자 ⑥ 약종상영업허가를 받은 자의 이익 ⑦ 기존 광산업자의 이익 ⑧ 허가를 받은 중계유선방송사업자의 사업상 이익	① 허가기업: 일반적으로 법령이 허가업자의 경영상 이익을 보호하지 않으므로 신규업자에 대한 허가에 대해 다툴 이익이 없다. ② 동일 건축물 또는 시설물 안에 지정된 일반소매인의 이익 ③ 한의사 면허는 허가이고 한의사의 영업상 이익 ④ 기존 목욕장영업장 부근에 신설 영업장 허가처분에 따른 수입감소를 이유로 한 기존업자의 이익 ⑤ 석탄가공업자의 영업상 이익 ⑥ 기존 복합조미료 판매업자 ⑦ 기존 여관업자의 이익 ⑧ 장의자동차운송사업구역 위반을 이유로 한 과징금부과처분에 의해 동종업자의 영업이 보호되는 결과는 사업구역제도의 반사적 이익에 불과하다. 따라서 과징금부과처분을 취소한 재결에 대하여 처분의 상대방이 아닌 제3자는 취소를 구할 이익이 없다(91누13700). ⑨ 기존 양곡가공업자의 영업상 이익

5. 경원자소송과 개인적 공권

원고적격 인정	원고적격 부정
① 경원자소송에서는 법적 자격의 흠결로 신청이 인용될 가능성이 없는 경우를 제외하고는 경원관계의 존재만으로 거부된 처분의 취소를 구할 법률상 이익이 있다. ② 국세청장이 특정업자를 병마개제조업자로 지정한 경우 병마개업자로 지정받지 못한 자 ③ 바다모래제염처리시설을 설치하기 위한 항만공사 시행허가를 받지 못한 자 ④ LPG 충전사업신규허가에 대해 허가를 받지 못한 자 ⑤ 법학전문대학원 인가를 받지 못한 대학교	① 자신들이 검정 신청한 교과서의 과목과 전혀 관계가 없는 수학, 미술과목의 교과용 도서에 대한 합격결정처분 ② 기존의 대학교 교수는 같은 학과 교수임용의 취소를 구할 법률상 이익은 없다. ③ 교수임용에 대해 그 학과 학생들이 취소를 구할 이익은 없다.

6. 주민소송과 개인적 공권

원고적격 인정	원고적격 부정
① 연탄공장건축허가에 대한 구 「도시계획법」상 주거지역에 거주하는 인근 주민 ② LPG 충전소 설치허가처분 ③ 화장장 설치를 내용으로 하는 도시계획결정 ④ 원자로시설부지 사전승인처분 ⑤ 구 「산업집적활성화 및 공장설립에 관한 법률」, 「국토의 계획 및 이용에 관한 법률」 등의 취지상 김해시 상수원 주변에 공장설립승인처분에 대해 환경영향평가대상지역 밖 주민인 부산시 주민들 ⑥ 일조권을 침해받을 개연성이 있는 주민 ⑦ 문화재보호구역 내 토지소유자는 지정해제를 요구할 권리가 있고, 이를 거부한 행위는 항고소송의 대상이 된다 ⑧ 고양된 일반사용: 도로와 생활상 밀접한 관계가 있는 주민은 도로폐지의 취소를 구할 이익이 있다. ⑨ 폐기물소각시설로부터 300m 이내의 주민은 폐기물소각시설 설치처분의 취소를 구할 법률상 이익이 있다.	① 「수도법」은 사익보호성이 없으므로 부산시장의 상수원보호구역을 변경한 처분 ② 건축공사가 완료된 후 건축허가나 준공검사의 취소를 구할 법률상 이익은 없다. ③ 지방문화재 지정에 대해 일반국민 ④ 甲이 乙 소유의 도로를 공로에 이르는 유일한 통로로 이용하였으나 甲 소유의 대지에 연접하여 새로운 공로가 개설되어 그쪽으로 출입문을 내어 바로 새로운 공로에 이를 수 있게 된 경우, 甲이 乙 소유의 도로에 대한 도로폐지허가처분의 취소를 구할 법률상 이익은 없다. ⑤ 일반적인 시민 생활에서 도로를 이용하는 사람은 도로폐지의 취소를 구할 이익이 없다.

7. 환경영향평가와 사익보호성

환경영향평가 대상지역 내 주민	공유수면매립처분으로 환경영형평가대상지역 내 주민은 법률상으로 보호되는 환경상 이익의 침해 또는 침해우려가 있는 것으로 추정되어 무효확인을 구할 적격이 인정된다.
환경영향평가 대상지역 밖 주민	① 환경영향평가대상지역 밖의 주민이라 할지라도 공유수면매립면허처분으로 처분 전과 비교하여 수인한도를 넘는 환경피해를 받거나 받을 우려가 있는 경우에는 환경상 이익에 대한 침해 또는 침해우려가 있다는 것을 입증함으로써 그 처분의 무효확인을 구할 원고적격이 인정된다. ② 「환경정책기본법」이나 환경권에 기하여 바로 원고적격이 인정되지 않는다.

8. 무하자재량행사청구권

[무하자재량행사청구권과 행정개입청구권]

구분	무하자재량행사청구권	행정개입청구권
내용	적법한 재량행사를 구하는 권리이다.	① 특정한 행위를 청구할 권리이다. ② 협의의 행정개입청구권은 개인이 자기 이익을 위해 제3자에 대해 행정권의 발동을 청구할 권리이다.
권리성질	형식적 공권, 소극적 권리 + 적극적 권리	실체적 공권
행정청의무	특정한 행위를 할 의무는 없다.	특정한 행위를 할 의무가 있다.
성립요건	① 재량의 한계를 준수할 의무가 있을 것 ② 사익보호성	① 행정권 발동의 의무가 있을 때 ② 사익보호성
적용영역	① 기속행위(X) ② 재량행위(O) ③ 결정재량, 선택재량 모두에서 인정	① 기속행위(O) ② 재량행위(O) ③ 원칙적으로 결정재량에서만 인정

9. 검사임용신청거부사건

① 임용대상에서 제외한 자에 대한 임용거부의 의사표시는 본인에게 직접 고지되지 않았다고 하여도 본인이 이를 알았거나 알 수 있었을 때에 그 효력이 발생한 것으로 보아야 한다. → 직접 고지되어야 효력발생(X)

② 법령에 명문의 규정이 없어도 조리상 임용권자는 임용 여부의 응답을 할 의무를 진다.

③ 검사의 임용에 있어서 임용권자가 임용 여부에 관하여 어떠한 내용의 응답을 할 것인지는 임용권자의 자유재량에 속한다.

④ 임용 여부는 자유재량이나, 응답 여부는 편의재량이 아니다.

⑤ 임용권자는 재량권의 한계일탈이나 남용이 없는 위법하지 않은 응답을 할 의무가 있고, 신청자는 권리가 있다.

⑥ 검사임용신청자들의 임용신청에 대하여 임용 여부의 응답을 받을 권리는 취소소송의 대상적격 문제가 된다.

⑦ 무하자재량행사청구권을 명문으로 인정하지는 않았다(90누5825).

10. 재량권 '영'으로 수축

① 개인의 생명, 신체 등 중요한 법익에 급박하고 현저한 침해의 우려가 있는 경우 재량권이 영으로 수축된다.
② 재량행위의 경우에는 무하자재량행사청구권이 인정되고 행정개입청구권은 원칙상 인정되지 않지만, 재량권이 영으로 수축하는 경우에는 무하자재량행사청구권이 행정개입청구권으로 전환된다.

11. 무하자재량행사청구권과 행정개입청구권의 침해에 대한 구제수단
① 행정쟁송

구분	행정청의 거부	행정청의 부작위
행정심판	• 의무이행심판(○) • 취소심판(○)	의무이행심판(○)
행정소송	• 취소소송(○) • 무효확인소송(○) • 의무이행소송(X)	• 부작위위법확인소송(○) • 의무이행소송(X) → 의무이행소송제도가 없어서 행정개입청구권을 완전히 관철하기 힘들다.

② 손해배상(○)

12. 행정개입청구권 관련 판례
① 윤락녀들이 윤락업소에 감금된 채 윤락을 강요받으면서 생활하고 있음을 쉽게 알 수 있는 상황이었음에도 경찰이 이를 방치한 것은 직무상 의무위반에 해당한다.
② 15분간 주민이 무장간첩과 격투했음에도 경찰이 출동하지 않은 것은 직무상 의무위반에 해당한다.
③ 국민이 행정청에 대하여 제3자에 대한 건축허가의 취소나 준공검사의 취소 또는 제3자 소유의 건축물에 대한 철거 등의 조치를 요구할 수 있다는 취지의 규정이 없고, 「건축법」은 시장·군수·구청장에게 건축허가 등을 취소하거나 건축물의 철거 등 필요한 조치를 명할 수 있는 권한 내지 권능을 부여한 것에 불과할 뿐, 시장·군수·구청장에게 그러한 의무가 있음을 규정한 것은 아니므로 위 조항들도 그 근거규정이 될 수 없으며, 그 밖에 조리상 이러한 권리가 인정된다고 볼 수도 없다.

3 개인적 공권의 이전가능성

양도·압류와 포기가 제한되는 권리	양도·압류와 포기가 제한되지 않는 권리
① 생명·신체의 침해로 인한 국가배상청구권 ② 「국민연금법」상 수급권 ③ 「공무원연금법」상 수급권 ④ 선거권, 운전면허 ⑤ 일체의 소송을 포기할 때 재판청구권: 일체의 소송이나 손실보상을 청구할 수 없다는 부제소특약은 허용될 수 없다. ⑥ 재해위로금: 「석탄사업법 시행령」의 재해위로금 청구권은 포기할 수 없다.	① 재산권의 침해로 인한 국가배상청구권 ② 손실보상청구권

4 공의무

공의무 주체	사인뿐 아니라 행정주체도 공의무를 진다.
공의무 발생의 근거	법령, 행정행위, 공법상 계약으로 공의무는 발생한다.
병역의무	이전 불가
납세의무	A법인과 B법인이 B법인으로 합병한 경우, 존속하는 법인인 B법인이 소멸하는 법인인 A법인의 납세의무를 승계한다.
의무불이행의 효과	① 제재조치: 영업허가의 취소·정지, 시정조치 등 　㉠ 의무 해태를 탓할 수 없는 정당한 사유가 있는 경우와 같은 특별한 사정이 없는 한 위반자에게 고의·과실이 없더라도 부과 가능 　㉡ 반드시 현실적인 행위자가 아니라도 법령상 책임자로 규정된 자에게 부과 　㉢ 종업원의 법규 위반행위를 몰랐다 해도 영업주에게 영업정지처분을 물을 수 있다. ② 행정상 강제, 행정벌

1. 의사의 진료행위거부금지의무

의사의 진료행위 거부금지의무의 근거	① 「의료법」 제15조에 따른 의무(○) ② 특별권력관계에서 의무(X), 의사면허에 따른 의무(X)
환자의 이익	① 법률상 이익(X), 반사적 이익(○): 항고소송(X), 민사소송(X), 손해배상청구소송(X) ② 형사고발(○)
정당한 이유 없이 진료를 거부한 의사	「의료법」에 따라 형사처벌된다. → 행정형벌(○), 행정질서벌(X)

2. 공권·공의무의 승계

행정주체	권리·의무를 승계할 수 있다.
승계의 근거법률	① 일반법(X) ② 「행정절차법」은 당사자 등의 지위의 이전·승계에 관해 규정하고 있다. ③ 「체육시설의 설치·이용에 관한 법률」상 체육시설에 관한 영업의 양도로 영업주체가 변경되었더라도 회원 모집 당시의 기존 회원의 권익에 관한 약정은 양수인에게 그대로 승계된다. ④ 구 「가축분뇨의 관리 및 이용에 관한 법률」상 배출시설 등의 양수인이 양도인으로부터 배출시설 등의 점유·관리를 이전받음으로써 시설설치자의 지위를 승계받은 경우, 이후 양도의 원인행위가 해제되었더라도 여전히 배출시설 등을 점유·관리하고 있다면 승계받은 지위를 계속 유지한다.
대인적 권리	승계(X)
대물적 권리	① 법률규정이 없어도 승계(○) ② 양도인의 채석허가 취소에 대해 양수인은 취소를 구할 법률상 이익을 가진다.

3. 제재사유의 승계 여부 판례

양수인에 대해 제재	① 어떠한 공중위생영업에 대해 그 영업을 정지할 위법사유가 있다면, 관할 행정청은 그 영업이 양도 · 양수되었다 해도 양수인에 대해 영업정지처분을 할 수 있다. ② 석유판매업자의 지위를 승계한 자에 대하여 종전의 석유판매업자가 유사석유제품을 판매하는 위법행위를 하였다는 이유로 사업정지 등 제재처분을 취할 수 있다. ③ 관할 관청은 개인택시운송사업의 양도 · 양수에 대한 인가를 한 후에도 그 양도 · 양수 이전에 있었던 양도인에 대한 운송사업면허 취소사유를 들어 양수인의 사업면허를 취소할 수 있다. ④ 산림을 무단형질변경하여 원상회복명령이 발해진 경우 원상복구의무는 승계될 수 있으므로 상속인에게 복구명령을 할 수 있다. ⑤ 「식품위생법」상 영업허가가 양도되었다 하더라도 양도인의 위법행위를 이유로 한 제재절차는 계속할 수 있다. ⑥ 영업장 면적이 변경되었음에도 그에 관한 신고의무가 이행되지 않은 영업을 양수한 자가 신고의무를 이행하지 않은 채 영업을 계속한다면 시정명령 또는 영업정지 등 제재처분의 대상이 될 수 있다. ⑦ 「식품위생법」 제78조나 「먹는물관리법」 제49조는 명문규정으로 책임의 승계를 인정하고 있는데, 양수인이 양수할 때에 양도인에 대한 제재처분이나 위반사실을 알지 못하였음을 입증하였을 때에는 책임의 승계를 부인하고 있다.
양도인에 대해 제재	① 아직 승계신고 및 그 수리처분이 있기 전에는 비록 양수인이 법령위반행위가 적발되더라도 그 행정적인 책임은 양도인에게 귀속된다. ② 양수인이 명의를 변경하지 않은 채 사용승인을 받지 않고 건물을 사용한 경우 시정명령과 이행강제금 부과대상은 양도인이다.

판례상 승계 또는 이전된다고 본 사례	판례상 승계 또는 이전되지 않는다고 본 사례
① 공중위생업(이발소) ② 개인택시사업면허 ③ 학원설립허가 ④ 석유판매사업권과 제재 ⑤ 원상회복명령에 따른 산림복구의무 ⑥ 과징금 부과 ⑦ 건축허가	① 이행강제금 ② 공중목욕탕영업허가

5 고의 · 과실을 요건으로 하는 것과 하지 않는 것

요건으로 하는 것	요건으로 하지 않는 것
① 행정형벌 ② 행정질서벌 ③ 공무원의 불법행위로 인한 손해배상	① 행정법규 위반자에 대한 제재조치(영업정지처분) ② 가산세 ③ 이행강제금 ④ 과징금 ⑤ 공무원 징계 ⑥ 영조물설치 · 관리하자로 인한 손해배상

제4절 특별행정법관계

1 전통적(고전적) 특별권력관계론

1. 19세기 프랑스에서(X) / 독일에서(○) 성립한 이론이다.

2. 불침투설이 그 근거가 된다.

3. 고전과 현대의 비교

구분	고전적 특별권력관계	현대적 특별권력관계
법치주의 적용	X	○
법률유보	X	○
기본권의 효력	X	○
기본권 제한 한계	X	○
기본권 제한하는 공권력 행사 사법심사	X	○

2 울레의 주장

구분	기본관계(외부관계)	경영수행관계(내부관계)
의의	공무원의 임면과 징계(파면), 국공립대학생의 입·퇴학과 징계, 군인의 입대와 제대, 수형자의 입소와 퇴소 등 특별권력관계의 성립·존속·유지와 관련되는 관계	공무원에 대한 직무명령, 국공립학교 과제물 부과, 시험평가 등 경영수행에 관련되는 관계
법치주의 적용	○	X
법률유보 적용	○	X
사법심사(처분)	○	X

3 현대적 특별권력관계론

일반권력관계와 특별권력관계	① 양적 차이(○), 질적 차이(X) ② 일반권력관계보다 특별권력관계는 상대적으로 자율성이 강조되는 부분사회이다. ③ 지방자치단체와 소속 공무원의 관계에서는 일반행정법관계보다 재량이 인정될 여지가 있다.
법률유보	법률의 위임에 의하지 않은 「행형법 시행령」이나 「계호근무준칙」은 수형자의 권리 제한의 근거나 그 제한조치의 위법 여부를 판단하는 법적 기준이 될 수 없다.
비례원칙 적용	① 3사관생도의 기본권 제한은 일반국민보다 더 제한될 수 있다. ② 3사관생도의 기본권 제한에도 과잉금지원칙이 적용되어야 한다. ③ 사관생도의 음주의 경위 등을 고려하지 않고 2회 이상인 경우 퇴학처분하도록 한 금주조항에 근거한 퇴학처분은 위법하다.

4 특별권력관계의 성립과 소멸

1. 특별권력관계의 성립

법률에 의한 직접적 성립	직접적인 법률의 규정에 의하여 성립하는 예로는 소집대상자의 입대, 전염병환자의 강제입원, 죄수의 수감 등을 들 수 있다.
동의에 의한 성립	동의에 의한 성립에는 임의적 동의(국공립학교의 입학이나 국공립도서관의 이용, 별정우체국장 지정 등)와 의무적 동의(학력아동의 초등학교 취학 등)가 존재한다.

2. 특별권력관계의 소멸

목적달성	국공립학교의 졸업, 군인제대, 죄수형기만료
자발적 탈퇴	공무원의 사임
일방적 배제	학생의 퇴학, 공무원 파면

5 특별권력관계의 종류

1. 유형별 분류

공법상 근무관계	공무원임명, 현역병징집
공법상 영조물 이용관계	① 국공립학교재학: 서울대와 서울대학생의 관계 ② 전염병환자의 국립병원 입원관계 ③ 교도소 수용관계
공법상 사단관계	공공조합과 그 조합원의 관계로서 공공조합은 그 조합원에 대하여 특별한 관계를 형성할 수 있다.
공법상 특별감독관계	공공조합, 특허기업자 또는 국가로부터 행정사무 수행의 위임을 받은 자(공무수탁사인) 등 국가의 특별한 감독을 받는 관계가 이에 해당한다.

2. 특별권력관계 여부

특별권력관계인 것	특별권력관계가 아닌 것
① 농지개량조합과 직원의 관계 ② 구청장과 동장의 관계, 구청장에 의한 동장면직처분은 항고소송의 대상이 된다. ③ 국공립병원과 감염병환자 ④ 교도소와 재소자 ⑤ 국가와 특허사업자의 관계	① 서울특별시 지하철공사의 임직원 근무관계: 사법상 계약관계 ② 국가 또는 지방자치단체와 납세의무자 ③ 자치구와 주민 ④ 세무서와 세무사 ⑤ 법원과 변호사 ⑥ 국가와 영업허가업자의 관계

6 특별권력관계의 내용

1. 징계를 받더라도 형사처벌이 면제되지 않는다. 그러나 형사처벌은 일반권력관계에서 부과되지 특별권력관계에서 부과되는 것은 아니다.

2. 법률에 근거하지 않은 특별명령은 허용되지 않는다.

구분	일반권력관계	특별권력관계
관계의 성립	당연성립	법률규정과 당사자 동의에 의해 성립
제재	행정벌	징계벌

7 특별권력관계에서의 권리제한 사법심사 여부

① **농지개량조합의 직원에 대한 징계**: 항고소송 대상(○)
② **구청장의 동장에 대한 직권면직**: 항고소송 대상(○)
③ **서울대학교의 일본어를 제외하는 입시요강, 교도소장의 미결수용자와 수형자 서신검열, 경찰서장의 신체수색행위**: 헌법소원 대상(○)

8 서울교육대 징계 판례

① **국립대학교 학생에 대한 징계**: 항고소송 대상(○)
② **학생에 대한 징계**: 교육적 재량, 다만 효과재량설에 따르면 학생에 대한 징계는 침익적 행위이므로 기속행위이다.
③ **교수회의 의결절차는 징계를 위한 필수적 절차이다. 따라서 교수회의 심의 · 의결을 거치지 아니한 학장의 퇴학처분은 위법하다.**

1 행정법 흠결과 사법 적용

문제의 배경	① 행정법은 역사가 짧아 「민법」에 비하면 흠결이 많다. ② 공법과 사법을 구별하는 법원론체계국가에서 문제된다.
행정법 규정의 흠결 시 적용 법령	「행정기본법」 적용, 행정법 규정 유추적용, 헌법, 조리, 사법 적용

2 사법규정의 행정법관계에의 적용

사법규정 적용에 대한 법률규정이 없는 경우	사법규정이 행정법관계에 적용될 수 있다.
사법규정의 행정법관계 적용 여부에 관한 학설	① 직접효력설, 유추적용설(다수설) ② 유추적용설은 공·사법 구별을 전제로 하며, 사법규정은 일반원리를 매개로 하여 행정법관계에 간접적용된다고 한다.

3 사법규정의 적용

사적 자치	권력관계 적용(X) / 관리·국고관계 적용(○)
공서양속원칙	공서양속에 반한 행정행위는 취소설이 다수설이다.
시효취득 조항	적용될 수 있다. 다만, 행정재산에는 적용되지 않는다.
의사무능력자 관념	적용된다. 의사무능력자의 신청은 무효이다.
행위제한능력자 (구 행위무능력자) 조항	① 행정법관계에서도 적용된다. ② 행위무능력자에 의한 사인의 공법행위도 유효한 것이라고 보는 개별법이 있 다(「도로교통법」상 운전면허, 「우편법」).

구분	원칙적으로 적용되는 법	사법적용 가능성	법기술적 규정, 법원리규정	이해조절적 규정	사적 자치
권력관계	공법	○	○	X	X
관리관계	사법	○	○	○	○
국고관계	사법 전면 적용	○	○	○	○

행정법상 법률관계의 발생과 소멸

제1절 행정법상 법률관계의 법률요건과 법률사실

행정법상 용태	고의 · 과실, 악의 · 선의, 허가, 특허, 공증 등(정신적 작용)
공법상 사건	사망, 연령, 기간, 물건의 소유 · 점유, 의사의 사망으로 면허 실효, 19세가 되어 선거권 취득, 토지소유에 따른 납세의무발생, 무자격자의 연금수령, 조세과 오납 등(정신적 작용 무관)

제2절 공법상 사건

1 시간의 경과

원칙(「행정기본법」 제6조 제1항)	행정에 관한 기간의 계산에 관하여는 이 법 또는 다른 법령등에 특별한 규정이 있는 경우를 제외하고는 「민법」을 준용한다.
법령등 또는 처분에서 국민의 권익을 제한하거나 의무를 부과하는 경우 권익이 제한되거나 의무가 지속되는 기간의 계산	다음의 기준에 따른다. 다만, 다음의 기준에 따르는 것이 국민에게 불리한 경우에는 그러하지 아니하다. ① 기간을 일, 주, 월 또는 연으로 정한 경우에는 기간의 첫날을 산입한다. ② 기간의 말일이 토요일 또는 공휴일인 경우에도 기간은 그 날로 만료한다.
초일불산입원칙이 적용되는 경우	① 행정심판, 행정소송의 제기기간 ② 법률의 효력발생일(시행일) ③ 납세처분을 위한 지정된 독촉기간 ④ 공법상 금전채권 소멸시효기간 ⑤ 이의신청기간 ⑥ 입법예고기간
예외적으로 초일이 산입되는 경우 (초일불산입원칙이 적용되지 않는 경우)	① 연령계산 ② 민원처리기간 ③ 출생신고기간, 사망신고기간 ④ 국회회기 ⑤ 구속기간 ⑥ 공소시효기간 ⑦ 오전 0시부터 시작하는 경우

2 소멸시효

적용되는 채권	국민의 행정주체에 대한 채권뿐 아니라 행정주체의 국민에 대한 채권
「국가재정법」의 소멸시효 조항	① 금전의 급부를 목적으로 하는 국가의 권리로서 시효에 관하여 다른 법률에 규정이 없는 것은 5년 동안 행사하지 아니하면 시효로 인하여 소멸한다. ② 「국가재정법」 제96조 제1항은 채권은 다른 법률에 이보다 짧은 기간의 소멸시효가 있는 경우 외에는 모두 소멸시효기간을 5년으로 한다는 것이다.
「민법」의 소멸시효의 국가배상청구에의 적용 여부	① 「민법」의 안 날부터 3년 적용(○), 불법행위를 한 날부터 10년 적용(X) ② 불법행위를 한 날부터 「국가재정법」이 적용되어 5년
소멸시효의 기산점	손해가 예상되는 시점(X), 손해가 현실적으로 발생한 때(○)

3 소멸시효의 중단

「민법」 규정	① 공법의 소멸시효 중단에는 「민법」 규정이 적용된다. ② 사법상의 원인에 기한 국가채권의 경우에 납입고지에 있어 「민법」상 최고보다 더 강한 시효중단의 효력을 인정한 것은 평등권 침해가 아니다.
소멸시효 중단사유	채권청구, 압류, 납세고지, 독촉, 교부청구
소멸시효가 중단되는 경우	① 납북상태에서는 소를 제기할 수 없으므로 납북된 자 ② 압류할 목적물을 찾아내지 못하여 압류를 실행하지 못하고 수색조서를 작성하는 데 그친 경우 ③ 납입고지에 의한 부과처분이 취소되더라도 시효중단효력은 상실되지 않는다. ④ 교부청구한 이상 교부청구를 체납자에게 알리지 않은 경우 ⑤ 과세처분의 취소소송을 제기한 경우
소멸시효가 중단되지 않는 경우	① 변상금 부과처분에 대한 취소소송이 진행되는 경우 ② 복수채권을 가진 자가 그중 하나의 채권을 행사했더라도 다른 채권

4 소멸시효의 완성

소멸시효 완성의 효력	① 소멸시효가 완성되면 납세의무는 절대적으로 소멸한다. 시효완성 후 조세부과처분은 무효이다. ② 화물자동차 유가보조금을 교부받은 운송사업자로부터 부정수급액을 반환받을 권리는 5년의 소멸시효가 적용되고, 이미 소멸시효가 완성된 부정수급액에 대한 반환명령은 위법하다.

시효완성의 효과 주장책임	공법상 시효완성 효과는 시효의 이익을 받는 자가 주장(원용)하지 않으면 그 의사에 반하여 재판할 수 없다.
신의칙에 반하는 경우	① 채무자가 시효완성 전에 채권자의 권리행사를 불가능하게 한 경우 등은 신의성실의 원칙에 반하여 채무자의 소멸시효 완성 주장은 허용될 수 없다. ② '진실·화해를 위한 과거사정리위원회'가 신청대상자를 희생자의 배상에 있어서 국가가 소멸시효의 완성을 주장하는 것은 '신의성실원칙'에 반하는 권리남용에 해당하여 허용될 수 없다.

5 시효취득의 대상

행정재산	시효취득과 매각의 대상(X)
일반재산(잡종재산)	시효취득 대상(O)
일반재산에서 행정재산으로 변경된 경우	시효취득(X)
행정재산이 공용폐지되는 경우	시효취득 대상(O)
행정재산의 공용폐지	① 명시적 폐지 + 묵시적 폐지 ② 행정재산이 본래의 용도에 제공되지 않는 상태에 놓여 있다는 사실만으로 관리청의 이에 대한 공용폐지의 의사표시가 있었다고 볼 수 없다.
행정재산 공용폐지에 대한 입증책임	시효취득을 주장하는 자
국가의 사인 토지에 대한 취득시효가 완성된 경우	토지소유자는 「하천편입토지 보상 등에 관한 특별조치법」에 따른 손실보상청구권을 행사할 수 있다.

6 제척기간

① **행정심판청구기간, 행정소송제소기간**: 소멸시효(X), 제척기간(O)

② 소멸시효는 중단이 있으나, 제척기간은 중단이 없다.

7 주소와 거소

① **공법상 주소**: 복수(X) / 단수(O)

② 다른 법률에 특별한 규정이 없으면 이 법에 따른 주민등록지를 공법관계에서의 주소로 한다.

제3절 공법상 사무관리와 공법상 부당이득

1 사무관리와 공법상 부당이득의 비교

사무관리	공법상 부당이득
① 법률상 의무 없이 타인을 위하여 재산등 관리 ② 재난 시 구호, 행려병자 보호 ③ 국가와 사인 모두	① 법률상 원인 없이 타인 재산·노무 이용하여 타인에게 손해를 끼치고 얻은 이익 ② 국가의 사인 토지 불법 이용, 조세와 오납, 무효인 과세처분에 따른 세금납부, 무자격자의 연금수령, 봉급과다수령 ③ 국가와 사인 모두

2 사무관리

종류	국가에 의한 사무관리와 사인에 의한 사무관리가 있다.
해양방제비용 청구	유조선에서 원유가 유출되는 사고가 발생하자 해양경찰의 직접적인 지휘를 받아 방제작업을 보조한 경우, 사무관리에 근거하여 국가에 방제비용을 청구할 수 있다.
일반법 부재	공법상 사무관리에 관한 일반법 조항은 없고, 「민법」이 적용될 수 있다.

3 부당이득

1. 공법상 부당이득에 관한 일반법 조항은 없고, 「민법」이 적용될 수 있다.

2. 부당이득청구권의 성질

다수설	공권설 → 당사자소송
판례	사권설 → 민사소송, 다만 부가가치세 환급권은 공권이고 당사자소송

3. 부당이득 관련 판례

부당이득 성립 부정	① 신고납세방식의 조세에서 신고행위가 무효가 아닌 한 부당이득에 해당하지 않는다. ② 위법한 조례에 의한 과세처분이 당연무효가 아닌 한 취소되기 전까지 부당이득이 인정되지 않는다. ③ 감정평가가 너무 낮게 책정되어 저렴한 가액으로 경락결정이 나온 경우라도 시가와 경락결정 가액의 차액이 부당이득이 되는 것은 아니다. ④ 제3자가 「국세징수법」에 따라 체납자의 명의로 체납액을 완납한 경우 국가에 대하여 부당이득반환을 청구할 수 없다. ⑤ 국가가 A단체에 시설관리를 위탁하여 사용·수익하게 한 경우, A단체가 제3자에게 용역을 제공한 경우 부가가치세는 A단체가 부담해야 하므로 국가가 부당이득을 취했다고 할 수 없다.

부당이득 성립 인정	① 보험급여 수급권자에게 가해자 등 제3자가 보험급여 항목과 관련된 재산상 손해액을 모두 변제하였음에도 수급권자가 보험급여를 받았고 국민건강보험공단이 보험급여와 관련하여 부담금을 지급한 경우, 그 지급한 부담금을 부당이득으로 징수할 수 있다. ② 잘못 지급된 특수임무수행자 보상금에 해당하는 금액의 징수처분을 해야 할 공익상 필요가 당사자가 입게 될 불이익을 정당화할 만큼 강한 경우에 한하여 보상금을 받은 당사자로부터 오지급금액의 환수처분이 가능하다. ③ 의료기관을 개설할 수 없는 자가 개설한 의료기관은 「국민건강보험법」상 요양기관이 될 수 없으므로, 이러한 의료기관이 「국민건강보험법」상 요양급여를 실시하고 급여비용을 청구하는 것은 '속임수나 그 밖의 부당한 방법'에 해당하여 「국민건강보험법」 제57조에 의한 부당이득징수처분의 대상이 된다.
변상금과의 관계	① 변상금부과징수권과 부당이득반환권은 경합하여 병존하게 되고, 부당이득반환청구권이 만족을 얻어 소멸하면 변상금부과징수권도 소멸한다. ② 국가는 국유재산의 무단점유자에 대하여 변상금부과징수권의 행사와 별도로 민사상 부당이득반환청구의 소를 제기할 수 있다.
부당이득의 종류	행정주체의 부당이득, 행정객체의 부당이득
행정주체가 선의로 부당이득을 취한 경우	부당이득 전액을 반환해야 한다. 환급가산금의 내용에 대한 세법상의 규정은 부당이득반환 범위에 관한 「민법」 규정에 대하여 특칙으로서의 성질을 가지므로 환급가산금은 수익자인 국가의 선의·악의를 불문하고 각각의 세법 규정에서 정한 대로 확정된다.
비채변제 조항인 「민법」 제742조	공법상 부당이득 적용(X)
부당이득반환청구권의 소멸시효	특별한 규정이 없는 한 5년
부당이득반환청구권의 소멸시효 기산점	① 조세납부 시 또는 조세징수 시부터 기산한다. ② 지방자치단체장의 변상금 부과처분이 당연무효인 경우 이 처분에 의하여 납부자가 납부하거나 징수당한 오납금에 대한 부당이득반환청구권은 납부 또는 징수 시에 발생하여 확정된다.
과세처분의 취소소송을 제기하는 경우	부당이득반환청구권의 소멸시효는 중단된다.

제1절   공법상 행위

1 공법상 행위의 종류

행정주체가 하는 공법행위, 사인이 행하는 공법행위

2 사인의 공법행위

개념	사인의 공법행위는 공법적 효과를 가져오는 법적 행위를 말한다.
유형	사인은 행정객체로서 공법상 행위를 하는 경우(예 인허가 신청, 신고)도 있으나, 행정주체로서 공법상 행위를 하는 경우(예 선거)도 있다.
행정행위와 구별	사인의 공법행위는 공정력, 확정력, 집행력이 인정되지 않고 부관을 부칠 수 없다.

3 사인의 공법행위에 대한 적용법규

일반법	① 사인의 공법행위에 적용되는 일반법은 없다. ② 「행정절차법」에 신청이나 신고에 관한 규정이 있으나, 사인의 공법행위의 일반법은 아니다.
사인의 공법행위	「민법」이 적용된다. 의사무능력자의 신고는 무효이다.
사인의 공법행위에 대리 허용 여부	① 법률에서 대리행위를 금지한 경우: 「병역법」과 같이 대리행위를 금지하는 경우 대리는 금지된다. ② 일신전속적 행위: 투표행위, 귀화신청, 공무원의 사직원제출, 공무원시험 응시행위는 성질상 대리가 금지된다. ③ 일신전속적 행위가 아닌 경우: 영업허가신청, 부동산등기신청은 대리인도 할 수 있다. 따라서 「민법」상 대리는 개인의 공법행위에 유추적용될 수 있으나 제한된다.

4 의사표시 하자에 관한 「민법」 규정이 사인의 공법행위에 적용되는지 여부

사기 · 강박 · 착오에 의한 의사표시 취소	① 사인의 공법행위에도 적용될 수 있다. ② 비리를 저지른 공무원 A는 감사담당직원 B가 사직하지 아니하면 징계될 수밖에 없다고 하자 사직원을 제출했다. 이는 사기 · 강박에 의한 의사표시가 아니므로 의원면직처분은 적법하다. ③ 공무원 A는 중앙정보부직원 B가 사직하지 않으면 구타하겠다고 하자 사직원을 제출했다. 이는 강박에 의한 의사표시이므로 면직처분은 위법하다.
비진의 의사표시 무효조항 적용 여부	① 「민법」 제107조(진의 아닌 의사표시) 제1항: 의사표시는 표의자가 진의 아님을 알고 한 것이라도 그 효력이 있다. 그러나 상대방이 표의자의 진의 아님을 알았거나 이를 알 수 있었을 경우에는 무효로 한다. ② 사인의 공법행위에 적용되지 않는다. ③ 여군의 전역지원의 의사표시가 진의 아닌 의사표시라 해도 그 무효에 관한 법리를 선언한 「민법」 제107조 제1항 단서 규정은 그 성질상 사인의 공법행위에는 적용되지 않으므로 그 표시된 대로 유효한 것으로 보아야 한다. ④ 공법행위인 영업재개업신고, 공무원사직의 의사표시에 「민법」 제107조는 적용될 수 없다. ⑤ 일괄사표 제출이 진의가 아니었다 하더라도 그대로 유효하므로 이에 따른 의원면직처분도 무효가 아니다.

5 사인의 공법행위 철회와 보정

철회 시기	① 사인의 공법행위는 행정청의 처분 시까지 철회, 보정이 허용된다. 행정청의 처분이 있으면 철회할 수 없다. ② 공무원이 한 사직 의사표시의 철회는 의원면직처분이 있을 때까지 할 수 있다. 의원면직처분이 있으면 철회할 수 없다. ③ 의원면직처분이 있기 전이라도 그 철회가 신의칙에 반하는 경우에는 허용되지 않는다.
투표행위	취소 · 철회할 수 없다.

6 사인의 공법행위 형식

① 원칙 - 문서, 예외 - 구두
② 요식행위 원칙(○), 반드시 요식행위(X)

7 사인의 공법행위 효력발생시기

도달주의 원칙	사인의 공법행위는 도달된 때 효력이 발생한다.
예외	개별법에 발신주의를 규정하고 있는 경우에 한해 발송한 때 효력이 발생한다.「국세기본법」 제5조의2는 과세표준신고 등을 우편으로 할 때 발신주의를 규정하고 있다.

8 사인의 공법행위의 하자

하자 있는 사인의 행위가 행정행위의 단순한 동기	행정행위는 그대로 유효하다.
하자 있는 사인의 행위가 행정행위의 필수적 전제인 경우	① 행정행위 위법 ② 사인의 공법행위가 위법한 경우에도 그에 근거하여 행정처분이 내려지면 그 하자는 치유된다. (X)

제2절 사인의 공법행위로서의 신청과 신고

1 신청의 의의

개념	행정청에 일정한 행위를 청구하는 사인의 공법행위이다. 예 건축허가신청
신청의 의사표시	신청의 의사표시는 명시적이어야 한다. 공무원에게 신청내용을 검토해 달라는 요청으로는 신청이 있었다고 할 수 없다.

2 신청의 효과

처리의무	① 적법한 신청이 있는 경우, 행정청은 일정기간 내 처리해야 할 의무가 있다. ② 행정청은 법규에 규정되어 있지 않는 한 신청한 대로 처리해야 할 의무는 없다.
통지의무	① 행정청은 처리하고, 그 결과를 신청인에게 통지해야 한다. 건축허가신청에 대해 허가 또는 거부를 통지해야 한다. ② 재량행위인 경우 신청한 대로 처분할 의무는 없으나, 응답할 의무는 있다.
보완요구	① 행정청은 신청의 내용·형식·절차·요건 등에 흠이 있는 경우 보완가능하면 보완을 요구해야 하고, 바로 반려해서는 안 된다. ② 보완이 가능함에도 보완요구 없이 건축불허가처분한 것은 재량권의 범위를 벗어난 것이다.
재신청	신청에 대해 행정청이 거부한 경우, 거부처분이 불가쟁력이 발생하였다 하더라도 다시 행정청에 신청할 수 있다.

3 신고의 의의

신고의 종류	① 자기완결적 신고와 행위요건적 신고 ② 정보제공적 신고와 금지해제적 신고 ③ 체육시설업의 영업주체가 영업시설의 양도나 임대에 의해 변경되었음에도 그에 관한 신고를 하지 아니한 경우 보상대상에서 제외되는 위법한 영업이라 할 것은 아니다.
사실로서의 신고	① 법적 효과가 없는 신고이므로 사인의 공법상 행위에 해당하지 않는다. ② 테니스장을 배드민턴장으로 변경한 것은 「주택건설촉진법」(현 「주택법」)상 신고사항은 아니다. 행정청의 신고수리, 처분성이 없다. ③ 납골당 관리사무실, 편의시설은 신고해야 할 사항이 아니다. 신고 반려는 처분성이 없다.

4 자기완결적 신고(수리를 요하지 않는 신고)

효력발생시점	① 접수기관에 도달한 때, 신고의 효력은 발생한다. ② 공무원이 관계 법령에 규정되지 아니한 서류를 요구하여 신고서를 제출하지 못한 경우, 신고의 효력은 발생하지 않는다.
부적법한 신고	① 요건을 못 갖춘 신고는 바로 반려하지 말고 보완을 요구해야 한다. ② 행정청이 수리해도 신고의 효과가 발생하지 않고, 신고 후 영업행위는 무신고 불법 영업행위이다. 축산물판매업신고는 수리를 요하지 않는 신고이므로 부적법한 신고를 수리하여도 효력이 발생하지 않는다. ③ 「식품위생법」에 따른 식품접객업(일반음식점영업)의 영업신고의 요건을 갖춘 자도, 당해 건축물이 「건축법」 소정의 허가를 받지 아니한 무허가 건물이라면 적법한 신고를 할 수 없다.
적법한 신고를 거부하는 경우	① 형식적 요건을 갖춘 신고서를 제출한 경우: 관계 법령에 규정되지 아니한 사유를 들어 수리거부해도 제출 시에 신고 ② 신고 후 영업을 했는데 행정청이 수리를 거부했다고 하더라도 신고는 유효하므로 무신고 영업행위가 아니다.
신고필증의 의미	행정기관은 수리를 거부할 수 없으므로 자기완결적 신고에서 신고필증은 확인적 의미를 가진다. 신고의 효력발생과는 관계가 없으므로 신고필증이 없어도 효력이 발생한다.
수리거부의 처분성	부정하는 경우도 있고, 부정하지 않는 경우도 있다. 건축신고의 수리거부 처분성 인정

5 행위요건적 신고(수리를 요하는 신고)

구분	자기완결적 신고 (수리를 요하지 않는 신고, 본래적 의미의 신고)	행위요건적 신고 (수리를 요하는 신고)
법률	「행정절차법」	「행정기본법」
행정청의 수리를 법률효과의 요건으로 하는지 여부	X	○
법적 효과 발생시점	신고서가 접수기관에 도달한 때	행정기관이 수리한 때
형식적 요건을 갖춘 신고의 수리를 거부한 경우	신고한 때 법적 효과 발생 ○	X
적법한 신고에 대해 수리가 거부된 경우 영업행위	무신고 영업행위 아님.	무신고 영업행위
부적법한 신고를 행정기관이 수리한 경우	신고의 효력이 발생하지 않는다.	① 수리가 무효가 아니라면 신고의 효력은 발생한다. ② 적법성의 하자를 이유로 수리를 취소할 수 있다.
신고필증 교부, 신고효력발생요건	X	X
수리거부의 처분성	① 원칙: 처분성(X) ② 「건축법」상 신고의 수리거부: 처분성(○)	○

6 규제완화와 수리를 요하는 신고

규제완화 유형	① 특허 → 허가, 허가 → 신고 ② 준법률행위적 행정행위의 공증절차 간소화, 법률행위적 행정행위뿐 아니라 준법률행위적 행정행위에도 규제완화가 적용된다.
신고에서 실질적 심사	허가제에서 규제완화가 되면서 수리를 요하는 신고로 변경된 경우가 있다. 이때 허가요건이 남아 있는 경우, 수리를 요하는 신고는 완화된 허가제라고 하고, 이때 행정청은 수리를 함에 있어 실질적 심사를 할 수 있다.

7 신고 비교

자기완결적 신고	행위요건적 신고
① 유선업경영신고	① 주민등록전입신고: 수리한 때 효력이 발생
② 골프연습장이용료변경신고	② 「식품위생법」상 영업자지위승계신고
③ 당구장영업신고, 썰매장업신고: 수리를 요하지 않는 신고이므로, 수리 전 영업행위는 무신고 영업행위가 아니다.	③ 액화석유가스 영업자지위승계신고
	④ 납골당설치신고: 수리처분이 있어야 납골당을 설치할 수 있다.
④ 국적이탈신고, 출생신고, 사망신고	⑤ 건축주명의 변경신고
⑤ 의원개설신고: 행정청은 심사 없이 신고를 수리하여야 한다. 신고필증의 교부가 없더라도 의원개설신고의 효력을 부정할 수 없다.	⑥ 인허가가 의제되는 건축신고
	⑦ 「수산업법」의 어업신고: 수리를 거부한 경우 효력이 발생하지 않는다.
⑥ 공장설립신고	⑧ 볼링장영업신고
⑦ 일반건축신고	⑨ 구 「유통산업발전법」에 따른 대규모점포의 개설등록과 구 「재래시장 및 상점가 육성을 위한 특별법」에 따른 시장관리자 지정
⑧ 축산물판매업신고	
⑨ 「가축전염병 예방법」상 죽거나 병든 가축 신고: 정보제공적 신고, 신고만 하면 의무를 다하는 것이다.	⑩ 예탁금회원제 골프장의 회원모집계획서 제출
	⑪ 사회단체등록
⑩ 「식품위생법」상 영업신고	⑫ 혼인신고
⑪ 「공중위생관리법」상 공중위생영업의 개설신고	

8 실질적 요건 심사 여부

형식적 요건만 심사	실질적 요건 심사
① 건축주명의변경신고	① 유료노인복지주택의 설치신고를 받은 행정관청은 그 유료노인복지주택의 시설 및 운용기준이 법령에 부합하는지와 설치신고 당시 부적격자들이 입소하고 있는지 여부를 심사할 수 있다.
㉠ 형식적 요건을 갖춘 적법한 신고: 실체적 이유를 내세워 수리를 거부할 수 없다. → 수리거부의 처분성	
㉡ 건축물의 소유권을 둘러싸고 소송이 계속 중인 경우: 판결로 소유권의 귀속이 확정될 때까지 수리를 거부할 수 있다.	② 납골당설치신고: 보건위생상 위해 방지나 국토의 효율적 이용 등 중대한 공익상 필요가 있으면 납골시설 설치신고를 거부할 수 있다.
② 개발행위허가기준에 부합하지 않는다는 사정을 들어 가설건축물 축조신고를 거부할 수 없다.	③ 인허가가 의제되는 건축신고: 수리를 요하는 신고
③ 가설건축물 존치기간을 연장하기 위한 법정요건을 갖추어 연장신고한 경우 법령에서 요구하지 않은 '대지사용승낙서' 등의 서류가 제출되지 아니하였거나, 대지소유권자의 사용승낙이 없다는 등의 사유를 들어 수리를 거부할 수 없다.	④ 신고가 인허가가 의제되는 「국토의 계획 및 이용에 관한 법률」상의 개발행위허가를 충족하지 못하여 행정청이 수리를 거부한 행위는 적법하다.
④ 숙박업신고의 경우 원칙적으로 법령이 정한 요건 외의 사유를 들어 수리를 거부할 수 없다. 새로 숙박업을 하려는 자가 법정요건을 갖추어 신고한 경우, 행정청으로서는 기존 숙박업신고가 외관상	

남아 있다는 이유로 거부할 수 없다.
⑤ 원격평생교육신고
  ㉠ 신고수리거부: 처분성 인정
  ㉡ 형식적 심사(O), 실체적 심사(X) → 실체적 이유로 한 원격평생교육신고 수리거부는 위법하다.

9 「체육시설의 설치 · 이용에 관한 법률」에서의 신고

등록 체육시설업과 신고 체육시설업	**|조문|** **제10조【체육시설업의 구분 · 종류】** ① 체육시설업은 다음과 같이 구분한다. 1. 등록 체육시설업: 골프장업, 스키장업, 자동차 경주장업 2. 신고 체육시설업: 요트장업, 조정장업, 카누장업, 빙상장업, 승마장업, 종합 체육시설업, 수영장업, 체육도장업, 골프 연습장업, 체력단련장업, 당구장업, 썰매장업, 무도학원업, 무도장업, 야구장업, 가상체험 체육시설업, 체육교습업, 인공암벽장업
문제점	① 일반적으로 개별법령이 신고와 등록을 구분하여 규정하고 있는 경우 '등록'은 수리를 요하는 신고, '신고'는 수리를 요하지 않는 신고를 의미한다. ② 그런데 '신고 체육시설업'에 대해 개정법 제20조 제4항에서 신고를 받은 후 7일 이내에 신고수리 여부를 신고인에게 통지하지 않으면 그 기간이 끝난 날의 다음 날에 신고를 수리한 것으로 간주하고 있으므로, '수리를 요하는 신고'로 보아야 할 것 같다. ③ 단, 관련 내용이 출제되면 새로운 판례가 나올 때까지는 일단 종전 판례에 따라 판단할 것이다.
수리를 요하지 않는 신고	① 당구장업은 수리를 요하지 않는 신고이다(97도3121). ② 골프연습장이용료변경신고는 수리를 요하지 않는 신고이므로 접수한 때 효력을 발생한다(93마635). ③ 체육시설업의 영업주체가 영업시설의 양도나 임대에 의해 변경되었음에도 그에 관한 신고를 하지 아니한 경우 위법한 영업이라 할 것은 아니다. ④ 국제표준무도를 교습하는 학원을 설립하는 경우, 체육법상 신고요건 또는 학원법상 등록요건을 갖추었다면 수리를 거부할 수 없다.
수리를 요하는 신고	① 볼링장영업: 체육시설업 신고수리거부처분 또한 항고소송의 대상이 되는 행정처분이다(94누6062). ② 골프장회원모집 계획서신고는 수리를 요하는 신고이다. 행정청의 승인통보는 항고소송의 대상이 된다(2006두16243). ③ 체육시설업자로부터 영업을 양수하거나 체육시설업의 시설 기준에 따른 필수시설을 인수한 자의 양수신고와 인수신고에 대한 행정청의 수리행위는 항고소송의 대상이 된다.

10 허가사업자, 영업자지위승계신고

수리를 요하는 신고	① 일반유흥음식점 영업자지위승계신고는 수리를 요하는 신고이다. 영업자지위승계신고의 수리는 사실의 신고를 접수하는 행위에 그치지 않고 허가자의 변경이라는 법률효과를 발생시킨다. 따라서 허가관청의 수리가 있어야 영업양도의 법률효과가 발생한다. ② 영업자지위승계신고의 수리가 없는 경우에 영업을 했다면 무신고 영업행위이다. ③ 수리대상인 사업양도 · 양수계약이 부존재하거나 무효인 때에는 수리를 하였다 해도 무효이다. ④ 장기요양기관의 폐업신고와 노인의료복지시설의 폐지신고는 '수리를 필요로 하는 신고'이다. → 행정청이 신고를 수리하였다고 해도 신고서 위조 등의 사유가 있어 신고행위 자체가 효력이 없다면, 그 수리행위는 당연히 무효이다.
「행정절차법」 적용	영업자지위승계신고수리는 종전의 영업자의 권리를 박탈하는 처분이므로, 행정청은 종전의 영업자에게 「행정절차법」의 사전통지, 의견청취 기회를 부여한 후 수리처분을 해야 한다.
제재승계	신고수리 전 양수인이 불법영업을 한 경우 행정청은 양도인에게 행정적 제재를 할 수 있다.
항고소송	① 수리나 수리거부 처분성 인정 ② 사업의 양도행위가 무효인 경우 양도인은 민사쟁송으로 양도 · 양수의 무효를 주장함 없이 행정청의 사업권양도신고 수리처분에 대해 무효확인을 구할 수 있다. ③ 영업권이 양수인에게 사실상 이전되고, 승계신고 전에 행정청이 양도인의 영업허가를 취소한 경우 양수인은 다툴 수 있다. ④ 양도인의 영업허가취소에 대한 통지는 처분성이 없다.

전입신고	① 전입신고(주민등록신고)는 수리를 요하는 신고이다. ② 전입신고의 수리거부는 처분성이 있다. ③ 전입신고자가 거주의 목적 이외에 다른 이해관계에 관한 의도를 가지고 있는지 여부는 고려대상이 될 수 없다. ④ 「지방자치법」 및 지방자치의 이념까지 고려해야 하는 것은 아니다. ⑤ 투기나 이주대책 요구 등을 방지할 목적으로 주민등록전입신고를 거부하는 것은 「주민등록법」의 입법목적과 취지 등에 비추어 허용될 수 없다.
납골당설치신고	① 납골당설치신고는 이른바 '수리를 요하는 신고'이다. ② 행정청이 신고를 수리해야 납골당을 설치할 수 있다. ③ 수리행위에 신고필증 교부 등 행위가 꼭 필요한 것은 아니다. ④ 시장의 납골당 설치 시 법정요건을 이행하라는 통지는 항고소송의 대상이 아니다. 따라서 납골당설치신고 수리처분은 항고소송의 대상이 된다. ⑤ 인근주민의 납골당설치에 대한 취소를 구할 원고적격은 인정된다. ⑥ 보건위생상 위해 방지나 국토의 효율적 이용 등 중대한 공익상 필요가 있으면 납골시설 설치신고를 거부할 수 있다. 📖 납골당 관리사무실, 유족편의시설 신고 반려: 항고소송의 대상이 되지 않는다.
건축신고	① 건축신고의 수리거부: 항고소송의 대상이 된다. ② 건축 착공신고의 반려: 항고소송의 대상이 된다. ③ 인허가가 의제되는 건축신고: 수리를 요하는 신고이다. ④ 신고가 인허가가 의제되는 「국토의 계획 및 이용에 관한 법률」상의 개발행위허가를 충족하지 못하여 행정청이 수리를 거부한 행위는 적법하다.

PART 02

일반행정작용법

CHAPTER 01 행정입법

CHAPTER 02 행정행위

CHAPTER 03 행정행위의 요건과 효력

CHAPTER 04 행정행위의 하자

CHAPTER 05 그 밖의 행정의 행위형식

01 / 행정입법

제1절 행정입법

1 개념

행정입법이란 일반적으로 국가 등의 행정주체가 일반적·추상적 규범을 정립하는 작용 또는 그에 따라 정립된 규범을 의미한다.

2 현대

입법 확대, 관습법 축소, 행정입법 확대, 국회입법 축소

3 행정입법의 종류

법규명령과 행정규칙, 조례

4 법규명령과 행정규칙의 비교

같은 점	① 일반적·추상적 입법이다. ② 법률우위원칙이 적용된다.
다른 점	① 법률유보: 법규명령은 법률에 근거해야 하나, 행정규칙은 그렇지 않다. → 재량권 행사의 기준이 되는 지침은 행정규칙에 불과하므로 법적 근거가 없 어도 제정할 수 있다. (O) ② 법규명령은 대외적 효력을 가지나, 행정규칙은 그렇지 않다. ③ 법규명령은 재판규범이나, 행정규칙은 그렇지 않다. ④ 법규명령에 위반한 행정행위는 위법이 되나, <u>행정규칙에 위반한 행정행위는 바로 위법이 되는 것은 아니다.</u> 행정규칙에 위배되는 것이라 하더라도 위법 의 문제는 생기지 아니하고, 또 위 규칙에서 정한 기준에 적합하다 하여 바 로 그 처분이 적법한 것이라고도 할 수 없다. ⑤ 법규명령은 공포해야 하나, 행정규칙은 그렇지 않다. ⑥ 법규명령은 명령·규칙심사의 대상이나, 행정규칙은 그렇지 않다. ⑦ 법규명령은 헌법소원의 대상이나, 행정규칙은 그렇지 않다.

1 법규명령의 실정법상 문제

대통령령	총리령, 부령보다 우월한 효력
총리령과 부령 간 효력	학설 대립
법규명령인 부령	행정각부의 장(○), 국무위원(X), 국가보훈처장 · 인사혁신처장 · 법제처장 · 식품의약품안전처장(X)
감사원규칙 제정권	헌법규정(X), 「감사원법」(○)

2 헌법의 근거 없는 위임명령

헌법상 위임명령 유형	대통령령, 총리령, 부령, 대법원 · 헌법재판소 · 중앙선거관리위원회 · 국회규칙, 조례
법률에 근거하여 위임명령이 가능한지 여부	예시설에 따르면 가능(판례 · 다수설), 감사원규칙도 법규명령(다수설)
헌법상 위임입법의 형식	예시(○), 열기(X), 한정(X)
법령보충적 행정규칙의 근거 (「행정규제기본법」 제4조 제2항)	① 법령에서 전문적 · 기술적 사항이나 경미한 사항으로서 업무의 성질상 위임이 불가피한 사항에 관하여 구체적으로 범위를 정하여 위임한 경우에는 고시 등으로 정할 수 있다. ② 통계청장의 고시(한국표준산업분류)에 위임하고 있는 업종의 분류에 관한 사항은 전문적 · 기술적 사항으로서 업무의 성질상 위임이 불가피한 사항에 해당한다. ③ 법령에서 고시에 국민의 권리 · 의무사항 위임 가능 ④ 「행정기본법」 제2조에도 근거가 마련됨.

3 법규명령의 종류

비상명령	헌법적 효력, 현행 헌법에 없음.
법률대위명령	긴급명령, 긴급재정경제명령
법률종속명령	위임명령, 집행명령, 대통령령, 총리령, 부령
특별명령	① 고전적 특별권력관계에서의 명령 ② 현대에 와서 인정될 수 없다. ③ 법률에 따른 특별명령이라면 허용된다.

4 위임명령과 집행명령의 비교

같은 점	① 법규명령이다. ② 공포를 효력발생요건으로 한다. ③ 위반하면 위법이 된다. ④ 국민의 권리·의무사항을 규율할 수 있다. ⑤ 명령·규칙심사의 대상이 된다. ⑥ 헌법소원의 대상이 된다. ⑦ 법률을 전제로 한다. ⑧ 법률폐지: 법규명령 효력상실(○) ⑨ 법률개정: 법규명령 효력상실(X) → 집행명령이 개정된 법률의 집행에 필요하다면 새로운 집행명령이 제정될 때까지 효력을 유지한다.
다른 점	① 법률의 위임(수권): 집행명령(X) ② 새로운 권리·의무사항 규율: 집행명령(X)

5 위임명령

위임한 법령조항 명시 여부	위임명령에서 반드시 명시해야 하는 것은 아니다.
위임은 있으나 위임명령이 아닌 경우	① 법률의 말미에 이 법 시행에 필요한 사항은 대통령령으로 정한다고 규정한 경우 대통령령은 집행명령이다. ② 법률의 위임을 받은 것이기는 하나 행정적 편의를 도모하기 위한 절차적 규정은 단순히 행정규칙의 성질을 가지는 데 불과하다.
법령의 위임 없이 제정된 위임명령	무효
법령의 위임 없이 제정된 후 법 개정으로 위임의 근거가 부여된 위임명령	하자가 치유되어 그때부터(소급 X) 유효한 법규명령이 된다(판례). 치유가 안된다(다수설).
법령의 개정으로 위임의 근거가 없어진 위임명령	그때부터(소급 X) 무효

[위임의 한계를 벗어난 법규명령]

위헌·위법인 법규명령	① 법규명령은 공정력이 인정되지 않으므로 위법한 경우 무효가 될 뿐이다. ② 법령의 위법성이 중대·명백한 경우에는 법령은 당연무효이지만, 그렇지 않은 경우 법령은 취소되기 전까지는 유효한 법령이다. (X)
위임의 한계를 벗어나지 않은 경우	① 법률의 시행령이나 시행규칙의 내용이 모법의 해석상 가능한 것을 명시한 것에 지나지 아니하거나 모법 조항의 취지에 근거하여 이를 구체화하기 위한 것인 때에는, 모법에 직접 위임하는 규정을 두지 아니하였다 해도 무효라고 볼 수 없다. ② "소속 지방법무사회는 법무사 사무원이 법무사 사무원으로서의 업무수행에 지장이 있다고 인정되는 행위를 하였을 경우에는 그 채용승인을 취소하여야 한다."고 규정한 「법무사규칙」 ③ 검정고시 응시자격을 만 12세로 한 중학교 입학자격검정고시규칙
위임의 한계를 벗어난 경우	① 법률에 근거 없이 행정사 시험실시 여부를 시·도지사에게 위임한 「행정사법 시행령」 ② 상위명령의 위임 없이 노동조합설립신고 첨부서류를 추가한 시행령은 법규명령으로서 효력이 없다. 이에 근거하여 설립신고서를 반려할 수 없다. ③ 시행령이 법률에서 위임받은 범위를 벗어나 처벌대상을 확장한 경우: 「의료법」 위임 없이 당직의료인 배치기준을 정하고 위반 시 처벌한다는 「의료법 시행령」은 효력이 없다. ④ 새로운 입법을 한 것으로 평가할 수 있는 경우: 「화물자동차 운수사업법」이 '많은 사상자' 발생을 운행정지 처분으로 규정했음에도 불구하고 '2인 이하가 중상을 입은 때'로 규정한 시행령은 무효가 된다. ⑤ 표시·광고에 관한 공정거래지침은 법령보충적 행정규칙이다. 법령의 위임을 벗어나서 표시·광고의 허위성을 사업자에게 입증하도록 한 지침은 위법이다. ⑥ 법령이 위임이 없이 법령에 규정된 처분 요건을 변경한 부령: 입찰자격제한 처분대상자를 법인, 단체에서 법인, 단체, 대표자로 추가한 공기업 준정부기관 계약사무규칙은 대외적 효력이 없는 행정명령이다.
위임입법의 형식	① 부령이나 시행규칙으로 정하도록 위임한 경우: 고시로 정한 경우 대외적 효력은 없다. ② 「주택법」이 부령으로 정하도록 하였으나 감리비 지급기준을 정하고 있는 국토교통부장관고시는 대외적 효력을 가지는 법령보충적 행정규칙으로 볼 수 없다. ③ 법령의 규정이 특정 행정기관에 법령 내용의 구체적 사항을 정할 수 있는 권한을 부여하면서 권한 행사의 절차나 방법을 특정하지 아니한 경우: 행정규칙으로 정할 수 있다.

6 집행명령

상위법령이 폐지된 경우	집행명령은 특별한 규정이 없는 한 실효된다.
상위법령이 개정된 경우	개정법령과 성질상 모순·저촉되지 아니하고 개정된 상위법령의 시행에 필요한 사항을 규정하고 있는 이상 집행명령은 당연히 실효되지 아니한다.

7 포괄적 위임금지원칙

의의	법률에서 법규명령이나 행정규칙에 위임하는 경우 구체적으로 위임해야 한다. 포괄적 위임은 금지된다.
구체적 위임과 포괄적 위임의 판단기준	① 예측가능성의 유무는 당해 특정조항 하나만을 가지고 판단할 것은 아니고 관련 법조항 전체를 유기적·체계적으로 종합·판단하여야 하고 대상법률의 성질에 따라 구체적·개별적으로 검토하여야 한다. ② 외형상으로는 일반적·포괄적으로 위임한 것처럼 보이더라도, 해석을 통해서 그 내재적인 위임의 범위나 한계를 객관적으로 분명히 확정할 수 있는 것이라면 이를 일반적·포괄적 위임에 해당하는 것으로 볼 수는 없다.
요구되는 구체적 위임	① 구체성 정도 ↑: 처벌법규나 조세법규와 같이 국민의 권리를 침해하는 내용 ② 구체성 정도 ↓ 　㉠ 급부행정영역의 위임 　㉡ 다양한 사실관계를 규율하거나 사실관계가 수시로 변화될 것이 예상될 경우 　㉢ 법령에서 대법원규칙에 위임하는 경우
판례	의료기기 판매업자의 「의료기기법」 위반행위에 대하여 보건복지부령이 정하는 기간 이내의 범위에서 업무정지를 명할 수 있도록 한 「의료기기법」 조항은 포괄위임금지원칙에 위배된다.

8 포괄적 위임금지원칙의 적용 배제

포괄적 위임금지원칙의 적용이 배제되는 경우	① 법령에서 조례에 위임하는 경우: 법률이 포괄적으로 위임한 경우에도 법령에 위반되지 않는 범위 내에서 각 지역의 실정에 맞게 주민의 권리·의무에 관한 사항을 조례로 제정할 수 있다. ② 법률에서 자치단체가 자율적으로 정할 사항을 위임하는 경우
배제되지 않는 경우	① 법령에서 기관위임사무를 조례에 위임하는 경우 ② 법령에서 행정기관의 정관에 위임하는 경우 ③ 법령에서 행정규칙(고시 등)에 국민의 권리·의무사항 위임 가능 ④ 법령에서 대법원규칙에 위임하는 경우 ⑤ 법률에서 대통령령, 총리령, 부령에 위임하는 경우

[조례제정]

법령과 조례	① 자치사무, 단체위임사무 조례제정 시: 법령위임을 요하지 않는다. ② 기관위임사무 조례제정 시: 법령위임을 요한다. ③ 권리 제한, 의무 부과, 벌칙 조례제정 시: 법률위임을 요한다. → 자동차관리법령에 정한 자동차등록기준보다 더 높은 수준의 기준을 부가한 조례안은 위법하다. ④ 수익적 조례: 법령위임을 요하지 않는다. → 법령보다 생활보호대상자를 확대하는 조례는 위법이 아니다. ⑤ 조례가 규율하고자 하는 특정사항에 관하여 그것이 규율하는 국가의 법령이 이미 존재하는 경우에도 조례제정이 가능하다.

9 명확성 원칙

의의	① 예측가능성은 해당 조항뿐 아니라 관련 법조항을 통해 예측할 수 있으면 족한다. 또한 전문가나 전문서적의 도움을 통해 예측가능성이 있으면 명확한 법령이라고 할 수 있다. ② 법문언에 모호함이 내포되어 있으나 법관의 보충적인 가치판단을 통해서 법문언의 의미 내용을 확인할 수 있고 그러한 보충적 해석이 해석자의 개인적인 취향에 따라 좌우될 가능성이 없는 경우, 명확성 원칙에 반하지 않는다. ③ 처벌법규의 구성요건이 다소 광범위하여 어떤 범위에서는 법관의 보충적인 해석을 필요로 하는 개념을 사용하였다고 하더라도 그 점만으로 헌법이 요구하는 처벌법규의 명확성에 반드시 배치되는 것이라고는 볼 수 없다.
요구되는 정도	① 처벌법규, 부담적 성격을 가지는 법률: 명확성 ↑ ② 수익적 성격을 가지는 경우: 명확성 ↓

10 국회전속적 사항 위임금지

국회전속적 사항의 예	선거권 연령, 조세, 형벌 등의 사항
위임 여부	① 원칙적으로 법률에서 명령에 위임할 수 없다. ② 법률에서 기본적인 사항을 정하고, 세부적 사항을 명령에 위임할 수 있다. ③ 국회전속적 사항은 원칙적으로 명령으로 규율할 수 없다. 법률의 위임을 받은 경우 규율할 수 있다. ④ 법률의 위임 없이 행정입법으로 과세요건 등에 관한 사항을 규정하거나 법률에 규정된 내용을 함부로 유추·확장하는 내용의 해석규정을 마련하는 것은 조세법률주의 원칙에 위배된다.
처벌법규의 위임	① 처벌법규의 위임을 하기 위하여는 특히, 긴급한 필요가 있거나 미리 법률로써 자세히 정할 수 없는 부득이한 사정이 있는 경우에 한정되어야 한다. → 보충성 ② 이러한 경우에도 법률에서 범죄의 구성요건은 처벌대상행위가 어떠한 것일 것이라고 예측할 수 있는 정도로 구체적으로 정하고, 형벌의 종류 및 그 상한과 폭을 명백히 규정하여야 한다. ③ 시행령이 형사처벌에 관한 사항을 규정하면서 법률의 명시적인 위임 범위를 벗

	어나 처벌의 대상을 확장하는 것은 위임입법의 한계를 벗어난 것으로서 무효이다.
	④ 법률에서 명령이나 조례에 일정한 조건하에서 처벌법규를 위임할 수 있다.
재위임	① 법률에서 위임받은 사항의 대강을 정하고 하위명령에 재위임할 수 있다.
	② 위임받은 사항을 전혀 규정하지 않고 하위명령에 재위임하는 것은 허용되지 않는다.

11 법규명령의 제정절차

국무회의 필수적 심의	대통령령안(○), 총리령안(X), 부령안(X)
입법예고	대통령령 · 총리령 · 부령의 제정 · 개정 · 폐지(○)
입법예고기간	40일 이상(자치법규는 20일 이상)
입법예고 시 국회 소관상임위원회 제출	① 대통령령(○) / 총리령(X), 부령(X)
	② 입법예고가 없었다 하여 그 조항이 신의성실에 위배되는 무효규정이라고 할 수 없다(90누2420).
법제처 심사	대통령령안(○), 총리령안(○), 부령안(○)
효력발생요건으로서 공포	① 대통령령(○), 총리령(○), 부령(○)
	② 행정규칙(X), 고시(X), 훈령(X), 예규(X), 법령보충적 행정규칙(X)

제3절 행정규칙

1 종류

내용을 기준으로 한 행정규칙	① 재량준칙: 대외적 효력(X), 평등원칙, 자기구속의 법리를 매개로 간접적 대외적 효력(○)
	📖 「부당한 공동행위 자진신고자 등에 대한 시정조치 등 감면제도 운영고시」: 재량준칙(○)
	② 규범해석규칙: 대외적 효력(X), 법원 구속(X) → 행정규칙에 불과
형식을 기준으로 한 행정규칙	훈령, 예규, 고시, 지시, 일일명령
	📖 지시 · 일일명령은 일반적 · 추상적 의미의 행정규칙은 아니다.

2 행정규칙의 효력

행정규칙의 재판규범성 부정	처분이 행정규칙에 부합된다고 적법도 아니고, 위반된다고 위법도 아니다. 처분의 적법 여부는 상위법령에 따라 심사하여야 한다.
행정규칙에 근거한 처분	행정규칙에 근거한 처분도 상대방의 권리·의무에 직접 영향을 미치는 행위인 경우에는 항고소송의 대상이 된다.
공무원을 구속한다	① 행정규칙은 공무원을 구속하므로 공무원은 이를 준수해야 하고, 위반 시 징계사유에 해당한다. ② 제재적 선행처분에 따른 가중처벌이 행정규칙에 정해진 경우라도 행정규칙은 공무원을 구속하므로 소의 이익이 인정된다. ③ 검찰근무규칙인 행정규칙에 반한 행위에 대해 징계할 수 있다. ④ 행정규칙에서 사용하는 개념이 달리 해석될 여지가 있다 해도 행정청이 수권의 범위 내에서 법령이 위임한 취지 및 비례원칙에 기초하여 합목적적으로 기준을 설정하여 그 개념을 해석·적용하고 있다면, 개념이 달리 해석될 여지가 있다는 것만으로 그 행정규칙이 법령의 위임한계를 벗어났다고 할 수 없다. ⑤ 공증인이 직무수행을 하면서 공증인의 감독기관인 법무부장관이 제정한 '집행증서 작성사무 지침'은 공증인의 감독기관인 법무부장관이 상위법령의 구체적인 위임 없이 공증인이 직무수행에서 준수하여야 할 세부적인 사항을 규정한 '행정규칙'이라고 보아야 한다. 따라서 공증인이 직무수행에서 위 지침을 위반한 경우에는 「공증인법」 제79조 제1호에 근거한 직무상 명령을 위반한 것이다(2020두42262).

[유승준 사건]

법무부장관의 입국금지결정	상급행정기관의 지시는 일반적으로 행정조직 내부에서만 효력을 가질 뿐 대외적으로 국민이나 법원을 구속하는 효력이 없다. 대외적으로 처분 권한이 있는 처분청이 상급행정기관의 지시를 위반하는 처분을 하였다고 해서 그러한 사정만으로 처분이 곧바로 위법하게 되는 것은 아니고, 처분이 상급행정기관의 지시를 따른 것이라고 해서 적법성이 보장되는 것도 아니다. 처분이 적법한지는 상급행정기관의 지시를 따른 것인지 여부가 아니라, 헌법과 법률, 대외적으로 구속력 있는 법령의 규정과 입법 목적, 비례·평등원칙과 같은 법의 일반원칙에 적합한지 여부에 따라 판단해야 한다.
법무부장관의 입국금지결정에 따른 사증발급거부	원심은 피고가 이 사건 입국금지결정에 구속되어 그에 따라 사증발급 거부처분을 한 것이 더 나아가 살펴볼 것도 없이 적법하다고 판단하였다. 이러한 원심판단에는 재량권 일탈·남용 등에 관한 법리를 오해하여 판결에 영향을 미친 잘못이 있다.

3 행정규칙의 적법요건

형식적 요건	반드시 문서(X), 반드시 조문형식(X), 법률에 근거(X)
공포	공포는 효력발생요건(X), 다만 행정규칙도 실무적으로는 공포하고 있다.
법령우위원칙	법령에 위반해서는 안 된다.

4 법규적 효력을 가지는 행정규칙

법령보충적 행정규칙	법령의 위임이 있는 경우 법령과 결합하여 대외적 효력을 가지므로 헌법소원이나 명령규칙심사의 대상이 된다.
준법규	① 재량준칙에 따른 관행이 있는 경우, 행정규칙에 위반되는 처분은 평등원칙과 신뢰보호원칙에 위반되어 위법한 처분이 된다. ② 재량준칙에 위반되는 처분은 평등원칙과 신뢰보호원칙을 매개로 하여 간접적으로 위법이 된다. ③ 헌법소원이나 명령규칙심사의 대상이 된다.

제4절 | 명령의 형식과 효력의 불일치

1 법규명령 형식의 행정규칙

형식(법규명령)	내용	효력
대통령령(시행령)	① 제재기준, 재량준칙 ② 내부사무처리기준	① 학설: 법규명령(다수설) ② 판례: 법규명령
총리령(시행규칙), 부령(시행규칙)		① 학설: 법규명령(다수설) ② 판례: 행정규칙

[제재기준, 사무처리기준을 정한 시행령과 시행규칙]

대통령령인 시행령	① 하자보수를 정당한 사유 없이 사용검사권자가 지정한 날까지 이행하지 아니한 때 3개월의 영업정지를 한다고 규정한 「주택건설촉진법 시행령」: 법규명령, 정해진 기간이므로 재량의 여지가 없다. ② 청소년 고용금지의무를 위반한 때 800만 원의 과징금을 부과하도록 한 「청소년보호법 시행령」 과징금처분기준: 법규명령, 정액이 아니고 최고한도 ③ 「국민건강보험법 시행령」의 과징금 부과기준: 법규명령, 정액이 아니고 최고한도 ④ 「국토의 계획 및 이용에 관한 법률 시행령」의 이행강제금: 재량이 없다.

부령인 시행규칙	① 「도로교통법 시행규칙」 제91조 제1항이 정한 [별표 28]의 운전면허 취소 · 정지처분기준 　㉠ 행정규칙이므로 법규적 효력이 없다. 　㉡ 벌점 부과는 처분이 아니다. 　㉢ 벌점 점수는 최고한도를 규정한 것이 아니다. ② 「약사법 시행규칙」, 「검찰사무보호규칙」: 행정규칙 ③ 「식품위생법 시행규칙」 　㉠ 행정규칙 　㉡ 「식품위생법 시행규칙」이 정하는 행정처분의 기준은 법원(法院)을 구속하는 법원(法源)이 될 수 없다는 의미는 행정규칙이라는 의미이다. 　㉢ 관행이 있는 경우 이를 위반한 영업정지처분은 위법한 처분이다. ④ 입찰참가자 자격 제한기준을 정하고 있는 「공기업 · 준정부기관 계약사무규칙」과 「국가를 당사자로 하는 계약에 관한 법률 시행규칙」은 재량준칙이므로 대외적 효력이 없다. 다만, 관행이 있는 경우 이를 벗어난 입찰참가자격 제한처분은 위법하다.

📖 시외버스사업의 사업변경기준에 규정한 「여객자동차 운수사업법 시행규칙」: 법규명령

2 행정규칙 형식의 법규명령(법령보충적 행정규칙)

개념	법령보충적 행정규칙은 형식은 행정규칙이나 상위법령의 위임에 의해 상위법령의 내용을 보충하여 법규사항을 규율하고 있는 행정규칙이다.
근거	법령에서 전문적 · 기술적 사항이나 경미한 사항으로서 업무의 성질상 위임이 불가피한 사항에 관하여 구체적으로 범위를 정하여 위임한 경우에는 고시 등으로 정할 수 있다(「행정규제기본법」 제4조 제2항 단서).
위임	법령의 위임이 있어야 한다.
포괄적 위임금지	법령의 위임은 구체적 위임이어야 하고, 포괄적 위임은 금지된다.
효력	① 고시가 법령의 위임에 따라 그 법령규정을 보충하는 기능을 가지는 경우 그 고시는 근거법령과 결합하여 대외적 구속력 있는 법규로서의 효력을 갖는다. ② 상위법령의 내용을 보충하고 있는 행정자치부고시인 '2014년도 건물 및 기타 물건 시가표준액 조정기준'과 '증 · 개축 건물 등에 대한 시가표준액 산출요령'은 법규명령으로서의 효력을 가진다. ③ 「주택법」이 부령의 형식으로 감리비 지급기준을 정하도록 한 경우, 감리비 지급기준을 정한 국토교통부장관의 고시는 「주택법」과 결합하여 법규명령으로서 효력을 가지지 못한다. ④ 「공공기관의 운영에 관한 법률」이나 그 하위법령은 공기업이 거래상대방 업체에 대하여 공공기관운영법 제39조 제2항 및 「공기업 · 준정부기관 계약사무규칙」 제15조에서 정한 범위를 뛰어넘어 추가적인 제재조치를 취할 수 있도록 위임한 바 없다. 따라서 한국수력원자력 주식회사가 조달하는 기자재, 용역 및 정비공사, 기기수리의 공급자에 대한 관리업무 절차를 규정함을 목적으로 제정 · 운용하고 있는 '공급자관리지침' 중 등록취소 및 그에 따른 일정기간의 거래제한조치에 관한 규정들은 공공기관

	으로서 행정청에 해당하는 한국수력원자력 주식회사가 상위법령의 구체적 위임 없이 정한 것이어서 대외적 구속력이 없는 행정규칙이다(2017두66541).
공포	공포를 효력발생요건으로 하지 않는다는 것이 판례의 태도이다. 그러나 대외적으로 알려야 한다.
사법심사	① 명령·규칙심사와 헌법소원의 대상이 될 수 있다. ② 처분성이 있는 경우에 한해 항고소송의 대상이 될 수 있다.

1. 행정규칙 형식의 법규명령

분만급여를 2자녀로 한정한 보건복지부장관의 고시	① 대외적 효력을 가진다. ② 포괄적 위임금지원칙에 반하지 않는다.
노령수당지급을 70세 이상으로 규정한 노인복지사업지침	① 법규명령 ② 노령수당지급을 시행령이 65세 이상으로 규정함에도 이를 70세로 규정한 노인복지사업지침은 위임한계를 벗어나 위법한 명령이다. ③ 지침에 근거한 노령수당 거부처분은 위법하다.

2. 규범구체화적 행정규칙

구분	법령보충적 행정규칙	규범구체화적 행정규칙
법령위임	○	X
우리나라 인정 여부	○	X

3 법규성 인정 여부

법규성 인정 사례	법규성 부정 사례
① 법무사시험 실시 여부를 법원행정처장에게 위임하고 있는 대법원규칙 ② 보건복지부장관의 생계보호기준 ③ 보건복지부장관의 최저생계비고시 ④ 보건복지부장관의 노인복지사업지침 ⑤ 의료보험진료수가기준인 보건복지부고시 ⑥ 보존음료수 판매를 제한하고 있는 보건복지부고시 ⑦ 보건복지부의 분만급여의 범위상한기준 ⑧ 카바레의 영업시간을 제한하는 식품접객영업행위제한 보건복지부고시 ⑨ 영업정지처분기준을 정하고 있는 「주택건설촉진법 시행령」 ⑩ 위반행위의 종별에 따른 과징금 부과기준을 정하	① 공정거래위원회의 부당한 지원행위심사지침 ② 한국감정평가협회의 토지보상평가지침 ③ 법률에 규정된 것보다 완화된 입찰참가자격을 제한요건을 규정한 기획재정부령인 「공기업·준정부기관 계약사무규칙」 ④ 운전면허취소 등 기준을 정하고 있는 「도로교통법 시행규칙」 ⑤ 자동차운송사업면허취소 등 처분을 정하고 있는 시행규칙 ⑥ 사무처리준칙을 정하고 있는 「식품위생법 시행규칙」 ⑦ 음식점 영업위반에 대한 행정처분의 기준을 정하고 있는 「식품위생법 시행규칙」 ⑧ 사무처리준칙을 정하고 있는 「약사법 시행규칙」

고 있는 「청소년보호법 시행령」과 과징금 부과기준을 정하고 있는 「국민건강보호법 시행령」

⑪ 「지방공무원보수업무 등 처리지침」(안전행정부예규)의 민간경력 호봉산정 기준

⑫ 제재기준을 정하고 있는 대통령령(시행령)

⑬ 시외버스운송사업계획변경에 관한 절차, 인가기준을 정하고 있는 「운수사업법 시행규칙」

⑭ 국무총리훈령인 개별토지가격합동조사지침

⑮ 공장입지기준을 정하고 있는 지식경제부고시

⑯ 「대외무역법」에 근거한 수입선다변화품목의 지정 및 그 수입절차에 관한 상공부고시

⑰ 청소년유해매체물표시방법에 관한 정보통신부고시

⑱ 국토교통부장관의 산업입지의 개발에 관한 통합지침

⑲ 산업자원부고시인 구 「석유 및 석유대체연료의 수입·판매부과금의 징수, 징수유예 및 환급에 관한 고시」와 관세청고시인 구 「소요량의 산정 및 관리와 심사」

⑳ 농림수산식품부장관의 미국산 쇠고기 수입완화고시

㉑ 주유소 진출입로를 도로상 횡단보도로부터 10m 이상 이격하도록 한 전라남도도지사의 주유소등록요건에 관한 고시

㉒ 액화석유가스 판매사업기준에 관한 지방자치단체장의 고시

㉓ 재산제세 사무처리규정인 국세청장의 훈령

㉔ 국세청장이 제정한 주류도매면허 제도개선업무처리지침

㉕ 산림청고시인 산지전용허가기준의 세부검토기준에 관한 규정

㉖ 불공정거래행위를 예방하기 위한 지침
📖 그러나 부당한 지원행위의 심사지침은 행정규칙이다.

㉗ 행정자치부예규인 지방공무원보수업무 등 처리지침

㉘ 행정자치부고시인 '2014년도 건물 및 기타 물건 시가표준액 조정기준'

㉙ 숙취해소·음주전후 표시를 할 수 없도록 한 식품의약품안전성고시

㉚ 무가지 및 경품류 제공의 제한 관련 신문고시

㉛ 외국인전용 카지노업신규허가계획 공고

㉜ 외국인산업기술연수생의 보호 및 관리에 관한 지침

⑨ 사무처리준칙을 정하고 있는 검찰사무보호규칙

⑩ 국립묘지안장대상심의위원회 운영규정

⑪ 국토해양부고시인 버스·택시 유류구매 카드제 시행지침

⑫ 한국전력공사의 전기공급규정

⑬ 서울시의 개인택시운송사업면허지침

⑭ 건강보험심사평가원 원장이 정한 요양급여 심사기준 또는 심사지침

⑮ 「주택법」이 부령위임했는데 감리비지급기준을 정한 건설교통부장관의 고시

⑯ 한국증권 선물거래소의 유가증권 상장규정

⑰ 경기도 교육청의 학교장 초빙제실시

⑱ 검찰근무규칙

⑲ 버스택시유류구매카드제 시행지침

⑳ 법령의 위임 없이 가공품의 원료로 가공품이 사용될 가공품 원산지 표시를 하도록 한 농산물원산지표시요령

㉑ 소득금액조정합계표 작성요령을 규정한 총리령

1 행정입법 통제

1. 통제유형

국민에 의한 통제	입법예고, 공청회
국회에 의한 직접적 통제	① 대통령령·총리령·부령·훈령·예규·고시 등이 제정·개정 또는 폐지된 때에는 10일 이내에 이를 국회 소관 상임위원회에 제출하여야 한다. ② 상임위원회는 대통령령·총리령 및 부령의 법률 위반 여부 등을 검토하여야 한다. ③ 검토결과 대통령령 또는 총리령이 법률의 취지 또는 내용에 합치되지 아니 한다고 판단되는 경우: 검토의 경과와 처리 의견 등을 기재한 검토결과보고서를 의장에게 제출 → 의장은 제출된 검토결과보고서를 본회의에 보고, 국회는 본회의 의결로 처리, 정부에 송부 → 정부는 송부받은 검토결과에 대한 처리 여부 검토, 처리결과를 국회에 제출 ④ 검토결과 부령이 법률의 취지 또는 내용에 합치되지 아니한다고 판단되는 경우: 소관 중앙행정기관의 장에게 그 내용 통보 가능 → 중앙행정기관의 장은 통보받은 내용에 대한 처리 계획과 그 결과를 지체 없이 소관 상임위원회에 보고 ⑤ 법규명령에 대한 국회의 직접적 심사제도(○), 행정규칙에 대한 국회의 직접적 심사제도(X) ⑥ 명령에 대한 국회승인제도(X), 국회동의제도(X), 국회거부권제도(X)
국회에 의한 간접적 통제	국정조사, 국정감사, 해임, 탄핵
행정부에 의한 통제	① 상급행정청: 하위행정청에 명령의 개정·폐지 지시 가능(○) / 직접 폐지·개정(X) ② 공무원: 명백히 위법한 명령 적용 거부(○) / 그렇지 않은 경우 적용 거부(X)
사법부에 의한 통제	명령규칙심사, 처분적 명령에 대한 항고소송, 헌법소원

2. 명령·규칙심사(헌법 제107조 제2항)

헌법 조항	명령·규칙 또는 처분이 헌법이나 법률에 위반되는 여부가 재판의 전제가 된 경우에는 (대법원)은 이를 최종적으로 심사할 권한을 가진다.
규범통제 유형	추상적 규범통제(X) / 구체적 규범통제(○)
특징	명령·규칙이 헌법에 위반되는지 여부가 재판의 전제가 되는 경우(선결문제인 경우) 명령·규칙을 통제하는 간접적 통제이다.
대상	법규명령과 조례(○), 행정규칙(X), 법규성 있는 행정규칙(○)
위헌·위법인 명령	개별적 효력상실(○) / 일반적 효력상실(X)

통보	행정소송에 대한 대법원 판결에 의하여 명령·규칙이 헌법 또는 법률에 위반된다는 것이 확정된 경우에는 대법원은 지체 없이 그 사유를 (행정안전부장관)에게 통보하여야 한다.
위헌·위법인 명령에 근거한 처분	① 처분을 한 후 위법판결: 원칙 – 취소, 예외 – 무효 ② 위법판결 후 처분을 한 경우: 무효 📖 상위법령에 근거를 두고 있지 않은 훈령에만 근거하여 발령된 침익적 행정처분은 무효인 훈령에 기초한 것으로서 당연무효이다.
판례	보존음료수를 제조한 자는 보존음료수를 전량수출하거나 국내에서는 주한외국인에 한해 판매할 수 있다고 규정한 보건복지부장관의 고시 ① 법규명령 ② 동 고시는 직업의 자유, 행복추구권, 환경권 침해이다. ③ 동 고시에 근거한 과징금 부과처분도 위법하다.

3. 명령에 대한 항고소송

대상 여부	① 원칙: 항고소송 대상(X) ② 예외: 처분성이 있는 경우에 한해 항고소송 대상(○) → 고시에 대하여 헌법재판소는 고시가 일반적·추상적 성격을 가질 때는 법규명령 또는 행정규칙에 해당하지만, 고시가 구체적인 규율의 성격을 갖는다면 행정처분에 해당한다고 본다. ③ 보건복지부고시인 「약제 급여 목록 및 급여 상한금액표」: 항고소송의 대상인 처분
조례	① 원칙: 항고소송 대상(X) ② 집행행위 매개 없이 국민의 권리를 직접 제한하는 처분적 조례는 항고소송의 대상이 된다. ③ 조례에 대한 항고소송 피고: 지방의회(X), 지방자치단체장(○), 교육감(○) ④ 두밀분교폐지조례, 교육감이 피고

4. 명령에 대한 헌법소원

요건	입법부에서 제정한 법률, 행정부에서 시행한 시행령이나 시행규칙 및 사법부에서 제정한 규칙 등은 그것들이 별도의 집행행위를 기다리지 않고 직접 기본권을 침해하는 것일 때에는 모두 헌법소원심판의 대상이 될 수 있는 것이다.
대법원규칙	「법무사규칙」 관련 헌법소원에서 법규명령이 재판의 전제가 됨이 없이 직접 개인의 기본권을 침해하는 경우에는 헌법소원의 대상이 된다.

5. 명령 · 규칙에 규범통제의 비교

구분	헌법 제107조 제2항의 명령 · 규칙심사	헌법소원
요건	재판전제성(선결문제)	직접성
대법원	○	X
헌법재판소	X	○
심사기준	헌법 · 법률	헌법
위헌 · 위법인 명령	개별적 효력상실	일반적 효력상실
긴급명령	대상(X), 심사기준(○)	대상(○)

6. 행정규칙에 대한 규범통제

원칙	명령 · 규칙심사 대상(X), 헌법소원 대상(X)
예외	법령보충적 행정규칙과 준법규: 명령 · 규칙심사와 헌법소원 대상(○)

2 행정입법부작위에 대한 통제

행정입법의무	① 법률에서 시행규칙이나 시행령에 위임한 경우 행정부의 행정입법의무는 헌법상 법치주의에서 도출되는 의무이다. ② 만일 하위 행정입법의 제정 없이 상위법령의 규정만으로도 집행이 이루어질 수 있는 경우라면 하위 행정입법을 하여야 할 <u>헌법적 작위의무는 인정되지 아니한다.</u> ③ 상위법령을 시행하기 위하여 하위법령을 제정하거나 필요한 조치를 함에 있어서는 상당한 기간을 필요로 하며 합리적인 기간 내의 지체를 <u>위헌적인 부작위로 볼 수 없다.</u> ④ 여론의 반대나 이익단체의 반대는 입법지체를 정당화하는 사유가 될 수 없다.
부작위위법확인소송	법령의 제정 여부는 부작위위법확인소송(항고소송) 대상이 아니다.
헌법소원	① 헌법상 입법의무가 있는 행정입법부작위는 대상이 된다. ② 부진정입법부작위에 대해서는 <u>입법부작위 그 자체를 헌법소원의 대상으로 할 수 없고, 결함이 있는 당해 입법규정 그 자체를 대상으로 하여 적극적인 헌법소원을 제기하여야</u> 한다.
손해배상	행정입법부작위로 손해가 발생한 경우 손해배상(○)

행정행위

제1절 행정행위의 개념과 종류

1 행정행위의 개념

구분	행정행위
행정청이 행한 행위	① 공무수탁사인의 행위(O) ② 국회나 법원의 공무원임명행위(O)
구체적 법집행행위	행정입법(X)
외부적 효력을 가지는 행위	① 외부적 효력: 공법적 효력(O) + 사법적 효력(O) ② 특별권력관계에서 내부적 행위인 상급행정청의 직무명령(X), 그러나 공무원 징계는 행정행위 ③ 행정기관 간의 협의 · 승인 · 동의(X) ④ 집행행위 전(前) 단계인 내부적 결정행위(X) ⑤ 도로의 청소 · 보수(X)
권력적 단독행위	① 사법상 행위(X), 공법상 계약(X), 공법상 합동행위(X) ② 행정지도(X) ③ 사인의 협력이 필요한 행위(O)

[행정행위 여부]

행정행위가 아닌 것	행정행위인 것
① 특별권력관계에서의 내부적 행위 ② 사실행위: 행정지도, 교도소장의 서신검열, 도로의 청소 · 보수 ③ 국고행위 ④ 공법상 · 사법상 계약: 기부받은 재산을 기부자에게 무상으로 사용하도록 하는 행위 ⑤ 확약(판례상): 우선 면허에 선행하는 우선순위결정 ⑥ 직무명령 ⑦ 행정기관 간의 협의 · 승인 · 동의 ⑧ 행정입법	① 행정자동화결정 ② 일반처분: 횡단보도 설치 ③ 공무원 징계 ④ 어업권과 같이 사권의 성질을 가지는 권리를 설정하는 행위

2 행정처분과 행정행위

구분	행정처분	행정행위
실정법적 개념	○	X (강학상 개념)
쟁송법 · 실체법	쟁송법상 개념	실체법적 개념
권력적 사실행위	○	X
행정지도	X	X
양자의 관계	행정행위 + α	

3 형식적 행정행위론

취지	비권력적 사실행위(행정지도)까지 행정행위에 포함, 항고소송 대상 확대 의도
판례	① 형식적 행정행위에 대해 부정적이다. ② 한국전력공사가 전기공급의 적법 여부를 조회한 데 대한 관할구청장의 전기공급 불가 회신: 권고적 성격의 행위(○), 행정처분(X)

4 일반처분

1. 일반처분의 개념
불특정 다수를 대상으로 하는 처분을 말한다.

2. 일반처분의 종류

구분	대인적 일반처분	대물적 일반처분	물건의 이용규율로서의 일반처분
개념	일반적 기준에 따라 사람을 대상으로 행해지는 처분	물건에 대한 규율을 내용으로 하는 처분	불특정 다수인에 의한 물건의 이용관계를 규율하는 행정행위
예	연좌시위를 하고 있는 농민단체에 대한 해산명령, 특정시간 통행금지, 특정지역 옥외집회금지, G20 정상회담기간 중 코엑스주변 옥외집회금지	공물로서의 도로공용개시, 문화재 지정, 학교주변 속도제한, 일반통행 표지판, 주차금지, 횡단보도 설치, 「국토의 계획 및 이용에 관한 법률」상 주거 · 상업 · 공업 · 녹지지역 지정	국립도서관 이용규율 → 일반처분으로 보는 견해와 그렇지 않다는 견해가 있음.

제2절 | 이중효과적 행정행위(복효적 행정행위, 제3자효 행정행위)

1 특징

성질	이중효과적
최근 경향	증가 추세
개인적 공권	개인적 공권 확대, 주민소송 등에서 원고적격 확대와 관련이 있다.
「행정절차법」상 제3자의 지위	① 「행정절차법」상 당사자(X), 행정청이 직권, 신청에 의하여 행정절차에 참여하게 한 경우에 한해 이해관계인은 당사자가 된다. ② 제3자에 대한 통지의무규정(X) ③ 제3자의 문서열람 · 복사요청권(X) ④ 제3자의 의견제출권(X)
「행정심판법」	제3자는 신청에 의한 위원회의 결정으로 심판에 참가하거나 위원회의 요구가 있으면 참가 여부를 통지해야 한다.

2 복효적 행정행위와 행정소송

원고적격	처분 관련 법규가 제3자의 이익을 보호하고 있다면 제3자는 원고적격을 가진다.
피고	피고는 처분을 한 행정청이 된다. 처분의 상대방이 행정소송의 피고가 되는 것은 아니다.
행정소송 제기기간	정당한 사유가 있다면 기간 경과 후라도 행정심판 또는 행정소송을 제기할 수 있다.
가구제(집행정지)	제3자는 취소소송을 제기하면서 처분의 집행정지를 법원에 신청할 수 있다.
판결의 효력 (제3자효, 대세효)	A가 제기한 면허처분의 취소소송에서 법원이 면허처분을 취소한 경우, B(소송에서의 제3자, 처분의 상대방)에게 효력이 미친다.
처분의 상대방인 제3자	① 처분의 상대방은 제3자로서 소송참가할 수 있다. ② 「행정소송법」 제31조에 따라 확정판결에 대해 재심을 청구할 수 있다.

제3절　기속행위, 재량행위, 불확정개념

1　기속·재량행위의 사법심사 여부

구분	전통적 견해	현대적 견해
기속행위	○	○
기속재량행위	○	○
자유재량행위	X	○(판례)

2　기속행위와 재량행위의 구별 필요성

구분	기속행위	재량행위
부관의 가부	법령의 근거가 없는 한 부관을 붙일 수 없다.	법령의 규정이 없어도 부관을 붙일 수 있다.
공권의 내용	인정	성립 가능, 무하자재량행사청구권
요건 충족과 효과 부여	요건이 충족되면 효과 부여	요건이 충족되었다 하더라도 이익형량을 통해 효과 부여 여부 결정
입증책임	처분의 적법성에 대한 행정청 입증책임	재량권의 남용·일탈에 대한 원고 입증책임

3　기속과 재량의 구별에 대한 학설

구분	요건재량설	효과재량설
재량이 있는 영역	요건	효과
재량행위	① 목적공백 ② 최종목적(공익)	수익적 행정행위
기속행위	중간목적	침익적 행정행위

4 재량행위와 기속행위 여부

재량행위	기속행위
① 시험출제, 사법시험 2차 논술시험 채점 ② 입목굴채허가 ③ 프로판가스, 액화석유가스충전사업허가 ④ 총포·도검의 소지허가 ⑤ 공무원임용신청자의 적격성 판단 ⑥ 교과서 검정 ⑦ 토지형질변경허가기준의 설정 ⑧ 개발제한구역 내 건축허가 / 토지형질변경행위를 수반하는 건축허가 ⑨ 학교정화구역 내 유흥주점허가 ⑩ 관광지조성사업허가, 공원사업시행허가 ⑪ 도로점용허가 ⑫ 공정거래위원회의 과징금 부과 여부와 액수결정 / 공정거래위원회가 정하는 위반행위별 과징금 산정기준 ⑬ 사업인정 ⑭ 자동차(일반택시, 개인택시, 마을버스) 운송사업면허 / 자동차등록의 직권말소처분 ⑮ 자동차관리사업자조합 설립인가 ⑯ 여객자동차 운송사업의 한정면허 신규 발급 및 그 갱신 여부 결정 시 한정면허기준 충족 여부 판단 / 여객자동차 운송사업면허의 사업계획변경에 대한 인가처분 / 여객자동차 운송사업자의 휴업허가를 위하여 필요한 기준을 정하는 것 ⑰ 마을버스 운송사업면허의 허용 여부 및 기존 일반노선버스의 노선과의 중복 허용정도에 대한 판단 ⑱ 「국민건강보험법」상 속임수나 그 밖의 부당한 방법으로 보험급여를 받은 경우의 부당이득징수 ⑲ 주택건설사업계획의 승인 / 주택재건축사업 시행인가 ⑳ 택지개발예정지구 지정처분 ㉑ 유기장영업허가 / 투전기업허가 ㉒ 귀화허가 / 난민인정결정취소 ㉓ 법무부장관이 공증인의 정원을 정하고 임명공증인을 임명하거나 인가공증인을 인가하는 행위 ㉔ 「민법」상 비영리법인설립허가 여부 ㉕ 토석채취허가 / 고분발굴허가 ㉖ 「수산업법」상 어업면허 ㉗ 공유수면매립허가 / 공유수면매립목적의 변경승인 ㉘ 지방전문직공무원의 채용계약의 갱신 여부	① 술에 취한 상태에서 운전을 했음에도 음주측정거부한 경우 운전면허취소 ② 「국토의 계획 및 이용에 관한 법률 시행령」에서 정한 토지이용의무를 위반한 자에게 부과할 이행강제금 부과기준과 다른 이행강제금액 결정 ③ 일반주점영업허가 / 일반(대중)음식점영업허가 / 유흥(위생)접객업허가 ④ 광천음료수제조허가 ⑤ 기부금품모집허가 ⑥ 「건축법」상의 건축허가 ⑦ 학교법인 이사취임승인 ⑧ 무단점유자에 대한 변상금 부과처분 ⑨ 무단점유자에 대한 변상금 징수 ⑩ 변상금 연체료 부과처분 ⑪ 명의신탁자에 대한 과징금 부과 ⑫ 경찰공무원시험에서 부정응시자에 대한 5년간 시험응시자격제한 ⑬ 검사임용 신청에 대해 응답 여부 검사임용 여부: 재량 ⑭ 「석유 및 석유대체연료 사업법」상 석유판매업 허가 ⑮ 난민인정행위 ⑯ 자동차운송 알선사업등록처분 ⑰ 관광사업의 양도·양수에 의한 지위승계신고의 수리 ⑱ 보충역대상자에 대한 공익근무요원 소집 여부 ⑲ 마을버스 운수업자가 유가보조금을 과다 지급받은 경우 환수처분 ⑳ 육아휴직 중 복직요건인 '휴직사유가 없어진 때'에 해당하여 행하는 복직명령

㉙ 서울교육대학 학생징계
㉚ 「사립학교법」상 임원취임승인 취소처분 / 사립대
학이 국공립대학으로 설립자 변경 시 교수임용 여
부
㉛ 방산물자 지정 및 취소
㉜ 주유소 위치변경
㉝ 도지사의 절대보전지역 지정 및 변경행위
㉞ 대기오염물질 총량관리사업장 설치허가 또는 변경
허가
㉟ 「야생생물 보호 및 관리에 관한 법률」상의 용도변
경승인과 기준
㊱ 보건복지부장관의 요양급여의 상대가치점수 변경
또는 조정
㊲ 예방접종으로 인한 질병, 장애 또는 사망의 인정
여부 결정
㊳ 중요무형문화재 보유자의 추가 인정

5 **재량행위와 기속행위의 쟁점**

1. 구 「주택건설촉진법」(현 「주택법」) 제33조 제1항이 정하는 주택건설사업계획의 승인은 수익적 행
정처분으로서 재량행위에 속한다는 것은 요건재량설(X) / 효과재량설(○)에 따른 것이다.

2. 국립대학교 학생에 대한 징계는 재량행위이나, 효과재량설에 따르면 침익적 행위이므로 기속행위
가 된다.

3. 음주측정거부를 이유로 운전면허취소를 함에 있어서 행정청이 그 취소 여부를 선택할 수 있는 재량
의 여지가 없으므로 재량권의 일탈·남용의 문제는 생길 수 없다(2003두12042).

4. 구 「사무관리규정」 제33조 제2항은 "~ 문서의 열람 또는 복사를 요청하는 때에는 ~ 이를 허가할
수 있다."라고 규정되어 있으나, 이 규정에 의한 행정기관의 정보공개허가 여부는 특별한 사유가
없는 한 반드시 정보공개청구에 응하여야 하는 기속행위이다(92추17).

5. 경찰공무원시험에서 부정응시자에 대한 5년간 시험응시자격제한

① **경찰공무원임용령**: 법규명령
② **응시자격 제한**: 재량 없다.

6. 귀화허가는 재량이나, 귀화신청인이 구 「국적법」 제5조 각 호에서 정한 귀화요건을 갖추지 못한
경우, 법무부장관이 귀화 허부에 관한 재량권을 행사할 여지없이 귀화불허처분하여야 한다(2016두
31616).

7. 의제되는 인허가가 재량행위인 경우에는 주된 인허가가 기속행위인 경우에도 인허가가 의제되는
한도 내에서 재량행위로 보아야 한다.

8. 유가보조금(2011두3388)

① **어느 행정행위가 기속행위인지 또는 재량행위인지 판단하는 기준**: 어느 행정행위가 기속행위인지 재량행위인지는 이를 일률적으로 규정지을 수는 없는 것이고, 당해 처분의 근거가 된 규정의 형식이나 체재 또는 문언에 따라 개별적으로 판단해야 한다. 또한 침익적 행정행위의 근거가 되는 행정법규는 엄격하게 해석·적용하여야 하고 그 행정행위의 상대방에게 불리한 방향으로 지나치게 확장해석하거나 유추해석해서는 안 되며, 그 입법 취지와 목적 등을 고려한 목적론적 해석이 전적으로 배제되는 것은 아니라고 하더라도 그 해석이 문언의 통상적인 의미를 벗어나서는 안 된다.

② 마을버스 운수업자 甲이 유류사용량을 실제보다 부풀려 유가보조금을 과다 지급받은 데 대하여 관할 시장이 甲에게 부정수급기간 동안 지급된 유가보조금 전액을 회수하는 처분을 한 사안에서, 구 「여객자동차 운수사업법」 제51조 제3항을 '정상적으로 지급받은 보조금'까지 반환하도록 명할 수 있는 것으로 해석할 수는 없고, 위 환수처분은 기속행위이다.

9. 법인이 개설한 의료기관에서 거짓으로 진료비를 청구하였다는 범죄사실로 법인의 대표자가 금고 이상의 형을 선고받고 형이 확정된 경우, 「의료법」 제64조 제1항 제8호에 따라 진료비 거짓 청구가 이루어진 해당 의료기관의 개설허가 취소처분(또는 폐쇄명령)을 해야 하는지 여부(적극)

자연인이 의료기관을 개설한 경우에는 해당 의료기관에서 거짓으로 진료비를 청구하였다는 범죄사실로 개설자인 자연인이 금고 이상의 형을 선고받고 그 형이 확정된 때에, 법인이 의료기관을 개설한 경우에는 해당 <u>의료기관에서 거짓으로 진료비를 청구하였다는 범죄사실로 법인의 대표자가 금고 이상의 형을 선고받고 그 형이 확정된 때에 「의료법」 제64조 제1항 제8호에 따라 진료비 거짓 청구가 이루어진 해당 의료기관의 개설허가 취소처분(또는 폐쇄명령)을 해야 한다</u>(2019두57831).

6 기속행위와 재량행위의 사법심사 차이

구분	기속행위	재량행위
법원의 독자적 결론 도출	○	X
재량권 일탈·남용 심사	X	○

개발제한구역 내 건축허가는 재량행위이므로 법원은 독자적으로 결론을 도출한 후 그 결론에 비추어 행정청이 한 판단의 적법 여부를 독자의 입장에서 판단한다. (X)

7 재량권의 일탈 · 남용인 행정행위

재량권 일탈	재량권의 외재적 한계 일탈
재량권 남용	① 재량권의 내재적 한계 일탈: 목적 위반 및 동기의 부정, 사실오인, 일반원칙 위반 ② 사실의 존부에 대한 판단에도 재량권이 인정될 수 있으므로, 사실을 오인하여 재량권을 행사한 경우라도 처분이 위법한 것은 아니다. (X) ③ 판례는 재량권의 일탈과 남용을 명확히 구분하지 않고 있다.
재량권 불행사	① 행정청은 재량권이 부여된 경우 재량권을 행사할 의무를 진다. 따라서 재량권 불행사도 위법이다. ② 재량권을 충분히 행사하지 아니한 경우도 재량권의 불행사에 포함된다.
통제	① 재량권 일탈 · 남용이면 처분취소 ② 재량권 일탈 · 남용이 아니면 기각판결
재량권 일탈 · 남용 입증책임	원고(○) / 피고(X)

📖 행정기관이 민원사항의 심의 · 조정을 위한 민원조정위원회를 개최하면서 민원인에게 회의일정 등을 사전에 통지하지 아니하고 거부처분을 한 경우, 사전에 통지하지 아니하였다 하더라도, 이러한 사정만으로 곧바로 민원사항에 대한 행정기관의 장의 거부처분에 취소사유에 이를 정도의 흠이 존재한다고 보기는 어렵다.

📖 제재적 처분기준이 부령의 형식으로 규정되어 있는 경우, 그 처분기준에 따른 제재적 행정처분이 현저히 부당하다고 인정할 만한 합리적인 이유가 없는 한 섣불리 그 처분이 재량권의 범위를 일탈하였거나 재량권을 남용한 것이라고 판단해서는 안 된다.

8 재량행위에 대한 통제

국회	재량권 남용일 경우 취소(X), 국정조사 · 감사를 통해 통제
행정부 내 통제	「행정절차법」에 따른 사전통지, 의견청취 절차를 통해 재량권 남용 통제
행정심판	재량권 행사가 부당한 경우나 위법일 때 처분취소
행정소송	① 「행정소송법」은 재량권 일탈 · 남용일 때 처분을 취소할 수 있다고 규정하여 재량하자의 사법심사에 대한 명문규정을 두고 있다(제27조). ② 재량권 행사가 위법한 경우 처분취소
헌법소원	법령에 근거한 구체적인 집행행위가 재량행위인 경우 기본권의 침해는 집행기관의 의사에 따른 집행행위에 의하여 비로소 이루어지고 현실화되므로, 이러한 경우에는 법령에 의한 기본권 침해의 직접성이 인정될 여지가 없다.

9 불확정개념과 판단여지

효과에만 재량 인정	요건(X), 효과(O), 요건재량설 보충(X), 효과재량설 보충(O)
요건에 불확정개념 규정	불확정개념이 법정요건에 규정되어 있는 경우, 요건에 포섭되는지 여부에 대한 행정청의 판단여지가 있다.
판단여지 긍정설	판단여지는 구성요건과 관련된 개념이지만 재량은 법적 효과와 관련된 개념이고, 행정법규에 있어서 요건사실의 인정은 인식의 문제로서 법원의 전속적 권한에 속하는 법해석의 문제이지 행정청의 효과부분의 결정에 관한 문제가 아니다.
판단여지 부정설	① 법 규정의 일체성에 의해 요건 판단과 효과 선택의 문제를 구별하기 어렵다. ② 대법원 판례는 판단여지와 재량을 구별하지 않음: 불확정개념으로 규정되어 있는 「의료법」제59조 제1항에서 정한 보건의료정책을 위한 필요한 경우 지도와 명령을 할 수 있다고 규정하고 있는데, 요건에 해당하는지, 요건에 해당하는 경우 행정청이 어떠한 종류와 내용의 지도나 명령을 할 것인지의 판단에 관해서는 행정청에 재량권이 부여되어 있다.
판단여지와 재량의 구별실익	판단여지의 경우에는 명문의 근거가 없는 한 법 효과를 제한하는 부관을 붙일 수 없지만, 재량행위의 경우에는 부관을 붙일 수 있다.
현대에 와서 판단여지	축소(O), 확대(X)
판단여지와 사법심사	① 행정행위 사법심사 배제(X), 사법심사 가능(O) ② 판단여지가 인정되더라도 법원은 위법이라는 판단을 할 수 있다. 행정청의 전문적 판단여지가 있으므로 법원은 이를 존중해야 한다.
판단여지가 적용되는 영역	비대체적 결정(면접, 주관식 채점 등), 구속적 가치평가(문화재 평가), 예측결정, 형성적 결정
판례	① 시험문제출제행위의 성질은 재량행위이다. ② 사법시험 2차 논술형 시험채점은 재량행위이다. ③ 공무원 임용을 위한 면접전형에서 능력이나 적격성 판단은 자유재량에 해당한다. ④ 교과서 검정은 재량행위이다. 교육부장관은 교과서 저술내용이 교육에 적합한지 심사할 수 있다. 법원이 검정처분의 위법 여부를 심사함에 있어 교육과학기술부장관(현 교육부장관)과 동일한 입장에서 당부를 심사하는 것은 부당하다. ⑤ 구 「군사기지 및 군사시설 보호법」상 국방부장관 또는 관할 부대장에 대한 관계 행정기관장의 협의 요청 대상인 행위가 군사작전에 지장을 초래하거나 초래할 우려가 있는지 등은 고도의 전문적·군사적 판단 사항인지 여부(적극) 및 그 판단에 관하여 국방부장관 또는 관할 부대장 등에게 재량권이 부여되어 있는지 여부(적극) / 행정청의 전문적인 정성적 평가 결과는 특별한 사정이 없는 한 가급적 존중되어야 하는지 여부(적극) 및 재량권을 일탈·남용한 특별한 사정이 있다는 점에 관한 증명책임의 소재(= 이를 주장하는 자) / 이러한 법리가 국방부장관 또는 관할 부대장 등이 구 「군사기지 및 군사시설 보호법」 등 관계 법령이 정하는 바에 따라 전문적·군사적인 정성적 평가를 한 경우에도 마찬가지로 적용되는지 여부(적극)

10 재량권 일탈·남용인 것

① 조세포탈 목적이 없는 부동산실명제 위반자에 대하여 과징금 감경사유가 있음에도 전혀 고려하지 않거나 사유에 해당하지 않는다고 오인하여 과징금 전액을 부과한 것

② 건설업자에 대하여 영업정지처분을 할 때 영업정지기간의 감경에 관한 참작사유가 있음에도 전혀 고려하지 않거나 사유에 해당하지 않는다고 오인하여 영업정지기간을 감경하지 아니한 경우

③ 앞지르기 위반자를 적발하고 2만 원을 받고 가볍게 처리한 경찰관 파면

④ 교통사고처리를 적절하게 해 주었다는 사의로 30만 원을 놓고 간 것을 알고 돈을 되돌려 준 경찰관 해임처분

　　📖 적극적으로 돈을 요구하여 만 원을 받은 경찰공무원 해임은 재량권 일탈·남용이 아님.

⑤ 부정휘발유 취급 사실을 알지 못했음에도 주유소관리인이 부정휘발유를 판매했다는 이유로 위험물 취급설치 허가 취소

⑥ 개인택시운송사업면허 우선순위자를 제치고 후순위자에게 면허발급

⑦ 급량비가 나올 때마다 바로 지급하지 않고 모아 두었다가 일정액에 달하였을 때에 지급한 시립무용단원의 직위해제

⑧ 병을 이유로 육지근무를 청원한 낙도근무교사 파면

⑨ 박사학위논문심사통과자에 대한 학위수여부결

⑩ 자연공원사업의 시행에 있어 사실오인에 근거한 공원시설 기본설계 및 변경설계 승인

⑪ 기존 업체가 폐기물의 수집·운반 차량을 대폭 늘려 신규 허가를 해 주면 일시적으로 공급과잉이 발생할 수 있다는 사정만으로 폐기물처리사업계획서 제출에 대해 부적합통보를 한 것

⑫ 북한 어린이에게 의약품을 지원하기 위한 모금행위 불허

⑬ 전출명령에 동의한 바 없는 공무원이 그 명령에 따르지 않았음을 이유로 한 감봉 3월의 징계처분

⑭ 대학교 총장이 해외근무자들의 자녀를 대상으로 한 특별전형에서 외교관, 공무원의 자녀에 대하여만 가산점을 부여해 합격사정을 함으로써, 실제 취득점수에 의하면 합격할 수 있었던 응시자들에 대한 불합격처분

⑮ 교수회의의 심의의결 없이 국공립대학교 학생에 대한 학장의 징계처분

⑯ 개발제한구역 내에서 광산에 대한 개발행위 허가기간의 연장신청에 대한 거부처분

⑰ 산림훼손허가 후 성화봉송행사를 위한 미관보호 차원에서 산림훼손중지처분

⑱ 당직근무대기 중 화투를 친 공무원 파면

⑲ 미성년자 출입금지에 1회 위반한 유흥업소 영업취소

⑳ 요정출입 1회 한 공무원 파면

㉑ 공정거래위원회가 고위임원의 위반행위를 이유로 과징금을 가중하였는데 실제 지위가 일반직원인 경우

11 재량권 일탈·남용이 아닌 것

① 법규위반자를 적발하고 돈을 요구하면서 전달방법까지 요구한 경찰관의 해임처분

② 교통사고를 일으켜 피해자 2인에게 각 전치 2주의 상해를 입히고 약 30만 원 상당의 손해를 입히고도 구호조치 없이 도주한 수사 담당경찰관의 해임처분

③ 신규교원채용서류 등을 이용하여 학교 비리를 교육부에 진정한 교수 해임

④ 대학교수가 재임용·승진을 위한 평가자료로서 제출한 서적들이 다른 저자의 원서를 그대로 번역한 것이나, 자신의 창작물인 것처럼 가장한 경우 해임처분

⑤ 대학교 교비회계자금을 법인회계로 전출하고 시정요구를 이행하지 아니한 임원승인처분취소

⑥ 의약품개봉판매금지를 위반한 약사에 대하여 업무정지 15일의 처분을 사전통지하였다가 그 후 이에 갈음하는 과징금 부과처분을 한 것

⑦ 학교위생정화구역 내 액화석유가스 설치금지 해제신청 거부

⑧ 태국에서 수입하는 냉동새우에 유해화학물질인 말라카이트그린이 들어 있는 경우 영업정지 1개월의 처분

⑨ 지방공무원 복무조례개정안에 대한 의견을 표명하기 위하여 전국 공무원노동조합 간부 10여 명과 함께 시장의 사택을 방문한 노동조합 시지부 사무국장에 대한 파면처분

⑩ 명예퇴직 합의 후 명예퇴직 예정일 사이에 허위로 병가를 받아 다른 회사에 근무하였음을 사유로 한 징계해임처분

⑪ 미성년자를 출입시켰다는 이유로 2회나 영업정지에 갈음한 과징금을 부과받은 지 1개월 만에 다시 미성년자들을 출입시킨 행위에 대한 영업허가취소처분

⑫ 국가지정문화재의 보호구역에 인접한 나대지에 건물을 신축하기 위한 국가지정문화재 현상변경신청에 대한 불허가처분

⑬ 생물학적 동등성 시험자료에 조작이 있음을 이유로 해당 의약품의 회수, 폐기를 명한 처분

⑭ 공익상 필요에 따른 기존업자의 사업구역을 축소하는 결과가 되는 자동차운송사업 신규면허처분

⑮ 도급제 택시운영의 경우 위반차량 2배에 해당하는 차량운행정지

⑯ 허위 무사고증명을 제출하여 개인택시면허를 받은 자에 대해 신뢰이익을 고려하지 않고 한 면허취소

⑰ 행정청이 개인택시운송사업의 면허를 발급함에 있어 '개인택시운송사업면허 사무처리지침'에 따라 택시운전경력자를 일정 부분 우대하는 처분을 한 경우

⑱ 택시운송사업자가 차고지, 운송부대시설을 증설하는 내용의 자동차운송사업계획인가신청을 했으나 행정청이 이 지역이 학생과 주민들의 통행로로 이용되고 있어 환경오염배출로 인한 주거환경, 교육환경을 우려해 행한 거부처분

⑲ 성수대교를 부실시공하여 붕괴사고를 초래한 건설사에 대한 면허취소처분

⑳ 법무부장관의 귀화허가거부

㉑ 산림훼손신청거부처분

㉒ 유해한 수입녹용전량폐기처분

㉓ 서해관광호텔 투전기사업 불허처분

㉔ 초음파 검사를 통하여 알게 된 태아의 성별을 고지한 의사에 대한 의사면허자격정지처분

㉕ 검찰총장의 경고처분

1 부분허가

개념	다단계 행정에서 일부에 대한 허가
별도의 법적 근거	필요 없음
성질	확약과 다르게 행정행위이다.
항고소송	부분허가는 행정행위이므로 항고소송 대상(O), 원자로 및 관계시설의 부지사전승인처분은 행정처분(O)
부분허가처분이 있고 그 후에 본허가처분이 있는 경우	① 부분허가처분은 독립적으로 항고소송의 대상이 되지 않는다. ② 다만, 본허가처분에 대해 항고소송을 제기할 수 있고, 본허가처분의 취소소송에서 부분허가처분을 다툴 수 있다. ③ 부지사전승인처분이 있은 후 원자로건설허가처분이 있는 경우: 부지사전승인처분의 취소를 구할 소의 이익은 없다.
본허가처분을 하지 아니한 경우 구제수단	행정청이 본허가처분을 하지 아니한 경우 의무이행심판, 부작위위법확인소송으로 다툴 수 있다.

2 예비결정(사전결정)

개념	요건 중에 일부 요건만 승인을 결정하는 행정행위이다.
구속력	예비결정은 구속력이 있으므로, 예비결정의 내용과 상충하는 결정을 할 수 없다.
구속력 부정 판례	구 「주택건설촉진법」에 의한 주택건설사업계획 사전결정이 있다 해도 주택건설계획 승인처분은 사전결정에 기속되지 않고 다시 승인 여부를 결정할 수 있다. 주택건설사업계획 사전결정 반려처분 취소청구소송의 계속 중 구 「주택건설촉진법」의 개정으로 주택건설사업계획 사전결정제도가 폐지된 경우 소의 이익이 없다.

3 「폐기물관리법」관련 판례

① **폐기물처리업 부적정통보**: 행정처분
② **폐기물처리업의 적정 여부**: 행정청의 재량
③ 사업계획에 대한 적정통보가 있는 경우 폐기물사업허가 단계에서는 나머지 허가요건만을 심사한다. 적합통보를 받았다고 하더라도 폐기물사업허가를 받기 전에는 폐기물처리업을 할 수 없다.
④ 다만, 구체적이고 합리적인 이유의 제시 없이 사업계획의 부적정통보를 하거나 사업계획서를 반려하는 처분은 재량권 일탈·남용이다.
⑤ **행정청이 처분서에 불확정개념으로 규정된 법령상의 허가기준 등을 충족하지 못하였다는 취지만 간략히 기재하여 폐기물처리사업계획서 부적합통보를 한 경우**: 그 통보에 대한 취소소송절차에서 행정청은 구체적 불허가사유를 분명히 해야 하고, 원고는 구체적인 불허가사유에 관한 판단과 근거에 재량권 일탈·남용의 위법이 있음을 밝히기 위해 추가적인 주장 및 자료를 제출할 필요가 있다(2019두45579).
⑥ **폐기물처리업사업계획에 대하여 적정통보**: 그 사업부지토지에 대한 국토이용계획변경신청을 승인하여 주겠다는 취지의 공적인 견해표명이 아니다.
⑦ 적정통보는 예비결정으로 구속력이 있으므로 적정통보 후 청소업자 난립을 이유로 한 불허가처분은 신뢰보호 위반이다.
⑧ 폐기물처리계획의 적정통보를 받은 자는 국토이용변경을 신청할 권리가 있다. 따라서 국토이용변경 거부는 항고소송의 대상이 되는 처분이다(2001두10936).
   📖 **원칙**: 국토이용변경신청권(X) → 거부, 항고소송 대상(X)

4 가행정행위

① **징계의결이 요구 중인 자에 대한 직위해제처분**: 가행정행위
② **가행정행위**: 행정행위(○), 항고소송 대상(○)
③ **가행정행위**: 불가변력(X), 국민은 신뢰보호원칙의 적용을 주장하지 못한다.
④ **최종결정이 나오면**: 가행정행위 실효(○), **파면결정이 나오면 직위해제처분**: 실효(○)

제5절   행정행위의 유형

법률행위적 행정행위	명령적·형성적 행정행위
명령적 행정행위	하명, 허가, 면제
형성적 행정행위	특허, 인가, 대리
준법률행위적 행정행위	확인, 공증, 통지, 수리

제6절　하명

형식	① 처분하명 ② 법규하명도 있으나, 법규하명은 행정행위가 아니다.
하명의 성질	부담적 행정행위, 기속행위
종류	작위, 부작위(금지), 급부, 수인 하명
하명 대상	사실행위 + 법률행위
상대방	① 특정인 + 불특정인(북한산 등산로 이용금지) ② 하명처분은 특정인에 대하여 행하는 행정행위이다. (X) ③ 하명은 개별적 · 구체적으로도, 일반처분으로도 행해진다. (O) ④ G8 정상회담 시 회담기간 중 주변지역에서 옥외집회금지: 일반처분
효과	① 공법상 의무를 낳는다. ② 대물적 하명은 승계되나, 대인적 하명은 승계되지 않는다.
하명 위반 효과	① 강제집행, 행정벌(O) ② 하명에 위반한 사법상 법률행위: 무효(X), 유효(O)
권리구제	① 항고소송(O) ② 손해배상(O)

제7절　허가

1 허가의 의의

개념	예방적 · 상대적 금지 해제 → 자연적 자유 회복
허가의 성질	① 명령적 행정행위이다. 형성적 행정행위라는 견해도 있다. ② 허가는 기속행위이다. 그러나 예외적 허가는 재량행위이다. ③ 허가는 수익적 행정행위이다. ④ 허가의 대상: 법률행위 + 사실행위

2 허가처분의 적용 법조항

원칙	① 신청시법(X), 처분시법(○) ② 허가의 신청 후 행정처분 전에 법령의 개정으로 허가기준에 변경이 있는 경우에는 원칙적으로 변경된 허가기준에 따라서 처분을 하여야 한다.
예외	허가신청을 수리하고도 정당한 이유 없이 처리를 늦춘 경우에는 신청시법
「행정기본법」 제14조 제2항	당사자의 신청에 따른 처분은 법령등에 특별한 규정이 있거나 처분 당시의 법령등을 적용하기 곤란한 특별한 사정이 있는 경우를 제외하고는 처분 당시의 법령등에 따른다.

3 허가요건으로서의 신청

신청	① 반드시 신청이 있어야 한다. (X) ② 선원주의 적용(○), 특허는 선원주의 적용(X)
신청내용과 다른 수정허가	수정허가도 당연무효는 아니다. → 개축허가신청에 대하여 행정청이 착오로 대수선 및 용도변경을 하였다 하더라도 취소 등의 적법한 처분 없이는 그 효력을 부인할 수 없다 (85누382).

4 허가요건

허가요건 추가금지	① 법령의 근거 없이 행정권이 독자적으로 허가요건을 추가하는 것은 허용되지 아니한다. ② 건축허가권자는 법규에서 정하는 제한사유 이외의 사유를 들어 그 허가신청을 거부할 수는 없다. ③ 법령에서 정한 사유 이외의 사유인 주민의 동의가 없음을 이유로 주유소설치허가를 거부할 수 없다. ④ 인근 주민들이 반대한다는 사정만으로 공장설립허가신청을 반려할 수는 없다.
허가거부	① 「건축법」의 요건을 갖춘 신청이라도 중대한 공익상의 사유로 건축허가를 거부할 수 있다. ② 법규에 명문의 근거가 없더라도 산림훼손(산림형질변경)허가신청에 대해 거부처분을 할 수 있다.

5 허가의 효과

금지해제로 인한 자유회복	① 법률상 이익 → 허가취소의 취소를 구할 법률상 이익이 있다. ② 주류제조면허: 허가(○), 법률상 이익(○)
허가로 인한 경영상 이익	① 반사적 이익 → 신규업자에 대한 허가에 대해 취소를 구할 법률상 이익은 없다. ② 유기장 영업허가: 허가(○), 영업상 이익은 반사적 이익(○), 법률상 이익(X) ③ 한의사 면허: 허가(○), 영업상 이익은 사실상 이익(○), 법률상 이익(X)

허가로 다른 법률상 제한은 해제되지 않는다	① 「도로법」에 따른 접도구역에서 개축하려면 「도로법」에 따른 허가를 받았다 하더라도 「건축법」에 따른 허가를 받아야 한다. ② 「내수면어업개발법」에 따른 어업면허를 받았다고 하더라도 토석채취를 하려면 구 「도시계획법」(현 「국토의 계획 및 이용에 관한 법률」)에 따른 허가를 받아야 한다. ③ 자연공원 내 건축을 하려면 「건축법」상 허가사항이 아니라도 구 「자연공원법」에 따른 공원관리청의 허가를 받아야 한다.
무허가행위 효과	① 강제집행(○), 행정벌(○) / 사법상 행위 무효(X) ② 허가담당공무원이 허가를 요하지 않는 것으로 잘못 알려 주어 이를 믿었기 때문에 허가를 받지 아니하고 처벌대상의 행위를 한 경우에는 처벌할 수 없다.
허가의 효력 범위	행정청의 관할구역 내 효력(○), 다만 운전면허와 같은 허가는 관할구역 외에도 효력(○)

6 허가의 종류별 효과와 이전성

구분	대인적 허가	대물적 허가	혼합적 허가
예	운전면허, 의사면허 등	건축허가, 영업허가, 석유판매업허가 등	총포 · 도검 · 화약류의 제조허가
효과의 장소적 범위	전국적	원칙상 허가한 행정청의 관할구역 내	원칙상 허가한 행정청의 관할구역
이전성 (양도 · 상속)	X	○	이전에 다시 허가를 받아야 하는 등의 제한이 따르는 것이 보통

7 인허가의제제도

의의	본허가로 다른 법령의 인허가를 의제하는 제도이다.
법률 근거	행정청 간의 권한 변경을 가져오므로 반드시 법률의 명시적 근거가 필요하다.
신청	① 어떤 개발사업의 시행과 관련하여 인허가의 근거 법령에서 절차간소화를 위하여 관련 인허가를 의제 처리할 수 있는 근거규정을 둔 경우, 사업시행자가 인허가를 신청하면서 반드시 관련 인허가의제 처리를 신청할 의무가 있는지 여부(소극) ② 「중소기업창업 지원법」 제35조 제1항, 제4항에서 정한 인허가의제제도의 입법 취지 및 관련 인허가 사항에 관한 사전협의가 이루어지지 않은 채 「중소기업창업 지원법」 제33조 제3항에서 정한 20일의 처리기간이 지난 날의 다음 날에 사업계획승인처분이 이루어진 것으로 의제된 경우, 창업자는 관련 인허가를 관계 행정청에 별도로 신청하는 절차를 거쳐야 하는지 여부(적극) 관련 인허가 사항에 관한 사전협의가 이루어지지 않은 채 중소기업창업법 제33조 제3

	항에서 정한 20일의 처리기간이 지난 날의 다음 날에 사업계획승인처분이 이루어진 것으로 의제된다고 하더라도, 창업자는 중소기업창업법에 따른 사업계획승인처분을 받은 지위를 가지게 될 뿐이고 관련 인허가까지 받은 지위를 가지는 것은 아니다. 따라서 창업자는 공장을 설립하기 위해 필요한 관련 인허가를 관계 행정청에 별도로 신청하는 절차를 거쳐야 한다.
생략되는 요건	① 절차요건은 생략된다. 의제되는 인허가 법에 요구되는 주민의 의견청취절차는 거칠 필요가 없다. ② 민원인은 하나의 인허가 신청만 하면 되고 의제되는 인허가 신청은 하지 않는다. 신청을 받은 행정청은 의제되는 인허가 행정기관과 협의를 해야 한다. ③ 실체적 요건은 생략되지 않는다.
실체적 요건	① 도시계획시설인 주차장에 대한 건축허가신청을 받은 행정청으로서는 「건축법」상 허가요건뿐 아니라 국토의 계획 및 이용에 관한 법령이 정한 도시계획시설사업에 관한 실시계획인가요건도 충족하는 경우에 한하여 허가해야 한다. ② 의제되는 인허가 요건을 충족하지 못한 경우 허가신청을 거부할 수 있다. 「국토의 계획 및 이용에 관한 법률」상 건축물의 건축에 관한 개발행위허가가 의제되는 건축허가신청이 법령이 정한 개발행위허가기준에 부합하지 아니하면 거부할 수 있다. ③ 「택지개발촉진법」에 의한 토지형질변경허가를 받을 수 없다면 「농지법」의 전용허가요건을 갖추지 못한 것이다. ④ 인천지방해양수산청장이 공유수면점용허가를 할 수 없다고 회신을 한 경우, 충남도지사는 채광계획인가를 하지 않을 수 있다.
의제 효과	① 주된 인허가가 있으면 B법률에 의한 인허가가 있는 것으로 보는 데 그치는 것이지 <u>B법률에 의하여 인허가를 받았음을 전제로 한 B법률의 모든 규정들까지 적용되는 것은 아니다.</u> ② 구 「택지개발촉진법」상 사업시행자가 택지개발사업 실시계획승인에 의해 의제되는 도로공사시행허가 및 도로점용허가는 <u>사업시행 완료 후까지 의제된다고 볼 수 없다.</u> ③ 인허가의제대상이 되는 처분의 공시방법에 관한 하자가 있더라도, 그로써 해당 인허가 등 의제의 효과가 발생하지 않을 여지가 있게 될 뿐이고, 그러한 사정이 주택건설사업계획 승인처분 자체의 위법사유가 될 수는 없다. ④ 시장 등이 사업계획을 승인하기 전에 관계 행정청과 미리 협의한 사항에 한하여 사업계획승인처분을 할 때에 관련 인허가가 의제되는 효과가 발생할 뿐이다. 관련 인허가 사항에 관한 사전협의가 이루어지지 않은 채 「중소기업창업 지원법」 제33조 제3항에서 정한 20일의 처리기간이 지난 날의 다음 날에 사업계획승인처분이 이루어진 것으로 의제된다고 하더라도, 창업자는 「중소기업창업 지원법」에 따른 사업계획승인처분을 받은 지위를 가지게 될 뿐이고 관련 인허가까지 받은 지위를 가지는 것이 아니다. 따라서 창업자는 공장을 설립하기 위해 필요한 관련 인허가를 관계 행정청에 별도로 신청하는 절차를 거쳐야 한다.
선승인 후협의제	① 모든 인허가 사항을 협의하는 데는 시간이 많이 소요되므로 사업시행 후 인허가의제에 대해 협의하는 제도이다. ② 개별법령상 명문의 근거가 있는 경우에만 인정된다.

[인허가의제와 불복]

인허가가 거부된 경우 항고소송의 대상	① 주된 인허가 거부처분(○) / 의제된 인허가 부동의(X) ② 아산시장이 형질변경불허가사유, 농지전용불허가사유를 들어 건축불허한 경우 건축불허처분을 항고소송의 대상으로 삼아야 한다. ③ 형질변경불허가와 농지전용불허가는 독립된 처분이 아니므로 불가쟁력이 발생하지 않는다. ④ 소방서장의 부동의를 들어 구청장이 건축불허처분을 한 경우, 건축불허처분을 취소소송의 대상으로 해야 한다.
행정청이 의제된 인허가를 취소한 경우	① 의제된 인허가도 별개의 처분이므로, 의제된 인허가만 철회 또는 취소할 수 있다. ② 산지전용허가가 의제되는 사업계획을 승인한 후 공장설립불가를 이유로 하여, 행정청이 사업계획승인과 산지전용허가를 취소한 경우, 사업계획승인 취소와는 별도로 산지전용허가 취소를 다툴 수 있다.
의제된 인허가에 대한 불복	① 의제된 인허가의 취소나 철회가 허용될 수 있고, 이러한 직권 취소·철회가 가능한 이상 그 의제된 인허가에 대한 쟁송취소 역시 허용된다. ② 주택건설사업계획승인처분으로 의제된 인허가(주택건설 사업구역 밖의 토지에 대하여 지구단위계획결정 의제)를 다투고자 하려면 주택건설사업계획승인처분의 취소를 구할 것이 아니라 의제된 인허가의 취소를 구해야 한다.

8 허가의 갱신

갱신신청	① 기한이 도래하기 전에 해야 한다. ② 기한 도래 전에 적법한 갱신신청이 있었고 행정청이 갱신가부의 결정이 없었다면, 허가의 효력은 유지된다. ③ 허가기간이 경과되면 허가는 실효된다. 따라서 기간경과 후 기간연장신청은 갱신신청이 아니다. 이는 새로운 허가신청으로 보아야 한다.
허가갱신이 있는 경우	① 기존의 허가 실효(X), 새로운 허가(X) → 기존의 허가 효력 유지(○) ② 갱신이 있더라도 갱신 전의 위법사유가 치유되지 않는다. 따라서 갱신 전의 위법사유를 이유로 갱신 후에도 면허를 취소할 수 있다.
허가기간이 사업의 성질상 부당하게 짧은 경우	① 그 기간을 허가 자체의 존속기간(X) / 허가조건의 존속기간(○)으로 보아야 한다. ② 그런 경우라도 허가기간을 연장하려면 종기 도래 전에 허가기간의 연장신청이 있어야 한다. 신청 없이 허가기간이 만료되면 허가의 효력은 상실된다.
사행행위의 갱신	① 사행행위의 갱신허가를 해야 하는 것은 아니다. ② 사행행위의 갱신허가는 새로운 행정처분이다. → 사행행위에 대한 재허가를 불허하더라도 신뢰보호원칙에 어긋난다고 할 수 없다.

A는 허가청으로부터 B간판에 관하여 설치허가를 받았다. 설치기간은 2013.3.1.부터 2015.2.28.까지로 하였다. A는 2015.4.1.에 허가기간의 연장을 신청하였다. 그러나 허가청은 B간판이 2015.4.1. 현재의 관련 법령이 정하는 규격을 초과한다는 이유로 허가연장신청을 거부하였다.

① 갱신신청은 2015.2.28.까지 해야 한다.
② 2015.2.28.까지 갱신신청을 하지 않으면 허가는 실효된다.
③ 2015.3.1. 후에 이루어진 신청에 따른 허가는 갱신허가가 아니라 새로운 허가이다.

9 예외적 허가(예외적 승인)

구분	허가	예외적 허가
허가의 성질	① 원칙적 허가를 전제로 금지 ② 잠정적 금지의 해제 ③ 상대적 금지의 해제 ④ 예방적 금지의 해제	① 원칙적 금지를 전제로 예외적 허가 ② 억제적 금지의 해제
효과	자연적 자유의 회복	권리범위 확대
행정기관의 행위	원칙: 기속행위	원칙: 재량행위
예	① 일반음식점영업허가 ② 건축허가 ③ 유흥주점허가 ④ 의사·한의사·약사 면허 ⑤ 자동차운전면허 ⑥ 양곡가공업허가 ⑦ 수렵면허 ⑧ 화약제조허가 ⑨ 여행허가	① 치료목적의 마약·아편 사용허가 ② 마약류 취급허가(이견 있음) ③ 개발제한구역 내 건축허가나 건축물의 용도변경허가 ④ 학교환경위생정화구역 내 유흥음식점 허가 ⑤ 자연공원 내 단란주점영업허가, 산림훼손토지형질변경허가 ⑥ 카지노·경마장 등의 사행행위영업허가

10 행정법상 자유의 제한 정도에 따른 금지

구분	행위를 위한 요건	예
국가의 개입으로부터 자유로운 영역	신고·허가 없이 자유롭게 할 수 있음.	국내에서 거주이전의 자유
신고유보부 금지	신고	출생신고
상대적 금지	허가	건축허가
억제적 금지	예외적 허가	개발제한구역 내 건축허가
절대적 금지	허가 불가	인신매매, 미성년자 매춘

11 건축허가

① **일반 건축허가**: 기속행위
② **개발제한구역 내 건축허가**: 재량행위
③ 기존 판례는 자연경관, 주거환경 침해를 이유로 숙박시설 건축을 불허할 수 없다고 하였으나, 최근 판례는 불허할 수 있다고 한다.

제8절 특허

1 특허의 종류

권리설정	자동차운수사업면허, 도로 · 하천 · 공유수면의 점용허가
능력설정	공법인설립, 재개발조합설립 인가
포괄적 법률관계 설정행위	공무원임명, 귀화허가

2 특허의 법적 성질

형성행위	새로운 지위를 부여하는 형성행위이다.
재량행위	① 개인택시운송사업면허, 공유수면매립면허, 「출입국관리법」상 체류자격 변경허가 ② 개발촉진지구 안에서 시행되는 지역개발사업에서 지정권자의 실시계획승인처분 ③ 「관세법」상 보세구역의 설영특허 ④ 공유수면점용허가

3 특허의 신청

구분	특허	인가	허가
법규특허 / 법규허가 / 법규인가	○	X	X
일반특허 / 일반허가 / 일반인가	X	X	○
신청(출원)	반드시 신청	반드시 신청	일반허가는 신청이 없어도 된다.
선원주의	X	X	○

4 특허의 효과

특허로 인한 경영상 이익	① 법률상 이익 ② 행정청의 신규면허처분에 대해 기존업자는 취소를 구할 법률상 이익이 있다.
효과	① 공법적 효과 + 사법적 효과 ② 이중특허: 무효 ③ 시장 등이 다른 어촌계의 업무구역과 중복된다는 이유로 어업면허를 거부하거나 취소하는 처분을 하는 경우, 항고소송의 방법으로 처분의 취소 또는 무효확인을 구하여야 한다.

[허가와 특허의 비교]

구분	허가	특허
의의	자연적 권리회복	새로운 권리부여
규제목적	소극적 질서유지	적극적 공공복리
국가의 감독	① 질서유지를 위한 소극적 감독 ② 특권부여(X)	① 공공복리 달성을 위한 적극적 감독 ② 특권부여(O)
법적 성질	① 명령적 행위 ② 원칙은 기속	① 형성적 행위 ② 원칙은 재량
신청	① 원칙적으로 신청을 요함. ② 일반처분은 신청불요 ③ 선원주의 적용(O)	① 반드시 신청을 요함. ② 다만, 법규특허는 신청불요 ③ 선원주의 적용(X)
상대방	① 특정인 ② 불특정 다수(일반처분)	반드시 특정인
형식	① 허가처분(O) ② 법규허가(X)	① 특허처분(O) ② 법규특허(O)
대상	① 법률행위(O) ② 사실행위(O)	① 법률행위(O) ② 사실행위(O)
효과	① 공법적 효과(O) ② 사법적 효과(X)	① 공법적 효과(O) ② 사법적 효과(O) → 사법상 권리발생(어업권)
기존업자의 이익	반사적 이익	법률상 이익
기존업자의 원고적격	원고적격(X)	원고적격(O)

종류	① 통행금지 · 입산금지의 해제 ② 주류면허 ③ 운전면허 ④ 건축허가 ⑤ 의사 · 약사면허 ⑥ 수렵허가 ⑦ 총포화약제조허가 ⑧ 주유소허가	① 특허기업(자동차운수사업, 개인택시사업면허, 도시가스사업 등의 공익사업)의 특허 ② 행정재산의 사용 · 수익허가 ③ 공물사용권(도로점용허가, 하천점용허가, 공유수면의 점용 · 사용허가, 공유수면매립면허 등)의 특허 ④ 광업허가 ⑤ 어업면허 ⑥ 「출입국관리법」상 체류자격 변경허가 ⑦ 보세구역의 설영특허 ⑧ 개인택시운송사업면허 ⑨ 공기업특허 ⑩ 토지수용권의 설정, 토지수용상 사업인정 ⑪ 도선료징수권 설정

5 국립의료원 부설주차장에 관한 위탁관리용역운영계약

① 행정재산의 사용 · 수익에 대한 허가는 강학상 특허에 해당한다. 국립의료원 부설주차장에 관한 위탁관리운영계약은 특허이다.

② 국립의료원 부설주차장에 관한 위탁관리운영계약을 체결한 원고는 민사소송으로 가산금지급채무의 부존재확인을 구할 수는 없다.

📖 사례

甲은 공유수면매립법에 의거하여 관할 행정청으로부터 공유수면매립면허를 받으려고 한다.

① 출원이 반드시 필요하다. 즉, 협력을 요하는 행정행위이다.
② 법정요건을 갖추었어도 행정청은 반드시 허가할 의무는 없고 허가 여부는 재량이다.
③ 행정청의 면허신청거부에 항고소송을 제기할 수 있고, 법원은 이를 취소할 수 있다.
④ 효과재량설에 따르면 재량에 해당한다.
⑤ 공유수면매립허가는 재량이므로 법령에 규정이 없어도 행정청은 공유수면매립면허를 발급하면서 부관을 붙일 수 있다.
⑥ 행정청이 면허신청을 거부함에 있어서 행정청은 甲에 대해 사전통지, 의견제출의 기회를 부여할 의무는 없다.
⑦ 甲은 행정청의 거부처분에 대해 의무이행심판을 청구할 수 있다.
⑧ 甲은 행정청의 거부처분에 대해 부작위위법확인소송을 제기할 수 없다. 취소소송을 제기해야 한다.

제9절 | 인가

1 의의

의의	기본행위인 법률행위를 보충하여 법적 효력을 완성시켜 주는 행정행위이다.
인가의 법적 성질	① 보충적 행정행위(○), 형성적 행정행위(○) ② 원칙적으로 재량행위, 부관을 붙일 수 있다. ③ 예외적으로 기속행위: 학교법인 이사승인처분, 토지거래허가
인가의 형식	행정행위로서 인가(○) / 법규인가(X)

2 인가의 대상

법률행위	① 법률행위에 한정됨(○), 사실행위(X) ② 공법상 법률행위 + 사법상 법률행위(○) / 계약에 한정됨(X)

[사실행위의 대상 여부]

하명	○
허가	○
특허	○
인가	X

3 신청

신청을 요함	인가를 위해서는 신청이 반드시 필요하다.
수정인가 불허	수정인가는 원칙적으로 허용되지 않는다.

4 인가의 효과

인가를 받으면	① 법률효과가 완성된다. ② 인가의 효력은 이전되지 않는다. ③ 개인택시운송사업의 양도·양수에 대한 인가: 양도행위를 보충하여 그 법률효과를 완성시키는 의미에서의 인가처분 + 양수인에 대해 양도인이 가지고 있던 면허와 동일한 내용의 면허를 부여하는 처분

인가를 받지 않으면	① 법적 효력이 발생하지 않는다. ② 기본행위는 무효(○), 취소(X) ③ 인가를 받지 않은 토지거래계약은 유동적 무효이다. ④ 인가를 받지 않은 공유수면매립면허의 양도는 무효이다. ⑤ 인가를 받지 않은 행위는 강제집행, 처벌의 대상은 아니다. 그러나 토지거래허가 없이 토지를 거래한 경우 형사처벌의 대상이 된다.
인가불허 시 불복	관할청이 학교법인의 임원취임승인신청을 반려하거나 거부한 경우: 임원으로 선임된 사람은 이를 다툴 수 있는 원고적격이 있다.

[허가와 인가의 비교]

구분	허가	인가
의의	① 금지해제 ② 권리회복	제3자의 법률행위를 보충하는 행위
성질	① 명령적 행위 ② 원칙: 기속	① 형성적 행위 ② 원칙: 재량
대상	① 법률행위(○) ② 사실행위(○): 입산허가, 수렵허가	① 법률행위(○) ② 사실행위(X)
허가, 인가 없는 행위	① 적법요건 ② 당해 행위 유효 ③ 행정벌, 강제집행(○)	① 유효요건 ② 당해 행위 무효 ③ 행정벌, 강제집행(X)
상대방	① 특정인(○) ② 불특정인(○)	① 특정인(○) ② 불특정인(X)
신청	① 원칙: 신청(○) ② 예외: 신청을 요하지 않는 허가 있음.	반드시 신청을 요함.
형식	① 처분(○) ② 법률허가(X)	① 처분(○) ② 법률인가(X)
수정허가 · 인가	수정허가 가능	수정인가 불가
효과	① 공법적 효과(○) ② 사법적 효과(X)	① 공법적 효과(○) ② 사법적 효과(○)
예		① 토지거래허가, 농지이전허가 ② 총장, 학교법인 이사취임승인 ③ 대학설립인가, 공공조합설립인가 ④ 허가(특허)의 양도 · 양수인가 ⑤ 재단법인 정관변경허가 ⑥ 「도시 및 주거환경정비법」상 시장 등의 조합 정관변경인가

	⑦ 구 「자동차관리법」상 자동차관리사업자로 구성하는 사업자단체인 조합 또는 협회의 설립 인가처분

5 기본행위와 인가

기본행위가 무효인 경우	① 인가도 무효, 인가로 기본행위의 하자는 치유되지 않는다. ② 학교임원선임행위가 무효인 경우 인가로 하자가 치유되지 않으므로 학교임원선임행위는 무효이다(86누152).
취소할 수 있는 기본행위	① 기본행위를 취소할 때까지 인가는 효력을 유지한다. ② 조합이 결의한 내용과 달리 사업시행계획을 작성하여 인가를 받은 경우 인가처분에 하자가 있는 것은 아니다.
인가가 무효인 경우	기본행위는 법적 효과가 발생하지 않으므로 무효이다.
취소할 수 있는 인가	인가를 취소할 때까지 인가가 유효하므로 기본행위는 효력을 유지한다.
기본행위 효력상실	① 인가도 효력을 상실한다. ② 기술도입계약이 취소되면, 인가처분은 실효된다. ③ 기본행위가 취소되었음에도 인가처분이 시정되지 않은 경우 인가처분의 무효확인을 구할 이익이 있다. 즉, 자동차사업면허 양수도계약이 취소되었음에도 행정청이 인가처분의 시정에 응하지 않은 경우 인가처분의 무효확인을 구할 이익이 있다.

6 기본행위에 하자 시 소송의 대상

① **하자 있는 조합장 선출에 대해 행정청이 인가한 경우**: 인가처분의 취소를 구할 이익은 없다.
② 기본행위인 주택재개발정비사업조합이 수립한 사업시행계획에 하자가 있는데 보충행위인 관할 행정청의 사업시행계획 인가처분에는 고유한 하자가 없는 경우, 사업시행계획의 무효를 주장하면서 곧바로 그에 대한 인가처분의 무효확인이나 취소를 구할 수 없다.

[재개발조합 관련 판례]

인허가의 성질	① 구성원 승인처분: 보충행위, 인가 ② 주택재개발사업조합설립에 대한 인가처분: 설권적 처분, 특허 📖 조합설립결의에 대해 행정청의 인가가 있는 경우: 조합설립결의의 무효확인을 구할 이익은 없고, 인가처분의 취소나 무효를 구해야 한다. ③ 사업시행계획 및 조합관리처분계획결의에 대해 인가: 보충행위 ④ 토지 등 소유자들이 그 사업을 위한 조합을 따로 설립하지 아니하고 직접 시행하는 도시환경정비사업에서 토지 등 소유자에 대한 사업시행인가처분: <u>설권적 처분</u>
소송유형	① 재개발조합설립결의를 다투는 절차: 민사소송절차 ② 조합장의 선임·해임을 다투는 절차: 민사소송

	③ 조합원 자격인정 여부: 당사자소송 ④ 주택재건축정비조합의 관리처분계획안에 대한 조합총회결의의 효력을 다투는 소송: 당사자소송 ⑤ 조합관리처분계획결의에 대해 인가고시가 있는 경우 　㉠ 총회의 관리처분계획결의의 효력 유무를 다투는 확인의 소를 제기할 수 없다. 　㉡ 관리처분계획의 취소를 항고소송으로 제기해야 한다.
무효 또는 취소가 된 경우	① 재건축결의 무효: 양자의 결의는 별개이므로 재건축조합설립을 위한 창립회의의결의가 무효가 되는 것은 아니다. ② 주택조합설립결의 인가 유무: 조합원들 사이의 내부적인 사법관계에 영향을 미치지 않는다. ③ 주택재건축사업조합설립인가처분이 판결에 의하여 취소되거나 무효로 확인된 경우, 그 인가처분은 처분 당시로 소급하여 효력을 상실하고, 소급하여 행정주체인 공법인으로서의 지위를 상실한다. ④ 주택재개발정비사업을 위한 추진위원회가 조합설립인가처분을 받아 조합이 법인으로 성립된 후 조합설립인가처분이 법원의 판결에 의하여 취소된 경우, 추진위원회가 지위를 회복하여 조합설립추진업무를 계속 수행할 수 있다. ⑤ 사업시행계획에서 정한 사업시행기간이 도과하였더라도, 유효하게 수립된 사업시행계획 및 그에 기초하여 사업시행기간 내에 이루어진 사업시행의 법적 효과는 무효로 되지 않는다.
소의 이익	① 행정청이 주택재건축사업조합설립인가처분을 한 후 경미한 사항의 변경에 대하여 조합설립변경인가 형식으로 처분을 한 경우: 인정 ② 주택재건축사업조합이 새로 조합설립인가처분을 받는 것과 동일한 요건과 절차를 거쳐 조합설립변경인가처분을 받는 경우: 원칙 부정, 예외 인정 ③ 조합설립인가처분을 받아 법인으로 설립된 조합이 조합설립추진위원회가 그 이전에 주민총회 또는 토지 등 소유자 총회에서 한 시공자 선정결의를 그대로 인준 또는 추인하는 결의를 한 경우, 특별한 사정이 없는 한 종전 시공자 선정결의의 무효확인을 구할 이익은 없다.

제10절　대리

1　공법상 대리의 성질

> ① 법정대리(○), 임의대리(X)
> ② 형성적 행위(○)

2 종류

행정주체가 감독하는 관점에서 관리	감독기관의 공공조합 임원임명, 감독기관에 의한 공법인 정관작성행위
당사자 사이의 협의 불성립에 대한 행정주체의 대리	사업시행자와 토지소유자 간에 협의가 성립하지 않은 경우 국가가 대신하여 토지보상액을 결정하는 것(토지수용위원회의 수용재결)
행정주체가 행정목적을 달성하기 위한 대리	A가 조세를 체납하자 국가가 A의 재산을 공매에 붙이는 행위(A를 대리해서 환가)
행정주체의 타인을 위한 대리	행려병자, 사자(死者) 유류품처분

[행정행위와 그 유형]

① 조세부과: 하명
② 화약제조허가: 허가
③ 광천음료수제조업허가, 유기장영업허가: 허가
④ 석유판매업허가: (대물적) 허가
⑤ 의사면허, 한의사면허: 허가
⑥ 운전면허: 허가
⑦ 주류제조면허: 허가
⑧ 자동차검사: 허가 또는 확인
⑨ 통행금지나 입산금지의 해제: 허가
⑩ 공무원임명(임용): 특허
⑪ 귀화허가: 특허
⑫ 광산업허가: 특허
⑬ 어업면허: 특허
⑭ 토지수용권 설정: 특허
⑮ 공용수용상 사업인정: 특허
⑯ 행정재산의 사용·수익허가(국립의료원 부설주차장 위탁관리용역운영계약): 특허
⑰ 도로점용허가: 특허
⑱ 공유수면의 점용·사용허가: 특허
⑲ 공유수면매립면허: 특허
⑳ 개인택시운송사업면허: 특허
㉑ 「출입국관리법」상 체류자격 변경허가: 특허
㉒ 「관세법」상 보세구역의 설영특허: 특허
㉓ 개발촉진지구 안에서 시행되는 지역개발사업에서 지정권자의 실시계획승인처분: 특허
㉔ 법인설립허가: 인가
㉕ 재단법인의 정관변경허가, 정관승인: 인가
㉖ 「도시 및 주거환경정비법」상 시장 등의 조합정관변경인가: 인가
㉗ 토지거래허가: 인가
㉘ 사립대학총장취임승인, 이사선임승인: 인가

㉙ 특허기업양도허가, 사업양도허가: 인가

㉚ 자동차관리사업자로 구성하는 사업자단체인 조합 또는 협회의 설립인가처분: 인가

㉛ 공매처분: 대리

㉜ 당사자 간 협의가 이루어지지 않은 경우 토지수용위원회의 수용재결: 대리

㉝ 행려병자 또는 사자의 유류품관리: 대리

㉞ 당선인 결정, 국가시험 합격자결정: 확인

㉟ 발명특허: 확인

㊱ 교과서검정: 확인, 헌법재판소 판례는 특허로 봄.

㊲ 조세부과를 위한 소득금액결정: 확인

㊳ 행정심판 재결: 확인

㊴ 송도국제도시 관할권을 인천시 연수구로 결정한 인천경제자유구청의 결정: 확인

㊵ 친일반민족행위자 재산조사위원회의 친일재산 국가귀속결정: 확인

㊶ 건축물에 대한 준공검사처분: 확인

㊷ 특허청장의 상표사용권설정등록, 특허등록: 공증

㊸ 합격증서 발급, 공무원증 발급: 공증

㊹ 영수증 교부: 공증

㊺ 의료유사업자 자격증 갱신발급행위: 공증

㊻ 건설업면허증 및 건설업면허수첩의 재교부: 공증

㊼ 대집행계고, 납세독촉: 통지

㊽ 공무원사직서의 수리: 수리

㊾ 체육시설의 회원모집계획서를 제출받은 시·도지사의 검토결과 통보: 수리

제11절 준법률행위적 행정행위

1 확인

의의	특정한 사실, 법률관계에 의문이 있을 때 행정청이 사실의 존부와 옳고 그름을 판단하는 행정행위
성질	① 준사법적 행위(○) ② 기속행위 → 다만, 교과서검·인정의 경우 재량행위이다.
형식	처분확인(○) / 법규확인(X)
효과 부여	법률에 규정된 효과 발생(○), 확인에 의해 부여된 효과 발생(X)

1. 확인의 종류

종류	예
조직법상 확인	당선자 결정, 국가시험 합격자결정
급부행정상 확인	발명특허, 교과서인 · 검정, 도로구역 · 하천구역의 결정 📖 특허(헌법재판소 판례)
재정법상 확인	소득세납부금액결정
쟁송법상 확인	행정심판 재결, 이의신청 재결

2. 확인 판례

위원회의 친일반민족행위자 재산의 국고귀속결정	국가귀속결정을 하여야 비로소 국가의 소유로 되는 것이 아니라 특별법의 시행에 따라 원인행위 시에 소급하여 당연히 국가의 소유로 된다.
토지 및 임야 조사사업을 통한 사정	① 확인적 성격이 있음을 부인할 수는 없으나, 반드시 사정명의인의 해당 토지나 임야에 대한 기존의 소유권을 확인받는 절차에 불과한 것은 아니다. ② 사정에 의한 취득 역시 「친일반민족행위자 재산의 국가귀속에 관한 특별법」에서 말하는 취득에 포함된다.
준공검사처분	허가관청은 특단의 사정이 없는 한 건축허가 내용대로 완공된 건축물의 준공을 거부할 수 없다.
「국방전력발전업무훈령」에 따른 연구개발확인서 발급 및 그 거부	「국방전력발전업무훈령」에 따른 연구개발확인서 발급은 확인적 행정행위로서 공권력의 행사인 '처분'에 해당하고, 연구개발확인서 발급 거부는 신청에 따른 처분 발급을 거부하는 '거부처분'에 해당한다.

2 공증

1. 확인과 공증의 비교

구분	확인	공증
차이점	① 특정한 사실, 법률관계에 의문이 있을 때 ② 판단의 표시행위	① 의문이나 다툼이 없을 때 ② 인식의 표시행위
공통점	① 기속행위 ② 요식행위 ③ 처분으로(O) ④ 법규확인(X)	① 기속행위 ② 요식행위 ③ 처분으로(O) ④ 법규공증(X)
사례	① 발명특허 ② 합격자결정	① 의료유사업자 자격증 갱신발급 ② 건설업면허증 및 건설업면허수첩의 재교부 ③ 특허청장의 상표사용권설정 등록행위 ④ 합격증 발급

2. 공증의 종류

종류	예
등기·등록	부동산 등기, 토지대장·건축물관리대장·지적공부 등록, 선거인명부 등록, 차량 등록, 광업원부 등록
증명서 발급	합격증서 발급, 당선증서 발급, 주민등록증 발급, 인감증명서 발급, 운전면허증 발급, 각종 인가·허가·면허증 발급, 학원사업등록증·의료사업등록증 발급
기타	여권 발급, 영수증 교부

3. 공증효과

반증이 있으면 누구든지 행정청이나 법원의 공증취소를 기다리지 않고 공증의 효력을 번복할 수 있다. 따라서 공증은 공정력이 인정되지 않는다.

4. 처분성 인정 여부

처분성 인정	처분성 부정
① 토지분할신청의 거부행위 ② 토지면적등록 정정신청에 대한 반려처분 ③ 지목변경신청서 반려행위 ④ 건축물대장의 용도변경신청 거부행위 ⑤ 건축물대장 작성신청 반려행위 ⑥ 건축물대장 직권말소행위	① 자동차운전면허대장 등재행위 ② 토지대장의 소유자명의변경신청 거부행위 ③ 지적도의 경계를 정정해달라는 요청 거부행위 ④ 하천대장 등재행위과 온천관리대장 등재행위 ⑤ 무허가건물관리대장 등재·삭제행위 ⑥ 인감증명행위 ⑦ 법무법인의 공정증서 작성행위

3 통지

1. 통지의 종류

종류	의의	예
관념의 통지	특정한 사실에 대한 관념을 알리는 행위	특허출원 공고, 귀화의 고시, 토지수용에 있어서 사업인정의 고시, 의회 소집공고 등
의사의 통지	행정청이 앞으로 어떤 행위를 하겠다는 의사를 알리는 행위	납세독촉, 대집행계고 등

2. 처분성 인정 여부

인정	① 「교통안전공단법」상 분담금 납부 통지 ② 임용기간이 만료된 조교수에 대한 재임용거부통지
부정	정년퇴직발령, 당연퇴직자에 대한 퇴직통보

4 수리

구분	수리	접수
효과	법적 효과(○)	① 법적 효과(X) ② 단순한 사실행위(○)
특징	수리를 요하는 신고에서의 수리	자기완결적 신고에서 수리
준법률행위적 행정행위	○	X
체육시설의 회원모집계획서 제출	○	X

제12절 부관

1 의의

개념	① 부관이란 행정행위의 효과를 제한 또는 보충하기 위해 행정기관이 행정행위에 부가하는 종된 규율이다. ② 행정행위의 내용상 제한: 부관(X)
요건	외부에 표시되어야 한다.
부종성	부관은 행정행위로부터 독립한 별개의 행정행위는 아니다. 다만, 부담은 하명이므로 행정행위이다.
법정부관	① 법정부관에 대하여는 행정행위에 부관을 붙일 수 있는 한계에 관한 일반적인 원칙이 적용되지는 않는다. ② 법정부관은 행정행위에 부가되는 부관이 아니다. ③ 행정청이 행정행위에 부가한 부관과 달리 법령이 직접 행정행위의 조건을 정한 경우, 그 조건이 위법하면 법률 및 법규명령에 대한 통제제도에 의해 통제된다.

2 부관의 종류

수정부담은 부관이 아니다. 보차혼용통로를 조성·제공하도록 한 것은 건축허가에 붙은 부관이 아니다.

1. 조건

구분	내용	예
정지조건부 행정행위	효력정지 → 조건성취: 효력발생	진입도로 완성을 조건으로 한 영업허가
해제조건부 행정행위	효력발생 → 조건성취: 효력상실	3월 이내 착수하지 않으면 공유수면매립면허 취소

2. 조건과 기한

조건	기한
불확실한 사실	확실히 발생할 사실

3. 철회권 유보

기능	철회권이 유보된 경우, 행정청이 행정행위를 철회하면 상대방은 신뢰보호를 주장할 수 없다.
철회권 행사	① 법령에 명시적 근거가 없어도 철회권을 행사할 수 있다. ② 철회권이 유보되어 있다는 이유만으로는 철회할 수 없고, 철회에 관한 일반요건이 충족되어야만 철회권 행사는 허용된다.
사례	행정청이 종교단체에 대하여 기본재산전환인가를 함에 있어 인가조건을 부가하고 그 불이행 시 인가를 취소할 수 있도록 한 경우, 그 부관은 철회권의 유보라고 볼 수 있다.

4. 부담

부담의 예	① 도로, 하천 등의 점용허가(행정행위) + 점용료 부과 ② 음식점영업허가(행정행위) + 위생설비설치의무 내지 심야영업금지의무(부담) ③ 주택사업계획승인(행정행위) + 토지의 기부채납 ④ 정비사업시행 인가조건으로 정비구역 밖에 시설을 설치하도록 하는 것
부종성	주된 행정행위가 효력을 상실하면 부담도 효력을 상실한다.
부담의 위법 여부 판단기준: 처분 당시 법령	부담이 처분 당시 법령을 기준으로 적법하다면 처분 후 주된 행정처분의 근거법령이 개정됨으로써 행정청이 더 이상 부관을 붙일 수 없게 되었다 해도 곧바로 위법하게 되거나 그 효력이 소멸되는 것은 아니다.
부담 불이행	① 부담을 불이행하더라도 행정행위가 실효되는 것은 아니다. 사도(私道)개설허가를 하면서 공사기간을 부관으로 붙인 경우 부담이므로 공사기간 내 준공검사를 받지 못했다고 하더라도 사도개설허가가 실효되는 것은 아니다. ② 부담을 불이행하면 → 행정청은 행정행위를 철회할 수 있고, 후속처분을 거부할 수 있으며, 강제집행을 할 수 있다.
변상금 사건	'무상양도되지 않는 구역 내 국유지를 착공신고 전까지 매입'하도록 한 부관을 붙여 사업시행인가를 하였으나 시행자가 국유지를 매수하지 않고 점용한 경우 변상금 부과는 위법하다. ① 부관은 부담이다. 사업시행인가를 받은 때에 사용·수익허가를 받은 것이어서 무단점용이 아니므로 변상금 부과처분은 위법하다. ② 만약 부관이 정지조건이라면 아직 사용·수익허가를 받지 않은 상태에서 무단점용한 것이 되어 변상금 부과처분은 적법하다.
송유관 사건	① 시행규칙에 따라 수익적 행정행위(송유관매설허가)를 하면서 부관을 붙일 수 있다. ② 상대방과 협의하여 부담의 내용을 협약형식으로 미리 정하여 부담을 부가할 수 있다. ③ 시행규칙이 개정되어 부관의 근거가 소멸한 경우라도 부담을 부가할 당시의 법령에 근거가 있었다면 부담은 위법하게 되거나 효력이 소멸하게 되는 것은 아니다. ④ 송유관이설비용을 송유관업자에게 부담시키더라도 부당결부금지원칙에 반하지 않는다.

부담과 조건	부담이 조건보다 당사자에게 유리하므로 부담인지 조건인지 불분명할 때는 조건으로(X), 부담으로(○) 추정한다.

5. 부담과 조건의 구별

구분	부담	해제조건	정지조건
행정행위의 효력발생시점	행정행위 시	행정행위 시	조건성취 시
행정행위의 효력	부담을 불이행해도 효력 유지	조건성취 시 효력상실	조건성취 시 효력발생
강제집행	○	X	X
항고소송 대상	○	X	X

6. 법률효과의 일부배제

예	① 공유수면매립준공인가를 하면서 매립지 일부의 국가귀속처분 ② 택시의 영업허가에 격일제. 운행을 부관으로 붙이는 경우 ③ 야간에만 영업할 조건으로 시장개설허가, 야간에만 도로점용허가
부관 여부	법률효과의 일부배제를 행정행위의 내용상 제한으로 보아 부관이 아니라는 소수설이 있으나 다수설은 부관으로 본다. → 법률효과의 일부배제는 내용상 제한이다. (X)
법률유보	법률효과의 일부배제는 법률효과의 일부를 행정기관이 배제하는 것이므로 반드시 법률 에 근거해야 한다.

7. 부담유보

부담유보란 사후적으로 부담을 설정·변경·보완할 수 있는 권리를 미리 유보해 두는 경우의 부관
이다.

3 부관의 가능성

법률행위적 행정행위와 부관	① 법률행위적 행정행위에는 부관을 붙일 수 있다. ② 수익적 행정처분에는 법적 근거가 없어도 부관을 붙일 수 있다. ③ 보충적 행위로서 인가에도 부관을 붙일 수 있다. 공유수면매립인가에도 부관을 붙일 수 있다. ④ 귀화허가, 공무원임명행위와 같은 신분설정행위에는 법률행위적 행정행위라도 부관을 붙일 수 없다.
준법률행위적 행정행위와 부관	① 전통적 견해: 부관(X) ② 여권발급과 같은 공증에 있어서 여권유효기간과 같은 부관을 붙일 수 있으므로 준법률행위적 행정행위에도 부관을 붙일 수 있는 경우가 있다.
「행정기본법」 제17조	① 행정청은 처분에 재량이 있는 경우에는 부관(조건, 기한, 부담, 철회권의 유보 등을 말한다. 이하 이 조에서 같다)을 붙일 수 있다. ② 행정청은 처분에 재량이 없는 경우에는 법률에 근거가 있는 경우에 부관을 붙일 수 있다.

기속행위와 부관	① 기속행위에는 원칙적으로 부관을 붙일 수 없다.
	② 건축허가를 하면서 일정 토지를 기부채납하도록 하는 내용의 허가조건은 부관을 붙일 수 없는 기속행위 내지 기속적 재량행위인 건축허가에 붙인 부담이어서 무효이다.
	③ 감독청이 사립학교의 이사회소집을 승인하면서 일시와 장소를 지정한 경우
	   ㉠ 위 지정은 아무런 구속력이 없는 무의미한 것에 불과하다.
	   ㉡ 위 지정을 소집승인행위의 부관으로 본다 해도, 이사회소집승인행위는 기속행위 내지 기속적 재량행위이므로 붙이지 못하는 부관으로서 무효이다.
	④ 독일 행정절차법: 법률에 규정이 있거나 요건충족적 부관은 기속행위에 있어서도 부관이 가능하다.

재량행위와 부관	① 법령에 규정이 없어도 부관을 붙일 수 있다. ② 「농수산물 유통 및 가격안정에 관한 법률」에 의한 도매시장의 지정도매인 지정처분은 재량행위이므로 법규에 특별한 규정이 없더라도 부관을 붙일 수 있다. ③ 사회복지법인의 정관변경허가는 재량행위이므로 부관을 붙일 수 있다. ④ 주택재건축사업시행의 인가는 재량행위이므로 공익상 필요 등에 의하여 필요한 범위 내에서 조건(부담)을 부과할 수 있다. ⑤ 개발제한구역 내에서의 예외적인 개발행위의 허가는 재량행위이므로 부관을 붙일 수 있다.

4 부관의 한계

법규상 한계	① 주택건설사업계획승인을 함에 있어, 법률상 지방자치단체가 부담하도록 되어 있는 상수도시설 설치비용을 사업자에게 전가하는 내용의 부관: 위법(○), 무효(X) ② 관리처분계획을 인가하면서 기부채납부관을 부칠 수 없다. ③ 행정청의 부관에 의하여 납세의무 없는 자에게 납세의무를 부담시킬 수 없으므로 자동차운송사업 양도 · 양수인가 시에 양수인이 양도인의 체납국세 등을 청산할 것을 인가조건으로 하였다고 하더라도 그로써 양수인에게 세금을 납부해야 할 의무가 생기는 것은 아니다. ④ 도매시장법인으로 지정하면서 지정기간 중 지정취소 또는 폐쇄지시에도 일체의 소송을 청구할 수 없다는 부관을 붙이는 것은 허용되지 아니한다.
목적상 한계	부관은 주된 행정행위의 목적에 반하지 않아야 한다. 즉, 행정행위의 목적을 달성할 수 없게 하는 부관은 허용될 수 없다. 어업허가를 하면서 운반선 등 부속선을 사용할 수 없도록 하는 부관은 어업허가의 목적달성을 어렵게 하므로 위법하다.
일반원칙상 한계	① 부관은 부당결부금지원칙, 비례원칙에 반하면 안 된다. ② 지방자치단체장이 사업자에게 주택사업계획승인을 하면서 그 주택사업과는 아무런 관련이 없는 토지를 기부채납하도록 하는 부관: 위법(○), 무효(X) ③ 주택단지 진입로 개설과 기부채납부관: 부당결부금지원칙에 반하지 않는다. ④ 행정청이 인허가를 하면서 부관이 실체적 관련성이 없는 경우, 공법상 제한을 회피할 목적으로 행정처분의 상대방과 사이에 사법상 계약을 체결하는 형식을 취하였다면 이는 법치행정의 원리에 반하는 것으로서 위법하다.
「행정기본법」 제17조 제4항	부관은 다음의 요건에 적합하여야 한다. ① 해당 처분의 목적에 위배되지 아니할 것 ② 해당 처분과 실질적인 관련이 있을 것 ③ 해당 처분의 목적을 달성하기 위하여 필요한 최소한의 범위일 것

5 사후부관

「행정기본법」 제17조 제3항	행정청은 부관을 붙일 수 있는 처분이 다음의 어느 하나에 해당하는 경우에는 그 처분을 한 후에도 부관을 새로 붙이거나 종전의 부관을 변경할 수 있다. ① 법률에 근거가 있는 경우 ② 당사자의 동의가 있는 경우 ③ 사정이 변경되어 부관을 새로 붙이거나 종전의 부관을 변경하지 아니하면 해당 처분의 목적을 달성할 수 없다고 인정되는 경우
원칙	사후부관은 원칙적으로 허용되지 않는다.
예외적 허용	① 부관(부담)의 사후변경은, ㉠ 법률에 명문의 규정이 있거나, ㉡ 그 변경이 미리 유보되어 있는 경우 또는 ㉢ 상대방의 동의가 있는 경우에 한하여 허용되는 것이 원칙이지만, ㉣ 사정변경으로 인하여 당초에 부담을 부가한 목적을 달성할 수 없게 된 경우에도 허용된다. ② 사정변경으로 인한 부담 내용의 사후변경은 법적 근거가 없어도 할 수 있다.

③ 여객자동차 운송사업자에 대한 면허발급 이후 운송사업자의 동의하에 운송사업자가 준수할 의무를 정하고 이를 <u>위반할 경우 감차명령을 할 수 있다는 내용의 면허조건을 붙일 수 있고</u>, 이때 감차명령은 처분에 해당한다.

6 부관의 독립쟁송가능성

부담	항고소송의 대상이 된다. 점용료납부명령 등은 항고소송의 대상이 된다.
부담이 아닌 부관	① 항고소송의 대상이 되지 않는다. 도로점용기간, 어업면허기간, 행정재산의 사용·수익기간, 공유수면매립 시 매립지의 일부국고귀속 등은 부담이 아니므로 항고소송의 대상이 되지 않는다. ② 부담이 아닌 부관만의 취소를 구하는 소송이 제기된 경우에 법원은 각하판결을 하여야 한다.

7 부관의 쟁송형태

구분	소대상	취소를 구하는 대상	다수설	판례
진정일부취소소송	부관	부관	부담의 경우에 한해 인정	부담의 경우에 한해 인정
부진정일부취소소송	부관부 행정행위	부관	인정	부정

8 부담이 아닌 부관에 대해 다투는 방법

① 부관은 항고소송의 대상이 되지 않으므로 부관부 행정행위 전체에 대해 소를 제기한다. 법원은 그 부관이 중요부분이면 전부취소판결을, 중요부분이 아니라면 기각판결을 한다.
② 당사자는 행정청에 부관부 행정행위를 부관이 없는 행정행위로 변경해 줄 것을 청구하고, 행정청이 거부하면 거부처분의 취소소송(○), 의무이행소송(X), 부작위법확인소송(X)을 제기해야 한다. 다만, 부담이 부관이 쟁송기간의 도과로 불가쟁력이 발생한 경우 부담 변경신청에 대한 거부는 항고소송의 대상이 되는 처분이 아니다.

9 부관의 독립취소가능성(부관이 위법한 경우를 전제로 함)

부관이 부담인 경우	독립취소 가능, 부담이 본질적 요소라면 행정행위까지 취소, 아니라면 부담만 취소
부관이 부담이 아닌 경우	① 부관이 행정행위의 중요한 요소인 경우: 전부 취소 ② 부관이 행정행위의 중요한 요소가 아닌 경우: 부관만 취소(다수설), 기각판결(판례)

부담인 부관	
부담에 대해서만 제기	○
부담이 위법한데, 행정행위에 중요한 요소인 경우	전부 취소
부담이 위법한데, 행정행위에 중요한 요소가 아닌 경우	부담만 취소

부담이 아닌 부관	
부관에 대해서 소제기	각하
부관부 행정행위에 대해 소제기 (부관이 위법한 경우)	부관만 취소(다수설), 부관부 행정행위 전부 취소(판례)

10 부담과 사법상 행위

사법상 행위	부담 이행을 위한 사법상 행위는 부담과 구별되는 별개의 행위이다.
부담의 하자와 사법상 행위	① 기부채납의 부관이 당연무효이거나 취소되지 아니한 이상 토지소유자는 위 부관으로 인하여 증여계약의 중요부분에 착오가 있음을 이유로 증여계약을 취소할 수 없다. ② 행정처분에 붙인 부관인 부담이 무효가 되더라도 이는 사법상 법률행위의 취소사유가 될 수 있음은 별론으로 하고 사법상 법률행위가 당연히 무효가 되는 것은 아니다. ③ 부담이 효력을 상실하더라도 사법상 행위에 따른 이익은 부당이득이 되는 것이 아니다. ④ 기부채납부관에 따른 증여계약이 있는 경우, 부담이 효력을 상실하더라도 사법상 행위는 무효가 아니므로 부당이득이나 등기말소를 구할 수 없다.
부담에 불가쟁력 발생	① 행정처분에 붙은 부담인 부관이 제소기간의 도과로 불가쟁력이 생긴 경우에도 그 부담의 이행으로 한 사법상 법률행위의 효력을 민사소송으로 다툴 수 있다. ② 불가쟁력이 발생한 부담은 취소를 구할 수 없고, 거부는 항고소송의 대상이 되지 않는다. ③ 손해배상은 허용된다.

03 / 행정행위의 요건과 효력

제1절 행정행위의 요건

1 행정행위의 성립요건

주체 요건	행정행위는 권한이 있는 기관이 권한의 범위 내에서 행한 것이어야 한다. → 행정청의 권한유월 행위는 무권한 행위로서 원칙적으로 무효이다(2005두15748).
내용 요건	행정행위는 헌법이나 법률에 적합해야 하고, 그 내용이 실현 가능해야 한다.
형식 요건	행정행위는 문서로 하는 것이 원칙이나, 예외적으로 전자문서, 말로 할 수 있다.
절차 요건	① 법이 정한 절차에 따라 행정행위를 해야 한다. 징계심의 대상자에 대한 출석통지 없이 한 징계심의절차는 위법하다. ② 절차상 또는 형식상 하자로 인하여 무효인 행정처분이 있은 후 법령에서 정한 절차 또는 형식을 갖추어 다시 동일한 행정처분을 한 경우 새로운 행정처분이다.
외부 표시	① 행정행위는 외부에 표시되어야 한다. ② 법무부장관이 甲의 입국을 금지하는 결정을 하고, 그 정보를 내부전산망인 '출입국관리정보시스템'에 입력으로 입국금지결정은 '처분'이 아니다. 따라서 입국금지결정에 불가쟁력이나 공정력이 발생할 여지가 없다. ③ 유족이라도 제3자는 서훈수여처분 및 수여된 서훈의 취소처분의 상대방이 될 수 없다. 망인에 대한 서훈취소는 유족에 대한 것이 아니므로 유족에 대한 통지에 의해서만 성립하여 효력이 발생한다고 볼 수 없고, 그 결정이 처분권자의 의사에 따라 상당한 방법으로 대외적으로 표시됨으로써 행정행위로서 성립하여 효력이 발생한다. ④ 영업시간 제한 등 처분의 대상인 대규모점포 중 개설자의 직영매장 이외에 개설자에게서 임차하여 운영하는 임대매장이 병존하는 경우, 임대매장의 임차인이 개설자와 별도로 처분상대방이 아니다.

2 행정행위의 효력발생요건

행정행위의 효력발생요건으로서 통지	송달, 공고, 고시
상대방에 대한 통지가 없는 경우	① 행정행위는 효력(X) ② 행정처분의 효력발생요건으로서의 도달이란 처분상대방이 처분서의 내용을 현실적으로 알았을 필요까지는 없고 알 수 있는 상태에 놓임으로써 충분하다. 수령권한을 위임받은 사람이 수령하면 상대방이 알 수 있는 상태가 되었다고 할 수 있다. ③ 운전면허의 취소: 통지되지 않으면 효력을 발생할 수 없다. ④ 「중기관리법」에 규정이 없더라도 중기조종사면허의 취소나 정지는 통지를

	요한다.
	⑤ 부정당업자 입찰참자자격 제한처분을 하면서 그 제한기간을 정하였다 해도 상대방에게 고지되기 이전의 제한기간에 대하여는 효력이 미치지 아니한다.
상대방이 알고 있는 경우	① 납세자가 과세처분의 내용을 이미 알고 있는 경우에도 납세고지서의 송달이 불필요하다고 할 수는 없다.
	② 현역입영통지서는 그 병역의무자에게 이를 송달함이 원칙인데, 병역의무자가 현역입영통지의 내용을 이미 알고 있는 경우에도 여전히 현역입영통지서의 송달은 필요하다.

1. 「행정절차법」상 송달방법에 따른 효력발생시기

구분	송달방법	효력발생시기
우편	우편으로	도달 시(○), 발신주의(X)
교부	① 수령확인서를 받고 교부 ② 사무원, 피용자, 동거인으로서 사리분별할 지능이 있는 사람에게 교부 가능	교부 시
정보통신망	송달받을 자가 동의한 경우 정보통신망을 이용한 송달 가능	송달받을 자가 지정한 컴퓨터 등에 입력된 때(○), 확인한 때(X)
공고	① 송달받을 자의 주소확인 불가, 송달 불가할 때 ② 과세처분 부과고지서에 대한 수취거절은 공시송달의 사유가 될 수 없다. ③ 관보 · 공보 · 게시판 · 일간신문 중 하나 이상 공고하고 인터넷에 추가로 공고	공고일부터 14일이 경과한 때

2. 구체적 검토

우편에 의한 송달	① 도달 시 효력을 가진다. ② 보통우편에 의한 경우는 도달이 추정되지 않는다. ③ 내용증명우편이나 등기우편으로 발송된 경우 반송되는 등의 특별한 사정이 없는 한 수취인에게 배달되었다고 보아야 한다. ④ 등기우편으로 발송되어도 수취인이나 가족이 주민등록지에 실제 거주하고 있지 아니하면 우편물이 수취인에게 도달되었다고 추정할 수 없다. ⑤ 수령권한을 위임받은 자는 반드시 위임인의 종업원이거나 동거인일 필요가 없다. ⑥ 도달은 상대방이 현실적으로 양지할 필요까지는 없고 양지할 수 있는 상태에 놓임으로써 충분하므로, 처나 아르바이트 직원이 수령한 경우 당사자에게 송달되었다고 할 수 있다. ⑦ 납세의무자를 '甲 외 7인'으로 기재하고 납세고지서를 甲에게만 송달한 경우, 甲에 대한 납세고지의 효력은 다른 공동상속인들에게도 미친다.

교부에 의한 송달	① 수령확인서를 받아야 하고, 행정행위의 상대방·사무원·피용자·동거인에게 교부해도 된다. ② 상대방 등이 정당한 사유 없이 송달받기를 거부하는 경우 문서를 송달할 장소에 놓아둘 수 있다(「행정절차법」 제14조 제2항 단서).
납세고지서의 교부송달·우편송달	반드시 납세의무자 또는 일정한 자의 수령을 전제로 한다.

3 불특정 다수인을 위한 통지로서 고시·공고

도시관리계획결정	① 지형도면을 고시한 날로부터 효력이 발생한다. ② 고시가 없으면 도시관리계획은 무효이다.
가축사육 제한구역	① 「토지이용규제 기본법」에서 정한 바에 따라 지형도면을 작성·고시해야 가축사육 제한구역 지정의 효력이 발생하는지 여부(원칙적 적극) ② 「토지이용규제 기본법」 제8조에 따라 행정청이 지역·지구 등 지정에 따른 지형도면을 작성하여 일정한 장소에 비치한 사실을 관보·공보에 고시하고 그와 동시에 지형도면을 그 장소에 비치하여 일반인이 직접 열람할 수 있는 상태에 놓아둔 경우, 지형도면 자체를 관보·공보에 게재된 고시문에 수록하지 않았더라도 지형도면 고시가 적법하게 이루어진 것인지 여부(적극)
청소년유해매체물	① 청소년위원회가 결정·고시하고, 그 효력발생시기는 청소년보호위원회가 명시한 시점에서 효력이 발생한다. ② 청소년유해매체물 결정이 웹사이트 운영자에게 개별적으로 통지되지 않았다 하더라도 청소년보호위원회가 명시한 날에 효력은 발생한 것이다.
「행정 효율과 협업 촉진에 관한 규정」상 공고문서	고시·공고가 있은 후 5일이 경과한 날부터 효력이 발생한다.

4 통지하자

통지, 공고가 없는 경우	① 행정행위는 무효가 된다. ② 면허취소 후 통지 또는 공고를 하지 아니한 경우 운전면허취소는 무효가 된다.
통지, 공고는 있었으나 절차상 하자가 있는 경우	체납자에 대해 독촉절차 없이 압류처분을 했다 하더라도 압류처분의 하자는 중대하고도 명백한 하자는 아니다.
문서에 의하지 않은 통지	① 급하거나 중요하지 않은 경미한 처분은 말로 할 수 있으나, 그렇지 않으면 문서로 해야 한다. ② 운전면허정지를 임의로 출석한 상대방의 편의를 위해 구두로 알린 경우 효력이 없다. ③ 소방서장이 구두로 한 시정보완명령은 효력이 없다.

1 행정행위의 효력

① 행정행위의 효력으로 구속력, 공정력, 행정의사의 존속력 중 형식적 확정력인 불가쟁력과 실질적 확정력인 불가변력, 강제력(자력집행력, 제재력)이 있다.
② 기판력은 판결의 효력이지 행정행위의 효력이 아니다.

2 공정력

의의	행정행위가 무효가 아닌 한 행정행위를 취소할 권한이 있는 처분청 또는 감독청, 행정심판위원회, 행정소송 수소법원이 취소하기 전까지는 어떤 국가기관도 행정행위의 효력을 부정할 수 없다. 이러한 행정행위의 효력을 공정력이라고 한다.
이론적 근거	행정정책설 또는 법적 안정성설(다수설)
법적 근거	① 「행정기본법」 제15조(처분의 효력): 처분은 권한이 있는 기관이 취소 또는 철회하거나 기간의 경과 등으로 소멸되기 전까지는 유효한 것으로 통용된다. 다만, 무효인 처분은 처음부터 그 효력이 발생하지 아니한다. ② 공정력의 간접적 근거 ㉠ 취소소송, 취소재결, 직권취소, 취소소송의 제소기간 제한(O) ㉡ 철회권 제한의 법리(X) ㉢ 집행부정지원칙도 공정력의 근거라는 소수견해가 있다.
공정력의 효력: 행정행위 효력 유지	저작자가 출판계약에서 행정처분을 따르는 범위 내에서의 저작물 변경에 동의한 경우, 행정처분이 위법하더라도 당연무효가 아닌 이상 그 행정처분에 따른 계약 상대방의 저작물 변경은 저작자의 동일성유지권 침해에 해당하지 아니한다.
공정력과 입증책임	① 공정력은 행정행위의 적법성을 추정해 주는 것은 아니다. ② 공정력은 입증책임과는 무관하므로, 공정력 때문에 원고의 입증책임이 좌우되지 않는다. ③ 행정청이 주장하는 당해 처분의 적법성이 합리적으로 수긍할 수 있는 일응의 입증이 있는 경우에는 이와 상반되는 주장과 입증은 그 상대방이 진다.

1. 공정력의 인정 여부

행정행위 적용, 취소사유가 있는 행정행위	① 공정력(○) ② 사기·강박에 의한 행정행위
무효인 행정행위	X
확약, 공법상 계약, 행정입법, 사인의 공법행위, 사실행위	X
무허가건물의 강제철거, 범위가 불명확한 토지수용처분, 하자 있는 영조물이용관계, 납세의무 없는 자에 대한 체납처분	X

2. 공정력과 구성요건적 효력(판례는 구별하지 않음)

구분	공정력	구성요건적 효력
법적 성질	절차적 구속력	실체적 구속력
구속의 주관적 범위	상대방 또는 이해관계인(○) 행정청(X) 행정법원(X) 민사법원(○) 형사법원(○)	다른 국가기관, 지방자치단체(○) 행정청(X) 행정법원(X) 민사법원(○) 형사법원(○)
근거	행정의 안정성 또는 실효성 확보	권력분립원칙에 따른 국가기관 간 권한존중

3. 공정력과 선결문제

① 민사법원, 형사법원

행정행위가 무효인 경우	행정행위 효력 부정(○)
취소사유가 있는 행정행위	행정행위 효력 부정(X), 취소(X)
	위법성 확인(○)

② 민사법원

과세처분이 무효인 경우	민사법원, 부당이득반환 인정(○)
과세처분에 취소사유가 있는 경우	민사법원, 처분의 효력 부정(X), 취소(X), 부당이득반환 인정(X)
	민사법원, 위법성 확인(○), 손해배상(○)

③ 부당이득반환과 손해배상

과세처분이 무효인 경우	부당이득반환과 손해배상(○)
과세처분이 무효가 아닌 경우	• 처분을 취소해야 손해배상 인정(X) • 처분을 취소해야 부당이득 인정(○)

④ 형사법원

행정행위의 효력을 부정할 수 없어서 무죄	① 연령을 속여 운전면허 취득: 형사법원, 운전면허 효력 부정(X), 무면허운전죄 무죄 ② 부정한 방법으로 받은 수입승인서를 함께 제출하여 수입면허를 받았다고 하더라도, 　수입면허가 무효가 아닌 한 무면허 수입죄 성립(X)
위법성확인하고 범죄성립하지 않아서 무죄	① 「주택법」에 의한 공사중지명령이 당연무효가 아닌 위법인 경우 그 명령을 위반해도 　「주택법」 위반죄가 성립하지 않는다. ② 시정명령을 하면서 적법한 사전통지를 하거나 의견제출 기회를 부여하지 않았다면 　그 명령을 불이행해도 「개발제한구역의 지정 및 관리에 관한 특별조치법」 위반죄가 　성립하지 않는다. ③ 구청장의 위법한 비닐하우스 철거명령을 이행하지 않아 기소된 경우 위법성확인하 　여 범죄가 성립하지 않는다. ④ 구 「도시계획법」상 원상복구의 시정명령을 당연무효로 볼 수 없다 해도 그것이 <u>위법</u> 　<u>한 처분으로 인정되는 한 도시계획 위반죄가 성립될 수 없다.</u> ⑤ 폐기물처리시설을 경매받은 자는 권리·의무를 승계하지 않으므로 환경청의 시정명 　령에 응하지 않은 경우 죄가 되지 않는다. ⑥ 시흥소방서장의 구두로 한 보완명령을 이행하지 않아도 범죄성립하지 않는다. ⑦ 계고 없이 서울광장대집행하자 이를 방해해도 공무집행방해죄가 성립하지 않는다.

4. 공정력 사례(2011년 지방직 9급)

甲이 국세를 체납하자 관할 세무서장은 甲 소유 가옥에 대한 공매절차를 진행하여 낙찰자 乙에게 소유권이전등기가 경료되었다. 그런데 甲은 그로부터 1년이 지난 후에야 위 공매처분에 하자 있음을 발견하였다.

① 甲이 공매처분의 하자를 이유로 乙을 상대로 하여 소유권이전등기의 말소등기절차의 이행을 구하는 민사소송을 제기하였다.

② 甲이 가옥의 소유권을 상실하는 손해를 입었음을 이유로 바로 국가를 상대로 민사법원에 손해배상청구소송을 제기하였다.

공매처분이 무효인 경우	민사법원, 공매처분 효력 부정(○) → 등기말소(○)
공매처분의 하자가 취소사유인 경우	민사법원, 공매처분 효력 부정(X) → 등기말소(X)
공매처분의 취소를 구하는 소송을 제기한 경우	공매처분이 있은 날로부터 1년이 경과했으므로 불가쟁력 발생으로 취소소송을 제기하면 각하판결한다.
甲이 손해배상을 청구한 경우	• 손해배상청구소송은 제소기간의 제한이 없으므로 공매처분에 불 　가쟁력이 발생했더라도 손해배상청구소송을 제기할 수 있다. • 법원은 공매처분이 취소되지 않아도 공매처분의 위법성을 확인할 　수 있으므로 손해배상을 인정할 수 있다.

3 불가쟁력

쟁송취소 불가	① 불가쟁력이 생긴 행정행위에 대해서는 취소소송을 제기할 수 없다. ② 처분청은 직권취소·철회할 수 있다. ③ 행정행위에 부가된 부관인 부담에 불가쟁력이 발생했다고 하더라도 부담의 이행으로 인한 사법상 법률행위의 위법을 다툴 수 있다.
기판력은 아님	① 불복기간의 경과로 행정처분이 확정되었다 하더라도 당사자나 법원이 행정처분에 모순되는 주장이나 판단을 할 수 없게 되는 것은 아니다. ② 따라서 요양급여 취소처분의 불복기간이 경과된 후에도 요양급여를 청구할 수 있고 그 거부에 대해 소구할 수 있다. ③ 요양승인처분이 확정되었다 하더라도 사업주는 피재해자가 자신의 근로자가 아니라는 사정을 들어 보험급여징수의 위법성을 주장할 수 있다.
손해배상 가능	불가쟁력이 발생했다고 행정행위의 하자가 치유되는 것은 아니다. → 따라서 손해배상청구(○)
불가쟁력이 발생한 행정행위의 재심사	① 독일 행정절차법 규정(○), 우리 「행정절차법」 규정(X), 「행정기본법」에 규정 (2023년 시행예정) ② 비교: 「행정심판법」상 재결에 대한 재심은 부정되나, 「행정소송법」상 판결에 대한 재심규정은 있다.
불가쟁력이 발생한 행정행위	① 취소소송 제기(X) ② 무효등확인소송 제기(○) ③ 처분청의 직권취소·철회(○) ④ 하자치유 안 됨, 손해배상청구소송(○)

4 불가변력

인정되는 이유	고도의 공신력이 있는 행정행위에 대한 상대방의 신뢰보호를 위해 인정된다.
효력	① 행정청은 직권취소할 수 없다. ② 과세관청이 과세처분을 직권으로 취소한 이상, 그 후 특별한 사유 없이 이를 번복하고 종전 처분을 되풀이하는 것은 허용되지 않는다. ③ 특허심판원의 심결을 특허심판원 스스로 취소할 수 없는 이유: 불가변력 ④ 귀속재산소청심의회의 판정은 재심 기타 특별한 사정이 없는 한 심의회 자신이 취소·변경할 수 없다. ⑤ 처분의 상대방은 취소소송을 제기할 수 있다. ⑥ 불가변력이 있다고 하더라도 불가쟁력이 있는 것은 아니다. 양자는 별개이다.
불가변력이 인정되는 행위	① 확인행위, 준사법적 행위, 행정심판 ② 무효인 행정행위: 불가변력(X) ③ 행정행위의 불가변력은 당해 행정행위에 대하여서만 인정되는 것이고, 동종의 행정행위라 하더라도 그 대상을 달리할 때에는 이를 인정할 수 없다.
불가변력이 인정되지 않는 행위	① 수익적 행정행위의 취소·철회 제한 법리: 신뢰보호(○) / 불가변력(X) ② 부담적 행정행위: 불가변력(X)

[불가쟁력과 불가변력의 비교]

구분	불가쟁력	불가변력
주된 취지	행정의 안정성과 능률성을 위해	행정행위 상대방의 신뢰보호를 위해
법률상 명시적 근거	「행정소송법」(○)	법령의 근거 없이 인정
성질	「행정소송법」의 규정(제소기간)에 따라 발생하는 절차법상 효력	행정행위의 성질에서 유래되는 실체법상 효력
구속의 상대방	행정행위의 상대방, 이해관계자인 국민	행정청
효력발생시점	쟁송기간 도과 시	행정행위 효력발생 시
적용범위	모든 행정행위	모든 행정행위(X), 준사법적 행정행위(확인) 등
행정청의 직권취소	○	X
취소소송의 제기	X	○
법원취소 가능성	X	○

5 강제력(자력집행력, 제재력)

① 자력집행을 위해서는 법률의 근거가 필요하다.

② 의무불이행이 위법하더라도 행정벌을 부과할 수 있는 법률의 근거가 없으면 행정벌을 부과할 수 없다.

③ **자력집행력이 인정되는 행정행위**: 모든 행정행위(X), 하명(○), 형성적 행정행위(X) → 의무이행심판을 통한 인용재결인 처분재결은 형성재결이므로 자력집행력이 인정되지 않는다.

제1절 행정행위의 하자

1 하자의 유형

① 부존재, 무효, 취소
② **넓은 의미**: 부존재, 무효, 취소, 부당

2 무효와 취소의 구별실익

구분	무효인 행정행위	취소할 수 있는 행정행위
신뢰보호원칙	X	O
공정력, 불가쟁력, 불가변력	X	O
민사 · 형사재판에서 효력부정 여부(선결문제)	O	X
하자의 치유	X	O
하자의 전환	O	X
선행행위의 하자승계 문제발생	① 선행행위가 무효인 경우 후행행위는 당연무효가 된다. ② 하자승계문제가 발생하지 않는다.	O
복종거부 가능성	① 대항 가능(O) ② 공무집행방해(X)	① 대항 가능(X) ② 공무집행방해(O)
사정판결, 사정재결	X	O
행정심판전치주의	X	O
제소기간 적용	X	O
행정소송상 간접강제	X	O

3 무효와 취소의 구별실익과 관계없는 것

① **제3자의 쟁송참가**: 무효확인소송에서도 제3자의 소송참가가 허용되므로

② **국가배상청구권과의 관계**: 취소사유가 있는 경우에도 민사법원이 위법성을 확인하여 배상을 인정할 수 있으므로

③ **손실보상청구권과의 관계**: 적법할 때 보상이 인정되므로

④ **행정쟁송 제기 가능성**: 무효 또는 취소사유가 있을 때 모두 소제기가 인정되므로

⑤ **행정법관계 여부**: 행정행위가 무효든 취소든, 행정행위는 권력관계의 성질을 가진다.

⑥ **행정재판관할**: 모두 행정법원이 관할권을 가진다.

⑦ **소제기 시 집행부정지와 집행정지제도**: 취소소송(○), 무효확인소송(○)

⑧ 사정변경

⑨ 위법성 판단기준

4 무효와 취소의 구별기준

학설	① 다수설: 중대명백설 　㉠ 명백은 일반인관점에서 하자의 명백성을 의미한다. 　㉡ 중대명백설에 대한 비판은 주로 명백성 요구를 둘러싸고 전개된다. ② 객관적 명백설 또는 조사의무설: 하자가 중대하고 관계 공무원이 조사해서 하자가 명백하면 무효이다. ③ 명백성보충요건설: 하자가 중대하면 무효이나, 행정행위에 대한 신뢰보호나 공익이 큰 경우에는 하자가 중대·명백해야 무효이다.
판례	① 주류는 중대명백설의 입장이나, 예외적으로 명백성보충요건설을 취한 판례도 있다. 　📖 명백성보충설에 의하면 중대명백설보다 무효의 범위가 넓어지게 된다. ② 하자가 중대명백한지 여부는 법규 목적 등과 구체적 사안의 특수성에 고찰을 요한다.
관련 판례	① 어느 법률관계나 사실관계에 대하여 어느 법률규정을 적용할 수 없다는 법리가 명백히 밝혀지지 않아 해석에 다툼의 여지가 있는 때에는 행정관청이 잘못 해석하여 행정처분을 했더라도 하자가 명백하다고 할 수 없다. ② 과세관청이 과세예고 통지 후 과세전적부심사청구나 그에 대한 결정이 있기 전에 과세처분을 한 경우, 특별한 사정이 없는 한 절차상 하자가 중대·명백하여 무효이다. ③ 공유수면에 대한 적법한 사용인지 무단 사용인지의 여부에 관한 판단을 그르쳐 변상금 부과처분을 할 것을 사용료 부과처분을 하거나 반대로 사용료 부과처분을 할 것을 변상금 부과처분을 한 경우, 그 부과처분의 하자를 <u>중대한 하자라고 할 수 없다</u> (2012두20663). ④ 과세요건이나 조세감면 등에 관한 법령 규정이 특정한 법률관계나 사실관계에 적용되는지가 명확하게 밝혀지지 않은 상태에서 납세의무자가 과세관청의 해석에 따라 과세표준과 세액을 신고·납부하였는데 나중에 그 해석이 잘못된 것으로 밝혀진 경우, 그 신고·납부행위는 <u>당연무효가 아니다</u>.

1 주체상 무효원인

무효인 경우	① 정년퇴직, 당연퇴직, 면직으로 공무원 신분을 상실한 공무원, 임용결격 공무원 등의 행위 ② 결격사유가 있는 자가 합의제 구성원으로 참여하여 비로소 의결정족수를 구성한 회의에서 결정된 행위 📖 공무원이 아닌 사람이 포함되어 있다고 하여 심사절차나 그 심사위원에 관하여 특별규정이 없는 이상, 이를 무효라고 할 이유가 없다. ③ 의결정족수 미달된 상태에서 의장단을 선출한 시의회의 의결 ④ 주민대표추천의 전문가가 참여하지 아니한 폐기물처리시설입지 선정위원회의 폐기물처리시설입지결정처분 ⑤ 시장이 가지는 유기장허가를 동장이 허가한 경우 ⑥ 경찰청장으로부터 경찰서장에게 위임된 운전면허정지처분을 경찰관이 자신의 명의로 한 경우 ⑦ 보건복지부장관이 가지는 의료업정지권한을 도지사가 군수에게 위임한 것과 군수의 의료영업정지처분 ⑧ 유치원설립인가사무는 교육위원회의 관장사무이다. 교육감의 유치원설립인가처분 ⑨ 압류권한은 도지사로부터 시장에게 위임된 권한이다. 구청장이 자신의 명의로 한 압류처분 ⑩ 지방공무원의 인사교류는 시·도지사의 권한이다. 시·도지사의 인사교류안의 작성과 그에 따른 인사교류의 권고 없이 이루어진 시장의 인사교류처분 ⑪ 환경부장관의 권한에 속하는 폐기물처리시설 설치승인을 환경관리청장이 한 것 ⑫ 단체협약이나 취업규칙 또는 이에 근거를 둔 징계규정에서 징계위원회의 구성에 관하여 정하고 있는 경우 이와 다르게 징계위원회를 구성한 다음 그 결의를 거쳐 징계처분을 한 경우
무효가 아닌 경우	① 5급 이상의 국가정보원 직원에 대하여 임면권자인 대통령이 아닌 국가정보원장에 의해 행해진 의원면직처분 ② 법령에 근거 없는 세관출장소장의 관세부과처분 ③ 서울시장이 가지는 택시운전자격정지처분을 구청장이 한 경우 ④ 중앙도시계획위원회의 개발제한구역 해제결정 시 표결권이 없는 교통실장이 표결한 경우, 건설교통부장관(현 국토교통부장관)의 개발제한구역해제결정 ⑤ 행정관청 내부의 사무처리규정에 불과한 전결규정에 위반하여 원래의 전결권자 아닌 보조기관 등이 처분권자인 행정관청의 이름으로 한 처분 ⑥ 무효인 권한위임조례의 규정에 근거하여 한 구청장의 건설업영업정지처분 ⑦ 관리처분계획은 시·도지사에게 위임된 사무이다. 서울시의회 조례는 이를 구청장에게 위임했고 구청장이 행한 관리처분계획인가

2 의사무능력자, 행위무능력자의 행위

① **의사능력이 없는 공무원의 행위**: 무효
② **피성년후견인 또는 피한정후견인인 공무원의 행위**: 무효
③ **미성년자인 공무원의 행위**: 미성년자도 공무원이 될 수 있으므로 유효하다.

3 의사에 하자가 있는 행위

무효인 경우	① 착오에 의한 행정재산의 매각 ② 임용권자의 과실에 의한 공무원임용결격자에 대한 임용행위 ③ 납세자가 아닌 제3자의 재산 압류 ④ 납부의무자는 주택조합인데, 납부의무자가 아닌 조합원들에 대한 개발부담금 부과처분 ⑤ 부동산을 양도한 사실이 없음에도 세무당국이 부동산을 양도한 것으로 오인하여 한 양도소득세 부과처분
무효가 아닌 경우	① 착오에 의한 국유림불하처분 ② 납부고지서에 납부기한을 법정납부기한보다 단축하여 기재하여 한 개발부담금 부과처분: 위법(X), 무효(X)

4 타 기관의 협력을 결한 행위

무효인 경우	① 환경영향평가를 실시해야 할 사업에 대하여 환경영향평가를 거치지 않고 한 승인처분 ② 학교법인 이사회의 승인의결 없이 회의록을 위조하여 행한 기본재산교환허가신청에 대한 시교육위원회의 교환허가처분 ③ 징계위원회 의결을 거치지 아니한 공무원 징계
무효가 아닌 경우	① 부실한 환경영향평가를 거친 사업승인: 위법(X) ② 국방부장관이 제주해군기지 건설사업 시행자인 해군참모총장에게서 사전환경성검토서를 제출받고 환경부장관에게 이에 대한 협의요청을 하여 결과를 반영한 후 국방ㆍ군사시설 실시계획 승인을 한 경우: 적법 ③ 산림청장과 협의를 거치지 아니하고 「국방ㆍ군사시설 사업에 관한 법률」 및 구 「산림법」상의 보전임지를 다른 용도로 이용하기 위한 사업에 대하여 승인처분을 한 경우 ④ 학교환경위생정화위원회(현 지역교육환경보호위원회)의 심의를 거치지 않은 학교환경위생정화구역(현 교육환경보호구역)의 금지행위 및 시설의 해제결정 ⑤ 국토교통부장관이 관계 중앙행정기관의 협의절차 없이 택지개발예정지구결정 ⑥ 관계 도지사의 협의 없이 행한 자동차운송사업계획변경 인가처분 ⑦ 행정청이 사전에 교통영향평가를 거치지 아니한 채 '건축허가 전까지 교통영향평가 심의필증을 교부받을 것'을 내용으로 하는 부관을 붙여서 한 실시계획변경 승인 및 공사시행변경 인가처분: 적법

5 사인의 협력, 협의를 결한 행위

① 귀화신청이 없는 귀화허가: 무효
② 임용신청 없이 이루어진 공무원임명: 무효
③ 분배신청을 한 적 없는 농지배분: 무효

6 동의가 필요한데도 동의 없이 행한 행정행위

무효인 경우	① 동의를 결한 행정행위 ② 기존 어업권자의 동의를 받지 않은 신규업자에 대한 어업면허처분
무효가 아닌 경우	① 동의가 처분의 요건이라 할 수 없는 경우 ② 정비구역이 지정·고시되기 전의 정비예정구역을 기준으로 한 토지 등 소유자 과반수의 동의를 얻어 구성된 추진위원회에 대하여 구성 승인처분이 이루어진 후 지정된 정비구역이 정비예정구역보다 면적이 축소된 경우 그 승인처분

7 공고, 통지, 청문 등의 절차를 결여한 행위

무효인 경우	① 토지소유자의 공람절차를 밟지 아니한 채 수정된 내용에 따른 환지예정지 지정처분 ② 환지절차를 새로이 밟지 아니하고 한 환지변경처분 ③ 재개발정비구역의 지정·고시 없이 행한 재개발조합설립추진위원회 설립승인 ④ 토지소유자에 대한 조사와 통지를 결여한 특별개간예정지결정 ⑤ 당사자에게 유리한 진술의 기회를 부여하지 아니한 공무원 징계 ⑥ 세무조사결과 통지가 있은 후 과세전적부심사청구 또는 그에 대한 결정이 있기 전에 이루어진 소득금액변동통지
무효가 아닌 경우	① 국세청이 세금납부기간 종료 후 독촉절차 없이 압류처분을 한 경우 ② 납세고지서 기재사항 중 일부를 누락시키고 과세처분을 한 경우 ③ 청문절차를 거치지 아니한 사업시행자지정취소, 약종상허가취소, 주택조합설립인가의 취소, 영업소폐쇄명령 ④ 공청회를 열지 아니한 도시계획 ⑤ 공고절차를 거치지 아니한 주민등록말소 ⑥ 토지소유자에게 통지를 하지 아니한 건설교통부장관(현 국토교통부장관)의 택지개발계획 승인

8 문서에 의하지 아니한 행위

무효인 경우	① 구두에 의한 행정심판의 재결 ③ 구두에 의한 소방서장의 시정명령	② 이유가 기재되지 않은 행정심판의 재결 ④ 서명·날인이 없는 행정행위
무효가 아닌 경우	이유제시 없는 행정처분: 취소	

9 처분의 근거법률에 대한 위헌결정

소급효가 인정되는 사건	사후적으로 위헌결정된 법률에 근거한 행정처분이 이미 취소소송의 제기기간이 경과하여 확정력이 발생한 경우에는 위헌결정의 소급효가 미치지 않는다.
처분 이후 근거법률이 위헌결정된 경우	① 원칙은 취소사유 ② 행정처분을 무효로 하더라도 법적 안정성을 크게 해치지 않는 반면에 그 하자가 중대하여 그 구제가 필요한 경우는 예외적으로 당연무효이다. ③ 위헌결정 이후 무효확인소송을 제기한 경우: 법원, 기각판결
위헌결정 후 위헌결정이 내려진 법률에 근거한 행정처분	① 무효 ② 행정처분이 있은 후 그 처분의 근거가 된 법률이 위헌으로 결정된 경우 그 처분의 집행이나 집행력을 유지하기 위한 행위는 위헌결정의 기속력에 위반되어 허용되지 않는다. ③ 위헌결정 이후에 조세채권의 집행을 위한 새로운 체납처분: 당연무효 ④ 기존의 압류등기나 교부청구만으로는 다른 사람에 의하여 개시된 경매절차에서 배당을 받을 수도 없다. 따라서 압류를 해제해야 한다.
위헌결정과 손해배상	처분이 있은 후에 근거법률이 위헌으로 결정된 경우, 그 법률을 적용한 공무원에게 고의·과실이 있었다고 단정할 수 없다.

제3절 행정행위의 취소

1 취소의 유형

직권취소와 쟁송취소

2 직권취소와 쟁송취소의 구별

구분	직권취소	취소심판	취소소송
취소권자	처분청	행정심판위원회	법원
취소기간	① 불가쟁력이 발생한 처분: 직권취소 가능 ② 원칙: 기간 제한이 없다. ③ 실효의 법리에 따른 제한 ④ 「행정절차법」에는 직권취소기간의 제한규정이 없다.	90일, 180일	90일, 1년
취소사유	위법·부당	위법·부당	위법
취소절차	「행정절차법」과 개별법	「행정심판법」	「행정소송법」

취소형식	특별한 형식이 없다.	재결	판결
대상	① 부담적 행정행위 ② 수익적 행정행위	① 부담적 행정행위 ② 복효적 행정행위	① 부담적 행정행위 ② 복효적 행정행위
취소의 효력	① 원칙: 소급효 ② 당사자의 신뢰를 보호할 가치가 있는 등 정당한 사유가 있는 경우: 장래효	소급효	소급효
취소의 내용	① 적극적 변경(O) ② 소극적 변경(O)	① 적극적 변경(O) ② 소극적 변경(O)	① 적극적 변경(X) ② 소극적 변경만
행사의 제한	취소로 인한 공익과 사익의 비교형량	① 위법하면 취소 ② 사정재결	① 위법하면 취소 ② 사정판결, 기각
절차의 개시	행정청의 직권으로	심판청구로	소송제기로

3 「행정기본법」 제18조의 위법 또는 부당한 처분의 취소

| 조문 |

제18조 【위법 또는 부당한 처분의 취소】 ① 행정청은 위법 또는 부당한 처분의 전부나 일부를 소급하여 취소할 수 있다. 다만, 당사자의 신뢰를 보호할 가치가 있는 등 정당한 사유가 있는 경우에는 장래를 향하여 취소할 수 있다.
② 행정청은 제1항에 따라 당사자에게 권리나 이익을 부여하는 처분을 취소하려는 경우에는 취소로 인하여 당사자가 입게 될 불이익을 취소로 달성되는 공익과 비교·형량(衡量)하여야 한다. 다만, 다음 각 호의 어느 하나에 해당하는 경우에는 그러하지 아니하다.
1. 거짓이나 그 밖의 부정한 방법으로 처분을 받은 경우
2. 당사자가 처분의 위법성을 알고 있었거나 중대한 과실로 알지 못한 경우

4 취소와 소급효

쟁송취소: 소급효	① 운전면허 정지처분을 법원이 취소하면 운전면허정지는 소급적으로 효력을 상실한다. 운전면허 정지기간 중 운전은 무면허운전이 아니다. ② 영업허가 취소처분의 취소로 영업허가 취소처분은 처분 시부터 효력을 상실한다. → 무허가영업 아님. ③ 주택재건축사업조합도 조합설립인가처분 당시로 소급하여 행정주체인 공법인으로서의 지위를 상실한다. ④ 주택재건축사업조합 설립인가에 대한 동의는 신청 이후 철회할 수 없고, 조합설립인가가 취소되었다 하더라도 동의의 철회가 유효하다고 할 수 없다.

직권취소의 소급효 여부는 개별적으로 결정	① 수익적 행정행위 취소: 귀책사유가 없는 한 장래효 ② 부담적 행정행위 취소: 원칙 소급효 → 국세감액결정처분은 이미 부과된 과세처분에 하자가 있음을 이유로 사후에 이를 일부취소하는 처분이므로, 취소의 효력은 그 취소된 국세부과처분이 있었을 당시에 소급하여 발생하는 것이고, 이는 판결 등에 의한 취소이거나 과세관청의 직권에 의한 취소이거나에 따라 차이가 있는 것이 아니다.

5 직권취소권자

처분청	① 법적 근거가 없어도 취소 ② 권한 없는 행정기관이 한 행정처분 취소권자: 적법한 권한을 가진 행정청(X) / 처분청(O) ③ 당사자의 신청이 없어도 직권 취소
감독청	① 법적 근거가 없는 경우: 취소 가능(다수설) ② 「행정권한의 위임 및 위탁에 관한 규정」 제6조는 위임한 기관(감독청)의 취소권을 규정하고 있다.
처분의 상대방	상대방과 이해관계인은 처분의 취소를 요구할 신청권은 없다. 「행정기본법」에서도 인정하고 있지 않다.

6 직권취소사유

직권취소사유에 해당하는 것	① 위법·부당한 경우: 직권취소할 수 있다.
	② 군의관의 신체등위판정이 금품수수에 따라 위법 또는 부당하게 이루어졌다고 인정하는 경우, 병역처분을 직권으로 취소할 수 있다.
	③ 「국민연금법」이 정한 수급요건을 갖추지 못하였음에도 연금지급결정이 이루어진 경우
	  ⊙ 환수처분과 별도로 지급결정 취소할 수 있다.
	  © 연금지급결정을 취소하는 처분이 적법하다고 하여 환수처분도 반드시 적법하다고 판단하여야 하는 것은 아니다.
	④ 특별사용의 필요성이 없는 부분을 포함하여 도로점용허가한 경우
	  ⊙ 위법하므로 직권취소할 수 있다.
	  © 직권취소했다면 이미 징수한 점용료 부분은 반환하여야 한다.

직권취소사유에 해당하지 않는 것	① 수개의 처분사유 중 일부가 적법하지 않다 해도 다른 처분사유로써 그 처분의 정당성이 인정되는 경우: 위법(X), 취소(X) ② 사건 공장을 공장의 용도뿐만 아니라 공장 외의 용도로도 활용할 내심의 의사가 있었다고 하더라도 취소사유가 되지 않는다. ③ 예산의 편성에 절차상 하자가 있다는 사정만으로 곧바로 '4대강 살리기 사업' 중 한강 부분에 관한 각 하천공사시행계획 및 각 실시계획승인처분에 취소사유에 이를 정도의 하자가 존재한다고 볼 수 없다.

7 취소권의 제한

1. 행정행위 유형과 취소권의 제한

수익적 행정행위	당사자에게 권리나 이익을 부여하는 처분을 취소하려는 경우에는 취소로 인하여 당사자가 입게 될 불이익을 취소로 달성되는 공익과 비교 · 형량(衡量)하여야 한다.
침익적 행정행위	이익형량 없이 자유롭게 취소할 수 있다.

2. 직권취소 제한사유 여부

직권취소 제한사유	직권취소할 수 있는 경우
① 신뢰보호 ② 실권의 법리(장기간에 걸쳐 취소권 행사가 없었던 경우) ③ 안정된 법생활에 중대한 장해 발생 ④ 불가변력	① 불가쟁력 ② 변상금(조세) 부과처분에 대한 취소소송 제기 중 → 직권취소하고 적법한 처분을 할 수 있다. ③ 기판력: 확정판결 후에도 취소할 수 있다. ④ 행정심판 기각재결 후에도 직권취소할 수 있다. ⑤ 행정행위가 무효인 경우

3. 귀책사유와 직권취소

상대방의 귀책사유가 있는 경우	① 거짓이나 그 밖의 부정한 방법으로 처분을 받은 경우, 당사자가 처분의 위법성을 알고 있었거나 중대한 과실로 알지 못한 경우에는 이익형량 없이 취소할 수 있다. ② 수익적 행정처분(난민인정결정)의 하자가 당사자의 사실은폐에 의한 신청행위에 기인한 것이라면 행정청이 당사자의 신뢰이익을 고려하지 않고 취소하였다 하더라도 재량권의 남용이 되지 않는다.
당사자의 귀책사유가 없는 경우	① 처분에 하자가 있더라도 취소 여부는 공익과 당사자의 불이익을 비교형량하여 공익이 불이익을 정당화할 만큼 큰 경우에 한하여 취소할 수 있다. ② 음주운전으로 인해 운전면허를 취소하는 경우의 이익형량: 음주운전으로 인한 교통사고를 방지할 공익상의 필요가 취소의 상대방이 입게 될 불이익보다 강조되어야 한다. ③ 하자나 취소해야 할 필요성에 관한 증명책임: 기존 이익과 권리를 침해하는 처분을 한 행정청에 있다. ④ 이러한 법리는 산업단지 입주계약을 취소하는 경우에도 적용될 수 있다. ⑤ 보상을 청구할 수 있다.

8 직권취소절차

수익적 행정행위의 직권취소	① 수익적 행정행위의 직권취소는 침익적 처분이므로, 사전통지와 의견청취절차를 거쳐야 한다. ② 상대방의 귀책사유가 있는 경우에도 마찬가지이다.
침익적 행정행위의 직권취소	침익적 행정행위의 직권취소는 사전통지와 의견청취절차를 요하지 않는다.

9 취소 또는 철회의 취소

부담적 행정행위의 취소의 취소	수익적 행정행위의 취소의 취소
① 부담적 행정행위는 부담적 행정행위의 취소의 취소로 다시 살아나지 않는다. ② 과세관청은 부과의 취소를 다시 취소함으로써 원부과처분을 소생시킬 수는 없다. ③ 보충역편입처분을 취소하더라도 종전의 현역병입영처분의 효력이 되살아난다고 할 수 없다.	① 수익적 행정행위는 수익적 행정행위의 취소의 취소로 다시 살아난다. ② 영업허가의 철회를 취소한 경우 영업허가취소는 취소처분 시에 소급하여 효력을 잃게 된다. ③ 행정청의 이사취임승인취소 후 다시 취소처분을 직권취소한 경우 행정청의 별도 승인 없이 이사로서의 지위를 회복하게 된다. ④ 광업권 취소처분 후 새로운 이해관계인이 생기기 전에 취소처분을 취소하여 광업권을 회복시킬 수 있다. ⑤ 광업권 취소처분 후 광업권 설정의 선출원이 있는 경우에 다시 그 취소처분을 취소함은 위법이다.

제4절 행정행위의 철회

1 취소와 철회의 비교

<table>
<tr><th colspan="2">구분</th><th>취소</th><th>철회</th></tr>
<tr><td colspan="2">행사사유</td><td>행정행위 성립 당시의 하자를 이유로 취소, 하자의 시정</td><td>후발적 사유로 철회, 변화된 사정에의 적합화</td></tr>
<tr><td colspan="2">행정행위 하자</td><td>○</td><td>X</td></tr>
<tr><td rowspan="5">주체</td><td>처분청</td><td>○</td><td>○</td></tr>
<tr><td>감독청</td><td>○</td><td>X</td></tr>
<tr><td>행정심판위원회</td><td>○</td><td>X</td></tr>
<tr><td>법원</td><td>○</td><td>X</td></tr>
<tr><td>당사자의 신청권</td><td>X</td><td>X</td></tr>
<tr><td colspan="2">법적 근거</td><td>① 직권취소: 법적 근거 필요 없음.
② 쟁송취소: 「행정소송법」에 규정 있음.</td><td>필요 없음.</td></tr>
<tr><td colspan="2">효력</td><td>① 쟁송취소: 소급효
② 직권취소
   ㉠ 수익적 행정행위의 취소: 장래효
   ㉡ 부담적 행정행위의 취소: 소급효</td><td>① 원칙: 장래효
② 예외: 소급효</td></tr>
</table>

2 「행정기본법」 제19조의 적법한 처분의 철회

| 조문 |

제19조【적법한 처분의 철회】 ① 행정청은 적법한 처분이 다음 각 호의 어느 하나에 해당하는 경우에는 그 처분의 전부 또는 일부를 장래를 향하여 철회할 수 있다.
1. 법률에서 정한 철회 사유에 해당하게 된 경우
2. 법령등의 변경이나 사정변경으로 처분을 더 이상 존속시킬 필요가 없게 된 경우
3. 중대한 공익을 위하여 필요한 경우
② 행정청은 제1항에 따라 처분을 철회하려는 경우에는 철회로 인하여 당사자가 입게 될 불이익을 철회로 달성되는 공익과 비교·형량하여야 한다.

3 철회신청권

원칙	처분상대방의 철회신청권(X): 처분청이 행정행위를 철회·변경할 수 있다고 하여 처분의 상대방이 철회를 신청할 권리를 가지는 것은 아니다.
예외	건축주가 토지소유자로부터 토지사용승낙서를 받아 토지 위에 건축물을 건축하는 건축허가를 받았다가 착공에 앞서 건축주의 귀책사유로 토지사용권을 상실한 경우, 토지소유자는 건축허가의 철회를 신청할 수 있다. → 신청에 대한 거부행위는 항고소송의 대상이 된다.

4 철회사유

법령에 규정된 철회사유에 해당하는 경우	법에 규정이 있는 경우 행정청은 행정행위를 철회할 수 있다. → 건축허가를 받은 자가 건축허가가 취소되기 전에 공사에 착수하였거나 또는 공사에 착수하려 하였으나 허가권자의 위법한 공사중단명령으로 공사에 착수하지 못한 경우, 허가권자는 착수기간이 지났다는 이유로 건축허가를 취소할 수 없는 것이 원칙이다.
철회권이 부관으로 유보된 경우	행정처분을 함에 있어 일정한 경우 철회할 수 있다는 부관을 붙인 경우 그 유보된 사실이 발생하면 철회할 수 있다.
상대방의 의무위반이 있는 경우	법령이나 행정행위에 의해 상대방에게 부과된 의무에 위반된 경우 행정행위를 철회할 수 있다.
부담 불이행	부담부 행정행위에 있어서 상대방이 부담을 이행하지 않은 경우 행정청은 행정행위를 철회할 수 있다.
법령등의 변경이나 사정변경으로 처분을 더 이상 존속시킬 필요가 없게 된 경우	① 법이 개정되거나 사실관계가 변경되면 철회할 수 있다. ② 사정변경이 생긴 경우 별도의 법적 근거가 없어도 처분을 철회할 수 있다. 사정변경의 입증책임은 사정변경을 주장하는 자에게 있다.
공익상 매우 필요한 경우	A는 하천점용허가를 받아 양식업을 하고 있었다. 이 지역에 댐을 건설하게 된 경우 하천점용허가를 철회할 수 있다. 다만, 국가는 A에게 보상을 해 주어야 한다.

5 철회권의 제한

부담적 행정행위의 철회 제한	① 자유롭게 철회할 수 있다. ② 철회하더라도 신뢰보호를 침해할 가능성이 없기 때문이다. 다만, 부담적 행정행위의 철회도 공익상 요구로 제한받을 수 있다.
수익적 행정행위의 철회 제한	① 자유롭게 철회할 수 없다. ② 불가변력, 포괄적 신분관계 설정행위, 신뢰보호원칙, 실권의 법리, 비례원칙, 평등원칙, 자기구속의 법리에 따라 수익적 행정행위의 철회는 제한을 받는다. ③ 취소권·철회권의 행사는 기득권의 침해를 정당화할 만한 중대한 공익상의 필요 또는 제3자의 이익보호의 필요가 있는 때에 한하여 허용될 수 있다는 법리는, 직권으로 취소·철회하는 경우에 적용될 뿐 쟁송취소에는 적용되지 않는다(2018두104). ④ 철회기간의 제한: 대법원은 운전면허 철회사유가 발생한 후 3년이 지나 운전면허를 철회하는 것은 철회권이 실효되었다고 보아 신뢰보호 위반이라고 한 바 있다.
혼합적 행정행위의 철회 제한	비교적 자유롭게 철회할 수 있다.

6 실효의 법리

① 수익적 행정행위의 철회권은 일정한 기간의 경과로 실효된다. 운전면허 철회사유가 있더라도 일정한 기간이 지난 후 철회하는 것은 신뢰보호에 위반되기 때문이다.
② 철회권 발생 3년 경과 후 운전면허 철회는 신뢰보호 위반이라는 판례가 있다.

7 철회의 적법성

절차적 적법성	수익적 행정행위의 철회는 침익적 처분에 해당하므로, 사전통지와 의견청취(「행정절차법」)를 거쳐야 적법하게 된다.
실체적 적법성	① 신뢰보호원칙과 비례원칙을 준수해야 한다. ② 상대방의 위법행위를 이유로 수익적 행정행위를 철회하는 경우 보상을 요하지 않는다. 그렇지 않은 경우는 보상을 요한다.

8 일부철회

행정행위의 가분성이 있는 경우	일부철회: 국고보조 조림결정에서 정한 조건의 일부만 위반했음에도 조림결정 전부를 취소한 것은 위법하다.
행정행위의 가분성이 없는 경우	전부철회

9 철회의 효력

평가인증취소	① 어린이집 보조금 불법사용으로 평가인증취소: 강학상 철회 ② 어린이집 보조금 불법사용으로 평가인증취소: 장래효 ③ 평가인증의 효력을 소급적으로 상실시키려면 별도의 법적 근거 필요
방송사업자 허가취소	① 허위 기타 부정한 방법으로 허가 · 변경허가 · 재허가를 받거나 승인 · 변경승인 · 재승인을 얻거나 등록 · 변경등록을 한 때, 허가취소 ㉠ 취소 ㉡ 소급효 ㉢ 신뢰이익 고려 불요 ㉣ 행정절차상 사전통지 및 의견제출절차를 거쳐야 한다. ㉤ 보상 불요 ② 시정명령을 이행하지 아니하거나 시설개선명령을 이행하지 아니한 때, 허가취소 ㉠ 철회 ㉡ 장래효 ㉢ 신뢰이익 고려해야 함. ㉣ 행정절차상 사전통지 및 의견제출절차를 거쳐야 한다. ㉤ 보상 불요

제5절 행정행위의 실효

1 실효와 무효

구분	실효	무효
행정행위의 하자	X	O
행정행위의 효력상실	사후에 발생한 사유로 인해	처음부터

행정행위가 그 성립상의 중대 · 명백한 하자가 존재한다면 이는 실효사유로서 그 효력이 소멸한다. (X)

2 실효와 직권취소

구분	실효	직권취소
행정행위의 하자	X	O
행정행위의 효력상실	의사표시 없이 일정한 사유가 발생하면	행정청의 의사표시로
항고소송의 대상 **(처분성)**	X	O

3 실효와 철회

구분	실효	철회
행정행위의 하자	X	X
행정행위의 효력상실 의사표시 필요 여부	X	○
항고소송의 대상 (처분성)	X	○

청량음료제조허가를 받아 영업하던 자가 폐업신고를 하여 수리된 경우에도 그 허가처분의 취소(철회)로 비로소 효력이 상실된다. (X)

4 실효 관련 판례

실효사유	① 대인적 행정행위는 상대방의 사망으로 실효되고, 대물적 행정행위는 대상물의 멸실로 실효된다. ② 결혼예식장영업 자진폐업: 예식장영업허가 실효 → 종전의 결혼예식장업을 자진폐업한 이상 예식장영업허가는 자동적으로 소멸하고 다시 예식장영업허가신고를 하였다 하더라도 이는 전혀 새로운 영업허가의 신청임이 명백하므로 소멸한 종전의 영업허가권이 당연히 되살아난다고 할 수 없다. ③ 선행처분(관리처분계획)의 주요 부분을 실질적으로 변경하는 내용으로 후행처분(새로운 관리처분계획)을 한 경우 선행처분(당초 관리처분계획)은 원칙적으로 그 효력을 상실한다.
실효사유가 아닌 경우	① 선행처분의 내용 중 일부만을 소폭 변경하는 정도에 불과한 경우에는 선행처분이 소멸한다고 볼 수 없다. ② 일정한 정비예정구역을 전제로 추진위원회 구성 승인처분이 이루어진 후 정비구역이 정비예정구역과 달리 지정되었다고 해서 승인처분이 당연히 실효되지 않는다.
실효된 행정행위를 취소한 경우 그 의미	유기장 철거: 실효 → 유기장 철거에 따른 행정청의 허가취소처분은 허가실효의 확인에 불과하므로, 유기장허가취소의 취소를 구할 이익은 없다.

5 사유의 비교

무효	① 의사능력이 없는 공무원이 행한 행위 ② 죽은 사람에게 면허를 주는 행위 ③ 존재하지 않는 토지에 대한 수용재결 ④ 인신매매업을 허가하는 처분 ⑤ 사자(死者)에 대한 조세부과처분의 취소 ⑥ 임용결격사유가 있는 공무원 임용 ⑦ 소멸시효 완성 후 과세처분 ⑧ 기속력에 반하는 처분
취소	① 나이를 속이고 운전면허를 취득한 자의 면허취소 ② 영업허가요건을 허위로 조작한 자에 대한 영업허가취소 ③ 용적률제한을 받는다는 것을 숨기고 녹지지역에서 건축허가를 받은 경우 허가취소 ④ 등록서류를 위조하여 공장등록하여 등록취소 ⑤ 부정한 수단으로 운전면허를 취득한 자에 대한 면허취소 ⑥ 임용신청서상의 허위사실기재로 인한 공무원임용행위의 효력상실
철회	① 부담의무 불이행: 부담으로 명하여진 의무의 불이행으로 인한 사립학교 인가의 효력상실 ② 음주운전한 자에 대한 면허취소 ③ 점용료를 납부하지 않는 자에 대한 영업허가취소 ④ 부패한 식품을 판매한 자에 대한 영업허가취소 ⑤ 용도 이외의 사용으로 인한 자금지원행위(행정행위)의 효력상실
실효	① 운전면허를 받은 자의 사망으로 인한 운전면허의 실효 ② 수리불능의 파괴로 인한 자동차의 운행허가 실효 ③ 허가영업을 자진폐업한 경우 허가의 실효 ④ 기한부 행정행위의 기한만료 ⑤ 해제조건의 성취

제6절 | 하자 있는 행정행위의 치유와 전환

1 하자치유의 의의와 효과

의의	하자 있는 행정행위 → 치유 → 적법한 행정행위
하자치유의 근거	① 행정법 일반법 규정(X), 「행정기본법」과 「행정절차법」에 규정(X) / 「민법」 규정(○) ② 하자치유는 원칙적으로 인정되는 것은 아니나, 경제성과 효율성을 위하여 예외적으로 인정된다. ③ 공정력, 불가쟁력, 불가변력으로 행정행위의 하자가 치유되는 것은 아니다.
효과	치유의 효과는 소급적이며, 처음부터 적법한 행위로서의 효력을 가진다. (○) → 치유 시부터 적법한 행위로서 효력을 가진다. (X)
하자치유의 대상	① 내용상 하자(X), 절차상 · 형식상 하자(○) ② 처분청이 처분 이후에 추가한 새로운 사유를 보태어 당초 처분의 흠을 <u>치유시킬 수는 없다.</u> ③ 무효인 행정행위(X), 취소사유가 있는 행정행위(○): 중대 · 명백한 흠이 있는 징계처분에 대해 징계처분을 받은 자가 이를 용인한 경우 하자치유할 수 없다.
하자치유 시기	① 쟁송제기 전 ② 상고심 계류 중 누락된 세액산출의 근거가 통지되었다고 하더라도 하자는 치유되지 않는다. 📖 독일: 행정소송절차 종결 시

[하자치유 인정 여부]

하자치유 인정: 절차상 하자치유	① 증여세부과세처분 납세고지서에 기재사항이 누락된 경우라도 앞서 보낸 과세예고통지서에 기재사항이 제대로 기재된 경우 ② 당초 개발부담금 부과처분 시 발부한 납부고지서에 개발부담금의 산출근거를 누락시켰지만, 그 이전에 개발부담금 예정변경통지를 하면서 산출근거가 기재되어 있는 개발부담금산정내역서를 첨부하여 통지한 경우 ③ 압류처분의 단계에서 독촉의 흠결이 있었다고 해도 그 이후에 이루어진 공매절차에서 공매통지서가 적법하게 송달된 경우 ④ 청문서 도달기간을 어겼으나 영업자가 청문일에 출석하여 의견진술과 변명의 기회를 가진 경우 ⑤ 단체협약에 규정된 여유기간을 두지 않고 징계회부사실을 통보하였으나 피징계자가 징계위원회에 출석하여 통지절차에 대한 이의 없이 충분한 소명을 한 경우
하자치유 부정	① 임용결격사유가 있는 자의 공무원임용행위는 무효이므로 치유되지 않는다. ② 납세고지서에 세액산출근거 등 기재사항이 누락되었다는 것을 피처분자가 처분 당시 그 취지를 알고 있는 경우 ③ 세액산출근거가 기재되지 아니한 납세고지서에 의한 부과처분인데, 납세의무자가 부과된 세금을 자진납부하였다거나 또는 조세채권의 소멸시효기간이 만료된 경우 ④ 의견청취절차를 생략한 공정거래위원회의 시정조치와 과징금 납부명령에 대해 상대방이 이의신청 후 의견을 제출한 경우

	⑤ 행정청의 사업계획변경인가의 범주를 벗어난 버스노선 사업계획변경인가처분은 내용상 하자이므로 하자는 치유될 수 없다 ⑥ 충전소설치 허가 시 건물주 동의를 위조하여 허가를 받은 후 사후에 건물주의 동의를 받은 경우 ⑦ 개별공시지가결정이 위법하여 그에 기초한 개발부담금 부과처분도 위법하게 된 후 적법한 절차를 거쳐 공시된 개별공시지가결정이 종전의 위법한 공시지가결정과 내용이 동일한 경우: 개별공시지가결정과 그에 기초한 개발부담금 부과처분 간의 하자승계는 인정 ⑧ 주택재건축정비사업조합 인가처분 당시 동의율을 충족하지 못하였으나 후에 추가 동의서가 제출된 경우 / 주택재개발정비사업조합설립 추진위원회가 조합설립인가처분의 취소소송에 대한 1심판결 이후 정비구역 내 토지 등 소유자의 4분의 3을 초과하는 조합설립동의서를 새로 받은 경우 ⑨ 토지등급결정 내용의 통지가 없었는데, 토지소유자가 그 결정 전후에 토지등급결정 내용을 알았던 경우

2 하자의 전환

개념	하자 있는 행정행위 → 전환 → 새로운 행정행위: 항고소송 대상이 된다.
적용영역	무효인 행정행위
전환의 사례	① 조세과오납금의 다른 조세채무에의 충당 ② 사망자에 대한 조세부과처분을 상속인에 대한 처분으로 전환 ③ 영업허가신청 후 사망한 자에 대한 허가를 유족에 대한 허가로의 변경 🔖 임용결격사유가 있는 공무원의 행정행위: 치유·전환과 무관하다는 견해(다수설)
전환의 요건	① 목적·효과 동일 ② 절차·형식 동일 ③ 행정청 의사에 반하지 않아야 한다. ④ 관계자에게 불이익하지 않아야 한다. ⑤ 따라서 당사자가 원하지 않는 경우와 기속행위의 재량행위로의 전환은 허용되지 않는다.
효력발생시기	하자 있는 행정행위 발령 시로 소급하여 행정행위는 효력을 발생한다.
하자승계(X)	하자 있는 행정행위를 새로운 행정행위로 전환할 경우 하자는 승계되지 않는다.
소송 중 행정행위의 전환으로 소의 변경(○)	행정청이 새로운 행정행위로 전환한 경우 소의 변경이 가능하다.

제7절 | 하자의 승계

1 의의

하자승계의 의의	선행행위의 하자를 이유로 후행행위의 하자를 주장하는 문제이다.
후행행위의 하자	① 하자의 승계가 후행행위의 하자를 이유로 선행행위의 하자가 생긴다는 의미는 아니다. ② 계고처분의 후속절차인 대집행에 위법이 있다고 하더라도, 그와 같은 후속절차에 위법성이 있다는 점을 들어 선행절차인 계고처분이 부적법하다는 사유로 삼을 수는 없다.

2 하자승계의 요건

선행행위	① 무효(X) / 취소사유(O) ② 선행행위가 무효인 경우 하자는 승계된다. 선행 도시계획시설사업시행자 지정처분이 당연무효이면, 후행처분인 실시계획인가처분도 당연무효이다. ③ 선행행위가 무효인 경우 하자승계 문제가 발생한다. (X) ④ 불가쟁력 발생(O), 불가변력 발생(X), 공정력 발생(X)
선행행위 하자 있을 것, 후행행위 하자 없을 것	후행행위가 하자 있으면 후행행위에 대해 다투면 되기 때문이다.
선행행위와 후행행위	모두 처분성(O)

3 선행행위의 후행행위에 대한 구속력(규준력)이론

의의	하자승계문제를 선행행위와 후행행위가 결합하여 하나의 법적 효과를 완성하는 것인가의 여부에 따라 해결하려는 통설적 견해를 부정하고, 하자승계문제를 불가쟁력이 발생한 선행행위의 후행행위에 대한 구속력(규준력)의 문제로 대체하려는 이론이다.
구속력의 인정요건	① 선행행위와 후행행위는 동일한 목적을 추구하며, 법적 효과가 기본적으로 일치하여야 한다(객관적 한계). ② 선행행위와 후행행위의 수범자(상대방)가 일치하여야 한다(주관적 한계). ③ 선행행위의 사실적·법적 상태가 동일하게 유지되어야 한다(시간적 한계). ④ 선행행위의 후행행위에 대한 구속력의 인정이 예측가능하고 수인가능성이 있어야 한다.
선행행위가 후행행위에 대하여 구속력이 미치는 경우	구속력이론에 따르면, 선행행위가 후행행위에 대하여 구속력이 미치게 되면 그 범위 내에서 선행행위의 하자를 이유로 후행행위를 다툴 수 없다.

4 하자승계 인정 여부의 기준

선행행위와 후행행위가 결합하여 하나의 법적 효과를 목적으로 하는 경우		선행행위의 하자를 이유로 후행행위의 취소를 구할 수 있다.
선행행위와 후행행위가 별개의 법적 효과를 목적으로 하는 경우	원칙	선행행위가 무효가 아니라면 하자승계가 인정되지 않는다.
	예외	선행행위와 후행행위가 별개의 목적을 추구하나 불이익이 수인한도를 넘는 가혹한 불이익이고 예측할 수 없었다면 구속력은 인정되지 않아 하자는 승계된다.

5 조세 관련 하자승계 인부

인정	① 강제징수절차상 독촉 · 압류 · 매각 · 청산의 각 행위 사이 ② 강제징수에 있어서 체납처분절차인 압류와 공매 사이 ③ 독촉과 가산금 · 중가산금 징수처분 사이
부정	① 소득세부과와 독촉 사이 ② 과세(조세부과)처분과 압류 등의 체납처분 사이: 과세처분이 당연무효가 아닌 한 과세처분의 하자로 체납처분이 위법하다고 할 수 없다. ③ 당초 과세처분과 증액경정처분 사이 ④ 신고납세방식의 취득세 신고행위와 징수처분 ⑤ 소득금액변동통지와 징수처분 사이

6 대집행 관련 하자승계 인부

철거명령이 무효인 경우	적법한 건축물에 대한 철거명령의 하자가 중대하고 명백하여 당연무효이면 그 후행행위인 건축물철거 대집행계고처분도 당연무효이다.
철거명령이 무효가 아닌 경우	건물철거명령과 대집행절차: 하자승계(X)
대집행절차 상호 간 하자승계 인정	계고처분과 대집행영장발부통보처분 사이, 대집행계고처분과 비용납부명령 사이

7 수용 관련 하자승계 인부

인정	기준지가고시처분과 토지수용처분 사이
부정	① 재개발사업시행인가처분과 수용재결 사이 ② 도시계획사업의 실시계획인가 고시와 수용재결 사이 ③ 도시계획결정과 수용재결 사이 ④ 택지개발계획승인처분과 수용재결·이의재결 사이 ⑤ 공용수용상 사업인정과 수용재결 사이

8 공시지가 관련 하자승계 인부

인정	① 개별공시지가결정과 과세처분 사이 ② 개별공시지가결정과 개발부담금 부과처분: 선행처분인 개별공시지가결정이 위법하여 그에 기초한 개발부담금 부과처분도 위법하게 된 경우 그 하자의 치유를 인정하면 개발부담금 납부의무자로서는 위법한 처분에 대한 가산금 납부의무를 부담하게 되는 등 불이익이 있을 수 있으므로, <u>그 후 적법한 절차를 거쳐 공시된 개별공시지가결정이 종전의 위법한 공시지가결정과 그 내용이 동일하다는 사정만으로는 위법한 개별공시지가결정에 기초한 개발부담금 부과처분이 적법하게 된다고 볼 수 없다.</u> ③ 표준지공시지가결정과 수용재결·수용보상금결정 사이 ④ 비교표준지공시지가결정과 보상금결정처분 사이
부정	① 표준지공시지가결정과 개별공시지가결정 사이 ② 표준지공시지가결정과 과세처분 ③ 양도소득세 산정의 기초가 되는 개별공시지가결정에 대한 재조사청구에 따른 조정결정을 통지받고서도 다투지 않은 경우, 개별공시지가결정과 양도소득세 부과처분 사이

9 하자승계 인정 여부

하자승계를 인정한 판례	하자승계를 부정한 판례
① 귀속재산의 임대처분과 매각처분 사이 ② 한지의사시험자격인정과 한지의사면허처분 사이 ③ 안경국가시험합격처분과 면허취소처분 사이 ④ 암매장한 분묘의 개장명령과 계고처분 사이 ⑤ 어업정지처분과 어업허가취소처분 사이 ⑥ 甲을 친일반민족행위자로 결정한 친일반민족행위진상규명위원회의 최종발표에 따라 지방보훈지청장이 「독립유공자 예우에 관한 법률」의 적용 대상자로 보상금 등의 예우를 받던 甲의 유가족 乙 등에 대하여 적용배제자결정을 한 경우, 별개의 법적 효과를 가져오나 선행처분의 위법을 이유로 후행처분의 효력을 다툴 수 있다.	① 공무원직위해제처분과 면직처분 사이 ② 도시관리계획의 결정 및 고시, 사업시행자지정고시, 사업실시계획인가고시, 수용재결 등 도시계획시설사업의 각 처분 사이 → 「국토의 계획 및 이용에 관한 법률」상 도시·군계획시설결정과 실시계획인가 사이 ③ 「도시 및 주거환경정비법」상 사업시행계획과 관리처분계획 사이 ④ 토지구획정리사업시행인가처분과 환지청산료부과처분 사이 ⑤ 액화석유가스 판매사업허가처분과 사업개시신고반려처분 사이 ⑥ 택지개발예정지구 지정과 택지개발계획승인 사이 ⑦ 조합설립추진위원회의 구성승인처분과 조합설립인가처분 사이 ⑧ 보충역 편입처분과 공익근무요원소집처분 사이 ⑨ 수강거부처분과 수료처분 사이 ⑩ 운수권배분 실효처분 및 노선면허거부처분과 노선면허처분 사이 ⑪ 농지전용부담금 부과처분과 압류처분 사이 ⑫ 심계원(지금의 감사원)이 관계 회계직원 A에게 변상책임판정을 하였다. A는 변상판정이 위법하다는 이유로 변상명령의 취소를 구하는 소를 제기하였다. 변상판정이 잘못되었다는 이유로 변상명령의 취소를 구할 수 없다. ⑬ 종전 상이등급결정에 불가쟁력이 생겨 효력을 다툴 수 없게 된 경우 종전 상이등급결정이 당연무효가 아닌 이상, 그 하자를 들어 이후에 이루어진 상이등급 개정 여부에 관한 결정의 효력을 다툴 수 없다.

05 / 그 밖의 행정의 행위형식

제1절 행정상 확약

개념	행정행위를 하리라는 약속
법적 근거	① 독일 행정절차법 규정(○), 법률 근거 필요 없음. ② 우리 「행정기본법」과 「행정절차법」 규정(X)
형식 요건	문서로 해야 한다.
절차 요건	행정청은 다른 행정청과의 협의 등의 절차를 거쳐야 하는 처분에 대하여 확약을 하려는 경우에는 확약을 하기 전에 그 절차를 거쳐야 한다.
확약의 법적 성질	행정행위(X), 확약은 공적 견해표명이다.
확약의 구속력	① 원칙적으로 인정되나 행정청은 확약을 한 후에 확약의 내용을 이행할 수 없을 정도로 법령등이나 사정이 변경된 경우 또는 확약이 위법한 경우 확약에 기속되지 아니한다(행정절차법 제40조의2). 행정청은 확약을 이행할 수 없는 경우에는 지체 없이 당사자에게 그 사실을 통지하여야 한다. ② 행정청이 상대방에게 일정한 기간 내에 일정한 처분을 신청하도록 유효기간을 두었는데 그 기간 내 상대방의 신청이 없다면, 행정청의 확약은 실효하므로 행정청은 구속을 당하지 않는다. ③ 확약 또는 공적인 의사표명이 있은 후에 사실적·법률적 상태가 변경되었다면, 그와 같은 확약 또는 공적인 의사표명은 행정청의 별다른 의사표시를 기다리지 않고 실효된다.
확약의 대상	① 재량행위(○), 기속행위(○) ② 행정행위 요건이 완성된 경우라도 확약이 가능하다.
어업권면허에 선행하는 우선순위결정	① 우선순위결정은 확약이다. ② 확약인 우선순위결정은 행정행위가 아니므로, 공정력이나 불가쟁력이 발생하지 않는다. ③ 우선순위결정이 잘못된 경우 종전 우선순위결정을 무시하고 새로운 우선순위결정을 정한 후 새로운 어업권면허를 할 수 있다. ④ 우선순위자였던 자는 새로운 우선순위결정에 따른 어업권면허처분의 취소를 구할 원고적격을 가진다.

📖 자동차운송사업 양도·양수계약에 기한 양도·양수인가신청에 대하여 행하여진 내인가의 취소행위는 원고가 신청한 본인가신청을 거부하는 처분으로 보아야 한다(90누4402).

제2절 공법상 계약

1 공법상 계약의 특징

당사자 간 대등성	행정주체의 우월성(X), 행정주체와 계약당사자 간 대등성(O): 19C 독일은 행정주체의 우월성을 인정하여 공법상 계약을 부정해 왔음. 20C 후반에 와서야 인정
법적 성질	① 비권력적 행위 ② 법적 행위(O), 사실행위(X)

공법상 계약과 그 한계	① 법률유보원칙 적용(X)
	② 법률우위원칙 적용(O)
	③ 권력적 행정작용
	   ⑦ 공법상 계약이 가능하다는 주장이 있음.
	   ⓒ 경찰행정·조세행정영역에서는 공법상 계약(X)

2 공법상 계약의 실정법적 근거

일반법	「행정기본법」이 일반법임. 「행정절차법」 규정 없음.
국가가 계약당사자일 경우	「국가를 당사자로 하는 계약에 관한 법률」이 일반법으로 기능함.
「민법」상 계약규정	적용(O)
「민법」상 계약해제규정	적용(X)
공법상 계약에 적용법규	개별법 → 국가일 때 「국가를 당사자로 하는 계약에 관한 법률」 → 「민법」상 계약규정

3 행정행위와 공법상 계약

구분	행정행위	공법상 계약
공정력	O	X
분쟁해결절차	항고소송	당사자소송 또는 민사상 손해배상청구소송
위법한 경우	무효(O), 취소(O)	무효(O), 취소(X)
법률유보	O	X
법률우위	O	O
행정청의 강제집행	O	X
행정주체의 우월성	O	X
「행정절차법」 적용	O	X

4 공법상 합동행위와 공법상 계약

구분	공법상 합동행위	공법상 계약
의사합치	동일한 방향의 의사합치	반대방향의 의사합의
사례	주민들의 도시재개발조합설립행위	전문직 공무원 채용계약

5 공법상 계약의 성립요건

「행정기본법」 제27조	① 법률우위원칙: 행정청은 법령등을 위반하지 아니하는 범위에서 행정목적을 달성하기 위하여 필요한 경우에는 공법상 법률관계에 관한 계약을 체결할 수 있다. ② 당사자 간의 합의에 의해서 정해진다. ③ 행정청은 공법상 계약의 상대방을 선정하고 계약 내용을 정할 때 공법상 계약의 공공성과 제3자의 이해관계를 고려하여야 한다.
형식 요건	① 「행정기본법」은 계약의 목적 및 내용을 명확하게 적은 계약서를 작성하여야 한다고 규정하여 문서로 하도록 규정하고 있다. ② 학설로는 구두계약도 허용될 수 있다.
절차 요건	공법상 계약에는 「행정절차법」이 적용되지 않으므로, 「행정절차법」상의 근거와 이유를 제시할 필요가 없다.

6 공법상 계약의 종류

① 행정주체 간 공법상 계약
② 행정주체와 사인 간 공법상 계약
③ 공무수탁사인과 사인 간 공법상 계약

7 공법상 계약의 특수성

부합계약성	공법상 계약은 일방이 미리 정해 놓은 약관에 따라 체결되는 계약으로서 부합계약성을 띠는 경우가 많다.
계약강제성	공법상 계약은 계약체결이 강제되는 경우가 있다(예 수도사업자와 국민).

공법상 계약해제의 특성	① 행정주체: 공익상의 사유로 일방적으로 공법상 계약을 해제, 변경할 수 있다. 따라서 공법상 계약에는 「민법」의 계약해제규정이 그대로 적용되지 않는다. 다만, 상대방이 손실을 입은 경우 보상을 해야 한다. ② 계약의 상대방: 계약을 원칙적으로 해지할 수 없다. ③ 지방전문직공무원 채용계약에서 정한 채용기간이 만료한 경우 채용계약을 갱신하거나 채용기간을 연장할 것인지 여부는 지방자치단체장의 재량에 맡겨져 있다.
계약해제의 제한	일반수도사업자는 수돗물의 공급을 원하는 자에게 정당한 이유 없이 그 공급을 거절하여서는 아니 된다.
하자 있는 공법상 계약	무효(O) / 취소(X)
강제집행	행정청은 계약을 강제집행할 수 없다.

8 공법상 계약과 분쟁해결절차

공법상 계약에 관한 쟁송(해지, 재위촉 여부)	① 항고소송(X) / 당사자소송(O) ② 지방전문직공무원 채용계약해지의 의사표시: 채용기간이 만료된 경우 계약갱신이나 기간연장은 재량이다. ③ 소의 이익에 있어서 즉시확정이익을 요구함: 계약기간이 만료된 계약직공무원이 채용계약해지에 대해 무효확인의 소를 제기할 소의 이익은 없다.
계약직공무원의 징계	① 계약직공무원의 징계: 항고소송 ② 지방계약직공무원에 대하여 징계절차에 의하지 않고서는 보수를 삭감할 수 없다.
공법상 계약인 것	① 행정청이 근로관계를 일방적인 의사표시로 종료시켰다고 하더라도 곧바로 행정처분이라고 단정할 수는 없다. ② 중소기업기술정보진흥원장이 중소기업 정보화지원사업 지원대상업체에 대해 정부지원금을 반환할 것을 통보한 경우, 그 협약의 해지 및 환수통보: 행정처분 아님. ③ 서울특별시 시민감사옴부즈만 채용계약 청약에 대응한 서울특별시장의 '승낙의 의사표시'와 '승낙을 거절하는 의사표시': 행정처분 아님.
공법상 계약이 아닌 것	① 두뇌 한국(BK)21사업의 협약해지: 처분 ② 산업단지 입주계약해지통보: 처분 ③ 환경기술개발사업 협약을 체결한 회사에 대해 연구개발중단조치 및 연구비 집행중지조치

9 공법상 계약 여부

공법상 계약인 것	공법상 계약이 아닌 것
① 별정우체국 지정 ② 계약직공무원 채용계약, 지방계약직공무원인 서울특별시 시민감사옴부즈만 채용행위 ③ 공중보건의 채용계약 ④ 서울특별시립무용단 단원의 위촉 ⑤ 광주광역시문화예술회관장의 단원 위촉 ⑥ 도로관리의 사무위탁 ⑦ 수출보조금 교부 ⑧ 행정청과 민간투자사업자의 협약 ⑨ 공공단체 상호 간 사무위탁 ⑩ 지방자치단체 간의 교육사무위탁 ⑪ 지방자치단체 간 도로·하천의 경비부담에 관한 협의 ⑫ 환경보전협정 ⑬ 중소기업 정보화지원사업에 따른 지원금 출연을 위하여 중소기업청장이 체결하는 협약	① 도로건설·도청청사건축 등의 도급계약: 사법상 행위 ② 재개발조합 등 공공조합의 설립: 공법상 합동행위 ③ 재개발조합인가: 행정행위 ④ 지방의회의 지방의원징계: 행정행위 ⑤ 토지수용재결: 행정행위 ⑥ 행려병자보호: 사무관리 ⑦ 행정청의 입찰참가자격제한: 행정행위 ⑧ 사업시행자와 사인의 협의취득: 사법상 행위 ⑨ 창덕궁안내원 채용계약: 사법상 계약 ⑩ 계약직공무원 보수삭감: 행정처분 ⑪ 사회간접자본시행자 지정행위: 행정처분 ⑫ 국·공유재산 매각계약: 사법상 계약 ⑬ 국립의료원 부설주차장에 관한 위탁관리용역운영계약: 행정처분(특허) ⑭ 「국가를 당사자로 하는 계약에 관한 법률」에 따라 국가가 당사자가 되는 공공계약: 사법상 계약 ⑮ 민간투자시설사업시행자 지정처분: 행정행위 ⑯ 지방자치단체가 자원회수시설과 부대시설의 운영·유지관리 등을 위탁할 민간사업자와 체결한 위·수탁 운영협약: 사법상 계약 ⑰ '청년취업인턴제' 위탁협약

10 「국가를 당사자로 하는 계약에 관한 법률」

적용	① 국가를 당사자로 하는 계약에 적용된다. ② 공법상 계약뿐 아니라 사법상 계약에도 적용된다.
공공계약의 성질	공공계약은 사법상 계약이므로 사적 자치와 계약자유의 원칙 등 사법의 원리가 그대로 적용된다.
계약방법	① 경쟁입찰원칙 ② 계약의 목적, 성질, 규모 등을 고려하여 대통령령이 정하는 바에 의하여 참가자격을 제한하거나 참가자를 지명하여 경쟁에 부치거나, 수의계약으로 할 수 있다.
계약절차	입찰공고 → 낙찰자 결정(편무예약, 처분이 아님) → 계약체결
낙찰자 결정기준	① 법령의 낙찰자 결정기준에 관한 규정: 공무원이 지켜야 할 계약사무처리에 관한 필요한 사항을 규정한 내부규정 ② 법령이 정한 낙찰자기준에 어긋난 적격심사: 선량한 풍속 기타 사회질서에 반하는 행위에 의해 이루어진 것이 분명한 경우 등 무효로 하지 않으면 법령의 취지가 몰각되는 특별한 경우에 한해 무효

중앙관서의 장의 부정당업자 입찰참가자격 제한	① 취소소송대상이 되는 처분 ② 입찰참가자격 제한을 받은 자와 수의계약 체결 금지
계약보증금 국고귀속	처분(X), 사법상 행위(O)

제3절 행정계획

1 구속적 계획과 비구속적 계획

구분	구속적 계획	비구속적 계획
내용	행정기관 또는 국민을 구속하는 계획이다.	행정기관의 구성 또는 단순한 지침으로서 구속력을 가지지 않는 계획이다.
법적 근거	O	X
법적 성격	행정행위	행정지도
행정소송, 손해배상청구	O	X
예	① 도시관리계획(국가기관, 국민 모두 구속) ② 예산운용계획(국가기관만 구속)	도시기본계획

2 행정계획의 법적 성질

① 입법행위, 행정행위, 행정지도일 수 있다.

② 행정계획이 법적 구속력이 있는지, 항고소송의 대상이 되는지는 개별적으로 검토해야 한다.

[행정계획의 법적 성질, 개별적 검토]

도시기본계획	① 항고소송의 대상인 처분이 아니다. ② 국민과 행정청을 구속하지 않는다.
도시관리계획	① 항고소송의 대상인 처분이다. ② 시·도지사와 50만 이상의 시장이 결정한다. ③ 도시관리계획결정은 지형도면을 고시한 날부터 효력이 발생한다.
처분인 것	도시계획결정, 도시계획시설결정, 관리처분계획, 개발제한구역 지정, 택지개발계획승인, 환지예정지 지정, 환지처분
처분이 아닌 것	환지계획, 택지공급방법결정, 하수도정비기본계획

3 행정계획의 법적 근거 필요 여부

구분	비구속적 행정계획	구속적 행정계획
조직법적 근거	○	○
작용법적 근거	X(원칙)	○

4 행정계획 확정

행정계획 확정절차	① 행정계획을 확정할 때 「행정절차법」의 예고는 적용될 수 있다. ② 행정계획에 대해서는 「행정절차법」이 적용될 여지가 없다. (X)
행정계획 확정절차의 하자	① 공람절차를 거치지 아니한 수정된 환지계획에 따른 환지예정지 지정처분은 당연무효이다. ② 공청회를 거치지 아니한 도시계획결정: 취소(○) / 무효(X)

5 행정계획의 효력발생요건

법령 형식의 행정계획	법령을 공포한 날부터 20일이 경과하여 효력을 가진다.
그 밖의 형식의 행정계획	① 고시해야 한다. 이때 고시는 행정행위의 효력발생요건인 통지에 해당한다. ② 효력발생요건인 고시를 하지 아니한 경우 행정계획은 효력이 없다. ③ 도시관리계획결정은 지형도면을 고시한 날부터 효력을 발생한다.

6 행정계획과 집중

개념	행정계획이 확정되면 다른 법령에 의해 받게 되는 승인·허가를 받은 것으로 간주하는 효력을 말한다.
법률유보	집중효는 반드시 법령의 근거가 있어야 한다.
집중효의 범위	집중효는 대체행정청의 관할만이 아니라 의제되는 인허가의 절차법상 요건규정에까지 미친다(절차집중설). → 계획확정 행정기관은 의제되는 인허가와 관련된 절차규정을 따를 필요는 없으나 실체법상의 요건에는 기속된다.

7 도시계획 간 충돌

선행 도시계획과 후행 도시계획이 중복된 경우	선행 도시계획은 후행 도시계획과 같은 내용으로 변경된다.
권한이 없는 행정청의 후행 도시계획: 무효	① 권한이 없는 행정청에 의한 선행 도시계획의 폐지는 아무런 권한 없이 폐지하는 것이어서 무효가 된다. ② 선행 도시계획결정과 양립할 수 없는 권한이 없는 행정청의 후행 도시계획결정은 무효이다.

8 행정계획에 대한 통제

1. 행정계획통제

사전적 통제 중요(○)

2. 행정계획에 대한 사법부에 의한 통제

행정소송	손해배상	손실보상	헌법소원
행정계획이 처분성이 있는 경우 ○	○	특별한 희생인 경우 ○	예외적으로 ○

3. 비구속적 행정계획안이나 행정지침에 대한 헌법소원

원칙: 헌법소원의 대상(X)	① 계획만으로는 권리·의무에 영향을 주지 않는다. ② 대학교 총장직선제 개선 여부를 대학 평가요소로 하는 대학교육역량강화사업 기본계획, 공공기관선진화추진계획의 확정·공표행위, 개발제한구역제도 개선방안, 알뜰주유소 추진계획
예외: 헌법소원의 대상 (○)	국민의 기본권에 직접적으로 영향을 끼치고, 앞으로 법령의 뒷받침에 의해 실시될 것이 틀림없을 것으로 예상될 수 있을 때(일본어 제외 서울대학교 입시요강)

9 계획재량

① 계획재량과 일반 행정재량의 질적 차이를 인정하는 것이 다수설과 판례이다.
② 행정청이 행정계획을 수립(입안·결정)함에 있어서는 일반 재량행위의 경우에 비하여 더욱 광범위한 판단여지, 형성의 자유가 인정된다.

[행정재량과 계획재량의 비교]

구분	행정재량	계획재량
규범구조	① 요건과 효과(조건프로그램) ② 특정 요건을 갖추면 영업허가	① 목적과 수단(목적프로그램) ② 출산율 높이기와 다자녀 가족지원책
재량범위	상대적으로 좁다.	상대적으로 넓다.
통제방법	① 절차적 통제 ② 실체적 통제 ③ 사후적 통제	① 절차적 통제 중심 ② 사전적 통제 중심
사법적 통제	재량의 일탈, 남용	형량명령

10 형량명령과 형량하자

형량명령	행정계획을 확정하는 과정에서 행정청이 공익 상호 간, 공익과 사익 간, 사익 상호 간 이익을 정당하게 형량을 해야 한다.
형량하자	① 이익형량을 하지 않은 형량해태, 형량을 했으나 형량할 사항을 빠뜨린 형량흠결, 형량은 했으나 객관성 등이 상실된 오형량과 같이 형량명령에 반하는 경우 형량하자가 있다고 한다. ② 형량하자가 있는 행정계획은 위법하게 된다. ③ 형량명령은 도시계획을 결정할 때뿐 아니라 도시계획시설을 변경할 때에도 적용된다.
판례	대법원은 형량해태, 형량흠결, 오형량을 한 경우 재량권을 일탈·남용한 것으로 위법하다고 한 바 있으나, 최근에는 형량하자가 있으므로 위법하다고 한다.
행정절차법	행정청은 행정청이 수립하는 계획 중 국민의 권리·의무에 직접 영향을 미치는 계획을 수립하거나 변경·폐지할 때에는 관련된 여러 이익을 정당하게 형량하여야 한다[제40조의4(행정계획)].

11 행정계획보장청구권, 행정계획존속변경청구권, 국토이용계획의 변경을 신청할 권리

인정 여부	① 원칙 인정(X), 예외 인정(O) ② 도시계획결정을 취소할 권리가 인정되지 않으므로 이에 대한 거부는 항고소송의 대상이 되지 않는다. ③ 도시계획(현 도시관리계획)시설 변경신청을 불허한 행위는 항고소송의 대상이 되는 행정처분이라고 볼 수 없다. ④ 공원도시계획이 확정된 후 공원조성계획의 변경을 신청할 권리는 없다. 이에 대한 거부는 항고소송의 대상이 되지 않는다.
국토이용계획의 변경을 신청할 권리	① 원칙: (X), 거부: 처분성(X) ② 예외: 장래 일정한 기간 내에 관계 법령이 규정하는 시설 등을 갖추어 일정한 행정처분을 구하는 신청을 할 수 있는 법률상 지위에 있는 자의 변경신청을 거부하는 것이 실질적으로 당해 행정처분 자체를 거부하는 결과가 되는 경우 (O) → 거부, 처분성(O)
도시계획입안신청권	① 토지소유자는 도시계획입안신청권을 가진다. ② 도시계획입안신청거부는 항고소송의 대상이 된다.

12 행정계획의 변경 · 폐지와 손실보상

일반법	「행정절차법」에는 행정계획의 확정 · 변경 · 실효로 인한 손실의 보상에 관한 일반적 규정이 없다.
특별한 희생	행정계획변경으로 특별한 희생을 당한 자는 보상을 청구할 수 있다.
보상거부	헌법이나 「도시계획법」(현 「국토의 계획 및 이용에 관한 법률」) 어디에서도 행정청에 대하여 도시계획의 폐지를 신청하거나 도시계획결정으로 인한 보상을 청구할 수 있는 권리를 규정하고 있지 않으므로, 도시계획의 폐지 그 보상을 거부한 행정청의 행위는 「헌법재판소법」 제68조 제1항 소정의 공권력행사에 해당한다고 볼 수 없다.

13 행정계획의 장기미집행

① 사적 이용권이 배제된 상태에서 토지소유자로 하여금 10년 이상을 아무런 보상 없이 수인하도록 하는 것은 헌법상 재산권 보장에 위배된다.

② 장기미집행 도시계획시설결정의 실효는 헌법상 재산권으로부터 당연히 도출되는 것은 아니며, 법률의 근거가 필요하다.

A광역시 시장 甲은 상습적인 교통체증을 해소하기 위하여 도심에 위치한 산을 관통하는 직선도로를 개설하는 도시관리계획을 수립·결정하였는데, 이 경우 자연환경훼손이 심하다는 지적이 있어 환경훼손이 적은 우회도로를 개설하는 것을 내용으로 하는 도시관리계획변경결정을 하였다.

① 도시관리계획은 국민을 구속하는 결정이므로 항고소송 대상 처분이다.
② 주민들은 직선도로개설계획을 존치시켜 달라는 계획존속청구권을 가지지 못한다.
③ 계획존속청구를 거부한 행위는 항고소송의 대상이 되지 않는다.
④ 교통체증 해소와 자연환경 보호라는 양 공익을 형량함에 있어 객관성이 없으면 형량하자가 인정되어 도시관리계획은 위법하게 된다.
⑤ A광역시 시장은 도시관리계획을 결정함에 있어 광범위한 재량을 가진다.
⑥ 도시관리계획은 지형도면을 고시한 날부터 효력을 가진다.
⑦ A광역시 시장의 도시관리계획변경은 적법하다.

제4절 행정상 사실행위

1 의의

개념	행정행위는 대외적으로 법률효과를 가져오나, 사실행위는 직접적으로 법률효과를 의도하지 않는다.
집행적 사실행위	① 법령 또는 행정행위를 집행하기 위해 행해지는 사실행위이다. ② 경찰관 무기사용, 재산압류를 위한 집행행위, 전염병환자격리, 무허가건물철거 등이 있다.
독립적 사실행위	① 행정행위와 무관한 사실행위이다. ② 행정지도, 축사, 행정조사, 관용차 운전, 도로공사 등이 있다.

2 행정상 사실행위와 법률유보·법률우위의 원칙

구분	법률유보원칙	법률우위원칙
권력적 사실행위	○	○
비권력적 사실행위	① 조직법상 법률근거 필요 ② 작용법상 법률근거 불필요	○

3 행정상 사실행위와 권리구제

구분	권력적 사실행위	비권력적 사실행위
행정소송의 대상 여부(처분성)	○	X
헌법소원 대상 여부	○	X
손해배상·손실보상	○	X
사례	① 주민등록말소처분 ② 서울대학교 일본어 제외 입시요강 ③ 국제그룹해체 관련 재무부장관의 제일은행장에 대한 지시 ④ 경찰관의 신체수색행위 ⑤ 구속된 피의자가 수갑 및 포승을 사용한 상태로 피의자신문을 받도록 한 수갑 및 포승 사용행위 ⑥ 피고인에 대한 교도소이송처분 ⑦ 교도소장의 서신검열행위 ⑧ 금융기관의 임원에 대한 금융감독원장의 문책경고 ⑨ 유치장 내 화장실사용강제 ⑩ 감사원의 감사청구기각결정: 항고소송의 대상은 아니나, 헌법소원의 대상이 된다.	① 행정청의 알선, 권유, 사실상 통지 ② 수도사업자의 급수공사신청자에 대한 급수공사비납부통지 ③ 추첨방식에 의하여 운수사업면허대상자를 선정하는 경우 추첨 그 자체 ④ 금융감독원장의 종합금융주식회사의 전 대표이사에 대한 문책경고 ⑤ 공립학교 당국이 미납 공납금을 완납하지 아니할 경우 졸업증의 교부와 증명서를 발급하지 않겠다고 통고한 행위 ⑥ 신고납세방식의 조세에 있어서 납세의무자의 신고에 따른 과세관청의 세액수령

4 공적 경고

법률우위	○	
법률유보	① 원칙(X) ② 다만, 특정회사 제품에 대한 경고와 같이 직업의 자유 등을 직접 제한하는 경우 법률의 근거가 필요하다.	

5 행정지도의 의의

개념	행정기관의 비권력적 사실행위로서 조언·권고 등을 하는 행정작용
성질	① 공적 견해표명(○) ② 직무상 행위(○) ③ 처분(X)

1. 행정지도의 순기능과 역기능

순기능	역기능
① 법령불비 보완 ② 자발적 해결유도 → 분쟁감소 ③ 국민에게 지식, 정보전달 기능	① 법치주의의 공동화(붕괴) ② 행정의 예측가능성 훼손 ③ 행정청의 책임회피(책임행정의 이탈) ④ 권리구제의 불완전성

2. 행정지도의 법적 근거

구분	행정지도
조직법상 근거필요 여부	○, 행정기관이 소관 사무의 범위 내에서 행정지도 가능
작용법상 근거필요 여부	① 원칙: X ② 예외: ○(국민의 권리 · 의무에 영향을 주는 권력적 성격을 가지는 경우)

3. 행정지도의 한계

행정법 일반원칙 준수	법률우위의 원칙, 비례원칙, 평등원칙 등에 위반해서는 안 된다.
위법한 행정지도	① 행정지도를 하여 그에 따라 허위신고를 한 경우, 범법행위가 정당화되지 않는다. ② 무효인 조례에 근거한 행정지도에 따라 취득세를 신고 · 납부한 경우 당연무효는 아니다. 따라서 취득세 부과처분이 취소되지 아니한 상황에서 부당이득반환청구는 허용되지 않는다.

4. 「행정절차법」상 행정지도의 원칙과 방식

비례원칙과 임의성 원칙	행정지도는 그 목적달성에 필요한 최소한도에 그쳐야 하며, 행정지도의 상대방의 의사에 반하여 부당하게 강요하여서는 아니 된다.
불이익금지원칙	행정기관은 행정지도의 상대방이 행정지도에 따르지 아니하였다는 것을 이유로 불이익한 조치를 하여서는 아니 된다.
행정지도 실명제	행정지도를 하는 자는 그 상대방에게 그 행정지도의 취지 및 내용과 신분을 밝혀야 한다.
행정지도 형식	행정지도는 말(구술)의 형식으로 이루어질 수 있다. 상대방이 서면교부를 요구하면 직무수행에 특별한 지장이 없으면 교부하여야 한다.
사인의 의견제출	행정지도의 상대방은 해당 행정지도의 방식 · 내용 등에 관하여 행정기관에 의견제출을 할 수 있다.
행정지도의 공통적 내용	행정기관이 같은 행정목적을 실현하기 위하여 많은 상대방에게 행정지도를 하려는 경우에는 특별한 사정이 없으면 행정지도에 공통적인 내용이 되는 사항을 공표하여야 한다.

5. 행정지도의 원칙 여부

「행정절차법」상 행정지도의 원칙과 방식인 것	「행정절차법」상 행정지도의 원칙과 방식이 아닌 것
① 비례원칙 ② 부당강요금지원칙(임의성 원칙) ③ 불이익금지원칙 ④ 명확성 원칙 ⑤ 실명제 ⑥ 구술주의 ⑦ 문서교부요구권 ⑧ 행정지도 상대방의 의견제출권 ⑨ 다수인을 대상으로 하는 행정지도공표제	① 부당결부금지의 원칙 ② 손실보상청구권 인정 ③ 법률유보의 원칙 ④ 문서주의 원칙 ⑤ 사전통지, 의견청취

6. 행정지도와 권리구제

처분성 부정	① 행정지도는 처분성이 없다. ② 세무당국이 조선맥주주식회사에 A와의 주류거래를 일정기간 중지해 줄 것을 요청한 행위 ③ 구청장의 건물자진철거촉구 ④ 수도사업자가 급수공사신청자에게 한 급수공사비납부통지 ⑤ 전기·전화공급 중단요청 📖 단수처분: 처분(O)
헌법소원 대상 여부	① 단순한 행정지도, 헌법소원 대상이 아니다. 　㉠ 노동부장관이 노동부 산하 7개 공공기관의 단체협약 내용을 분석하여 불합리한 요소를 개선하라고 요구한 행위: 헌법소원 대상(X) 　㉡ 감사원장이 60개 공공기관에 대하여 공공기관 선진화 계획의 이행실태, 노사관계 선진화 추진실태 등을 점검하고, 공공기관 감사책임자회의에서 자율시정하도록 개선방향을 제시한 행위: 헌법소원 대상(X) ② 행정지도의 한계를 넘은 행정지도, 헌법소원 대상이 된다. 　㉠ 교육부장관의 대학총장들에 대한 학칙시정요구: 헌법소원 대상(O) 　㉡ 방송통신심의위원회의 시정요구: 헌법소원 또는 항고소송 대상이 되는 공권력 행사이다.

7. 행정지도와 손해배상

행정지도	① 공무원의 직무상 행위(○), 고의·과실로 법령을 위반하여 손해 발생(X) ② 행정지도가 행정지도의 한계를 일탈하지 아니하였다면, 손해배상책임이 없다. ③ 행정청이 양식장 시설공사재개를 할 수 있으나 어업권 및 시설에 대한 보상은 할 수 없다고 통보한 것은 행정지도로서 강제성을 띠지 않은 것이므로 이로 인한 손해에 대해 배상할 책임은 없다.
행정지도의 한계를 넘은 행정지도	예외적으로 행정지도의 한계를 일탈한 행위로 손해가 발생한 경우 배상책임이 인정된다.
배상채무 승인 여부	"어업권 및 시설에 대한 보상문제는 관련 부서와의 협의 및 상급기관의 질의, 전문기관의 자료에 의하여 처리해야 하므로 처리기간이 지연됨을 양지하여 달라."는 취지의 공문을 보낸 사유만으로 자신의 채무를 승인한 것으로 볼 수는 없다.
공제 여부	행정기관의 위법한 행정지도로 일정기간 어업권을 행사하지 못하는 손해를 입은 자가 그 어업권을 타인에게 매도하여 매매대금 상당의 이득을 얻었더라도 피해자가 얻은 매매대금 상당의 이득을 행정기관이 배상하여야 할 손해액에서 공제할 수 없다.

8. 국제그룹사건

① 재무부장관(현 기획재정부장관)의 제일은행장에 대한 국제그룹해체 지시는 행정지도의 한계를 넘는 권력적 사실행위로서 헌법소원의 대상이 된다.
② 재무부장관이 행정지도라는 방법으로 정부방침을 금융기관에 전달하면서 실제로는 사실상 지시하는 방법으로 행한 경우에는 헌법상의 법치주의 원리, 시장경제의 원리에 반한다.
③ 정부의 국제그룹 대주주에 대한 주식매각종용은 행정지도의 한계를 넘는 것으로 위법하다.
④ 재무부장관이 금융기관의 부실채권정리에 관한 행정지도를 함에 있어 중요한 사항에 대하여 사전에 대통령에게 보고, 지시를 받는 것은 위법하지 않다.

9. 행정지도와 손실보상

원칙	행정지도는 강제성이 없으므로 국민의 선택에 따른 피해발생 시 국가의 손실보상의무가 없다.
예외	사실상 강제성을 띤 행정지도로 특별한 희생이 발생한 경우 보상해야 한다.

제5절 | 그 밖의 행정작용

1 비공식적 행정작용

① 행정지도의 독일식 행정작용이다.
② 경고, 고시, 권고, 정보제공 등의 방식으로 행해진다.
③ 비권력적이다.
④ **법률우위원칙**: 적용(○)
⑤ **법률유보원칙**: 원칙 – 적용(X) / 예외 – 적용(○)

2 행정의 자동화작용

의의	전자처리정보를 투입해 자동화하여 수행하는 것	
종류	① 교통신호등 ② 초 · 중등학교 배정 ③ 시험배점	
성질	① 행정자동결정은 행정행위이다. ② 행정자동결정의 기준이 되는 프로그램은 행정규칙이다. ③ 행정의 자동결정에도 행정행위에 관한 법리가 적용된다. 따라서 법치행정의 원칙과 행정법의 일반원칙에 의한 법적 한계를 준수하여야 한다.	
법적 규율상 특징	① 독일 행정절차법의 행정자동결정 특수성 　㉠ 서명 · 날인 생략 가능 　㉡ 이유제시 생략 가능 　㉢ 관계인의 의견청취 생략 가능 ② 우리 「행정절차법」은 이에 대한 규정이 없다.	
「행정기본법」 제20조의 자동적 처분	행정청은 법률로 정하는 바에 따라 완전히 자동화된 시스템(인공지능 기술을 적용한 시스템을 포함한다)으로 처분을 할 수 있다. 다만, 처분에 재량이 있는 경우는 그러하지 아니하다.	
행정자동결정 대상	기속행위	기속행위는 행정청의 재량이 인정되지 않으므로 행정자동결정으로 하기에 적절하다.
	재량행위	① 원칙: 재량행위는 행정청의 재량결정을 통해 행정행위가 이루어지므로 재량행위영역에서는 행정자동결정이 적용되지 않는다. ② 예외: 재량준칙에 따른 행정의 자동결정도 가능하다.
행정자동결정의 하자와 권리구제	행정쟁송	행정자동결정은 행정행위로서 처분성이 인정되므로 항고소송을 통해 다툴 수 있다.
	손해배상	행정자동결정의 하자나 관리 공무원의 고의 · 과실로 손해를 받은 자는 손해배상을 청구할 수 있다.

PART 03

행정절차, 개인정보 보호와 행정정보공개

CHAPTER 01 행정절차

CHAPTER 02 개인정보 보호와 행정정보공개

01 / 행정절차

제1절 행정절차의 개념

행정청이 행정작용을 함에 있어서 준수해야 할 절차를 말한다.

제2절 행정절차의 법적 근거

적법절차	① 절차적 적법성 + 실체적 적법성 ② 적용대상: 신체의 자유상 불이익 한정(X) / 모든 기본권적 불이익(O) ③ 적용범위: 행정·입법·사법절차 적용(O), 국가와 국민과 관계되는 모든 절차 (O), 탄핵소추절차(X)
행정절차의 법적 근거	① 헌법 제12조 ② 일반법: 「행정절차법」 ③ 특별법: 「민원 처리에 관한 법률」, 「전자정부법」, 「국가공무원법」 등 ④ 실체적 규정도 있음(신뢰보호, 신의성실).

[「행정절차법」의 규정 사항]

「행정절차법」이 규정하고 있는 사항	「행정절차법」이 규정하고 있지 않은 사항
① 처분, 신고, 확약, 위반사실 등의 공표, 행정계획, 행정상 입법예고, 행정예고 및 행정지도의 절차 ② 신뢰보호원칙 ③ 신의성실원칙 ④ 처분에 있어서의 불복고지제도	① 공법상 계약(행정계약) ② 부당결부금지원칙 ③ 행정조사 ④ 강제집행절차 ⑤ 행정자동화결정 ⑥ 절차상 하자가 있는 행정행위의 효력 ⑦ 행정행위의 효력(공정력 등) ⑧ 제3자효 행정행위에 있어서 제3자에 대한 통지제도 ⑨ 행정처분의 취소와 철회의 기간제한 ⑩ 불가쟁력이 발생한 행정처분 재심사 ⑪ 행정행위 하자의 치유와 전환 ⑫ 행정행위 하자의 승계

제3절 행정절차법의 내용

1 「행정절차법」의 적용 여부

적용영역	① 처분, 신고, 확약, 위반사실 등의 공표, 행정계획, 행정상 입법예고, 행정예고 및 행정지도의 절차 ② 다른 법률에 규정이 있으면 다른 법률이 우선 적용, 그 다음 「행정절차법」 규정 ③ 계약직공무원 채용계약의 해지: 「행정절차법」 적용(X), 징계처분(X), 항고소송 대상(X), 「행정절차법」상 근거와 이유제시(X)
「행정절차법」의 적용배제 (제3조 제2항)	① 국회 또는 지방의회의 의결을 거치거나 동의 또는 승인을 받아 행하는 사항 ② 법원 또는 군사법원의 재판에 의하거나 그 집행으로 행하는 사항 ③ 헌법재판소의 심판을 거쳐 행하는 사항 ④ 각급 선거관리위원회의 의결을 거쳐 행하는 사항: 중앙선거관리위원회가 「행정절차법」상의 의견진술 기회를 주지 않고 대통령에 대해 선거중립의무 준수 요청조치를 취하였다고 해도 적법절차원칙에 위배되지 아니한다(2007헌마700). ⑤ 감사원이 감사위원회의의 결정을 거쳐 행하는 사항 ⑥ 형사(刑事), 행형(行刑) 및 보안처분 관계 법령에 따라 행하는 사항 ⑦ 국가안전보장·국방·외교 또는 통일에 관한 사항 중 행정절차를 거칠 경우 국가의 중대한 이익을 현저히 해칠 우려가 있는 사항 ⑧ 심사청구, 해양안전심판, 조세심판, 특허심판, 행정심판, 그 밖의 불복절차에 따른 사항
「행정절차법」 제3조 제2항 제9호	① 「병역법」에 따른 징집·소집, 외국인의 출입국·난민인정·귀화, 공무원 인사관계법령에 따른 징계와 그 밖의 처분, 이해 조정을 목적으로 하는 법령에 따른 알선·조정·중재(仲裁)·재정(裁定) 또는 그 밖의 처분 등 해당 행정작용의 성질상 행정절차를 거치기 곤란하거나 거칠 필요가 없다고 인정되는 사항과 행정절차에 준하는 절차를 거친 사항으로서 대통령령으로 정하는 사항 ② 시행령 　㉠ 「병역법」, 「예비군법」, 「민방위기본법」, 「비상대비자원 관리법」, 「대체역의 편입 및 복무 등에 관한 법률」에 따른 징집·소집·동원·훈련에 관한 사항 　㉡ 외국인의 출입국·난민인정·귀화·국적회복에 관한 사항 　㉢ 공무원 인사관계법령에 의한 징계 기타 처분에 관한 사항 　㉣ 이해 조정을 목적으로 법령에 의한 알선·조정·중재·재정 기타 처분에 관한 사항 　㉤ 조세관계법령에 의한 조세의 부과·징수에 관한 사항 　㉥ 「독점규제 및 공정거래에 관한 법률」, 「하도급거래 공정화에 관한 법률」, 「약관의 규제에 관한 법률」에 따라 공정거래위원회의 의결·결정을 거쳐 행하는 사항 　㉦ 「국가배상법」, 「공익사업을 위한 토지 등의 취득 및 보상에 관한 법률」에 따른 재결·결정에 관한 사항 　㉧ 학교·연수원 등에서 교육·훈련의 목적을 달성하기 위하여 학생·연수생 등을 대상으로 행하는 사항 　㉨ 사람의 학식·기능에 관한 시험·검정의 결과에 따라 행하는 사항 　㉩ 「배타적 경제수역에서의 외국인어업 등에 대한 주권적 권리의 행사에 관한

	법률」에 따라 행하는 사항 ⓔ 「특허법」, 「실용신안법」, 「디자인보호법」, 「상표법」에 따른 사정 · 결정 · 심결, 그 밖의 처분에 관한 사항 ③ 외국인의 출입국 · 난민인정 · 귀화: 「행정절차법」의 적용이 제외되는 '외국인의 출입국에 관한 사항'이란 해당 행정작용의 성질상 행정절차를 거치기 곤란하거나 거칠 필요가 없다고 인정되는 사항이나 행정절차에 준하는 절차를 거친 사항으로서 「행정절차법 시행령」으로 정하는 사항만을 가리킨다. '외국인의 출입국에 관한 사항'이라고 하여 행정절차를 거칠 필요가 당연히 부정되는 것은 아니다 (2017두38874).

[판례]

「행정절차법」이 적용되는 경우	① 공무원 인사관계법령에 따른 징계와 그 밖의 처분이라 하여 「행정절차법」의 적용이 모두 배제되는 것이 아니라, 행정절차를 거치는 것이 현저히 곤란하거나 불필요하거나 개별법령에서 행정절차에 준하는 절차를 거치도록 하는 경우에 한해 「행정절차법」의 적용이 배제된다. 이러한 법리는 별정직공무원 직권면직이나 3사관 생도 징계에도 적용된다. ② 별정직공무원 직권면직, 3사관 생도 징계, 정규공무원 임용취소, 공무원 승진취소 ③ 명예전역 선발취소 ④ 산업기능요원 편입취소처분 📖 공정거래위원회의 의결 · 결정을 거쳐 행하는 사항에는 「행정절차법」의 적용이 제외되게 되어 있으므로, 설사 공정거래위원회의 시정조치 및 과징금 납부명령에 「행정절차법」 소정의 의견청취절차 생략사유가 존재한다고 하더라도, 공정거래위원회는 「행정절차법」을 적용하여 의견청취절차를 생략할 수는 없다.
「행정절차법」이 배제되는 경우	① 공법상 계약 해지 ② 「군인사법」에 따른 보직해임 ③ 「국적법」상 귀화불허

2 행정절차의 당사자

당사자등의 자격 (「행정절차법」 제9조)	① 자연인 ② 법인, 법인이 아닌 사단 또는 재단(이하 '법인등') ③ 그 밖에 다른 법령등에 따라 권리 · 의무의 주체가 될 수 있는 자
당사자등	① 행정청의 처분에 대하여 직접 그 상대가 되는 당사자와 행정청이 직권으로 또는 신청에 따라 행정절차에 참여하게 한 이해관계인 ② 이해관계인은 「행정절차법」상 당사자에 해당한다. (X) ③ 행정청은 이해관계인인 제3자에게 처분내용을 통지할 의무가 있다. (X) ④ 이해관계인은 문서 · 열람청구권을 가진다. (X) ⑤ 이해관계인은 의견제출권을 가진다. (X) ⑥ 이해관계인의 신청으로 여러 개 사안을 병합하거나 분리하여 청문할 수 있다. (X)

행정절차의 당사자 지위의 승계	① 당사자 사망, 법인합병: 승계한다. ② 권리·이익을 사실상 양수한 자: 행정청의 승인을 받아 승계할 수 있다.
행정절차에서 대표자	① 다수의 당사자등이 공동으로 행정절차에 관한 행위를 하는 때에는 대표자를 선정할 수 있다. ② 행정청: 3인 이내의 대표자 선정을 요청할 수 있다. 당사자등이 그 요청에 따르지 아니하였을 때에는 행정청이 직접 대표자를 선정할 수 있다. ③ 대표자는 각자 그를 대표자로 선정한 당사자등을 위하여 행정절차에 관한 모든 행위를 할 수 있다. 다만, 행정절차를 끝맺는 행위에 대하여는 당사자등의 동의를 받아야 한다. ④ 대표자가 있는 경우, 당사자등은 그 대표자를 통해서만 행정절차에 관한 행위를 할 수 있다. ⑤ 다수의 대표자가 있는 경우 그중 1인에 대한 행정청의 행위는 모든 당사자등에게 효력이 있다. 다만, 행정청의 통지는 대표자 모두에게 하여야 그 효력이 있다.
행정절차에서 대리인 선임	① 당사자등은 ㉠ 당사자등의 배우자, 직계존속·비속 또는 형제자매, ㉡ 당사자등이 법인등인 경우 그 임원 또는 직원, ㉢ 변호사, ㉣ 행정청 또는 청문주재자(청문의 경우만 해당)의 허가를 받은 자, ㉤ 법령등에 따라 해당 사안에 대하여 대리인이 될 수 있는 자를 대리인으로 선임할 수 있다. ② 행정청은 징계와 같은 불이익처분절차에서 징계심의대상자가 선임한 변호사가 징계위원회에 출석하여 의견을 진술하는 것을 거부할 수 없다. ③ 육군3사관학교 사관생도에 대한 징계절차에서 변호사가 징계위원회 심의에 출석하여 진술하는 것을 막은 경우, 징계처분이 위법하여 취소되어야 하는 것이 원칙이다.

3 행정청의 관할

1. 행정청 관할에 속하지 아니한 사안 접수 또는 관할이 변경된 경우
관할 행정청에 이송 → 신청인에게 통지

2. 관할이 분명하지 않은 경우

당해 행정청을 공통으로 감독하는 행정청이 있는 경우	상급행정청
공통으로 감독하는 행정청이 없는 경우	각 상급행정청의 협의

4 행정응원

응원요청	① 법령등의 이유로 독자적인 직무수행이 어려운 경우 ② 인원·장비의 부족 등 사실상의 이유로 독자적인 직무수행이 어려운 경우 ③ 다른 행정청에 소속되어 있는 전문기관의 협조가 필요한 경우

행정응원을 요청받은 행정청의 응원거부	① 다른 행정청이 보다 능률적이거나 경제적으로 응원할 수 있는 명백한 이유가 있는 경우 ② 행정응원으로 인하여 고유의 직무수행이 현저히 지장받을 것으로 인정되는 명백한 이유가 있는 경우
행정응원을 위해 파견된 직원의 지휘 · 감독기관	응원을 요청한 행정청
행정응원에 드는 비용부담	응원을 요청한 행정청

5 송달

송달방법	우편 · 교부 · 정보통신망을 이용한 송달, 공고
교부에 의한 송달	① 수령확인서를 받고 문서교부, 당사자뿐 아니라 사무원 · 피용자 · 동거인으로서 사리를 분별할 지능이 있는 사람에게 교부 ② 송달받을 자 또는 그 사무원 등이 정당한 사유 없이 송달받기를 거부하는 때: 그 사실을 수령확인서에 적고, 문서를 송달할 장소에 놓아둘 수 있다.
정보통신망을 이용한 송달	① 송달받을 자가 동의한 경우에 한해 효력발생 ② 송달받을 자가 지정한 컴퓨터에 입력된 때 효력발생
공고방식으로 송달하는 경우	① 송달받을 자의 주소 등을 통상적인 방법으로 확인할 수 없는 경우 ② 송달이 불가능한 경우
공고	관보, 공보, 게시판, 일간신문 중 하나 이상 그리고 인터넷에 공고 → 공고일부터 14일이 지난 때에 효력발생. 공고를 할 때에는 민감정보 및 고유식별정보 등 송달받을 자의 개인정보를 「개인정보 보호법」에 따라 보호하여야 한다.
「민사소송법」 적용 여부	「행정절차법」에 규정하지 아니한 사항, 「민사소송법」 송달규정 적용(X)
송달 관련 판례	① 납세자가 과세처분의 내용을 이미 알고 있는 경우에도 납세고지서의 송달이 불필요하다고 할 수는 없다. ② 공동상속인들에 대한 상속세 부과처분을 하면서 호주상속인인 甲에게만 송달한 경우, 납세고지서의 효력이 다른 공동상속인들에게도 미친다고 할 수 있다.

6 「행정절차법」 규정의 처분성질에 따른 적용 여부

수익적 · 침익적 처분에 공통적으로 적용되는 절차	수익적 처분(신청에 의한 처분)에 적용되는 절차	침익적 처분(의무를 부과하거나 권익을 제한하는 처분)
① 처분기준의 설정 · 공표(제20조) ② 처분의 이유제시(제23조) ③ 처분의 방식(제24조) ④ 처분의 정정(제25조) ⑤ 고지(제26조)	① 처분의 신청(제17조) ② 다수의 행정청이 관여하는 처분(제18조) ③ 처리기간의 설정 · 공표(제19조): 견해 대립	① 사전통지(제21조) ② 의견청취(제22조): 의견제출, 청문, 공청회

7 신청에 의한 처분과 침익적 처분에 공통적으로 적용되는 절차규정

처분기준의 설정 · 공표의무	① 처분기준을 공표하는 것이 당해 처분의 성질상 현저히 곤란하거나 공공의 안전 또는 복리를 현저히 해하는 것으로 인정될 만한 상당한 이유가 있는 경우에는 이를 공표하지 아니할 수 있다. ② 공표된 처분기준이 명확하지 않은 경우 당사자등은 해당 행정청에 그 해석 또는 설명을 요청할 수 있고, 해당 행정청은 특별한 사정이 없으면 그 요청에 따라야 한다. ③ 행정청이 「행정절차법」 제20조 제1항의 처분기준 사전공표의무를 위반하여 미리 공표하지 아니한 기준을 적용하여 처분을 하였다는 사정만으로 해당 처분에 취소사유에 이를 정도의 흠이 존재하는지 여부(소극)(2018두45633) ④ 「행정기본법」 제24조에 따른 인허가의제의 경우 관련 인허가 행정청은 관련 인허가의 처분기준을 주된 인허가 행정청에 제출하여야 하고, 주된 인허가 행정청은 제출받은 관련 인허가의 처분기준을 통합하여 공표하여야 한다. 처분기준을 변경하는 경우에도 또한 같다. ⑤ 행정청이 '갱신제'를 채택하여 운용하는 경우에는 처분상대방은 갱신 여부에 관하여 합리적인 기준에 의한 공정한 심사를 요구할 권리를 가진다. 여기에서 '공정한 심사'란 심사기준이 사전에 마련되어 공표되어 있어야 함을 의미한다. 심사대상 기간이 이미 경과하였거나 상당 부분 경과한 시점에서 처분상대방의 갱신 여부를 좌우할 정도로 중대하게 변경하는 것은 갱신제의 본질과 사전에 공표된 심사기준에 따라 공정한 심사가 이루어져야 한다는 요청에 정면으로 위배되는 것이다(2018두45633).
처분의 근거와 이유제시의무	처분의 근거와 이유제시는 신청에 의한 처분과 침익적 처분에 공통적으로 적용된다.
처분방식	① 행정청이 처분을 할 때에는 다른 법령등에 특별한 규정이 있는 경우를 제외하고는 문서로 하여야 하며, 다음의 어느 하나에 해당하는 경우에는 전자문서로 할 수 있다. ㄱ 당사자등의 동의가 있는 경우 ㄴ 당사자가 전자문서로 처분을 신청한 경우 ② 위 ①에도 불구하고 공공의 안전 또는 복리를 위하여 긴급히 처분을 할 필요가 있거나 사안이 경미한 경우에는 말, 전화, 휴대전화를 이용한 문자 전송, 팩스 또는 전자우편 등 문서가 아닌 방법으로 처분을 할 수 있다. 이 경우 당사자가 요청하면 지체 없이 처분에 관한 문서를 주어야 한다.
처분의 정정	행정청은 처분에 오기, 오산 또는 그 밖에 이에 준하는 명백한 잘못이 있을 때에는 직권으로 또는 신청에 따라 지체 없이 정정하고 그 사실을 당사자에게 통지하여야 한다.
고지	행정청은 처분을 할 때에는 당사자에게 그 처분에 관하여 ㄱ 행정심판 및 행정소송을 제기할 수 있는지 여부, 그 밖에 불복을 할 수 있는지 여부, ㄴ 청구절차 및 청구기간, ㄷ 그 밖에 필요한 사항을 알려야 한다.

1. 처분의 근거와 이유제시

이유제시 시점	이유제시는 사전에 할 필요는 없고, '처분을 할 때'에 하면 된다.
이유제시 여부	피처분자가 처분 당시 그 취지를 알고 있었다거나 그 후 알게 되었다 하여도 제시하여야 한다.
이유제시 정도	① 처분의 근거와 이유를 구체적으로 명확하게 제시하여야 한다. ② 근거와 이유로 처분이 이루어진 것인지를 충분히 알 수 있어 그에 불복하여 행정구제절차로 나아가는 데 지장이 없는 경우에는 처분의 근거와 이유가 구체적으로 명시되어 있지 않았다 해도 처분은 위법하지 않다. ③ 납세고지서에 과세대상과 그에 대한 과세표준액, 세액, 세액산출방법 등은 상세히 기재하면서 구체적 근거법령인 「지방세법 시행령」과 조례의 규정을 누락한 경우 부과처분이 위법하지 않다. ④ 당사자가 그 근거를 알 수 있을 정도로 상당한 이유제시를 한 경우, 처분의 근거 및 이유를 구체적 조항 및 내용까지 명시하지 않더라도 위법하지 않다. ⑤ 토지형질변경허가신청을 불허하는 근거규정으로 신청인이 구 「도시계획법 시행령」에 따라 불허된 것임을 알 수 있었던 경우에는 그 불허처분이 위법하지 않다.
이유제시가 안 된 처분	취소(○), 무효(X)
위법한 경우	① 납세고지서에 해당 본세의 과세표준과 세액의 산출근거 등이 제대로 기재되지 않은 경우 과세처분은 위법하다. ② 하나의 납세고지서에 의하여 복수의 과세처분을 함께 하는 경우, <u>과세처분별로 그 세액과 산출근거 등을 구분하여 기재해야 한다.</u> ③ 가산세 부과처분이라고 하여 그 종류와 세액의 산출근거 등을 전혀 밝히지 않고 가산세의 합계액만을 기재한 경우에는 그 부과처분은 위법함을 면할 수 없다. ④ 변상금 부과처분을 하면서 그 납부고지서 또는 적어도 사전통지서에 그 산출근거를 제시하지 아니하였다면 위법하고, 그 <u>산출근거가 법령상 규정되어 있거나 부과통지서 등에 산출근거가 되는 법령을 명기하였다고 해서 이유제시의 요건을 충족한 것으로 볼 수 없다.</u>
납세고지서에 과세처분의 근거와 이유가 누락된 처분	취소(○), 무효(X)
이유제시의무가 면제되는 경우	① 신청 내용을 모두 그대로 인정하는 처분인 경우(<u>당사자의 요청이 있어도 근거와 이유제시 생략 가능</u>) ② 단순·반복적인 처분 또는 경미한 처분으로서 당사자가 그 이유를 명백히 알 수 있는 경우(당사자의 요청이 있으면 근거와 이유를 제시해야 함) ③ 긴급히 처분을 할 필요가 있는 경우(당사자의 요청이 있으면 근거와 이유를 제시해야 함)

2. 처분의 방식(「행정절차법」 제24조) - 방식에 위반되는 처분은 무효

문서	① 구두로 한 처분: 구두로 한 소방시설 불량사항 시정명령은 「행정절차법」 제24조에 반하는 것으로 무효이다. 미국시민권 선택에 따른 병역면탈 이유로 한 사증발급거부는 경미한 처분이 아니므로 문서로 해야 한다. ② 무효인 시정명령 위반을 이유로 하여 행정형벌을 과할 수 없다.
전자문서	당사자의 동의가 있는 경우
말	신속을 요하거나, 사안이 경미한 경우. 다만, 당사자의 요청이 있는 때에는 지체 없이 처분에 관한 문서를 주어야 한다.
행정처분을 하는 문서의 내용이 명백한 경우	① 그 문언과 다른 행정처분까지 포함된 것으로 볼 수 없다. ② 지방소방사시보 임용만 취소한다는 통지가 있는 경우, 시보임용행위만 취소되지 정규소방사임용행위 자체는 취소되지 않으므로 정규공무원임용에 따른 지방공무원의 지위는 유지된다.
행정처분을 하는 문서의 내용이 불분명한 경우	① 처분문서 외에 처분경위 등을 고려해 처분문서의 문언과 달리 처분의 내용을 해석할 수 있다. ② 새로 선임된 정식이사와 종전 임시이사가 일시적으로라도 병존하여야 하는 다른 특별한 사정이 없는 한, 관할 행정청이 사회복지법인의 정식이사 선임보고를 수리하는 처분에는 정식이사가 선임되어 이사의 결원이 해소되었음을 이유로 종전 임시이사를 해임하는 의사표시, 즉 임시이사 해임처분이 포함된 것으로 보아야 한다(2017다269152).

8 신청에 의한 처분 또는 수익적 처분에 인정되는 행정절차

수익적 처분의 신청형식	① 문서로 한다. ② 예외적으로 법령규정이 있는 경우 전자문서로 신청할 수 있는데, 행정청의 컴퓨터에 입력된 때 신청한 것으로 본다.
신청의 의사표시	① 명시적·확정적으로 해야 한다. ② 신청인이 신청에 앞서 행정청의 허가업무 담당자에게 신청서의 내용에 대한 검토를 요청한 것만으로는 명시적이고 확정적인 신청 의사표시가 있었다고 하기 어렵다.
접수의무	수익적 처분을 구하는 신청에 대해 행정청은 접수해야 한다. 법령에 규정이 없는 한 접수를 보류·거부해서는 안 된다.
신청에 흠이 있는 경우	① 행정청 직권으로 보완요구해야 한다. → 보완하지 아니한 경우 → 반려 ② 행정청이 보완요구 없이 바로 건축허가신청을 거부한 것은 재량권의 범위를 벗어난 것이어서 위법하다고 할 것이다. ③ 「행정절차법」 제17조 제5항이 행정청으로 하여금 신청에 대하여 거부처분을 하기 전에 반드시 신청인에게 신청의 내용이나 처분의 실체적 발급요건에 관한 사항까지 보완할 기회를 부여하여야 할 의무를 정한 것은 아니다.
신청내용 변경	신청 후 처분이 있기 전까지 신청내용을 보완·변경·취하할 수 있다.

신청의 처리기간	① 행정청은 신청에 대한 처리기간을 공표해야 한다. 처리기간을 1회에 한하여 연장할 수 있다. ② 처리기간에 관한 규정은 훈시규정에 불과할 뿐 강행규정이라고 볼 수 없다. → 행정청이 처리기간이 지나 처분을 하였더라도 처분을 취소할 절차상 하자로 볼 수 없다(2018두41907).
결과 통지	행정청은 처리결과를 통지해야 한다.
처리결과 통지방법	문서 원칙, 대통령령으로 정하는 경우 구술 또는 전화로 통지 가능

9 당사자에게 의무를 과하거나 권익을 제한하는 처분(침익적 처분)에 적용되는 절차

1. 사전통지

사전통지 내용	① 행정청은 당사자에게 의무를 과하거나 권익을 제한하는 처분을 하는 경우 처분의 제목, 의견제출기한 등을 사전에 당사자등에게 통지해야 한다. ② 제3자효 행정행위에 있어서 제3자에 대한 사전통지의무규정은 없다.
사전통지 적용처분	침익적 처분(O), 수익적 처분 또는 신청에 의한 처분(X)
사전통지의무가 제외되는 경우	① 공공의 안전 또는 복리를 위하여 긴급히 처분을 할 필요가 있는 경우 ② 법령등에서 요구된 자격이 없거나 없어지게 되면 반드시 일정한 처분을 하여야 하는 경우에 그 자격이 없거나 없어지게 된 사실이 법원의 재판 등에 의하여 객관적으로 증명된 때 ③ 해당 처분의 성질상 의견청취가 현저히 곤란하거나 명백히 불필요하다고 인정될 만한 상당한 이유가 있는 경우 📖 사전통지가 제외되는 처분인지는 처분의 성질을 기준으로 하고, 상대방이 이미 행정청에 위반사실을 시인했다거나 사전통지 이전에 의견진술기회가 있었다는 사정을 고려하여 판단할 것이 아니다.
사전통지의무가 제외되는 경우가 아닌 것	① 수사과정에서, 언론을 통해 법리적 공방이 있었다는 사정만으로 사전통지와 의견제출기회가 배제되는 예외적인 경우에 해당하지 않는다. ② 공사중지명령을 사전에 통지하고 의견제출의 기회를 준다면 많은 액수의 손실보상금을 기대하여 공사를 강행할 우려가 있다는 사정 ③ 무단으로 용도변경된 건물에 대해 건물주에게 시정명령이 있을 것과 불이행 시 이행강제금이 부과될 것이라는 점을 설명한 후, 다음 날 시정명령을 한 경우 ④ 감사원의 징계요구에 따라 한국방송공사 사장 해임 ⑤ 「행정절차법 시행령」 제13조 제2호에서 정한 "법원의 재판 또는 준사법적 절차를 거치는 행정기관의 결정 등에 따라 처분의 전제가 되는 사실이 객관적으로 증명되어 처분에 따른 의견청취가 불필요하다고 인정되는 경우"의 의미 및 처분의 전제가 되는 '일부' 사실만 증명된 경우이거나 의견청취에 따라 행정청의 처분 여부나 처분 수위가 달라질 수 있는 경우, 위 예외사유에 해당한다고 할 수 없다.

[「행정절차법」의 사전통지 대상 또는 의견청취 유무]

「행정절차법」의 사전통지 대상 또는 의견청취 대상	「행정절차법」의 사전통지 대상이 아닌 것 또는 의견청취 대상이 아닌 것
① 「군인사법」 및 그 시행령에 진급예정자명단에 포함된 자의 진급선발을 취소하는 처분 ② 대통령 기록물관장 별정직공무원 직권면직 ③ 소방공무원 정규공무원 임용취소처분 ④ 감사원의 해임요구에 따른 한국방송공사 사장 해임 ⑤ 기소유예처분을 받은 자의 진정을 공람종결한 사건 ⑥ 청문통지서가 반려된 경우 유기장업허가취소 ⑦ 산업기능요원 편입처분취소 ⑧ 유흥주점의 영업자지위승계신고수리와 유원시설 또는 체육시설업자 지위승계신고 수리 ⑨ 건축사무소의 등록취소 및 폐쇄처분에 관한 건설부훈령에 따른 청문절차 ⑩ 용도를 무단변경한 건물의 원상복구를 명하는 시정명령 및 계고처분을 하는 경우 📖 공정거래위원회의 시정조치와 과징금 납부명령: 「독점규제 및 공정거래에 관한 법률」상 의견청취	① 교수임용신청 거부처분과 항만사용허가신청에 대한 거부처분과 외국인의 사증발급신청에 대한 거부처분(2017두38874) ② 법령상 확정된 의무부과, 퇴직연금의 환수결정 ③ 도로구역변경 결정 ④ 문화재 지정에 있어 훈령에 규정된 청문절차 ⑤ 추모공원건립추진협의회의 명의로 공청회 개최 ⑥ 국가공무원의 직위해제처분 ⑦ 「군인사법」에 따른 보직해임처분(2012두5756) ⑧ 검사에 대한 인사발령 ⑨ 선거관리위원회의 선거중립의무 준수요청 ⑩ 대형마트 영업시간제한처분의 상대방은 개설자이지 임대매장 임차인이 아니다. 임차인에 대한 사전통지와 의견청취절차를 안 거쳤다 해도 절차상 하자는 없다(2015두295).

2. 의견청취절차

의견청취 종류	청문, 공청회, 의견제출
의견청취절차 적용	침익적 처분(O) / 수익적 처분(X)
의견청취 없이 침익적 처분을 할 수 있는 경우	① 사전통지의무가 면제되는 경우에 의견청취의무도 면제 ② 당사자가 의견진술의 기회를 포기한다는 뜻을 밝힌 경우: 의견청취의무 면제

3. 청문절차

청문절차를 거쳐 침익적 처분을 하는 경우	① 다른 법령등에서 청문을 하도록 규정하고 있는 경우 ② 행정청이 필요하다고 인정하는 경우 ③ 다음의 처분을 하는 경우 　㉠ 인허가 등의 취소 　㉡ 신분·자격의 박탈 　㉢ 법인이나 조합 등의 설립허가의 취소
판례	① 민간투자사업을 추진하던 중 우선협상대상자 지위를 박탈하는 처분을 하기 위하여 반드시 청문을 실시할 의무가 있는 것은 아니다. ② 훈령인 건축사사무소의 등록취소 및 폐쇄처분에 관한 규정상의 청문절차를 거치지 아니한 건축사사무소 등록취소는 위법하다. ③ 국민의 권익보호를 위한 행정절차에 관한 훈령상의 청문절차를 거치지 아니한 문화재지정처분은 위법하지 않다. ④ 청문통지서가 반송되었다거나, 그 상대방이 청문일시에 불출석하였다는 이유로 청문을 실시하지 아니하고 한 처분은 위법하다. ⑤ 법에서 정한 청문절차를 당사자와 행정청 간의 협약(합의)이 있다는 이유로 배제할 수 없다. ⑥ 법령상 청문을 실시하도록 규정한 경우 청문절차를 거치지 아니한 처분은 위법하고 원칙적으로 취소사유에 해당한다.
사전통지	① 청문이 시작되는 날부터 10일 전까지 통지하여야 한다. ② 사전통지를 하지 않았다면 청문절차를 거쳐 처분했다고 하더라도 위법하다. ③ 행정청이 청문서를 법이 정한 도달기간을 다소 어겨 통지하였다 하더라도, 당사자가 이에 대하여 이의를 제기하지 않은 채 스스로 청문일에 출석하여 그 의견을 진술하고 변명하는 등 방어의 기회를 충분히 가졌다면, 하자는 치유된 것으로 본다.
청문주재자	① 행정청 소속 직원인 공무원도 주재자가 될 수 있다. ② 행정청은 다음의 어느 하나에 해당하는 처분을 하려는 경우에는 청문 주재자를 2명 이상으로 선정할 수 있다. 이 경우 선정된 청문 주재자 중 1명이 청문 주재자를 대표한다. 　㉠ 다수 국민의 이해가 상충되는 처분 　㉡ 다수 국민에게 불편이나 부담을 주는 처분 　㉢ 그 밖에 전문적이고 공정한 청문을 위하여 행정청이 청문 주재자를 2명 이상으로 선정할 필요가 있다고 인정하는 처분 ③ 청문주재자에 대한 제척사유: 자신이 해당 처분업무를 직접 처리한 경우, 처분과 관련한 대리인, 증인·감정인, 자신이 해당 처분업무를 처리하는 부서에 근무하는 경우 ④ 행정청은 청문이 시작되는 날부터 7일 전까지 청문주재자에게 청문과 관련한 필요한 자료를 미리 통지하여야 한다.
증거조사	① 청문주재자는 직권, 당사자의 신청으로 증거조사 ② 당사자가 주장하지 아니한 사항도 조사 가능
청문병합과 분리	행정청은 <u>직권</u>으로 또는 당사자(이해관계인 X)의 신청에 따라 여러 개의 사안을 병합하거나 분리하여 청문을 할 수 있다.

청문기일에 불출석·의견서 미제출	① 정당한 사유가 없는 경우: 다시 의견진술 및 증거제출의 기회를 주지 아니하고 청문종결 ② 정당한 사유가 있는 경우: 10일 이상의 기간을 정하여 의견진술 및 증거제출을 요구한 후 청문종결
청문 결과	상당한 이유가 있는 때 반영 → 청문의견 기속(X)

4. 공청회

공청회 개최	① 개최사유: ⊙ 다른 법령 등에서 공청회를 개최하도록 규정하고 있는 경우, ⓒ 해당 처분의 영향이 광범위하여 널리 의견을 수렴할 필요가 있다고 행정청이 인정하는 경우, ⓒ 국민생활에 큰 영향을 미치는 처분으로서 대통령령으로 정하는 처분에 대하여 대통령령으로 정하는 수 이상의 당사자등이 공청회 개최를 요구하는 경우 ② 추모공원건립추진협의회가 개최한 공청회는 「행정절차법」에서 정한 절차를 준수하지 않아도 된다.
공청회 개최 알림	① 공청회 개최 14일 전까지 당사자등에게 통지 + 관보, 공보, 인터넷 홈페이지 또는 일간신문 등에 공고 ② 다만, 공청회 개최를 알린 후 예정대로 개최하지 못하여 새로 일시 및 장소 등을 정한 경우: 공청회 개최 7일 전까지 알림
온라인공청회	① 공청회와 병행해서만 온라인공청회를 개최할 수 있다. ② 위 ①에도 불구하고 다음의 어느 하나에 해당하는 경우에는 온라인공청회를 단독으로 개최할 수 있다. 　⊙ 국민의 생명·신체·재산의 보호 등 국민의 안전 또는 권익보호 등의 이유로 제38조에 따른 공청회를 개최하기 어려운 경우 　ⓒ 제38조에 따른 공청회가 행정청이 책임질 수 없는 사유로 개최되지 못하거나 개최는 되었으나 정상적으로 진행되지 못하고 무산된 횟수가 3회 이상인 경우 　ⓒ 행정청이 널리 의견을 수렴하기 위하여 온라인공청회를 단독으로 개최할 필요가 있다고 인정하는 경우. 다만, 제22조 제2항 제1호 또는 제3호에 따라 공청회를 실시하는 경우는 제외한다.
공청회 주재자	행정청은 해당 공청회의 사안과 관련된 분야에 전문적 지식이 있거나 그 분야에 종사한 경험이 있는 사람으로서 대통령령으로 정하는 자격을 가진 사람 중에서 공청회의 주재자를 선정한다.
공청회 발표자	① 신청한 자 ② 신청자가 없거나 공정성 확보를 위해 필요하다고 인정하는 경우, 전문적 지식이 있는 사람, 관련 분야 종사경험자 중에서 선정한다.
결과 반영	행정청은 처분을 함에 있어서 공청회·전자공청회 및 정보통신망 등을 통하여 제시된 사실 및 의견이 상당한 이유가 있다고 인정하는 경우에는 이를 반영하여야 한다.
공청회 재개최	행정청은 공청회를 마친 후 처분을 할 때까지 새로운 사정이 발견되어 공청회를 다시 개최할 필요가 있다고 인정할 때에는 공청회를 다시 개최할 수 있다.

5. 청문과 공청회의 비교

구분	청문	공청회
의의	행정청이 어떠한 처분을 하기에 앞서 당사자등의 의견을 직접 듣고 증거를 조사하는 절차	행정청이 공개적인 토론을 통해 어떠한 행정작용에 대하여 당사자등, 전문지식과 경험을 가진 기타 일반인으로부터 의견을 수렴하는 절차
통지	청문이 시작하는 날부터 10일 전까지 당사자등에게 통지	① 공청회 개최 14일 전까지 당사자등에게 통지 + 공고 ② 개최를 알린 후 예정대로 개최하지 못해 새로 일시 및 장소 등을 정한 경우 7일 전까지 알림
신청이 있는 경우	인허가 등의 취소 등에 대해 <u>당사자등의 신청이 있는 경우</u> 청문	X
공개	공개 원칙(X): 당사자의 신청 또는 청문 주재자가 필요하다고 인정하는 경우 공개할 수 있다.	공개
주재자	소속 직원 또는 대통령령으로 정하는 자격을 가진 사람 중 행정청이 선정	해당 사안과 관련된 분야에 전문적 지식이 있거나 종사한 경험이 있는 사람으로서 대통령령으로 정하는 자격을 가진 사람 중 행정청이 선정
증거조사	○	X
조서의견서	○	X
문서열람과 비밀유지	○	X
전자청문회 / 공청회	X	○

6. 의견제출

의견제출의 기회 보장	① 행정청이 당사자에게 의무를 부과하거나 권익을 제한하는 처분을 함에 있어서 공청회 또는 청문회 절차를 거치지 아니하는 경우 의견제출의 기회를 주어야 한다. 의견제출기한은 의견제출에 필요한 기간을 10일 이상으로 고려하여 정하여야 한다. ② 개별법 규정에 따른 의견제출 기회 보장·공정거래위원회가 시정조치, 과징금 납부명령을 함에 있어서도 구 「독점규제 및 공정거래에 관한 법률」이 규정하고 있는 의견진술절차를 통한 의견청취를 거쳐야 한다(2000두10212). ③ 행정청이 참여하게 한 이해관계인이 아닌 제3자에 대해 사전통지할 의무는 없고, 제3자인 이해관계인은 의견제출할 권리가 인정되지 않는다. ④ '고시'의 방법으로 불특정 다수인을 상대로 의무를 부과하거나 권익을 제한하는 처분은 상대방에게 의견제출의 기회를 주지 않아도 된다.

의견제출의 방식	서면, 말, 정보통신망
의견제출이 없는 경우	정당한 이유 없이 의견제출기한까지 의견제출을 하지 아니한 경우에는 의견이 없는 것으로 본다.
문서열람(제37조)	당사자등은 의견제출의 경우에는 처분의 사전 통지가 있는 날부터 의견제출기한까지, 청문의 경우에는 청문의 통지가 있는 날부터 청문이 끝날 때까지 행정청에 해당 사안의 조사결과에 관한 문서와 그 밖에 해당 처분과 관련되는 문서의 열람 또는 복사를 요청할 수 있다. 이 경우 행정청은 다른 법령에 따라 공개가 제한되는 경우를 제외하고는 그 요청을 거부할 수 없다.
제출의견의 반영	① 행정청은 처분을 할 때에 당사자등이 제출한 의견이 상당한 이유가 있다고 인정하는 경우에는 이를 반영하여야 한다. → 구속력은 없다. ② 행정청은 당사자등이 제출한 의견을 반영하지 아니하고 처분을 한 경우 당사자등이 처분이 있음을 안 날부터 90일 이내에 그 이유의 설명을 요청하면 서면으로 그 이유를 알려야 한다. 다만, 당사자등이 동의하면 말, 정보통신망 또는 그 밖의 방법으로 알릴 수 있다.

10 신고

① 「행정절차법」상 신고는 수리를 요하지 않는 신고이다.

② 신고서가 접수기관에 도달된 때에 신고의무가 이행된 것으로 본다.

③ **신고서가 요건을 갖추지 못한 경우**: 보완요구 → 보완하지 아니한 때, 반려

④ 일정기간이 경과 때 수리 여부가 통지되지 않으면 수리된 것으로 본다는 간주규정은 「행정절차법」에는 없다.

11 행정상 입법예고

입법예고 경우	① 법령을 제정할 때뿐 아니라 개정·폐지할 때도 예고해야 한다. ② 대통령령이 개정됨에 있어서 입법예고나 홍보가 없었다고 하여 그 조항이 신의성실의 원칙에 위배되는 무효인 규정이라고 볼 수 없다.
행정상 입법예고 제외사유	① 신속한 국민의 권리 보호 또는 예측 곤란한 특별한 사정의 발생 등으로 입법이 긴급을 요하는 경우 ② 상위법령 등의 단순한 집행을 위한 경우 ③ 입법내용이 국민의 권리·의무 또는 일상생활과 관련이 없는 경우 ④ 단순한 표현·자구를 변경하는 경우 등 입법내용의 성질상 예고의 필요가 없거나 곤란하다고 판단되는 경우 ⑤ 예고함이 공공의 안전 또는 복리를 현저히 해칠 우려가 있는 경우
법제처장	입법예고 권고 또는 직접 예고
재입법예고	입법예고 후 예고내용에 중요한 변경이 발생하는 경우 해당 부분에 대한 입법예고를 다시 하여야 한다.

입법예고방법	① ㉠ 법령의 입법안: 관보 및 법제처장이 구축·제공하는 정보시스템을 통한 공고, 　㉡ 자치법규의 입법안: 공보를 통한 공고 ② 추가로 인터넷, 신문 또는 방송 등을 통하여 공고할 수 있다.
입법예고 시	대통령령만 국회 소관 상임위원회에 제출
열람·복사	예고된 입법안의 전문에 대한 열람 또는 복사를 요청받은 행정청은 특별한 사유가 없으면 그 요청에 따라야 하고, 복사에 드는 비용은 복사를 요청한 자에게 부담시킬 수 있다.
입법예고기간	특별한 사정이 없으면 40일 이상(자치법규는 20일 이상)
의견제출	누구든지 예고된 입법안에 대하여 그 의견을 제출할 수 있다.
입법안에 대한 공청회 개최 가능	행정청은 입법안에 관하여 공청회를 개최할 수 있다.

12 행정예고

행정예고사항	행정청이 정책, 제도 및 계획을 수립·시행하거나 변경하려는 경우
행정예고 제외사유	① 신속하게 국민의 권리를 보호하여야 하거나 예측이 어려운 특별한 사정이 발생하는 등 긴급한 사유로 예고가 현저히 곤란한 경우 ② 법령등의 단순한 집행을 위한 경우 ③ 정책 등의 내용이 국민의 권리·의무 또는 일상생활과 관련이 없는 경우 ④ 정책 등의 예고가 공공의 안전 또는 복리를 현저히 해칠 우려가 상당한 경우
행정예고 통계 작성 및 공고	행정청은 매년 자신이 행한 행정예고의 실시 현황과 그 결과에 관한 통계를 작성하고, 이를 관보·공보 또는 인터넷 등의 방법으로 널리 공고하여야 한다.
행정예고방법	① 정책 등 안(案)의 취지, 주요 내용 등을 관보·공보나 인터넷·신문·방송 등을 통하여 공고 ② 대통령령 형식의 행정계획을 행정예고하는 경우: 국회 소관 상임위원회에 제출 (X) ∵ 제47조 제2항에서 제42조 제2항 준용(X)
입법예고로 갈음	법령등의 입법을 포함하는 행정예고는 입법예고로 갈음할 수 있다.
행정예고기간	행정예고기간은 예고 내용의 성격 등을 고려하여 정하되, 20일 이상으로 한다. 행정 목적을 달성하기 위하여 긴급한 필요가 있는 경우에는 행정예고기간을 단축할 수 있다. 이 경우 단축된 행정예고기간은 10일 이상으로 한다.

13 국민참여의 확대

① 행정청은 행정과정에 국민의 참여를 확대하기 위하여 다양한 참여방법과 협력의 기회를 제공하도록 노력하여야 한다.

② 행정청은 국민에게 영향을 미치는 주요 정책 등에 대하여 국민의 다양하고 창의적인 의견을 널리 수렴하기 위하여 정보통신망을 이용한 정책토론(전자적 정책토론)을 실시할 수 있다.

제4절 │ 특별행정절차

1 「민원 처리에 관한 법률」

민원 처리의 원칙 (제6조)	① 행정기관의 장은 원칙적으로 관계 법령 등에서 정한 처리기간이 남아 있다거나 그 민원과 관련 없는 공과금 등을 미납하였다는 이유로 민원 처리를 지연시켜서는 아니 된다. ② 행정기관의 장은 법령의 규정 또는 위임이 있는 경우를 제외하고는 민원 처리의 절차 등을 강화하여서는 아니 된다.
민원 신청 (제8조)	① 문서(전자문서 포함)로 한다. ② '기타 민원'은 구술 또는 전화로 할 수 있다.
민원 접수 (제9조)	민원의 신청을 받은 행정기관의 장은 원칙적으로 그 접수를 보류하거나 거부할 수 없으며, 접수된 민원문서를 부당하게 되돌려 보내서는 아니 된다.
민원실의 설치 (제12조)	행정기관의 장은 민원을 신속히 처리하고 민원인에 대한 안내와 상담의 편의를 제공하기 위하여 민원실을 설치할 수 있다.
민원문서의 이송 (제16조)	행정기관의 장은 접수한 민원이 다른 행정기관의 소관인 경우에는 지체 없이 소관 기관에 이송하여야 한다.
민원 처리기간의 계산 (제19조)	① 민원 처리기간을 5일 이하로 정한 경우: '시간' 단위로 계산, 공휴일과 토요일 불산입, 1일 8시간의 근무시간 기준 ② 민원 처리기간을 6일 이상으로 정한 경우: '일' 단위로 계산, 첫날 산입, 공휴일과 토요일 불산입 ③ 민원 처리기간을 주·월·연으로 정한 경우: 첫날 산입
처리결과 통지 (제27조)	① 행정기관의 장은 민원 처리를 완료한 때에 그 결과를 민원인에게 문서로 통지하여야 한다. ② '기타 민원'의 경우와 통지에 신속을 요하거나 민원인이 요청하는 등 대통령령으로 정하는 경우에는 구술 또는 전화로 통지할 수 있다. ③ 민원의 처리결과를 통지할 때에 민원의 내용을 거부하는 경우에는 거부이유와 구제절차를 함께 통지하여야 한다.
복합민원 1회 방문 처리제의 도입 (제32조)	불필요한 사유로 민원인이 행정기관을 다시 방문하지 아니하도록 한다(신속성과 권리구제의 효율성 구현).

법정민원에 대한 거부처분 시 불복 (제35조)	60일 이내 문서로 이의신청 → 10일 이내에 인용 여부 결정, 부득이한 사유로 기간 이내에 인용 여부를 결정할 수 없을 때에는 10일 이내의 범위에서 연장 가능
민원처리기준표의 공개 (제36조)	행정안전부장관은 민원의 처리기관, 처리기간, 구비서류, 처리절차, 신청방법 등에 관한 사항을 종합한 민원처리기준표를 작성하여 관보에 고시하고 통합전자민원창구에 게시하여야 한다.
민원제도개선조정회의 (제40조)	국무총리 소속

2 「행정규제기본법」

행정규제 법정주의	규제는 법률에 근거하여야 하며, 그 내용은 알기 쉬운 용어로 구체적이고 명확하게 규정되어야 한다.
법령보충적 행정규칙	법률에서 대통령령 · 총리령 · 부령 · 조례 · 규칙에 구체적 위임 가능
행정규제 등록	행정규제는 규제개혁위원회에 등록하여야 한다.
행정규제목록 공표	매년 6월 말일까지 국회에 제출
규제 존속기한	원칙적 5년의 기간 초과 금지 → 규제일몰제
규제 존속기한 연장	존속기한 6개월 전까지 위원회에 심사 요청
법률에 규정된 존속기한 연장	존속기한 3개월 전까지 개정 법률안 국회 제출
규제개혁위원회	대통령 소속

제5절   행정절차의 하자

1 절차상 하자와 행정행위 하자에 관한 법 규정

「행정절차법」	절차상 하자가 있는 행정행위의 효력에 관한 규정은 없다. → 절차상 하자가 있는 행정행위의 효력에 관한 일반법 조항은 없다.
「국가공무원법」	소청사건을 심사할 때 소청인 등에게 진술의 기회를 부여하지 아니하고 한 결정은 무효로 한다. → 행정절차상 하자가 있는 행정행위의 효력에 관한 개별법은 있다.

2 절차상 하자와 행정행위의 하자

소극설(소수설)	① 절차상 하자로 행정행위가 위법이 되지 않는다. ② 절차상 하자를 독자적 위법사유로 인정하면 소송경제상 바람직하지 않다.
적극설(다수설)	절차상 하자로 행정행위가 위법이 된다.
판례	행정행위가 기속행위인지 재량행위인지를 불문하고 행정절차의 하자가 있는 경우 위법하게 된다.
결론	절차상 하자는 행정행위의 독립적 위법사유이다.

3 절차상 하자치유 인정

절차상 하자치유 인정사유	행정행위의 경제성·효율성 때문에 인정될 수 있다.
치유 여부	원칙적으로 인정되지 않는다. 다만, 행정행위의 효율성을 위해 예외적으로 인정될 수 있다.

4 절차상 하자치유시기

독일 행정절차법	쟁송제기 후에도 가능하다.
우리나라 판례	① 쟁송제기 이전에만 치유가 가능하다. ② 취소소송이 제기된 때에 보정된 납세고지서를 송달하였다는 사실이나 오랜 기간(4년)의 경과로써 과세처분의 하자가 치유되었다고 볼 수는 없다. ③ 과세처분에 대한 전심절차가 모두 끝나고 상고심의 계류 중에 세액산출근거의 통지가 있었다고 하여 이로써 위 과세처분의 하자가 치유되었다고는 볼 수 없다.

5 절차상 하자를 이유로 한 행정행위 취소판결의 기속력

① 법원이 절차상 하자를 이유로 처분을 취소한 경우 행정청이 위법사유를 보완하여 다시 처분을 할 경우 그 새로운 처분은 취소된 종전의 처분과는 별개의 처분이므로 취소판결의 기속력에 반하지 않는다.

② 절차위반을 이유로 취소된 경우와 실체적인 위법사유로 취소된 경우에 판결의 기속력에서 차이를 보인다.

02 / 개인정보 보호와 행정정보공개

제1절 개인정보 보호

1 개인정보의 의의

법적 근거	① 자기정보관리통제권(개인정보자기결정권): 헌법에 명시되지 않은 독자적 기본권, 헌법의 사생활의 자유, 인간의 존엄과 가치와 행복추구권을 근거로 한 인격권, 국민주권에서 도출 ② 「개인정보 보호법」: 일반법(○), 다른 법률보다 우선 적용(X)
개인정보	① 살아 있는 개인에 관한 정보: 사자의 정보(X), 법인의 정보(X) ② 개인정보: 반드시 개인의 내밀한 영역이나 사사(私事)의 영역에 속하는 정보에 국한되지 않고 공적 생활에서 형성되었거나 이미 공개된 개인정보까지 포함한다. ③ 지문: 개인정보(○)
개인정보처리자	공공기관에 한정되지 않고, 법인, 단체, 개인도 포함된다.
개인정보 보호의 기본계획과 시행계획	① 개인정보 보호 기본계획: 개인정보 보호위원회가 3년마다 수립 ② 개인정보 보호 시행계획: 중앙행정기관의 장이 매년 작성

2 개인정보 보호원칙(「개인정보 보호법」 제3조)

최소개인정보수집원칙	최소한의 개인정보만을 적법하고 정당하게 수집하여야 한다.
목적 외 용도활용금지원칙	목적 외의 용도로 활용하여서는 아니 된다.
개인정보 처리방침 등 공개원칙	개인정보 처리방침 등 개인정보의 처리에 관한 사항을 공개하여야 한다.
익명처리 또는 가명처리의 원칙	개인정보를 익명 또는 가명으로 처리하여도 개인정보 수집목적을 달성할 수 있는 경우 익명처리가 가능하면 익명에 의해, 익명처리로 목적 달성이 불가능하면 가명에 의해 처리될 수 있도록 하여야 한다.

3 정보주체의 권리

열람요구	① 정보주체는 개인정보처리자가 처리하는 자신의 개인정보에 대한 열람을 해당 개인정보처리자에게 요구할 수 있다.
	② 개인정보 열람이 제한되는 경우
	   ㉠ 다른 사람의 생명·신체를 해할 우려가 있거나 다른 사람의 재산과 그 밖의 이익을 부당하게 침해할 우려가 있는 경우
	   ㉡ 조세의 부과·징수 또는 환급에 관한 업무
	   ㉢ 「초·중등교육법」 및 「고등교육법」에 따른 각급 학교, 「평생교육법」에 따른 평생교육시설, 그 밖의 다른 법률에 따라 설치된 고등교육기관에서의 성적 평가 또는 입학자 선발에 관한 업무

정정· 삭제요구	정보주체는 개인정보처리자에게 그 개인정보의 정정 또는 삭제를 요구할 수 있다. 다만, 다른 법령에서 그 개인정보가 수집대상으로 명시되어 있는 경우에는 그 삭제를 요구할 수 없다.

4 권리행사의 방법, 절차

대리인	정보주체는 개인정보 열람·정정·삭제·처리정지 등의 요구를 대리인에게 하게 할 수 있다.
법정대리인	만 14세 미만 아동의 법정대리인은 개인정보처리자에게 그 아동의 개인정보 열람 등을 요구할 수 있다.
비용	개인정보처리자는 열람 등 요구를 하는 자에게 대통령령으로 정하는 바에 따라 수수료와 우송료(사본의 우송을 청구하는 경우에 한함)를 청구할 수 있다.

5 권리구제수단

1. 손해배상

손해배상청구	① 정보주체는 개인정보처리자가 「개인정보 보호법」을 위반한 행위로 손해를 입으면 손해배상을 청구할 수 있다. ② 개인정보처리자는 고의 또는 과실이 없음을 입증하지 아니하면 책임을 면할 수 없다.
개인정보처리자의 고의 또는 중대한 과실로 인해 개인정보가 분실·도난·유출·위조·변조 또는 훼손된 경우	① 법원은 정보주체에게 발생한 손해액의 3배를 넘지 아니하는 범위에서 손해배상액을 정할 수 있다. ② 다만, 개인정보처리자가 고의 또는 중대한 과실이 없음을 증명한 경우에는 그러하지 아니하다.
법정손해배상책임	① 정보주체는 개인정보처리자의 고의 또는 과실로 인하여 개인정보가 분실·도난·유출·위조·변조 또는 훼손된 경우에는 300만 원 이하의 범위에서 상당한 금액을 손해액으로 하여 배상을 청구할 수 있다. ② 개인정보처리자는 고의 또는 과실이 없음을 입증하지 아니하면 책임을 면할 수 없다.

2. 조정절차

조정위원회 위원	위원장 1명을 포함한 20인 이내, 임기 2년, 1차 연임 가능
조정위원회 위원장	위원 중에서 공무원이 아닌 사람으로 개인정보 보호위원회 위원장이 위촉
분쟁의 조정	① 조정신청 → 개인정보 분쟁조정위원회 60일 이내 심사, 조정안 작성 → 지체 없이 각 당사자에게 제시 → 조정안을 제시받은 당사자가 제시받은 날부터 15일 이내에 수락 여부를 알리지 아니하면 조정을 거부한 것으로 본다. ② 당사자가 조정내용을 수락한 경우 조정의 내용은 재판상 화해와 동일한 효력을 갖는다.
조정의 거부 및 중지	① 분쟁의 성질상 분쟁조정위원회에서 조정하는 것이 적합하지 아니하다고 인정하거나 부정한 목적으로 조정이 신청되었다고 인정하는 경우에는 그 조정을 거부할 수 있다. ② 분쟁조정위원회는 신청된 조정사건에 대한 처리절차를 진행하던 중에 한쪽 당사자가 소를 제기하면 그 조정의 처리를 중지하고 이를 당사자에게 알려야 한다.
집단분쟁조정	국가 및 지방자치단체, 개인정보 보호단체 및 기관, 정보주체, 개인정보처리자는 정보주체의 피해 또는 권리침해가 다수의 정보주체에게 같거나 비슷한 유형으로 발생하는 경우로서 대통령령으로 정하는 사건에 대하여는 분쟁조정위원회에 일괄적인 분쟁조정을 의뢰 또는 신청할 수 있다.

3. 개인정보 단체소송

단체소송 제기가 가능한 단체	일정한 요건을 갖춘 소비자단체(정회원수가 1천 명 이상일 것), 비영리민간단체(상시 구성원수가 5천 명 이상일 것)
전속관할	피고의 주된 사무소 또는 영업소가 있는 곳, 주된 사무소나 영업소가 없는 경우에는 주된 업무담당자의 주소가 있는 곳의 지방법원 본원 합의부의 관할에 전속한다.
변호사 강제주의	단체소송의 원고는 변호사를 소송대리인으로 선임하여야 한다.
법원의 허가	① 단체소송은 법원의 허가를 받아야 한다. ② 단체소송을 허가하거나 불허가하는 결정: 즉시항고할 수 있다. (O) / 소송으로 다툴 수 없다. (X)
확정판결의 효력	원고의 청구를 기각하는 판결이 확정된 경우 이와 동일한 사안에 관하여 다른 소비자단체 등은 단체소송을 제기할 수 없다.
적용법	단체소송에 관하여 「개인정보 보호법」에 특별한 규정이 없는 경우에는 「민사소송법」을 적용(「행정소송법」 적용 X)하고, 단체소송의 허가결정이 있는 경우에는 「민사집행법」에 따른 보전처분을 할 수 있다.

6 개인정보처리자의 개인정보 처리제한

최소한 개인정보만 수집	① 최소한의 개인정보만 수집 ② 최소한의 개인정보라는 것 입증책임: 개인정보처리자(○) / 정보주체(X) ③ 최소한의 정보 외의 정보수집에 동의하지 아니한다는 이유로 재화 또는 서비스 제공을 거부해서는 안 된다.
민감정보 처리제한	① 사상 · 신념, 노동조합 · 정당의 가입 · 탈퇴, 정치적 견해, 건강, 성생활 등에 관한 정보는 별도의 동의를 받은 경우, 법령에서 민감정보 처리를 요구하거나 허용하는 경우 한해 처리 가능 ② 교원단체 및 노동조합에 가입한 개별 교원의 명단을 공시대상정보로서 규정하고 있지 아니해도 학부모들의 알 권리를 침해하지 않는다. ③ 교원노동조합의 교원 명단 공개는 위법하다.

7 영상정보처리기기의 설치 · 운영 제한

영상정보처리기기 설치 · 운영	원칙: 금지
예외적 허용	① 법령에서 구체적으로 허용하고 있는 경우 ② 범죄의 예방 및 수사를 위하여 필요한 경우 ③ 시설안전 및 화재예방을 위하여 필요한 경우 ④ 교통단속을 위하여 필요한 경우 ⑤ 교통정보의 수집 · 분석 및 제공을 위하여 필요한 경우
목욕실 등 금지	누구든지 불특정 다수가 이용하는 목욕실, 화장실, 발한실(發汗室), 탈의실 등 개인의 사생활을 현저히 침해할 우려가 있는 장소의 내부를 볼 수 있도록 영상정보처리기기를 설치 · 운영하여서는 아니 된다.
교도소 등 설치 · 운영 가능	교도소, 정신보건시설 등 법령에 근거하여 사람을 구금하거나 보호하는 시설로서 대통령령으로 정하는 시설에 대하여는 그러하지 아니하다.
영상정보처리기기 운영	영상정보처리기기의 설치 목적과 다른 목적으로 영상정보처리기기를 임의로 조작하거나 다른 곳을 비춰서는 아니 되며, 녹음기능은 사용할 수 없다.

8 개인정보처리자의 개인정보 제3자에게 제공

원칙	금지
예외 허용	정보주체의 동의를 받은 경우, 개인정보를 수집한 목적 범위에서 개인정보를 제공하는 경우
개인정보를 수집한 목적 외의 용도로 이용하거나 이를 제3자에게 제공하는 것	① 원칙: 금지 ② 다음의 경우 예외적 허용 　㉠ 정보주체로부터 별도의 동의를 받은 경우 　㉡ 다른 법률에 특별한 규정이 있는 경우: 임직원의 급여 및 상여금 내역 등이 「개인정보 보호법」상 개인정보에 해당한다는 이유로 문서 소지인이 문서의 제출을 거부할 수 없다(2014마2239). 　㉢ 정보주체 또는 그 법정대리인이 의사표시를 할 수 없는 상태에 있거나 주소불명 등으로 사전동의를 받을 수 없는 경우로서 명백히 정보주체 또는 제3자의 급박한 생명, 신체, 재산의 이익을 위하여 필요하다고 인정되는 경우 　㉣ 개인정보를 목적 외의 용도로 이용하거나 이를 제3자에게 제공하지 아니하면 다른 법률에서 정하는 소관 업무를 수행할 수 없는 경우로서 보호위원회의 심의·의결을 거친 경우 　㉤ 조약, 그 밖의 국제협정의 이행을 위하여 외국정부 또는 국제기구에 제공하기 위하여 필요한 경우 　㉥ 범죄의 수사와 공소의 제기 및 유지를 위하여 필요한 경우 　㉦ 법원의 재판업무수행을 위하여 필요한 경우 　㉧ 형(刑) 및 감호, 보호처분의 집행을 위하여 필요한 경우

9 개인정보 이용·제공 제한

개인정보처리자로부터 개인정보를 제공받은 자 목적 외의 용도사용	금지
예외적으로 이용 가능한 경우	① 정보주체로부터 별도의 동의를 받은 경우 ② 다른 법률에 특별한 규정이 있는 경우
영업양도·합병에 따른 개인정보의 이전 제한	① 개인정보처리자의 정보주체에 대한 사전통지 ② 개인정보를 이전받은 영업양수자 등의 정보주체에 대한 통지: 개인정보처리자가 이미 알린 경우에는 통지(X) ③ 개인정보를 이전받은 영업양수자 등은 이전 당시 본래 목적으로만 개인정보의 이용·제공(O) → 영업양수자 등은 개인정보처리자로 간주

10 개인정보 유출통지

정보주체에게 유출통지	개인정보처리자는 개인정보가 유출되었음을 알게 되었을 때에는 지체 없이 해당 정보주체에게 사실을 알려야 한다.
보호위원회와 전문기관에 통지	개인정보처리자는 대통령령으로 정한 규모 이상의 개인정보가 유출된 경우에는 통지 및 조치 결과를 지체 없이 보호위원회 또는 대통령령으로 정하는 전문기관에 신고하여야 한다.
과징금 부과	보호위원회는 개인정보처리자가 처리하는 주민등록번호가 분실·도난·유출·위조·변조 또는 훼손된 경우에는 5억 원 이하의 과징금을 부과·징수할 수 있다. 다만, 주민등록번호가 분실·도난·유출·위조·변조 또는 훼손되지 아니하도록 개인정보처리자가 안전성 확보에 필요한 조치를 다한 경우에는 그러하지 아니하다.

11 개인정보 보호위원회

소속	국무총리 소속
위원장과 위원의 임기	3년, 한 차례만 연임 가능
구성	① 상임위원 2명(위원장 1명, 부위원장 1명)을 포함한 9명의 위원으로 구성한다. ② 위원장과 부위원장은 국무총리의 제청으로, 그 외 위원 중 2명은 위원장의 제청으로, 2명은 대통령이 소속되거나 소속되었던 정당의 교섭단체 추천으로, 3명은 그 외의 교섭단체 추천으로 대통령이 임명 또는 위촉한다.
소집과 의결	① 회의는 위원장이 필요하다고 인정하거나 재적위원 4분의 1 이상의 요구가 있는 경우에 위원장이 소집한다. ② 위원장 또는 2명 이상의 위원은 보호위원회에 의안을 제의할 수 있다. ③ 보호위원회의 회의는 재적위원 과반수의 출석으로 개의하고, 출석위원 과반수의 찬성으로 의결한다.

12 개인정보파일의 등록과 개인정보 보호위원회의 개인정보 보호를 위한 조치

개인정보파일의 등록	공공기관의 장이 개인정보파일을 운용하는 경우에는 개인정보파일의 명칭, 운영목적, 처리방법, 보유기간 등을 보호위원회(행정안전부장관 X)에 등록하여야 한다.
개인정보 침해 시 조치	① 개인정보 보호에 영향을 미치는 내용이 포함된 법령·조례에 대한 보호위원회의 의견제시(제61조 제1항) ② 개인정보를 침해받은 사람은 보호위원회에 신고(제62조 제1항) ③ 보호위원회의 자료제출 요구(제63조) → 시정조치명령(제64조) ④ 관계 중앙행정기관의 장은 개인정보처리자에게 처리실태 개선권고(제61조 제3항) → 지도·점검(X) ⑤ 중앙행정기관, 지방자치단체, 국회, 법원, 헌법재판소, 중앙선거관리위원회는 그 소속 기관에 대해 개인정보 보호를 위한 의견제시, 지도·점검(제61조 제4항)

13 개인정보처리자의 가명정보처리특례

가명정보의 의미 **(제2조 제1호 다목,** **제1호의2)**	개인정보를 가명처리(개인정보의 일부를 삭제하거나 일부 또는 전부를 대체하는 등의 방법으로 추가 정보가 없이는 특정 개인을 알아볼 수 없도록 처리하는 것)함으로써 원래의 상태로 복원하기 위한 추가 정보의 사용·결합 없이는 특정 개인을 알아볼 수 없는 정보를 말한다.
가명정보의 처리 **(제28조의2)**	① 통계작성, 과학적 연구, 공익적 기록보존 등을 위하여 정보주체의 동의 없이 가명정보를 처리할 수 있다. ② 가명정보를 제3자에게 제공하는 경우에는 특정 개인을 알아보기 위하여 사용될 수 있는 정보를 포함해서는 아니 된다.
가명정보의 결합 제한 **(제28조의3)**	① 통계작성, 과학적 연구, 공익적 기록보존 등을 위한 서로 다른 개인정보처리자 간의 가명정보의 결합은 보호위원회 또는 관계 중앙행정기관의 장이 지정하는 전문기관이 수행한다. ② 결합을 수행한 기관 외부로 결합된 정보를 반출하려는 개인정보처리자는 가명정보로 처리한 뒤 전문기관의 장의 승인을 받아야 한다.
가명정보에 대한 **안전조치의무** **(제28조의4)**	가명정보를 처리하는 경우 원래의 상태로 복원하기 위한 추가 정보를 별도로 분리하여 보관·관리하는 등 해당 정보가 분실·도난·유출·위조·변조 또는 훼손되지 않도록 안전성 확보에 필요한 기술적·관리적 및 물리적 조치를 해야 한다.
가명정보 처리 시 **금지의무** **(제28조의5)**	① 누구든지 특정 개인을 알아보기 위한 목적으로 가명정보를 처리해서는 아니 된다. ② 가명정보를 처리하는 과정에서 특정 개인을 알아볼 수 있는 정보가 생성된 경우에는 즉시 해당 정보의 처리를 중지하고, 지체 없이 회수·파기하여야 한다.

[헌법재판소 판례와 대법원 판례]

헌법재판소 판례	① 열 손가락의 회전 지문과 평면 지문을 날인하도록 한 「주민등록법 시행령」 제33조: 자기정보관리통제권의 침해가 아니다(99헌마513). ② 구치소장이 검사의 요청에 따라 청구인과 배우자의 접견녹음파일을 제공한 행위: 개인정보자기결정권을 침해하였다고 볼 수 없다(2010헌마153). ③ 교육정보시스템사건: 개인정보인 성명·생년월일·졸업일자는 개인의 존엄성과 인격권에 심대한 영향을 미칠 수 있는 민감한 정보라고 보기 어려우므로 이에 관한 개인정보를 교육정보시스템에 보유하는 행위는 개인정보자기결정권의 침해가 아니다. → 개인정보의 종류, 성격에 따라 수권법률의 명확성 요구 정도는 달라진다(2003헌마282). ④ 4급 이상의 공무원에 대해 병역면제처분의 사유인 질병명을 관보와 인터넷에 공개: 사생활의 비밀과 자유를 침해하는 것이다(2005헌마1139). ⑤ 「가족관계의 등록 등에 관한 법률」 제14조 제1항 본문 중 '직계혈족이 제15조에 규정된 증명서 가운데 가족관계증명서 및 기본증명서의 교부를 청구'하는 부분: 개인정보자기결정권을 침해한다. ⑥ 피청구인 대통령의 지시로 피청구인 대통령 비서실장, 정무수석비서관, 교육문화수석비서관, 문화체육관광부장관이 야당 소속 후보를 지지하였거나 정부에 비판적 활동을 한 문화예술인이나 단체를 정부의 문화예술 지원사업에서 배제할 목적으로 개인의 정치적 견해에 관한 정보를 수집·보유·이용한 행위: 법률유보원칙을 위반하여 개인정보자기결정권을 침해한다.

대법원 판례	① 군 정보기관이 법령상의 직무범위를 벗어나 민간인에 관한 정보를 비밀리에 수집·관리한 경우: 기본권 침해이다(96다42789). ② 개인의 정보를 비밀리에 수집한 경우에는 그 대상자가 공적 인물이라는 이유만으로 면책될 수 없다(96다42789). ③ 국회의원이 '각급학교 교원의 교원단체 및 교원노조 가입현황 실명자료'를 인터넷을 통하여 공개한 행위는 해당 교원들의 개인정보자기결정권을 침해하는 것이다. ④ 변호사의 개인신상정보를 기반으로 한 변호사들의 인맥지수공개서비스 제공: 변호사들의 개인정보에 관한 인격권을 침해하는 위법한 것이다. ⑤ 변호사 정보제공 웹사이트 운영자가 대법원 홈페이지에서 제공하는 '나의 사건검색' 서비스를 통해 수집한 사건 정보를 이용하여 변호사들의 '승소율이나 전문성 지수 등'을 제공하는 서비스를 한 경우: 변호사들의 개인정보에 관한 인격권을 침해하는 위법한 행위로 평가할 수 없다. ⑥ 법률정보 제공 사이트를 운영하는 甲회사가 乙공립대학교 법학과 교수로 재직 중인 丙의 개인정보를 위 법학과 홈페이지 등을 통해 수집하여 위 사이트 내 '법조인' 항목에서 유료로 제공한 행위: 위법(X)

제2절 | 정보공개 청구

1 개인정보 보호와 정보공개 청구

구분	개인정보 보호	정보공개 청구
보장이유	개인정보 보호를 위해	국민의 정치적 의사형성에 필요한 정보제공
헌법상 근거	국민주권, 사생활의 비밀과 자유	표현의 자유, 인간의 존엄과 가치, 인간다운 생활을 할 권리, 국민주권
일반법	「개인정보 보호법」	「공공기관의 정보공개에 관한 법률」
적용 객체	공공기관, 법인, 단체, 개인	공공기관
정보공개 청구의 주체	사인인 정보주체	① 모든 국민 ② 법인 ③ 법인 아닌 사단·재단 ④ 외국인
제3자의 정보공개 청구	X	○
위원회 소속	국무총리	국무총리
정보	최소한 수집	최대한 공개

2 정보공개청구권의 근거

알 권리의 헌법상 근거	표현의 자유, 국민주권, 인간다운 생활을 할 권리, 인간의 존엄과 가치
법률	① 「공공기관의 정보공개에 관한 법률」은 일반법이다. ② 공무원 또는 공무원이었던 사람이 직무와 관련하여 보관한 문서의 공개는 「공공기관의 정보공개에 관한 법률」의 절차에 따라야 한다.
조례	① 자치사무에 관한 행정정보공개를 제정할 수 있다. ② 법령이 제정되어 있지 않다고 하더라도 자치사무의 행정정보공개를 조례로 정할 수 있다.

3 정보공개청구권과 정보공개의무

구체적 권리	정보공개청구권은 구체적 권리이다.
공개를 청구한 경우	법령이 없어도 행정청은 정보공개를 할 의무를 진다.
공개를 청구하지 아니한 경우	① 한국과 중국은 마늘 수입제한조치를 연장하지 않기로 합의했다. ② 알 권리에서 파생되는 정부의 공개의무는 특별한 사정이 없는 한 국민의 적극적인 정보수집행위, 특히 특정의 정보에 대한 공개청구가 있는 경우에야 비로소 존재한다. ③ 마늘농가 국민들이 마늘합의서에 대한 공개청구를 하지 않은 경우 행정부는 정보공개를 할 의무는 없다. ④ 청구가 없는 경우에 행정청의 공개의무는 법률에 규정이 있어야 인정된다.

4 「공공기관의 정보공개에 관한 법률」상의 '공공기관'

법률	'공공기관'이란 국가기관, 지방자치단체, 「공공기관의 운영에 관한 법률」에 따른 공공기관, 「지방공기업법」에 따른 지방공사 및 지방공단, 그 밖에 대통령령으로 정하는 기관을 말한다.
시행령	① 「유아교육법」, 「초·중등교육법」, 「고등교육법」에 따른 각급 학교 또는 그 밖의 다른 법률에 따라 설치된 학교 ② 삭제 <2021.6.22.> ③ 「지방자치단체 출자·출연 기관의 운영에 관한 법률」 제2조 제1항에 따른 출자기관 및 출연기관 ④ 특별법에 따라 설립된 특수법인이 공동체 이익에 역할하는 공공기관인지를 기준으로 판단 ⑤ 「사회복지사업법」 제42조 제1항에 따라 국가나 지방자치단체로부터 보조금을 받는 사회복지법인과 사회복지사업을 하는 비영리법인 ⑥ 위 ⑤ 외에 「보조금 관리에 관한 법률」 제9조 또는 「지방재정법」 제17조 제1항 각 호 외의 부분 단서에 따라 국가나 지방자치단체로부터 연간 5천만 원 이상의 보조금

	을 받는 기관 또는 단체. 다만, 정보공개 대상 정보는 해당 연도에 보조를 받은 사업으로 한정한다.
사립대학	시행령 제2조 제1호가 정보공개의무를 지는 공공기관의 하나로 사립대학교를 들고 있는 것이 「공공기관의 정보공개에 관한 법률」의 위임 범위를 벗어났다거나 사립대학교가 국비의 지원을 받는 범위 내에서만 공공기관의 성격을 가진다고 볼 수 없다.
한국방송공사	공공기관(○)
한국증권업협회	공공기관(X)
언론사	공공기관(X)

5 정보의 의의

정보	공공기관이 직무상 작성 또는 취득하여 관리하고 있는 문서(전자문서를 포함) 및 전자매체를 비롯한 모든 형태의 매체 등에 기록된 사항을 말한다.
공개청구의 대상이 되는 정보	① 현재 보유·관리하고 있는 문서에 한정된다. 새로운 정보생성은 그 대상이 되지 않는다. ② 그 문서가 반드시 원본일 필요는 없다.

6 입증책임

정보를 보유·관리하고 있는지 입증책임	공개청구권자(○)
한때 보유·관리하고 있었던 정보를 현재 보유·관리하고 있지 않다는 입증책임	공공기관(○)

7 정보공개청구권자

모든 국민(○)	이해당사자만(X), 이해관계 없는 사항도 정보공개 청구 가능
법인, 권리능력 없는 사단· 재단	○: 설립목적 불문
외국인	① 국내에 일정한 주소를 두고 거주하거나 학술·연구를 위하여 일시적으로 체류하는 사람 ② 국내에 사무소를 두고 있는 법인 또는 단체
국가, 지방자치단체	X

8 정보공개 청구

청구방법	정보공개청구서 또는 말로써 청구 가능(○), 익명(X), 무기명(X)
공개정보의 특정	① 특정되지 않은 부분과 나머지 부분을 분리할 수 있고 나머지 부분에 대한 비공개결정이 위법한 경우: 특정되지 않은 부분에 대한 비공개결정의 취소청구는 기각 ② 법원은 청구대상 정보의 일부가 특정되지 않은 경우 비공개로 열람·심사하는 등의 방법으로 공개청구 정보의 내용과 범위를 특정시킬 수 있다.
청구의 권리남용	① 피고를 괴롭힐 목적으로 정보공개를 구하고 있다는 등의 특별한 사정이 없는 한, 정보공개의 청구가 권리남용에 해당한다고 볼 수 없다. ② 부당한 이득을 얻으려 하거나, 수형자가 강제노역을 회피할 목적인 경우: 권리남용이다.

9 공공기관의 의무

통합정보공개시스템 (제6조 제3항)	행정안전부장관은 공공기관의 정보공개에 관한 업무를 종합적·체계적·효율적으로 지원하기 위하여 통합정보공개시스템을 구축·운영하여야 한다.
정보의 의무적 공개	① 국민생활에 매우 큰 영향을 미치는 정책에 관한 정보 등은 정기적으로 공개해야 한다(제7조). ② 공공기관 중 중앙행정기관 및 대통령령으로 정하는 기관은 전자적 형태로 보유·관리하는 정보 중 공개 대상으로 분류된 정보를 정보공개 청구가 없더라도 정보공개시스템 등을 통해 공개해야 한다(제8조의2).

10 정보공개심의회와 정보공개위원회

정보공개심의회 (제12조)	① 국가기관 등에 설치 ② 위원장 1명을 포함하여 5명 이상 7명 이하의 위원으로 구성한다. ③ 심의회의 위원은 소속 공무원, 임직원 또는 외부 전문가로 지명하거나 위촉하되, 그중 3분의 2는 해당 국가기관 등의 업무 또는 정보공개의 업무에 관한 지식을 가진 외부 전문가로 위촉하여야 한다. 다만, 제9조 제1항 제2호 및 제4호에 해당하는 업무를 주로 하는 국가기관은 그 국가기관의 장이 외부 전문가의 위촉 비율을 따로 정하되, 최소한 3분의 1 이상은 외부 전문가로 위촉하여야 한다.
정보공개위원회	① 국무총리 소속 ② 위원회는 성별을 고려하여 위원장과 부위원장 각 1명을 포함한 11명의 위원으로 구성한다. ③ 위원장을 포함한 7명은 공무원이 아닌 사람으로 위촉하여야 한다.

11 정보공개방법

「민원 처리에 관한 법률」에 따른 민원으로 처리할 수 있는 경우에는 민원으로 처리할 수 있는 경우(제11조)	① 공개청구된 정보가 공공기관이 보유·관리하지 아니하는 정보인 경우 ② 공개청구의 내용이 진정·질의 등으로 이 법에 따른 정보공개 청구로 보기 어려운 경우
해당 청구를 종결 처리할 수 있는 경우	① 정보공개를 청구하여 정보공개 여부에 대한 결정의 통지를 받은 자가 정당한 사유 없이 해당 정보의 공개를 다시 청구하는 경우 ② 정보공개 청구가 민원으로 처리되었으나 다시 같은 청구를 하는 경우
안내하고, 해당 청구를 종결 처리할 수 있는 경우	① 정보 등 공개를 목적으로 작성되어 이미 정보통신망 등을 통하여 공개된 정보를 청구하는 경우: 해당 정보의 소재(所在)를 안내 ② 다른 법령이나 사회통념상 청구인의 여건 등에 비추어 수령할 수 없는 방법으로 정보공개 청구를 하는 경우: 수령이 가능한 방법으로 청구하도록 안내
정보공개 여부 결정 통지 (제13조)	① 공공기관은 제11조에 따라 정보의 공개를 결정한 경우에는 공개의 일시 및 장소 등을 분명히 밝혀 청구인에게 통지하여야 한다. ② 공공기관은 청구인이 사본 또는 복제물의 교부를 원하는 경우에는 이를 교부하여야 한다. ③ 공공기관은 공개 대상 정보의 양이 너무 많아 정상적인 업무수행에 현저한 지장을 초래할 우려가 있는 경우에는 해당 정보를 일정기간별로 나누어 제공하거나 사본·복제물의 교부 또는 열람과 병행하여 제공할 수 있다. ④ 공공기관은 정보를 공개하는 경우에 그 정보의 원본이 더럽혀지거나 파손될 우려가 있거나 그 밖에 상당한 이유가 있다고 인정할 때에는 그 정보의 사본·복제물을 공개할 수 있다. ⑤ 공공기관은 정보의 비공개 결정을 한 경우에는 그 사실을 청구인에게 지체 없이 문서로 통지하여야 한다. 이 경우 제9조 제1항 각 호 중 어느 규정에 해당하는 비공개 대상 정보인지를 포함한 비공개 이유와 불복(不服)의 방법 및 절차를 구체적으로 밝혀야 한다.
정보공개방법	① 정보공개청구인에게 특정한 정보공개방법을 지정하여 청구할 수 있는 <u>법령상 신청권</u>이 있다. ② 정보공개를 청구하는 자가 공공기관에 대해 정보의 사본 또는 출력물의 교부의 방법으로 공개방법을 선택하여 정보공개 청구를 한 경우, 공공기관은 그 공개방법을 선택할 재량권이 없다(판례). ③ 공공기관이 대상 정보를 청구인이 신청한 공개방법 이외의 방법으로 공개하기로 하는 결정을 한 경우, 정보공개방법에 관한 부분에 대하여 일부 거부처분을 한 것이어서 항고소송으로 다툴 수 있다.
분리 공개	① 공개정보와 비공개정보가 혼합되어 있는 경우 두 부분을 분리할 수 있는 때에는 비공개 대상 정보에 해당하는 부분을 제외하고 공개하여야 한다. ② 위 정보 중 공개가 가능한 부분을 특정하고 판결의 주문에 행정청의 위 거부처분 중 공개가 가능한 정보에 관한 부분만을 취소한다고 표시하여야 한다. (○) 모두 취소(X)

전자적 형태로 정보공개를 청구한 경우	① 전자적 형태로 보유하고 있는 경우: 현저히 곤란한 경우를 제외하고 전자적 형태로 공개해야 한다. ② 전자적 형태로 보유하고 있지 않은 경우: 전자적 형태로 변환해서 공개할 수 있다.
비용부담	청구인 부담(○), 행정청 부담(X), 정보공개가 공공복리 유지 증진을 위해 필요한 경우 비용을 감면할 수 있다.

12 정보공개의 원칙과 예외적 비공개

1. 「공공기관의 정보공개에 관한 법률」 제9조

2. 비공개정보
① 절대적 금지가 아니라, 상대적 비공개이다(공개하지 아니할 수 있음).
② 공공기관은 공개를 거부하는 경우 제9조 제1항 몇 호의 비공개사유에 해당하는지를 주장·입증하여야 한다.

다른 법률 또는 법률에서 위임한 명령(국회규칙·대법원규칙·헌법재판소규칙·중앙선거관리위원회규칙·대통령령 및 조례로 한정)에 따라 비밀 또는 비공개 사항으로 규정된 정보	① '법률에 의한 명령'은 법률의 위임규정에 의하여 제정된 대통령령, 총리령, 부령 전부를 의미한다기보다는 정보의 공개에 관하여 법률의 구체적인 위임 아래 제정된 법규명령(위임명령)을 의미한다(2003두8395). ② 교육공무원승진규정 → 법률이 위임한 명령에 해당하지 않는다(2006두11910). ③ 「검찰보존사무규칙」은 제9조 제1항 제1호의 다른 법률에 의한 명령이 아니므로 「검찰보존사무규칙」에 근거한 불기소사건기록 등의 열람등사제한은 법률에 의한 명령에 의하여 비공개사항으로 규정된 경우에 해당하지 않는다(2011두16735).
기타 비공개사유	① 국가안전보장·국방·통일·외교관계 등에 관한 사항으로서 공개될 경우 국가의 중대한 이익을 현저히 해칠 우려가 있다고 인정되는 정보 ② 공개될 경우 국민의 생명·신체 및 재산의 보호에 현저한 지장을 초래할 우려가 있다고 인정되는 정보 ③ 진행 중인 재판에 관련된 정보와 범죄의 예방, 수사, 공소의 제기 및 유지, 형의 집행, 교정, 보안처분에 관한 사항으로서 공개될 경우 그 직무수행을 현저히 곤란하게 하거나 형사피고인의 공정한 재판을 받을 권리를 침해한다고 인정할 만한 상당한 이유가 있는 정보 ㉠ 법원 이외의 공공기관이 '진행 중인 재판에 관련된 정보'에 해당한다는 사유로 정보공개를 거부하기 위하여는 반드시 그 정보가 진행 중인 재판의 소송기록 그 자체에 포함된 내용의 정보일 필요는 없으나, 진행 중인 재판의 심리 또는 재판 결과에 구체적으로 영향을 미칠 위험이 있는 정보에 한정된다. ㉡ 공개청구 대상인 정보가 수사기록 중의 의견서, 보고문서, 메모, 법률검토, 내사자료 등에 해당한다고 하여 곧바로 비공개 대상 정보라고 볼 것은 아니다.

④ 감사 · 감독 · 검사 · 시험 · 규제 · 입찰계약 · 기술개발 · 인사관리에 관한 사항이나 의사결정 과정 또는 내부검토 과정에 있는 사항 등으로서 공개될 경우 업무의 공정한 수행이나 연구 · 개발에 현저한 지장을 초래한다고 인정할 만한 상당한 이유가 있는 정보. 다만, 의사결정 과정 또는 내부검토 과정을 이유로 비공개할 경우에는 제13조 제5항에 따라 통지를 할 때 의사결정 과정 또는 내부검토 과정의 단계 및 종료 예정일을 함께 안내하여야 하며, 의사결정 과정 및 내부검토 과정이 종료되면 제10조에 따른 청구인에게 이를 통지하여야 한다.

📖 외국 또는 외국기관으로부터 비공개를 전제로 정보를 입수하였다는 이유만으로 이를 공개할 경우 업무의 공정한 수행에 현저한 지장을 받을 것이라고 단정할 수는 없다(2017두69892).

⑤ 해당 정보에 포함되어 있는 성명 · 주민등록번호 등 「개인정보 보호법」 제2조 제1호에 따른 개인정보로서 공개될 경우 사생활의 비밀 또는 자유를 침해할 우려가 있다고 인정되는 정보. 다만, 다음에 열거한 사항은 제외한다.
  ㉠ 법령에서 정하는 바에 따라 열람할 수 있는 정보
  ㉡ 공공기관이 공표를 목적으로 작성하거나 취득한 정보로서 사생활의 비밀 또는 자유를 부당하게 침해하지 아니하는 정보
  ㉢ 공공기관이 작성하거나 취득한 정보로서 공개하는 것이 공익이나 개인의 권리구제를 위하여 필요하다고 인정되는 정보 → 공무원이 직무와 관련 없이 개인적인 자격으로 간담회 · 연찬회에 참석하고 금품을 수령한 정보는 '공개하는 것이 공익을 위하여 필요하다고 인정되는 정보'에 해당하지 않는다(2003두8302).
  ㉣ 직무를 수행한 공무원의 성명 · 직위 → 직무를 수행한 공무원의 성명과 직위는 공개될 경우 개인의 사생활의 비밀 또는 자유를 침해할 우려가 있다면 비공개 대상 정보에 해당한다. (X)
  ㉤ 공개하는 것이 공익을 위하여 필요한 경우로서 법령에 따라 국가 또는 지방자치단체가 업무의 일부를 위탁 또는 위촉한 개인의 성명 · 직업

⑥ 법인 · 단체 또는 개인의 경영상 · 영업상 비밀에 관한 사항으로서 공개될 경우 법인 등의 정당한 이익을 현저히 해칠 우려가 있다고 인정되는 정보. 다만, 다음에 열거한 정보를 제외한다.
  ㉠ 사업활동에 의하여 발생하는 위해로부터 사람의 생명 · 신체 또는 건강을 보호하기 위하여 공개할 필요가 있는 정보
  ㉡ 위법 · 부당한 사업활동으로부터 국민의 재산 또는 생활을 보호하기 위하여 공개할 필요가 있는 정보

⑦ 공개될 경우 부동산 투기, 매점매석 등으로 특정인에게 이익 또는 불이익을 줄 우려가 있다고 인정되는 정보

13 비공개 대상 정보

① 국방부의 한국형 다목적 헬기(KMH) 도입사업에 대한 감사원장의 감사결과보고서(2006두9351)
② 국가정보원이 직원에게 지급하는 현금급여 및 월초수당에 관한 정보(2010두14800)
③ 국가정보원의 조직·소재지·정원에 관한 정보(2010두18918)
④ 보안관찰 관련 통계자료(2001두8254)
⑤ 학교폭력대책자치위원회의 회의록(2010두2913)
⑥ 지방자치단체장의 대외적 공표행위 전 도시공원위원회 회의록(99추85)
　　📖 **지방자치단체장의 대외적 공표행위 후**: 공개정보(○)
⑦ 학교환경위생구역 내 금지행위(숙박시설) 해제결정에 관한 학교환경위생정화위원회의 회의록에 기재된 발언내용에 대한 해당 발언자의 인적사항 부분(2002두12946)
⑧ 문제은행 출제방식을 채택하고 있는 치과의사 국가시험의 문제지와 그 정답지(2006두15936)
⑨ 사법시험 제2차 시험의 시험문항에 대한 채점위원별 채점 결과의 열람(2000두6114)
⑩ 직무유기혐의 고소사건에 대한 내부감사 과정에서 경찰관들에게서 받은 경위서(2010두18758)
⑪ 개인의 사생활의 비밀 또는 자유를 침해할 우려가 인정되는 불기소처분 기록 중 피의자신문조서에 기재된 피의자 등의 인적사항 이외의 진술내용(2011두2361)
⑫ 지방자치단체의 업무추진비 세부항목별 집행내역 및 그에 관한 증빙서류에 포함된 개인에 관한 정보(2001두6425)
⑬ 공개될 경우에 타인의 사생활의 비밀과 자유를 침해할 우려가 있으며, 분량이 방대한 재개발사업에 관한 자료(96누2439)
⑭ 「공직자윤리법」상의 등록의무자가 정부공직자윤리위원회에 제출한 문서에 포함되어 있는 고지거부자의 성명, 서명·날인 등 인적사항(2005두13117)
⑮ 고속철도 (오송)역의 유치위원회에 지방자치단체로부터 지급받은 보조금의 사용 내용에 관한 서류 일체 등의 공개를 청구한 경우, 개인의 성명(2009두14224)
⑯ 방송사의 취재활동을 통하여 확보한 결과물이나 그 과정에 관한 정보 또는 방송프로그램의 기획·편성·제작 등에 관한 정보(2008두13101)
⑰ KBS가 황우석 교수의 논문조작사건에 관한 사실관계의 진실 여부를 밝히기 위하여 제작한 '추적 60분' 가제 "새튼은 특허를 노렸나"인 방송용 60분 분량의 편집원본 테이프(2008두13101)
⑱ 대학수학능력시험 수험생의 원점수정보 중 수험생의 수험번호, 성명, 주민등록번호 등 인적사항(2009두6001)
⑲ 2002년도 및 2003년도 국가 수준 학업성취도평가자료(2007두9877)
⑳ 징벌위원회 회의록 중 비공개심사·의결부분(2009두12785)
㉑ 망인들에 대한 독립유공자서훈 공적심사위원회의 심의·의결 과정 및 그 내용을 기재한 회의록(2013두2030)
㉒ 공무원이 직무와 관련 없이 개인적인 자격으로 간담회·연찬회 등 행사에 참석하고 금품을 수령한 정보(2003두8050)
㉓ 법인 등이 거래하는 금융기관의 계좌번호에 관한 정보(2003두8302)

14 공개 대상 정보

① 교육공무원의 근무성적평정의 결과(2006두11910)
② 「검찰보존사무규칙」에 의한 열람·등사의 제한(2011두16735)
③ 교도소의 근무보고서(2009두12785)
④ 징벌위원회 회의록 중 재소자의 진술, 위원장 및 위원들과 재소자 사이의 문답 등 징벌절차 진행부분(2009두12785)
⑤ 교도소장이 재단법인 교정협회로 송금한 수익금 총액과 교도소장에게 배당된 수익금액 및 사용내역, 교도소직원회 수지에 관한 결산결과와 사업계획 및 예산서, 수용자 외부병원 이송진료와 관련한 이송진료자 수, 이송진료자의 진료내역별(치료, 검사, 수술) 현황, 이송진료자의 진료비 지급(예산지급, 자비부담) 현황, 이송진료자의 진료비총액 대비 예산지급액, 이송진료자의 병명별 현황, 수용자신문구독현황과 관련한 각 신문별 구독신청자 수 등에 관한 정보(2003두12707)
⑥ 2002학년도부터 2005학년도까지의 대학수학능력시험 원데이터(2007두9877)
⑦ 사면대상자들의 사면실시건의서와 그와 관련된 국무회의 안건자료에 관한 정보(2005두241)
⑧ 「공직자윤리법」상의 등록의무자가 제출한 '자신의 재산등록사항의 고지를 거부한 직계존비속의 본인과의 관계, 성명, 고지거부사유, 서명(날인)'이 기재되어 있는 문서(2005두13117)
⑨ 대한주택공사의 아파트 분양원가 산출내역(2006두20587)
⑩ 아파트재건축주택조합의 조합원들에게 제공될 무상보상평수의 사업수익성 등을 검토한 자료(2003두9459)
⑪ 한국방송공사의 수시집행 접대성 경비의 건별 집행서 내역(2007두1798)
⑫ 사법시험 제2차 시험의 답안지(2000두6114)
⑬ 임야조사서와 토지조사부의 열람·복사신청에 대한 이천군수의 부작위(88헌마22)
⑭ 자신이 무고죄의 피고인으로 재판을 받은 형사확정소송기록(90헌마133)
⑮ 변호사시험 성적(2011헌마769)
⑯ 법인 등의 상호, 단체명, 영업소명, 사업자등록번호 등에 관한 정보

15 정보공개결정과 불복절차

정보공개 여부 결정	① 10일 이내 공개 여부 결정 → 10일 연장 가능 ② "20일 이내에 공공기관이 공개 여부를 결정하지 아니한 때에는 비공개의 결정이 있는 것으로 본다."는 종전 규정은 법 개정으로 삭제되었다. ③ 정보공개청구권자의 권리구제 가능성은 정보의 공개 여부 결정에 아무런 영향을 미치지 못한다(2017두44558). ④ 청구 대상 정보가 이미 다른 사람에게 공개되어 널리 알려져 있다거나 인터넷검색이나 도서관열람 등을 통해 쉽게 알 수 있다는 사정만으로는 비공개결정이 정당화될 수 없다.

정보비공개결정에 대한 권리구제절차	① 정보공개 청구 → 비공개결정 또는 부분결정 → 30일 이내 이의신청 → 이의신청결정(7일 이내 결정, 7일 연장) → 행정심판청구 90일, 180일 이내 → 항고소송 ② 이의신청절차와 행정심판절차는 임의적 절차이다. ③ 정보공개 거부에 대한 행정심판과 행정소송의 성질: 특별행정심판(X), 특별정보공개소송(X)
항고소송	① 재판장은 당사자를 참여시키지 않고 제출된 정보공개를 비공개로 열람 · 심사청구할 수 있다. ② 재판장은 행정소송의 대상이 제9조 제1항 제2호의 규정에 의한 정보 중 국가안전보장 · 국방 또는 외교에 관한 정보의 비공개 또는 부분공개 결정처분인 경우에 공공기관이 그 정보에 대한 비밀지정의 절차, 비밀의 등급 · 종류 및 성질과 이를 비밀로 취급하게 된 실질적인 이유 및 공개를 하지 아니하는 사유 등을 입증하는 때에는 당해 정보를 제출하지 아니하게 할 수 있다. ③ 사립대학교에 정보공개를 청구하였다가 거부되면 사립대학교 총장을 피고로 하여 취소소송을 제기할 수 있다. ④ 소의 이익: 청구인이 공공기관에 대하여 정보공개를 청구하였다가 거부처분을 받은 것 자체가 법률상 이익의 침해에 해당한다. 추가로 어떤 법률상 이익을 가질 것을 요구하는 것은 아니다(2003두8050). ⑤ 소의 이익: 공공기관이 그 정보를 보유 · 관리하고 있지 아니한 경우에는 특별한 사정이 없는 한 정보공개거부처분의 취소를 구할 법률상의 이익이 없다(2013두4309). ⑥ 정보비공개결정 취소소송 중에 해당 정보가 증거로 제출되어 사본이 청구인에게 교부된 경우에도 소의 이익을 인정한다. ⑦ 경찰서장의 수사기록사본교부거부처분은 행정소송의 대상이 된다 할 것이므로 직접 헌법소원심판의 대상으로 삼을 수 없다.

16 제3자와 관련된 정보공개 청구

제3자에 대한 정보공개 청구	「개인정보 보호법」(X) / 「공공기관의 정보공개에 관한 법률」 적용(○)
제3자에 대한 정보공개 청구가 있는 경우	① 행정청의 제3자에 대한 통지를 해야 한다. ② 필요한 경우 제3자의 의견을 청취할 수 있다.
제3자의 비공개요청	① 제3자는 3일 이내에 비공개요청을 할 수 있다. ② 제3자의 비공개요청이 있어도 정보공개를 할 수 있다. ③ 정보공개 통지 → 제3자, 7일 이내 이의신청 제기 ④ 정보공개결정일과 공개실시일 사이에 최소한 30일의 간격을 두어야 한다.

PART 04

행정의 실효성 확보수단

CHAPTER 01 실효성 확보수단의 체계

CHAPTER 02 행정상 강제집행

CHAPTER 03 행정상 즉시강제와 행정조사

CHAPTER 04 행정벌

CHAPTER 05 새로운 의무이행 확보수단

[행정의 실효성 확보수단]

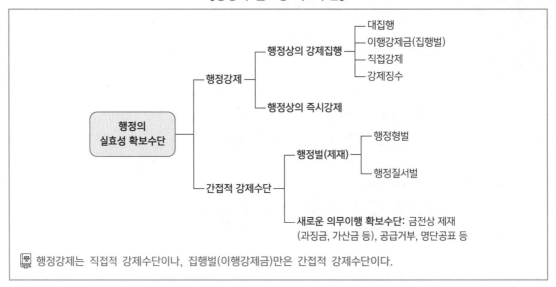

🔖 행정강제는 직접적 강제수단이나, 집행벌(이행강제금)만은 간접적 강제수단이다.

02 / 행정상 강제집행

제1절 일반론

1. 강제집행

하명을 전제로 한다. 무효가 아니라면 위법한 하명에서도 강제집행이 가능하다. → 공법상 계약(X)

2. 강제집행은 법원의 판결에 의한 타력집행이 아니라 자력집행이다. → 행정상 강제집행이 가능한 경우에는 민사상 강제집행은 허용되지 않는다.

3. 행정법상 의무이행의 근거조항 외에 강제집행을 하려면 별도의 근거가 필요하다. → 행정법상의 의무를 명할 수 있는 명령권의 근거가 되는 법은 동시에 행정강제의 근거가 될 수 있다. (X)

4. 강제집행의 실정법상 근거

강제집행	일반법
대집행	「행정대집행법」
강제징수	「국세징수법」(원래 국세징수에 관한 법률이나, 공법상 금전급부의무의 강제에 관한 일반법으로 기능하고 있음)
직접강제	「행정기본법」이 일반법임.
이행강제금(집행벌)	

제2절 대집행

1 대집행의 요건

작위하명을 전제로 한다	법규하명(법률, 법률위임에 의한 명령뿐 아니라 조례에 의한 직접하명)과 행정행위로서 하명
공법상 의무의 불이행	① 사법상 의무의 불이행은 대집행의 대상이 되지 아니한다. ② 사업시행자와 건물소유자 간 협의취득 시 건물소유자가 매매대상 건물에 대한 철거의무를 부담하겠다는 취지의 약정은 사법상 의무이지 공법상 의무가 아니므로 대집행의 대상이 될 수 없다. ③ 국유·공유재산은 행정재산 또는 일반재산인지 여부와 관계없이, 공법상 의무인지와 관계없이 대집행을 할 수 있다. 공유재산의 대부계약이 해지된 경우 원상회복을 위한 철거의무도 대집행이 가능하다.

대체적 작위의무의 불이행	비대체적 작위의무, 부작위의무, 수인의무, 금전급부의무 등의 불이행에 대해서는 대집 행을 할 수 없다.
부작위의무 위반	① 법령이 부작위의무, 금지의무를 규정하고 있는 경우 부작위의무로부터 그 의무를 위반함으로써 생긴 결과를 시정하기 위한 작위의무를 당연히 끌어낼 수는 없다. ② 법령이 작위의무를 규정한 경우에 한해 행정청은 작위명령을 할 수 있고, 작위의무 를 불이행한 경우 대집행할 수 있다. ③ 부작위에 대해서는 바로 대집행이 안 되고, 작위명령을 하고, 의무를 불이행한 경 우에 대집행을 할 수 있다. ④ 대집행하겠다는 내용의 계고처분이 비대체적 부작위의무에 대한 것인 경우, 그 자 체로 위법하다.
대집행 대상이 되는 것	① 대체적 작위의무 불이행 ② 불법광고물의 철거의무, 시설개선의무, 건물의 수리의무, 건물의 청소·소독의무, 식목의무, 불법개간산림의 원상회복의무 ③ 대부계약이 해지된 경우 원상회복을 위하여 실시하는 지상물철거의무 ④ 공장시설개선의무 ⑤ 법외단체인 전국공무원노조의 지부사무실로 사용되어 온 군청사시설
대집행 대상이 아닌 것	① 비대체적 작위의무(의사의 진료의무, 증인의 출석의무, 토지·건물 인도의무, 국유 지·매점 퇴거의무, 외국인 강제퇴거, 장례식장 사용중지) ② 부작위의무(용도위반 부분을 장례식장으로 사용하는 것을 중지할 것과 이를 불이 행할 경우) ③ 수인의무(전염병환자의 격리) ④ 금전급부의무 ⑤ 전염병환자가 특정 업무에 종사해서는 안 될 의무를 불이행할 경우 ⑥ 사법상 의무(사업시행자·건물소유자 간 철거의무합의를 한 경우)
보충성 요건	다른 수단으로써 불이행된 의무이행을 확보하기 곤란할 것
의무의 불이행을 방치함이 심히 공익을 해하는 것일 것	① 무허가로 불법건축되어 철거할 의무가 있는 건축물을 방치하면 공익을 해칠 우려 가 있다. ② 도립공원인 자연환경지구에 불법적으로 건축을 했다면, 불법건물을 그대로 방치하 는 것은 심히 공익을 해하는 것이다. ③ 대수선 및 구조변경 허가의 내용과 다르게 건물을 증·개축하였으나 증평부분 철 거로 많은 비용이 소요되고 외관만을 손상시킨다면, 철거의무불이행을 방치함이 심히 공익을 해하는 것은 아니다. ④ 도로관리청으로부터 도로점용허가를 받지 아니하고 광고물을 설치하였다는 점만으 로 곧 심히 공익을 해치는 경우에 해당한다고 할 수 없다.

2 대집행 여부

① 대집행의 요건은 계고 시에 충족되어야 한다.
② **대집행 요건 충족 입증책임**: 처분행정청
③ 대집행의 요건이 충족된 경우에도 대집행을 할 것인지의 여부는 행정청의 재량행위이다.

3 대집행과 민사소송

① 행정대집행의 절차가 인정되는 경우에는 따로 민사소송의 방법으로 시설물(공작물)의 철거·수거 등을 구할 수는 없다.

② 아무런 권원 없이 국유재산에 설치한 시설물에 대하여 행정청이 행정대집행을 실시하지 않는 경우, 그 국유재산에 대한 사용청구권을 가지고 있는 자가 국가를 대위하여 민사소송으로 그 시설물의 철거를 구할 수 있다.

4 대집행의 주체와 행위자

대집행 주체	처분청(O) / 감독청(X), 법원(X), 제3자(X)
대집행 실행의 주체	처분청(O), 제3자(O)
행정청과 대집행실행자 간의 관계	사법상 계약
의무자와 대집행실행자 간	① 직접적인 법률관계가 존재하지 않는다. ② 다만, 의무자는 제3자의 대집행행위를 수인할 의무가 있다.

5 대집행절차로서 계고

계고	① 준법률행위적 행정행위로서 통지, 처분이다. ② 제2차, 제3차의 계고처분은 행정처분이 아니다. ③ 위법한 건물의 공유자 1인에 대한 계고처분은 다른 공유자에 대하여는 그 효력이 없다. ④ 계고 문서에 기재된 자진철거와 원상복구명령은 별도의 처분은 아니다. ⑤ 군수가 읍·면에 위임한 경우, 읍·면장은 그 대집행을 위한 계고처분을 할 권한이 있다.
계고 방식	① 반드시 문서 ② 철거명령과 계고처분을 1장의 문서로 결합하여 발령할 수 있다.
상당한 기간	① 상당한 의무이행기간을 부여하지 않은 계고처분 후 대집행영장으로 대집행의 시기를 늦추더라도 계고처분은 위법하다. ② 철거명령에서 주어진 자진철거에 필요한 상당한 기간에 상당한 이행기간이 포함된다(91누13564).
계고 내용	대집행 행위의 내용 및 범위는 반드시 대집행계고서에 의하여서만 특정되어야 하는 것이 아니고, 계고처분 전후에 송달된 문서나 기타 사정을 종합하여 행위의 내용이 특정되면 족하다.
계고절차와 대집행영장통보절차의 생략	비상시 또는 위험이 절박한 경우에 있어서 당해 행위의 급속한 실시를 요하여 계고절차 등을 취할 여유가 없을 때에는 계고절차와 대집행영장에 의한 통지를 생략하고 대집행을 할 수 있다.

하자 있는 계고처분	취소 또는 무효

6 대집행절차로서 대집행영장에 의한 통지, 실행, 비용

대집행절차로서 대집행영장에 의한 통지	① 준법률행위적 행정행위로서의 통지, 항고소송의 대상이 된다. ② 문서로 통지
서울광장 사건	① 「도로법」 제65조는 계고, 대집행영장에 의한 통지절차를 따를 때 그 목적을 달성하기 곤란한 경우에는 그 절차를 거치지 아니하고 적치물을 제거하는 등 필요한 조치를 취할 수 있다고 규정하고 있다. ② 토지대장상 지목이 도로로 되어 있다고 하여 반드시 「도로법」의 적용을 받는 도로라고 할 수는 없다. ③ 서울광장은 비록 공부상 지목이 도로로 되어 있으나 「도로법」상 도로라고 할 수 없으므로 「행정대집행법」의 계고, 통지절차를 생략한 철거대집행은 위법하다. 이를 생략한 공무집행은 위법하므로 특수공무집행방해죄는 무죄이다.
대집행절차로서 대집행실행: 권력적 사실행위, 처분	① 일출 전 일몰 후 원칙적 대집행 금지: 의무자가 동의한 경우, 해가 지기 전에 대집행을 착수한 경우 등을 제외하고는 해가 뜨기 전이나 해가 진 후에는 대집행을 하여서는 아니 된다. ② 철거의무에는 퇴거의무도 포함되어 별도의 퇴거를 명하는 집행권원은 필요치 않다. 철거과정에서 부수적으로 퇴거조치할 수 있다. ③ 실력에 의한 항거배제는 대집행실행권에 포함되지 않는다. 점유자들이 적법한 행정대집행을 위력을 행사하여 방해하는 경우 필요한 경우에는 경찰의 도움을 받을 수도 있다.
대집행 비용부담자	① 의무자(○) / 국가(X), 대집행실행의 주체(X) ② 대집행권한을 위탁받은 한국토지주택공사는 행정주체이고 대집행을 위해 지출한 비용: 「국세징수법」의 예에 의해 징수(○), 「민법」 제750조에 기한 손해배상으로서 민사소송절차에 의한 비용상환청구(X)

7 하자승계

명령과 대집행절차 사이	① 철거명령이 무효인 경우 대집행절차도 무효 → '적법'한 건축물에 대한 철거명령의 불이행을 이유로 후행행위로 행해진 건축물철거 대집행계고처분은 당연무효이다. ② 철거명령이 무효가 아닌 경우: 하자승계가 안 된다.
대집행절차 사이	① 인정 ② 후속절차인 대집행의 위법을 이유로 선행절차인 계고처분의 하자를 주장할 수 없다.

8 대집행 구제

행정심판, 항고소송	① 대상(○) ② 대집행에 대한 불복에 있어서 행정심판을 거치지 아니하고도 행정소송을 제기할 수 있다. ③ 대집행 실행이 완료된 경우 　㉠ 대집행계고처분을 취소할 법률상의 이익은 없다. 　㉡ 대집행절차가 취소되지 않아도 손해배상을 청구할 수 있다.
손해배상	위법한 대집행: 손해배상(○)
결과제거청구권	위법한 상태가 계속되는 경우 인정

제3절 이행강제금(집행벌)

1 이행강제금 정리

의의	① 행정벌은 과거 행위에 대한 제재이나, 이행강제금은 장래 의무이행 확보를 위한 강제집행수단이다. ② 행정벌과 이행강제금 병과는 이중처벌에 해당하지 아니한다. ③ 이행강제금은 직접적(X) / 간접적(○) 의무이행 확보수단이다.
법적 근거	「행정기본법」이 일반법이다.
일신전속적 성격	이행강제금은 일신전속적이므로 상속인에게 승계되지 않는다.
대체적 작위의무에도 부과 가능	① 대체적 작위의무에 대해서도 이행강제금을 부과할 수 있다. ② 대집행과 이행강제금은 선택하여 활용하는 이상 중첩적인 제재에 해당한다고 할 수 없다.
「행정기본법」 제31조 <시행 2023.3.24.>	① 이행강제금 부과의 근거가 되는 법률에는 이행강제금에 관한 다음의 사항을 명확하게 규정하여야 한다. 다만, ㉣ 또는 ㉤을 규정할 경우 입법목적이나 입법취지를 훼손할 우려가 크다고 인정되는 경우로서 대통령령으로 정하는 경우는 제외한다. 　㉠ 부과·징수 주체 　㉡ 부과 요건 　㉢ 부과 금액 　㉣ 부과 금액 산정기준 　㉤ 연간 부과 횟수나 횟수의 상한 ② 행정청은 다음의 사항을 고려하여 이행강제금의 부과 금액을 가중하거나 감경할 수 있다. 　㉠ 의무 불이행의 동기, 목적 및 결과 　㉡ 의무 불이행의 정도 및 상습성 　㉢ 그 밖에 행정목적을 달성하는 데 필요하다고 인정되는 사유

	📖 「국토의 계획 및 이용에 관한 법률」의 이행강제금의 부과기준: 상한이 아니라 특정 금액이므로 다른 이행강제금액을 결정할 재량권이 없다.
부과 절차 (「행정기본법」 제31조) <시행 2023.3.24.>	① 행정청은 이행강제금을 부과하기 전에 미리 의무자에게 적절한 이행기간을 정하여 그 기한까지 행정상 의무를 이행하지 아니하면 이행강제금을 부과한다는 뜻을 문서로 계고(戒告)하여야 한다.
	② 행정청은 의무자가 계고에서 정한 기한까지 행정상 의무를 이행하지 아니한 경우 이행강제금의 부과 금액·사유·시기를 문서로 명확하게 적어 의무자에게 통지하여야 한다.
	③ 행정청은 의무자가 행정상 의무를 이행할 때까지 이행강제금을 반복하여 부과할 수 있다. 다만, 의무자가 의무를 이행하면 새로운 이행강제금의 부과를 즉시 중지하되, 이미 부과한 이행강제금은 징수하여야 한다.
	④ 행정청은 이행강제금을 부과받은 자가 납부기한까지 이행강제금을 내지 아니하면 국세강제징수의 예 또는 「지방행정제재·부과금의 징수 등에 관한 법률」에 따라 징수한다.
	⑤ 이행강제금의 부과는 침익적 처분이므로 행정절차상 의견청취절차를 거쳐야 한다.

2 시정명령과 이행강제금

시정명령과 이행강제금	① 이행강제금의 부과·징수를 위한 계고는 시정명령을 불이행한 경우에 취할 수 있는 절차이므로 이행강제금을 부과·징수할 때마다 시정명령절차를 다시 거칠 필요는 없다.
	② 시정명령은 과거의 의무위반행위 중지와 장래에 반복될 동일 행위의 반복 금지도 명할 수 있다.
	③ 노동위원회가 지급의무의 대상이 되는 임금 상당액의 액수를 특정하지 않았다고 해도 구제명령 불이행을 이유로 한 이행강제금 부과처분은 적법하다.
	④ 사용자가 이행하여야 할 행정법상 의무의 내용을 초과하는 것을 '불이행 내용'을 이유로 한 이행강제금 부과처분은 위법하다.
	⑤ 「국토의 계획 및 이용에 관한 법률」 제54조가 준용되지 않는 용도변경, 「국토의 계획 및 이용에 관한 법률」 제54조를 위반한 행위가 있더라도 「건축법」에 근거한 시정명령과 그 불이행에 따른 이행강제금 부과처분을 할 수 없다.
	⑥ 시정명령을 받은 의무자가 정당한 방법으로 행정청에 신청 또는 신고를 하였으나 행정청이 위법하게 거부 또는 반려함으로써 그 처분이 취소된 경우, 시정명령의 불이행을 이유로 이행강제금을 부과할 수 없다.
시정명령과 이행강제금 하자승계	시정명령이 무효가 아닌 한 하자승계가 인정되지 않는다.

| 의무를 이행한 경우
이행강제금 | ① 시정명령을 받은 자가 이를 이행하면 새로운 이행강제금의 부과를 즉시 중지하되, 이미 부과된 이행강제금은 징수하여야 한다.
② 이행명령을 받은 의무자가 최초의 이행명령에서 정한 기간이 지난 후에 이행한 경우라도 최초의 이행강제금을 부과할 수 없다.
③ 건축주가 장기간 시정명령을 이행하지 아니하였으나 이행 기회가 제공되지 아니한 과거의 기간에 대한 이행강제금까지 한꺼번에 부과할 수 없다. 이를 위반하여 이루어진 이행강제금 부과처분은 무효이다.
④ 「독점규제 및 공정거래에 관한 법률」상 이행강제금이 부과되기 전에 시정조치를 이행하거나 부작위의무를 명하는 시정조치 불이행을 중단한 경우, 과거의 시정조치 불이행기간에 대하여 이행강제금을 부과할 수 있다(2018두63563). |

3 이행강제금 부과에 대한 불복절차

「건축법」상 이행강제금 부과에 대한 불복수단	① 「비송사건절차법」(X), 「행정소송법」상 항고소송(O) ② 이행강제금 부과처분에 대한 불복방법에 관하여 아무런 규정을 두고 있지 않은 경우에는 이행강제금 부과처분은 행정행위이므로 행정심판·행정소송을 제기할 수 있다.
「농지법」의 이행강제금 부과처분	① 「비송사건절차법」에 따른 과태료 재판에 준하여 재판한다. ② 행정청이 행정소송을 할 수 있다고 잘못 안내했더라도 행정법원의 재판관할이 생기는 것은 아니다.

제4절　직접강제

법적 근거	「행정기본법」이 일반법이다.
직접강제의 수단	① 「식품위생법」 등에 규정된 무허가영업소의 영업소폐쇄명령을 받은 후 영업을 하는 업소에 대한 강제폐쇄는 직접강제이다. 강제폐쇄에는 영장이 필요 없다. ② 무등록학원 폐쇄도 직접강제이다. ③ 불법입국한 외국인 강제퇴거, 감염병환자 강제퇴거는 직접강제이다.
직접강제의 대상	대체적 작위의무, 비대체적 작위의무, 부작위의무, 수인의무 등 모든 의무의 불이행
직접강제의 보충성 (「행정기본법」 제32조)	직접강제는 행정대집행이나 이행강제금 부과의 방법으로는 행정상 의무이행을 확보할 수 없거나 그 실현이 불가능한 경우에 실시하여야 한다.
직접강제에 대한 불복	권력적 사실행위이므로 항고소송 대상(O), 강제퇴거는 헌법소원 대상(O), 손해배상청구(O)

1 강제징수 근거

「국세기본법」(X) / 「국세징수법」(○)

2 강제징수절차로서 독촉

강제징수절차	독촉 → 체납처분절차(압류 → 매각 → 청산): 독촉은 체납절차가 아니다.
독촉의 법적 성질	① 준법률행위적 행정행위 중 의사의 통지행위, 항고소송 대상(○) ② 독촉 후 동일한 내용의 독촉은 항고소송의 대상이 아니다.
독촉장의 발급	국세를 지정납부기한까지 완납하지 아니한 경우 세무서장은 지정납부기한이 지난 후 10일 이내에 독촉장을 발급하여야 한다(「국세징수법」 제10조 제1항).
납부기한	납부기한을 발급일부터 20일 내로 한다(「국세징수법」 제10조 제2항).
독촉절차를 생략한 압류처분을 한 경우	① 납세고지와 독촉절차 없이 한 압류처분: 무효(○) ② 납세고지는 하였으나 독촉절차 없이 한 압류처분: 취소사유(○), 무효(×)

3 압류

법적 성질	① 권력적 사실행위(○), 처분(○) → 항고소송 대상(○) ② 압류에는 영장이 필요 없다.
압류 대상	① 무체재산권(○) ② 체납자가 사망한 후 체납자 명의의 재산에 대하여 한 압류는 그 재산을 상속한 상속인에 대하여 한 것으로 본다. ③ 납세자의 압류된 재산의 가액이 징수할 국세액을 초과한다 하여 압류가 당연무효의 처분이라고 할 수 없다. ④ 세무공무원이 질권이 설정된 재산을 압류하고자 할 때에는 그 질권자는 질권의 설정시기 여하에 불구하고 질물을 세무공무원에게 인도하여야 한다. ⑤ 재판상의 가압류 또는 가처분 재산도 체납처분할 수 있다. ⑥ 납세자가 아닌 제3자의 재산을 대상으로 한 압류처분은 당연무효이다.
압류가 금지되는 재산	① 체납자와 그 동거가족의 생활에 없어서는 아니 될 의복·침구·가구 등 ② 체납자와 그 동거가족이 필요한 3개월간의 식료와 연료 ③ 발명 또는 저작에 관한 것으로 공표되지 않는 것 ④ 국내은행 해외지점에 예치된 예금에 대한 반환채권을 대상으로 한 압류: 무효
급여	총액의 2분의 1에 해당하는 금액 압류금지

압류해제	택지소유 상한을 넘은 토지에 대한 초과부담금이 부과되었는데 이를 납부하지 않아 재산이 압류되었다. 그 후 헌법재판소가 「택지소유 상한에 관한 법률」에 대해 위헌결정을 한 경우 행정청은 압류를 해제해야 한다.
압류 불복	① 압류등기 후 취소소송의 제기: 소유권자(O), 사실상 양수인(X) ② 체납자는 자신이 점유하는 제3자 소유의 동산에 대한 압류처분에 대해 취소나 무효확인을 구할 <u>원고적격이 있다.</u> ③ 압류처분에 기한 압류등기가 경료되어 있는 경우에도 압류처분의 무효확인을 구할 이익이 있다.

4 매각

매각방법	① 매각에는 공매와 수의계약이 있다. 공매가 매각의 원칙적인 절차이다. ② 공매는 법률행위적 행정행위의 하나인 대리이다. 공매공고기간은 공고한 날부터 10일이 지난 후 ③ 수의계약은 사법상의 매매계약이다.
공매통지	① 공매통지는 행정처분이 아니다. ② 공매통지는 단순히 공매 자체를 체납자에게 알려 주는 데 불과한 것이 아니라, 공매의 절차적 요건이다. 따라서 공매통지를 하지 않은 공매처분은 절차상 흠이 있어 위법하다. ③ 체납자 등에 대한 공매통지를 하지 아니한 채 공매처분을 하였다 해도 그 공매처분이 당연무효로 되는 것은 아니다.
공매처분	① 공매처분은 항고소송의 대상이 되는 행정처분이다. ② 공매에 의해 재산을 매수한 자는 공매처분이 취소된 경우에 그 취소처분의 위법을 주장하여 행정소송을 제기할 법률상 이익이 있다. ③ 세무서장이 압류한 재산에 대해 직접 공매하는 것이 부적당하다고 인정하여 한국자산관리공사로 하여금 공매를 대행하게 한 경우, 그 공매는 세무서장이 한 것으로 본다(「국세징수법」 제103조 제1항). ↔ <종전 판례> 한국자산관리공사가 세무서장의 위임을 받아 공매처분을 한 경우 한국자산관리공사가 피고가 된다(96누1757). ④ 공매재산이 부당하게 저렴한 가격으로 공매된 경우 그 공매처분은 당연무효인 것은 아니다. ⑤ 따라서 이러한 공매처분으로 손해를 받은 자는 손해배상을 청구할 수 있으나, 매수인이 공매절차에서 취득한 공매재산의 시가와 감정평가액의 차액 상당을 법률상의 원인 없이 부당이득한 것이라고는 볼 수 없다.

5 청산

체납액의 징수순위	체납처분비 → 국세(가산세는 제외) → 가산세
잔액이 있는 때	체납자에게 지급하여야 한다.
교부청구기간	압류재산이 매수인에게 이전되기 전까지 성립·확정된 조세채권에 관해서만 교부청구할 수 있다.
소멸시효 중단	체납자에게 교부청구사실을 알리지 아니하였다고 하여 소멸시효 중단의 효력에 영향이 없다.

6 하자승계

과세처분 무효	압류무효
과세처분이 무효가 아닌 경우	강제징수절차에 하자는 승계되지 않는다.
독촉과 체납절차	하자가 승계된다.

7 강제징수에 대한 불복절차

국세의 경우 「국세기본법」의 심사청구 또는 심판청구를 거쳐 항고소송으로 불복하여야 한다.

행정상 즉시강제와 행정조사

제1절 행정상 즉시강제

1 행정상 즉시강제와 강제집행

구분	즉시강제	강제집행
하명과 의무불이행이 요건인지 여부	X	○
1차적 수단	X	○

2 행정상 즉시강제의 법적 근거

① 법률에 근거가 있어야 한다.
② 「행정기본법」이 일반법이다.

3 행정상 즉시강제의 유형

대인적 강제	① 정신착란 또는 술 취한 상태로 자신 또는 타인의 생명·신체·재산에 위해를 끼칠 우려가 있는 사람 등에 대한 보호조치 ② 천재, 사변, 위험물 폭발, 위험한 동물 등의 출현 시 그 장소에 모인 사람 등에 대한 억류 또는 피난조치 ③ 경찰장비·경찰장구·분사기·무기의 사용 ④ 마약중독자에 대한 치료보호 ⑤ 성매개감염병의 예방을 위해 종사자의 건강진단강제 ⑥ 감염병환자의 강제입원치료 ⑦ 정신질환자 응급입원조치 ⑧ 화재발생 시 소방활동종사명령 ⑨ 수난구호활동종사명령 ⑩ 불법체류외국인에 대한 보호조치 　　cf 불법체류외국인 강제퇴거는 직접강제(○)
대물적 강제	① 무기·흉기 등 위험을 일으킬 수 있는 것으로 인정되는 물건의 임시영치 ② 위해방지조치(예 도로에 무단방치되어 있는 장애물제거조치) ③ 관세범죄 물품의 압수 ④ 「청소년 보호법」상 청소년유해매체물의 수거·폐기 ⑤ 등급미분류게임물 광고·선전물의 수거·폐기 ⑥ 「식품위생법」상 식품의 폐기 ⑦ 「도로교통법」상 불법주차 차량에 대한 견인조치

	⑧ 「약사법」상 의약품의 폐기
	📖 「가축전염병 예방법」상 살처분명령: 행정상 즉시강제(X) / 하명 – 직접강제
대가택 강제	① 인명 · 신체 · 재산에 위해가 절박한 경우 경찰의 타인 토지 · 건물 · 배 · 차에 출입
	② 범죄예방을 위한 흥행장 · 여관 · 음식점 등 경찰의 출입

4 행정상 즉시강제의 한계

시간상	급박성 요건
목적상	소극적 목적(O) / 적극적 목적(X), 새로운 사회질서(X)
보충성 요건	즉시강제는 다른 수단으로는 행정목적을 달성할 수 없는 경우에만 허용되며, 이 경우에도 최소한으로만 실시하여야 한다.
비례원칙	타인 재산에 위해를 제거하기 위해 인신을 구속하는 것은 비례원칙에 위반되므로 허용되지 않는다.
영장주의 적용 여부	① 대법원: 단기간의 동행보호를 허용한 구 「사회안전법」상 동행보호규정은 사전영장주의를 규정한 헌법규정에 반하지 않는다.
	② 헌법재판소: 등급분류를 받지 않은 게임물 수거 · 폐기
	㉠ 즉시강제는 보충적으로 인정된다.
	㉡ 행정상 즉시강제에는 영장주의가 적용되지 않는다. 적법절차원칙은 적용된다.
	㉢ 영장 없이 게임물을 수거 · 폐기하도록 한 법률은 영장주의에 위배되지 않는다.

5 적법한 즉시강제

손실보상

6 위법한 즉시강제에 대한 구제

행정쟁송	① 처분성 인정
	② 즉시강제가 완료된 후 소가 제기될 가능성이 커서 소의 이익이 없다는 이유로 각하될 가능성이 크다. → 항고소송에서 소의 이익이 없는 경우 헌법소원심판청구가 가능하다(예 불법체류외국인 보호조치).
손해배상	O, 실효적 권리구제 수단
정당방위	위법한 즉시강제에 저항하는 것은 정당방위로서 공무집행방해죄를 구성하지 아니한다.
위법한 즉시강제를 한 공무원의 형사책임과 징계	① 형사책임(O)
	② 징계책임(O)

1 권력적 조사와 비권력적 조사

구분	권력적 조사	비권력적 조사
의미	행정기관의 일방적인 명령·강제를 수단으로 하는 강제조사	행정기관의 일방적인 명령·강제를 수반하지 않는 임의조사
법률유보 적용	○	X
성질	권력적 사실행위	비권력적 사실행위
예	① 불심검문(즉시강제로 보는 견해도 있음) ② 물건의 수거·검사, 음주측정, 가택수색 ③ 화재원인과 피해상황에 대한 조사·질문 ④ 세무조사	여론조사, 통계조사, 종교조사

2 법적 근거

일반적인 행정조사	① 법령에 근거가 있어야 행정조사가 가능하다. ② 법령은 「행정조사기본법」이 아니라 다른 개별법령을 말한다.
조사대상자의 자발적 협조를 받아 실시하는 행정조사	① 법령의 근거가 필요 없다. ② 개별법령 등에서 행정조사를 규정하고 있는 경우에도 할 수 있다.

3 행정조사의 한계

실체법적 한계	① 권력적 행정조사의 경우에는 근거된 법규의 범위 내에서만 허용된다. ② 조사의 목적에 필요한 범위 내에서만 허용되는 것이므로 그 이외의 목적을 위하여 행하여서는 아니 된다. 따라서 범죄수사의 목적으로 행하여지는 행정조사는 위법한 것이다. ③ 행정조사는 행정목적의 달성에 적합한 수단으로, 필요한 최소한도의 범위 내에서, 공익과 사익 사이에 균형(상당성)이 이루어지도록 해야 한다.
절차법적 한계	① 적법절차의 원칙: 행정조사에도 적용 　📖 세무공무원의 세무조사권의 행사에서도 적법절차의 원칙은 준수되어야 한다. ② 행정조사가 처분에 해당하는 경우: 「행정절차법」상의 처분절차에 관한 규정 적용
권력적 행정조사와 영장주의	① 원칙: (○) ② 예외: 긴급을 요하는 경우(X) ③ 우편물 통관검사절차에서 압수·수색영장 없이 우편물의 개봉, 시료채취, 성분분석 등의 검사가 진행되었다 해도 위법하지 않다.

위법한 행정조사의 하자승계	① 과세처분이 세법상 금지되는 재조사에 기초하여 이루어졌다면 위법하다. ② 중복하여 실시된 위법한 세무조사에 기초하여 이루어진 과세처분은 위법하다. ③ 운전자 본인의 동의를 받지 아니하고 또한 법원의 영장도 없이 채혈조사를 한 결과를 근거로 한 운전면허정지 · 취소처분은 위법하다.

4 행정조사로 권리를 침해당한 경우 구제절차

구분	손실보상	손해보상	항고소송의 대상
권력적 행정조사	○	○	○ 📖 세무조사결정: 항고소송의 대상이 된다.
비권력적 행정조사	X	X	X

5 「행정조사기본법」의 적용과 행정조사 기본원칙

행정조사의 개념	① 현장조사 · 문서열람 · 시료채취 등을 하거나 조사대상자에게 보고요구 · 자료제출요구 및 출석 · 진술요구를 행하는 활동을 말한다. ② 직접 법적 효과를 가져오지 않는 사실행위이다.
근로감독관의 직무에 관한 사항, 세무조사, 금융감독기관 감독 · 검사, 공정거래위원회의 조사, 조세 · 형사에 관한 사항	① 원칙: 「행정조사기본법」은 적용하지 아니한다. ② 예외: 행정조사의 기본원칙(비례원칙 등)은 적용될 수 있다.
행정조사의 기본원칙	① 조사범위의 최소화와 조사남용금지의 원칙 ② 조사목적적합성의 원칙 ③ 중복조사금지의 원칙 ④ 예방위주(법령준수유도)조사의 원칙: 처벌위주조사(X) ⑤ 조사내용의 공표금지와 비밀누설금지의 원칙 ⑥ 행정조사를 통해 알게 된 정보의 타용도 이용 · 제공금지의 원칙

6 조사방법

조사의 주기	① 정기조사원칙 ② 다음의 경우에는 수시조사할 수 있다. 　㉠ 법률에서 수시조사를 규정하고 있는 경우 　㉡ 법령등의 위반에 대하여 혐의가 있는 경우 　㉢ 다른 행정기관으로부터 법령등의 위반에 관한 혐의를 통보 또는 이첩받은 경우 　㉣ 법령등의 위반에 대한 신고를 받거나 민원이 접수된 경우 　㉤ 그 밖에 행정조사의 필요성이 인정되는 사항으로서 대통령령으로 정하는 경우

조사대상자 선정	① 행정조사 목적, 법령준수 실적, 자율적 준수를 위한 노력 등을 고려하여 조사대상자를 선정하여야 한다. ② 조사대상자는 조사대상 선정기준에 대한 열람을 행정기관의 장에게 신청할 수 있다. → '법령'에서 규정하고 있는 경우에 한하여 신청할 수 있는 것이 아니다. ③ 조사업무를 수행할 수 없을 정도로 지장을 초래하는 경우와 내부고발자 보호를 제외하고는 선정기준 열람을 허용해야 한다.
야간 현장조사 금지원칙	① 현장조사는 해가 뜨기 전이나 해가 진 뒤에는 할 수 없다. ② 야간조사가 가능한 경우 　㉠ 조사대상자(대리인 및 관리책임이 있는 자를 포함)가 동의한 경우 　㉡ 사무실 또는 사업장 등의 업무시간에 행정조사를 실시하는 경우 　㉢ 해가 뜬 후부터 해가 지기 전까지 행정조사를 실시하는 경우에는 조사목적의 달성이 불가능하거나 증거인멸로 인하여 조사대상자의 법령등의 위반 여부를 확인할 수 없는 경우 ③ 조사상대방으로부터 구체적인 위반사실을 자인하는 내용의 확인서를 작성받은 경우, 그 확인서의 증거가치를 쉽게 부정할 수 없다.
시료채취	① 최소한도로 시료채취 ② 시료채취로 조사대상자에게 손실을 입힌 때에는 그 손실을 보상하여야 한다.
공동조사	① 강행규정 ② 당해 행정기관 내의 2 이상의 부서가 동일하거나 유사한 업무분야에 대하여 동일한 조사대상자에게 행정조사를 실시하는 경우, 서로 다른 행정기관이 대통령령으로 정하는 분야에 대하여 동일한 조사대상자에게 행정조사를 실시하는 경우 공동조사를 해야 한다.
중복조사 제한	① 동일사안에 대해 동일대상자 재조사 금지 ② 위법행위가 의심되는 새로운 증거 발견 시 재조사 가능
조사를 위한 사전통지	① 출석요구서 등을 조사개시 7일 전까지 조사대상자에게 서면으로 통지해야 한다. ② 행정조사의 개시와 동시에 출석요구서 등을 조사대상자에게 제시하거나 행정조사의 목적 등을 조사대상자에게 구두로 통지할 수 있는 경우 　㉠ 미리 통지하는 때에는 증거인멸 등으로 행정조사의 목적을 달성할 수 없다고 판단되는 경우 　㉡ 「통계법」 제3조 제2호에 따른 지정통계의 작성을 위하여 조사하는 경우 　㉢ 조사대상자의 자발적인 협조를 얻어 실시하는 행정조사의 경우
조사대상자의 권리	① 행정조사의 연기를 요청할 수 있다. → 7일 이내 조사연기 여부 통지 ② 조사원 교체신청 　㉠ 행정기관의 장에게 당해 조사원의 교체를 신청할 수 있다. 　㉡ 교체신청을 받은 행정기관의 장은 즉시 이를 심사하여야 한다. 행정기관의 장은 교체신청이 타당하다고 인정되는 경우에는 다른 조사원으로 하여금 행정조사를 하게 하여야 한다.

자발적 협조에 따라 실시하는 행정조사	① 법령에 근거할 필요 없다. ② 행정조사를 거부할 수 있다. ③ 조사 여부에 대해 응답을 하지 아니하는 경우에는 법령등에 특별한 규정이 없는 한 그 조사를 거부한 것으로 본다.
조사결과 통지	행정조사 결과를 확정한 날부터 7일 이내 결과를 당사자에게 통지하여야 한다.
자율신고제도	① 행정기관의 장은 조사사항을 조사대상자로 하여금 스스로 신고하도록 하는 제도를 운영할 수 있다. ② 행정기관의 장은 그 신고내용을 행정조사에 갈음할 수 있다.

제1절 행정벌 서론

1 이행강제금과 행정벌의 비교

구분	이행강제금(집행벌)	행정벌
목적	장래에 향하여 의무이행의 확보 → 간접적 의무이행 확보수단	과거의 의무위반에 대한 제재 → 간접적 의무이행 확보수단
내용	의무불이행 시 이행강제를 위해 부과하는 금전부담	생명 · 자유 · 재산 등을 제한 · 박탈
부과권자	행정청	법원
고의 · 과실 요부	불요	원칙적으로 의무위반에 대해 의무자의 고의 · 과실이 있어야 과할 수 있음.
반복적 부과 가부	반복적 부과 가능 → 일사부재리원칙의 부적용	반복적 부과 불가 → 일사부재리원칙의 적용
병과	이행강제금과 행정벌은 목적 등을 달리하므로 하나의 행위가 동시에 양자의 대상, 즉 병과될 수 있음. → 양자 간에는 일사부재리원칙의 부적용(2005마30)	

2 징계벌과 행정벌의 비교

구분	징계벌	행정벌
목적	특별행정법(권력)관계에서 내부의 질서유지	일반행정법(권력)관계에서 과거의 의무위반에 대한 제재
내용	신분적 이익의 전부(파면 · 해임)나 일부(강등 · 정직 · 감봉 · 견책)의 박탈	생명 · 자유 · 재산 등을 제한 · 박탈
부과권자	특별권력의 주체	법원
상대방	행정조직의 내부구성원인 공무원	일반국민
고의 · 과실 요부	불요	원칙적으로 의무위반에 대해 의무자의 고의 · 과실이 있어야 과할 수 있음.
반복적 부과 불가	반복적 부과 불가 → 일사부재리원칙의 적용	반복적 부과 불가 → 일사부재리원칙의 적용
병과	징계벌과 행정벌은 목적 등을 달리하므로 하나의 행위가 동시에 양자의 대상, 즉 병과될 수 있음. → 양자 간에는 일사부재리원칙의 부적용	

3 일사부재리원칙과 행정벌

[일사부재리원칙(이중처벌금지원칙)의 적용 여부가 문제되는 경우]

유형	일사부재리원칙(이중처벌금지원칙) 위반
형사벌과 행정형벌	위반이다.
행정벌과 징계벌	위반 아니다.
행정벌과 이행강제금	위반 아니다(2005마30).
행정형벌과 과징금	위반 아니다(2006두4554).
행정형벌과 행정처분(운행정지처분)	위반 아니다(82누439).
행정질서벌과 행정처분	위반 아니다.
직위해제처분과 감봉처분	위반 아니다(83누184).
형벌과 신상공개	위반 아니다(2002헌가14).

4 행정형벌과 행정질서벌의 비교

구분	행정형벌	행정질서벌
유형	사형, 징역, 금고, 구류, 벌금, 과료, 자격정지, 몰수	과태료
「형법」상 형벌인지 여부	○	X
형법총칙 적용	○	X
죄형법정주의 적용	○	○(다수설), X(헌법재판소 판례)
고의 · 과실	○	○
절차법	「형사소송법」	「질서위반행위규제법」
절차	① 일반절차: 형사소송 ② 특별절차: 통고처분 · 즉결심판	과태료 재판

5 행정형벌과 행정질서벌의 선택

행정형벌을 과할 것인지, 행정질서벌인 과태료를 과할 것인지는 입법자의 재량이다(94헌바14).

학설	이중처벌인지에 대해 견해 대립
대법원 판례	과태료처분을 받고 이를 납부한 일이 있다 하더라도 그 후에 형사처벌을 한다고 해서 일사부재리의 원칙에 어긋나는 것이라고 할 수 없다.
헌법재판소 판례	동일한 행위를 대상으로 하여 형벌을 부과하면서 아울러 행정질서벌로서의 과태료까지 부과한다면 그것은 이중처벌금지의 기본정신에 배치되어 국가입법권의 남용으로 인정될 여지가 있음을 부정할 수 없다(92헌바38).

제2절 행정형벌

1 행정형벌의 근거와 책임

근거	죄형법정주의 적용, 반드시 법률에 근거
형법총칙 적용	적용(O), 개별법에 규정이 있는 경우 배제할 수 있다.
무효인 행정처분의 위반을 이유로 한 행정형벌 부과	구두로 한 소방시설 등의 설치 또는 유지·관리에 대한 명령은 무효이므로, 위 명령 위반을 이유로 행정형벌을 부과할 수 없다.
과실범 처벌	① 법률에 특별한 규정이 있는 경우에 한해 처벌한다. ② 법률에 특별한 규정: 명문규정 + 해석상 과실범을 처벌할 뜻이 취지상 명확하게 인정되는 경우 ③ 배출허용기준을 초과하는 배출가스를 배출하는 자동차를 운행하는 행위를 처벌하는 규정은 과실범의 경우에도 적용된다.
법인의 행정형벌 책임	① 법인: 법률에 법인의 대리인·사용인·종업원이 법을 위반하여 처벌할 때 법인도 처벌한다는 양벌규정이 있는 경우에 한해 법인도 처벌할 수 있다. ② 지방자치단체: 자치사무를 처리하는 경우 양벌규정에 의한 처벌대상이 된다. ③ 기관위임사무: 항만순찰과 같이 국가로부터 위임받은 기관위임사무에 대한 사무 처리가 위법한 경우 지방자치단체를 처벌할 수 없다.
타인의 행위에 대한 책임	① 명문규정이 있는 경우: 피고용인의 행정법규 위반을 이유로 감독자, 사용인을 처벌할 수 있다. ② 다단계 판매원은 양벌규정에 있어 사용인의 지위에 있다. ③ 양벌규정은 건설공사시공자(폐기물처리시설의 설치·운영자)가 아니면서 그러한 업무를 실제로 집행하는 자에 대한 처벌의 근거규정이 된다. ④ 법인격 없는 사단에 고용된 사람(교회 건설부장)이 건축허가를 받지 아니하고 건축물을 건축한 경우 「건축법」상 양벌규정에서 정한 '개인'의 지위에 있다 하여 그를 처벌할 수 없다.

PART 04

해커스공무원 황남기 행정법총론 문제족보를 밝히다

	⑤ 금지위반행위자인 종업원의 범죄성립이나 처벌이 양벌규정에 의한 영업주 처벌의 전제조건이 되는 것은 아니다. ⑥ 종업원의 범죄행위에 대해 영업주가 비난받을 만한 행위가 있었는지 여부와 전혀 관계없이 종업원의 범죄행위가 있으면 자동적으로 영업주도 처벌하도록 한 것은 책임주의에 위반된다. → 영업주 과실책임
책임능력	① 14세 미만의 행위는 벌하지 않는다. ② 심신상실자의 행위는 벌하지 않는다. ③ 심신미약자의 행위는 처벌을 경감한다. ④ 심신장애자의 행위는 처벌하지 않거나 형을 경감한다. ⑤ 스스로 심신장애를 일으켜 질서위반행위를 한 자에 대해서는 형을 경감하지 않는다.

2 행정형벌의 과벌절차

1. 일반절차

일반절차	「형사소송법」에 따른다.
특별절차	통고처분, 즉결심판

2. 행정형벌의 특별한 과벌절차로서 통고처분

통고처분의 의의	벌금 또는 과료에 해당하는 사건에서 법률에 특별한 규정이 있는 경우 범칙금을 부과하는 처분이다.
성질	① 통고처분: 항고소송의 대상인 처분이 아니다. ② 통고처분을 행정심판이나 행정소송의 대상에서 제외하고 있는 「관세법」은 재판청구권을 침해했다고 할 수 없다.
통고처분의 대상	① 통고처분은 법률에 규정이 있는 경우에 한해 부과할 수 있다. ② 통고처분은 범칙금의 통고이지, 벌금·과료의 통고는 아니다.
통고처분권자	① 행정청: 지방국세청장, 세무서장, 관세청장, 세관장, 지방출입국이나 외국인관서의 장, 경찰서장, 제주특별자치도 도지사 등 ② 검사(X)
통고처분의 효과	① 통고이행은 상대방의 임의에 맡겨진 문제이므로, 통고이행을 강제하거나 의무를 부과하는 것은 아니다. ② 통고처분에서 정한 범칙금 납부기간이 경과하지 아니한 경우, 원칙적으로 즉결심판을 청구할 수 없고, 검사도 동일한 범칙행위에 대하여 공소를 제기할 수 없다. ③ 공소시효의 중단

통고처분을 받은 자가 범칙금을 납부한 경우	① 행정형벌의 부과절차는 종료된다. ② 일사부재리원칙이 적용된다. → 검사 소추(X), 법원 처벌(X) ③ 범칙금을 납부한 경우 확정재판의 효력에 준하는 효력이 인정된다. ④ 범칙행위의 동일성을 벗어난 형사범죄행위에 대해서는 범칙금 납부에 따라 확정 판결에 준하는 일사부재리원칙이 발생하지 않는다.
범칙금을 납부하지 않은 경우	① 통고처분의 효력: 상실(O), 행정쟁송으로 다툴 수 없다. ② 경찰서장, 제주특별자치도 두지사(O), 검사(X): 즉결심판청구 → 피고인, 7일 이내 정식재판청구 ③ 관세청장, 지방국세청장 　㉠ 고발 → 검사의 공소제기 → 형사소송 　㉡ 고발을 한 후 한 통고처분은 효력이 없고, 통고처분을 이행하였더라도 일사 　　부재리의 원칙이 적용될 수 없다. 　㉢ 관세청장 등의 고발 없이 검사는 공소를 제기할 수 없다. 　㉣ 관세청장의 통고 여부는 재량이므로, 통고 없이 고발할 수 있고, 통고 없이 　　고발했다고 하더라도 고발 및 공소제기가 부적법한 것은 아니다.

3. 즉결심판

의의	즉결심판이란 범증이 명백하고 죄질이 경미한 범죄사건에 대하여 지방법원의 판 사가 신속하게 처리하는 심판절차를 말한다.
대상	20만 원 이하의 벌금, 구류 또는 과료 사건을 대상으로 한다.
즉결심판의 청구	관할 경찰서장, 해양경비안전서장이 관할 법원에 즉결심판을 청구한다.
정식재판 청구	① 정식재판을 청구하고자 하는 피고인은 7일 이내에 정식재판청구서를 경찰서 장에게 제출하여야 한다. ② 즉결심판은 정식재판의 청구에 의한 판결이 있는 때에는 그 효력을 잃는다.

제3절　행정질서벌

1 의의

① 과태료가 부과되는 행정벌이다.

② 형법총칙상의 형벌이 아니다. → 형법총칙 적용(X)

③ **죄형법정주의 적용 여부**: 긍정설(다수설), 부정설(헌법재판소 판례) → 과태료는 행정상의 질서 유
지를 위한 행정질서벌에 해당할 뿐이므로 죄형법정주의의 규율대상에 해당하지 아니한다.

2 질서위반행위

질서위반행위	법률·조례상의 의무를 위반하여 과태료를 부과하는 행위이다. 📖 지방자치단체의 규칙에 위반하면 과태료 부과(X)
질서위반행위가 아닌 것	① 대통령령으로 정하는 사법상·소송법상 의무를 위반하여 과태료를 부과하는 행위 ② 대통령령으로 정하는 법률에 따른 징계사유에 해당하여 과태료를 부과하는 행위
「질서위반행위규제법」	① 법률에 따르지 아니하고는 어떤 행위도 질서위반행위로 과태료를 부과하지 아니한다. ② 과태료의 부과·징수, 재판 및 집행 등의 절차에 관한 다른 법률의 규정 중 이 법의 규정에 저촉되는 것은 이 법으로 정하는 바에 따른다(제5조). ③ 「질서위반행위규제법」은 질서위반행위의 요건에 관한 근거법은 아니고, 부과요건, 과태료 부과절차, 징수에 관한 일반법이다. ④ 과태료 부과는 「비송사건절차법」이나 「형사소송법」에 따른다. (X)

3 「질서위반행위규제법」 적용

시간적 범위	① 행위 시의 법률에 따른다. ② 질서위반행위 후 법률이 변경되어 그 행위가 질서위반행위에 해당하지 않거나 과태료가 가볍게 된 때: 변경된 법률 적용 → 행위 시의 법률에 의하면 과태료 부과 대상이었지만 개정된 재판 시의 법률에 의하면 부과 대상이 아니게 된 때 재판 시의 법률을 적용해야 하므로 과태료를 부과할 수 없다. ③ 과태료처분이나 법원의 과태료 재판 확정 후 법률이 변경되어 그 행위가 질서위반행위에 해당하지 아니하게 된 때: 과태료 징수·집행의 면제
장소적 범위	① 대한민국 영역 안에서 질서위반행위: 국민, 외국인 적용 ② 대한민국 영역 밖에서 질서위반행위: 대한민국 국민 적용 ③ 대한민국 영역 밖에 있는 대한민국 선박·항공기 안에서 질서위반행위: 외국인 적용

4 과태료 부과 요건

고의·과실	① 기존 대법원 판례: 고의·과실은 요하지 아니한다. ② 고의 또는 과실이 없는 질서위반행위는 과태료를 부과하지 아니한다. ③ 토지거래허가를 받은 직후 주거용 건물을 신축하려고 하였으나 인근 토지소유자가 차량 출입을 방해함으로써 착공에 이르지 못한 경우, 고의·과실이 부인될 수 있다.
위법성 착오	① 자신의 위법행위가 위법하지 아니한 것으로 오인 + 오인에 정당한 이유가 있는 때, 과태료를 부과하지 않는다. ② 자신의 행위가 위법하지 아니한 것으로 오인하고 행한 질서위반행위는 과태료를 부과하지 아니한다. (X) ③ 과태료는 의무 해태를 탓할 수 없는 정당한 사유가 있는 때에는 이를 부과할 수 없다.

5 책임능력

14세 미만 자	과태료 부과(X)
심신장애로 인한 심신상실자	과태료 부과(X)
심신장애로 인한 심신미약자	과태료 감경(○)
스스로 심신장애를 일으켜 질서위반한 자	과태료 부과(○)
법인의 책임	법인의 대표자, 법인 또는 개인의 대리인·사용인 및 그 밖의 종업원이 업무에 관하여 법인 또는 그 개인에게 부과된 법률상의 의무를 위반한 때에는 법인 또는 그 개인에게 과태료를 부과한다(「질서위반행위규제법」 제11조).
책임자	현실적인 행위자가 아니더라도, 법령상 책임자로 규정된 자에게 부과된다.

6 과태료 부과

다수인의 질서위반행위 가담	① 2인 이상이 질서위반행위에 가담한 때에는 각자가 질서위반행위를 한 것으로 본다. ② 신분에 의하여 성립하는 질서위반행위에 신분이 없는 자가 가담한 때: 신분이 없는 자, 질서위반행위 성립 ③ 신분에 의하여 과태료를 감경 또는 가중하거나 과태료를 부과하지 아니하는 때: 신분이 없는 자, 과태료 감경 또는 가중(X)
수개의 질서위반행위	하나의 행위가 2 이상의 질서위반행위에 해당하는 경우에는 각 질서위반행위에 대하여 정한 과태료 중 가장 중한 과태료를 부과한다. 이 경우를 제외하고 각각 과태료를 부과한다.
과태료 부과와 사법(私法)적 효력	① 질서위반행위에 대한 과태료 부과로 사법적 효력: 영향을 주지 않는다. ② 과태료를 부과한다고 하여 주택공급계약의 사법적 효력까지 부인된다고 할 수 없다.
과태료의 제척기간과 시효	① 과태료 부과의 제척기간: 질서위반행위가 종료된 날(다수인이 질서위반행위에 가담한 경우 최종행위가 종료된 날)부터 5년 ② 과태료의 소멸시효기간: 과태료 부과처분이나 과태료 재판이 확정된 후 5년 ③ 종전의 판례는 과태료 처벌에 있어 공소시효나 형의 시효 및 「국가재정법」상의 국가의 금전채권에 관한 소멸시효의 규정이 적용되지 않는다고 하였다.

7 과태료 부과절차와 불복절차

부과절차	사전통지(10일 이상 기간을 정하여 의견제출기회 부여) → 의견제출 → 과태료 부과 (서면 또는 동의하는 경우 전자문서로) → 60일 이내 이의제기(과태료 부과처분 효력상실) → 행정청, 14일 이내 법원 통보 → 법원, 과태료 재판 → 법원 결정 → 당사자와 검사 즉시항고(집행정지의 효력)
과태료의 처분성 여부	처분(X), 항고소송(X): 행정청으로부터 과태료 부과처분을 받은 자가 행정소송을 제기하면 과태료 부과처분의 집행이 정지된다. (X)
과태료 재판	① 처분청(O), 과태료 재판 법원(O), 검사(X) ② 과태료 재판의 경우 법원은 기록상 현출되어 있는 사항에 관해 직권으로 증거조사를 하고 이를 기초로 판단할 수 있으나, 행정청의 과태료 부과처분사유와 기본적 사실관계에 있어서 동일성이 인정되는 한도 내에서만 과태료를 부과할 수 있다. ③ 과태료 액수: 법관의 재량
과태료 사건의 관할	당사자의 주소지 지방법원 또는 그 지원(O), 과태료를 부과한 행정청의 소재지를 관할하는 행정법원(X)
약식재판	심문 없이 과태료 재판 → 7일 이내 이의제기 → 정식재판

8 과태료 집행절차

과태료 부과와 집행	법원, 과태료 부과 확정 → 검사의 명령에 의해 집행
과태료 체납자	① 사업정지, 허가취소 ② 30일 이내 법원의 감치결정 ③ 체납된 과태료와 관계되는 그 소유의 자동차번호판 영치 ④ 100분의 3에 상당하는 가산금 징수 + 1개월 경과할 때마다 1,000분의 12에 상당하는 중가산금 부과 ⑤ 강제노역(X)
상속재산 등에 대한 과태료 집행	① 과태료 부과 → 이의제기하지 않고 사망: 상속재산에 대해 집행 ② 과태료 부과 → 이의제기하지 않고 법인합병: 존속한 법인에 대해 집행
과태료의 징수유예	① 당사자가 과태료를 납부하기가 곤란하다고 인정되면 1년의 범위에서 분할납부나 납부기일의 연기를 결정할 수 있다. ② 사정의 변화로 유예할 필요가 없다고 인정되는 경우 징수유예를 취소하고, 한꺼번에 징수할 수 있다.

9 조례에 의한 과태료 부과

① 지방자치단체는 조례를 위반한 행위에 대하여 조례로써 1천만 원 이하의 과태료를 정할 수 있다.

② 과태료의 부과 · 징수, 재판 및 집행 등의 절차에 관한 사항은 「질서위반행위규제법」에 따른다.

CHAPTER 05 / 새로운 의무이행 확보수단

1 과징금과 과태료

구분	과징금	과태료
의의	행정법상 의무위반행위로 얻은 불법적인 이익박탈	행정법상 의무위반에 대한 처벌
행정법상 의무위반에 대한 제재	○	○
처분성	○	X
양자의 병과 가능	○	

2 과징금과 이행강제금

구분	과징금	이행강제금
일신전속적 성질	X	○
상속인에게 승계되는지 여부	○	X
간접적인 의무이행수단	○	

📖 **상속인 또는 상속재산에 대한 승계가능성**: 과징금(○), 이행강제금(X), 과태료(○), 행정적 제재(○), 재산세(○)

3 과징금의 법적 근거

법률유보	법률에 근거해야 과징금을 부과할 수 있다.
「행정기본법」	**│조문│** **제28조【과징금의 기준】** ① 행정청은 법령등에 따른 의무를 위반한 자에 대하여 법률로 정하는 바에 따라 그 위반행위에 대한 제재로서 과징금을 부과할 수 있다. ② 과징금의 근거가 되는 법률에는 과징금에 관한 다음 각 호의 사항을 명확하게 규정하여야 한다. 1. 부과·징수 주체 2. 부과 사유 3. 상한액

<table>
<tr>
<td></td>
<td>

4. 가산금을 징수하려는 경우 그 사항

5. 과징금 또는 가산금 체납 시 강제징수를 하려는 경우 그 사항

제29조 【과징금의 납부기한 연기 및 분할 납부】 과징금은 한꺼번에 납부하는 것을 원칙으로 한다. 다만, 행정청은 과징금을 부과받은 자가 다음 각 호의 어느 하나에 해당하는 사유로 과징금 전액을 한꺼번에 내기 어렵다고 인정될 때에는 그 납부기한을 연기하거나 분할 납부하게 할 수 있으며, 이 경우 필요하다고 인정하면 담보를 제공하게 할 수 있다.

1. 재해 등으로 재산에 현저한 손실을 입은 경우

2. 사업 여건의 악화로 사업이 중대한 위기에 처한 경우

3. 과징금을 한꺼번에 내면 자금 사정에 현저한 어려움이 예상되는 경우

4. 그 밖에 제1호부터 제3호까지에 준하는 경우로서 대통령령으로 정하는 사유가 있는 경우

</td>
</tr>
</table>

4 과징금 부과절차

<table>
<tr>
<td rowspan="1">과징금 부과</td>
<td>

① 반드시 현실적인 행위자가 아니라도 법령상 책임자로 규정된 자에게 부과

② 신설회사에 대하여 분할하는 회사의 분할 전 법 위반행위를 이유로 과징금을 부과하는 것은 허용되지 않는다.

③ 과징금의 대상은 회사 내부 조직인 관련 특정 사업 부문이 아니라 회사 자체이다.

④ 과징금 부과 후 새로운 자료가 나온 경우 <u>추가 과징금 부과 불가</u>

⑤ 동일한 행위에 대하여 「보험업법」과 「독점규제 및 공정거래에 관한 법률」을 <u>중첩적으로 적용하여 과징금을 각각 부과할 수 있다.</u>

⑥ 원칙적으로 위반자의 고의·과실 불요

⑦ 위반자의 의무 해태를 탓할 수 없는 정당한 사유가 있는 경우 부과 불가

⑧ 관할 행정청이 여객자동차 운송사업자의 여러 가지 위반행위를 인지한 경우, 인지한 여러 가지 위반행위 중 일부에 대해서만 우선 과징금 부과처분을 하고 나머지에 대해서는 차후에 별도의 과징금 부과처분을 할 수 없다(2020두48390).

⑨ 관할 행정청이 여객자동차 운송사업자가 범한 여러 가지 위반행위 중 일부만 인지하여 과징금 부과처분을 하였는데 그 후 과징금 부과처분 시점 이전에 이루어진 다른 위반행위를 인지한 경우 행정청이 전체 위반행위에 대하여 하나의 과징금 부과처분을 할 경우에 산정되었을 정당한 과징금액에서 이미 부과된 과징금액을 뺀 나머지 금액을 한도로 하여서만 추가 과징금 부과처분을 할 수 있다(2020두48390).

</td>
</tr>
<tr>
<td>「행정절차법」의 적용</td>
<td>

① 「행정절차법」상 사전통지, 의견청취 규정이 적용된다.

② 「독점규제 및 공정거래에 관한 법률」상 공정거래위원회의 과징금 부과에는 「행정절차법」 소정의 의견청취절차 생략사유가 존재한다 해도 의견청취절차를 생략할 수 없다.

</td>
</tr>
</table>

5 과징금 불복절차

과징금 불복절차	① 처분임, 항고쟁송의 대상 ② 장의자동차운송사업구역 위반을 이유로 한 과징금 부과처분을 취소한 재결에 대하여 처분의 상대방 아닌 제3자는 그 취소를 구할 법률상 이익이 없다. ③ 감액처분을 한 경우, 감액된 부분에 대한 취소청구는 소의 이익이 없다. ④ 과징금 부과처분(선행처분)을 한 뒤, 다시 자진신고 등을 이유로 과징금 감면처분(후행처분)을 한 경우, 선행처분의 취소를 구하는 소는 부적법하다. ⑤ 사업자가 과징금 등 처분과 감면기각처분의 취소를 구하는 소를 함께 제기한 경우에도, 감면기각처분의 취소를 구할 소의 이익이 인정된다.
위법한 과징금 취소	① 과징금 전부 취소 ② 외형상 하나의 과징금이나 여러 위반행위에 대한 과징금이고, 일부의 위반행위를 기초로 한 과징금액을 산정할 수 있는 자료가 있는 경우에는 <u>부분만 취소</u>

6 과징금제도

「독점규제 및 공정거래에 관한 법률」	① 형사처벌과 과징금의 병과: 이중처벌이 아니다. ② 과징금 부과처분에 대하여 공정력과 집행력을 인정한다고 하여 이를 확정판결 전의 형벌집행과 같은 것으로 보아 무죄추정의 원칙에 위반된다고도 할 수 없다. ③ 과징금 부과 여부와 과징금 액수 모두 재량행위이다. ④ 공정거래위원회가 입찰담합에 관한 과징금의 기본 산정기준이 되는 '계약금액'을 재량에 따라 결정할 수 있는지 여부(소극) 입찰담합에 관한 과징금의 기본 산정기준이 되는 '계약금액'은 위와 같은 법령의 해석을 통하여 산정되는 것이지 공정거래위원회가 재량에 따라 결정할 수 있는 것이 아니다(2019두37233). ⑤ 공정거래위원회의 과징금 납부명령의 위법 여부 판단시점: 과징금 납부명령 '의결일' 당시의 사실상태 ⑥ 「독점규제 및 공정거래에 관한 법률」이 과징금 등의 감면 혜택을 받는 자진신고자 등의 범위를 대통령령에 위임한 것은 포괄위임금지원칙에 반하지 않는다.
「부동산 실권리자명의 등기에 관한 법률」	① 과징금 부과 여부: 기속행위 ② 과징금액: 재량행위 ③ 과징금을 감경할 수 있으나 그에 대하여 과징금 부과처분을 하지 않거나 과징금을 전액 감면할 수 있는 것은 아니다. ④ 명의신탁이 조세를 포탈하거나 법령에 의한 제한을 회피할 목적이 아닌 경우, 과징금을 감경하지 않았다면 그 과징금 부과처분이 재량권을 일탈·남용한 위법한 처분이다. ⑤ 부동산이전계약의 효력이 발생하지 않거나 소급적으로 소멸하는 경우 과징금 부과대상이 아니다.

7 변형 과징금

의의	사업정지 대신 부과하는 과징금
목적	국민의 편의, 물가, 고용 등 공익을 위해(○), 사업자의 권리피해 최소화를 위해(✕)
「여객자동차 운수사업법」	법 위반으로 사업정지를 하여야 하는 경우 사업정지처분이 이용자에게 불편을 줄 우려가 있는 때 사업정지처분을 갈음하여 과징금을 부과·징수할 수 있다.
사업정지를 명할 것인지 변형 과징금을 부과할 것인지 여부	① 행정청의 재량 ② 다만, 영업정지 대신 과징금을 부과할 수 있는 법적 근거가 없는 경우 영업정지와 과징금 부과를 선택할 수 있는 재량은 인정되지 않는다.
과징금 부과에 대한 불복절차	행정쟁송절차

8 과징금과 행정벌

구분	과징금	행정벌
부과주체	행정기관	사법기관
처벌	✕	○
병과 가능	○	

9 가산세

의의	세법에서 규정하는 의무의 성실한 이행을 확보하기 위하여 세법에 따라 산출한 세액에 가산하여 징수하는 금액을 말한다.
부과요건	① 세법상 의무위반이 발생한 경우 납세자의 고의·과실은 고려되지 않는다. ② 하나의 납세고지서에 의하여 본세와 가산세를 함께 부과할 때에는 납세고지서에 본세와 가산세 각각의 세액과 산출근거 등을 구분하여 기재해야 한다.
정당한 사유가 있는 경우	① 부과(✕): 과태료, 과징금, 가산세는 의무해태를 탓할 수 없는 정당한 사유가 있는 경우 부과할 수 없다. (○) ② 파산관재인 보수가 사업소득인지에 대해 과세관청이 확실한 견해를 가지고 있지 못한 경우, 사업소득으로 신고하지 않은 것에는 정당한 사유가 인정되므로 가산세 부과(✕) ③ 정당한 사유 부정 　㉠ 납세의무자가 세무공무원의 잘못된 설명을 믿고 신고납부의무를 이행하지 않은 경우: 정당한 사유가 인정될 수 없으므로 가산세 부과(○) 　㉡ 법령의 부지 또는 오인: 정당한 사유가 아니므로 가산세 부과(○)

종류	① 무신고 가산세 ② 과소신고 가산세, 초과환급신고 가산세 ③ 납부지연 가산세
처분성	가산세 부과의 처분성 인정, 납부지연 가산세인 가산금 부과는 처분성 부정

10 공급거부

1. 간접적 의무이행 확보수단이다.

2. 공급거부는 법률에 근거해야 한다.

3. 공급거부는 평등원칙, 부당결부금지원칙, 비례원칙에 위반해서는 안 된다.

4. 「수도법」

일반수도사업자는 수돗물의 공급을 원하는 자에게 정당한 이유 없이 그 공급을 거절하여서는 아니 된다.

5. 「건축법」

위법건축물을 시정하기 위해 수도, 전기공급을 거부할 수 있다고 규정했으나, 부당결부금지원칙에 위반된다는 주장이 제기되었고, 개정법에서는 이를 삭제하였다.

6. 공급거부와 권리구제 수단

전화, 전기	민사소송
단수처분	항고소송
위법한 공급거부	손해배상

11 의무위반자에 대한 행정상 공표

위무위반자 명단공표 성격	심리적 · 간접적 의무이행 확보수단(O) / 직접적 의무이행 확보수단(X)
법률	① 근거 필요(O), 일반법 규정(X) ② 개별법: 「식품위생법」(O), 「공직자윤리법」(O), 「공공기관의 정보공개에 관한 법률」(X)
고액체납자 명단공개	「국세기본법」(X) / 「국세징수법」(O)
아동 · 청소년 범죄자 명단공개	청소년 성매수자의 신상공개제도가 이중처벌금지원칙, 과잉금지원칙, 평등원칙, 적법절차원칙 등에 위반되지 않는다.
항고소송	① 명단공표 → 비권력적 사실행위 → 처분(X), 항고소송(X) ② 병무청장의 병역기피자 명단 공개결정은 항고소송의 대상이 되는 처분이다.

국가기관의 명단공표가 명예를 훼손한 경우	① 공표된 내용을 진실이라고 믿었고 + 그렇게 믿을 만한 상당한 이유가 있는 경우: 위법성(X) ② 막연한 의구심에 근거하여 위장증여자라는 조사결과보고를 진실하다고 믿은 데에는 상당한 이유가 없다. 따라서 국세청장의 위장증여 보도자료는 상당한 이유가 없으므로 피해자에게 손해배상을 해야 한다. ③ 보강수사가 필요한 상황임에도 검사가 마치 피의자의 범행이 확정된 듯한 표현을 사용하여 내부절차를 밟지도 않고 각 언론사의 기자들을 상대로 언론에 의한 보도를 전제로 피의사실을 공표한 경우 위법성이 조각되지 않는다.
결과제거청구권	위법한 공표내용의 정정·철회 등 시정조치요구
법률유보(행정절차법 제40조의 3)	행정청은 법령에 따른 의무를 위반한 자의 성명·법인명, 위반사실, 의무 위반을 이유로 한 처분사실 등을 법률로 정하는 바에 따라 일반에게 공표할 수 있다.
의견제출기회	행정청은 위반사실등의 공표를 할 때에는 미리 당사자에게 그 사실을 통지하고 의견제출의 기회를 주어야 한다. 다만, 다음의 어느 하나에 해당하는 경우에는 그러하지 아니하다. ① 공공의 안전 또는 복리를 위하여 긴급히 공표를 할 필요가 있는 경우 ② 해당 공표의 성질상 의견청취가 현저히 곤란하거나 명백히 불필요하다고 인정될 만한 타당한 이유가 있는 경우 ③ 당사자가 의견진술의 기회를 포기한다는 뜻을 명백히 밝힌 경우
법위반사실의 공표와 정정공표	① 행정청은 위반사실등의 공표를 하기 전에 당사자가 공표와 관련된 의무의 이행, 원상회복, 손해배상 등의 조치를 마친 경우에는 위반사실등의 공표를 하지 아니할 수 있다. ② 행정청은 공표된 내용이 사실과 다른 것으로 밝혀지거나 공표에 포함된 처분이 취소된 경우에는 그 내용을 정정하여, 정정한 내용을 지체 없이 해당 공표와 같은 방법으로 공표된 기간 이상 공표하여야 한다. 다만, 당사자가 원하지 아니하면 공표하지 아니할 수 있다.

12 관허사업 제한

① 의무위반자에 대해 인가, 허가를 거부·정지·철회하여 의무이행을 간접적(○) / 직접적(X)으로 확보하려는 수단이다.
② 부당결부금지원칙에 위반될 가능성이 있다.
③ **관허사업 제한에 대한 권리구제수단**: 허가신청 → 허가거부 → 행정쟁송(○), 손해배상(○)
④ 법률의 근거를 필요로 한다.

일반법	없음.
「건축법」	관허사업 제한
「질서위반행위규제법」	과태료 3회 이상 체납자 등 관허사업 제한
「국세징수법」	국세를 체납한 자에 대해 주무관서에 허가를 하지 아니할 것을 요구

[「국세기본법」과 「국세징수법」의 의무이행 확보수단]

구분	「국세기본법」	「국세징수법」
체납자 명단공개	X	○
체납자 관허사업 제한	X	○
체납자 출국금지	X	○

13 출국금지

① 「국세징수법」: 체납자 출국금지

② 헌법재판소

  ㉠ 벌금·추징금을 납부하지 아니한 자에 대한 출국금지는 과잉금지원칙에 반하지 않는다.

  ㉡ 단순히 일정 금액 이상의 조세를 미납하였고 그 미납에 정당한 사유가 없다는 사유만으로 바로 출국금지처분을 하는 것은 허용되지 않는다(2012두18363).

14 기타 간접적 의무이행 확보수단

① 병역의무불이행자에 대한 임용·채용금지

② 세무조사

③ 수익적 행정행위의 철회 등

PART 05

행정구제법 1

CHAPTER 01   행정구제

CHAPTER 02   손해배상

CHAPTER 03   손실보상

1 국민권익위원회

근거법률	「부패방지 및 국민권익위원회의 설치와 운영에 관한 법률」(○), 「민원 처리에 관한 법률」(X)
소속	국무총리 소속
위원회 구성	위원장 1명을 포함한 15명의 위원
위원장과 위원의 임기	3년, 1차 연임 가능
임명	① 위원장, 부위원장: 총리 제청 → 대통령 임명 ② 상임위원: 위원장 제청 → 대통령 임명 ③ 상임위원이 아닌 위원: 국회 추천 3명, 대법원장 3명 추천하는 자를 대통령이 임명 또는 위촉
권한	중앙행정심판위원회의 운영에 관한 사항(○)

2 고충민원처리절차

신청	① 누구든지(외국인, 법인, 19세 미만 자도) 고충민원을 신청할 수 있다. ② 하나의 권익위원회에 대하여 고충민원을 제기한 신청인은 다른 권익위원회에 대하여도 고충민원을 신청할 수 있다.
권익위원회의 조사	행정기관에 서류제출요구, 의견진술요구, 실지조사도 가능하다.
고충민원의 각하 또는 관계기관에 이송할 수 있는 사항	① 고도의 정치적 판단을 요하거나 국가기밀 또는 공무상 비밀에 관한 사항 ② 국회 · 법원 · 헌법재판소 · 선거관리위원회 · 감사원 · 지방의회에 관한 사항 ③ 수사 및 형집행에 관한 사항으로서 그 관장기관에서 처리하는 것이 적당하다고 판단되는 사항 또는 감사원의 감사가 착수된 사항 ④ 행정심판, 행정소송, 헌법재판소의 심판이나 감사원의 심사청구 그 밖에 다른 법률에 따른 불복구제절차가 진행 중인 사항 ⑤ 법령에 따라 화해 · 알선 · 조정 · 중재 등 당사자 간의 이해조정을 목적으로 행하는 절차가 진행 중인 사항 ⑥ 판결 · 결정 · 재결 · 화해 · 조정 · 중재 등에 따라 확정된 권리관계에 관한 사항 또는 감사원이 처분을 요구한 사항 ⑦ 사인 간의 권리관계 또는 개인의 사생활에 관한 사항 ⑧ 행정기관 등의 직원에 관한 인사행정상의 행위에 관한 사항
통보	권익위원회는 각하 · 이송한 경우 신청인에게 통보한다.
합의권고	조사 → 당사자에게 합의권고

조정	당사자의 신청 또는 직권으로 조정 → 당사자가 조정서에 기명날인, 확인 → 「민법」상 화해와 같은 효력
권고의 효력	① 권익위원회의 권고는 행정기관을 구속하지 않으므로 이에 따를 의무는 없다. ② 권익위원회 시정권고 → 행정기관, 30일 이내 처리결과를 통보해야 한다.
정족수	재적위원 과반수의 출석과 출석위원 과반수의 찬성

3 국민권익위원회와 시민고충처리위원회

구분	국민권익위원회	시민고충처리위원회
소속	국무총리	각 지방자치단체
필요기관 여부	필요기관(~ 둔다)	임의기관(~ 둘 수 있다)

4 국민의 감사원에 대한 감사청구

감사청구	19세 이상 국민, 감사청구 → 감사원, 60일 이내 감사종결 → 결과통보
국민의 감사청구에 대한 감사원장의 기각결정	헌법소원 대상이 되는 처분임.

5 청원

청원	① 권리침해 전제(X), 재결필수(X) ② 반드시 문서(O) / 구두(X), 익명(X) ③ 수리 · 심사 · 통지의무(O) / 이유명시까지 요구(X)
수리금지	감사 · 수사 · 재판 중인 사건, 청원 수리금지
청원회신	항고소송 대상(X), 헌법소원 대상(X)

제1절 총설

1 연혁

절대주의	주권 면책 → 국가배상책임(X)
프랑스	블랑꼬 사건에서 → 국가배상책임(○) / 위험책임 인정(○)
독일	대위책임(○), 자기책임(X)
영국 · 미국	제2차 세계대전 후 인정

2 손해배상의 법적 근거

1. 헌법과 「국가배상법」의 비교

구분	헌법	「국가배상법」
배상책임의 주체	국가, 공공단체	국가, 지방자치단체 → 한국수자원공사(X)
공무원의 직무상 불법행위 배상	○	○
영조물 설치 · 관리하자 배상	X	○

2. 「국가배상법」과 국가배상청구권의 성질

구분	다수설	판례
「국가배상법」	공법	사법
국가배상청구권	공권	사권
소송 유형	당사자소송	민사소송

3. 국가배상청구권

생명 · 신체의 침해로 인한 배상을 받을 권리	양도 · 압류할 수 없다.
생명 · 신체 이외의 법익침해로 배상을 받을 권리	양도 · 압류할 수 있다.

3 「국가배상법」과 「민법」의 적용범위

구분	「국가배상법」	「민법」
권력작용, 관리작용	○	X
사법상 행위	X	○
지방자치단체 외 공공단체의 행위	X	○

4 배상기준

「국가배상법」상 배상기준	기준액설(○) / 한정액설(X)
「형사보상법」상 보상기준	배상기준(X)
공무원의 불법행위로 피해자가 손해를 입은 동시에 이익을 얻은 경우	① 손해배상액에서 그 이익에 상당하는 금액을 공제해야 한다. ② 위법한 행정지도에 따른 어업권의 양도이익은 배상액에서 공제하지 않는다. ③ 보상: 손실과 이익은 상계하지 않는다. ④ 피해자의 과실이 경합함으로 인한 손해: 배상액을 감면한다.

5 국가배상청구의 주체

① 국민(○)
② 국내 법인(○)
③ **외국인**: 상호주의하에서 인정(○) → 반드시 당사국과의 조약체결이나 인정하는 판례는 필요 없다. 외국국가의 국가배상법에 상호주의 규정이 있다면 상호보증 인정

6 국가배상청구권의 소멸시효

안 날부터 3년	① 「민법」 적용 → 합헌결정 ② 공무원의 불법행위가 직무집행으로 행해진 것 인식
불법행위를 한 날부터 5년	「국가재정법」 적용
불법행위를 한 날부터 10년을 규정한 「민법」	국가배상에 적용(X)
소멸시효 배제	중앙정보부가 A를 고문으로 사망케 하였고, 이를 은폐하였음에도 국가 측이 국가배상청구권의 소멸시효 완성을 주장하는 것은 신의칙에 반하여 권리남용에 해당하므로 허용될 수 없다.

복수채권 소멸시효 중단	국가배상청구소송을 제기한 경우 국가배상청구권의 소멸시효는 중단되나, 다른 채권의 소멸시효는 중단되지 않는다.
납북된 자	① 납북된 피해자의 국가배상청구권에 관한 소멸시효: 중단 ② 가족: 진행되어 완성될 수 있다.

7 배상심의절차

배상심의절차	① 임의적 절차이므로 손해배상의 소송은 배상심의회에 배상신청을 하지 아니하고도 제기할 수 있다. ② 배상심의절차를 필수적 절차로 규정하고 있는 구법은 합헌결정이 있었다.
국가배상심의	행정심판절차(X), 처분(X)
배상결정의 효력	① 동의를 받은 배상심의결정은 재판상 화해와 같은 효력이 있다는 「국가배상법」 조항: 위헌 ② 배상심의회의 배상결정에 동의하여 배상금을 수령한 이후에도 손해배상소송을 제기하여 배상금의 증액을 청구할 수 있다.

8 배상심의회

본부심의회	법무부
특별심의회	국방부
본부심의회와 특별심의회, 지구심의회	법무부장관의 지휘를 받아야 한다.
배상심의회 심의절차	지구심의회에 배상신청 → 지구심의회 결정(4주일 이내) → 지구심의회의 기각이나 각하결정에 대해 본부심의회나 특별심의회에 재심신청(송달된 날부터 2주일 이내) → 본부심의회 또는 특별심의회 결정(4주일 이내)

9 손해배상청구소송

다수설	당사자소송
판례	민사소송
피고	행정주체(국가, 지방자치단체)(○) / 행정청(X), 행정안전부장관(X), 지방자치단체장(X)

제2절 공무원 직무상 불법행위로 인한 손해배상책임

1 공무원

1. 국가기관 구성원으로서 공무원

최광의 공무원	경력직공무원 + 특수경력직공무원 + 공무를 위탁받아 공무를 수행하는 모든 자이다.
국가기관 구성원	국회의원, 검사, 판사, 헌법재판소 재판관도 포함된다.
불특정 공무원	가해공무원을 특정할 수 없어도 무방하다.
임용결격사유가 있는 공무원	공무원을 임용한 후 무효사유가 사후에 발견되더라도 그때까지 직무행위는 공무원의 행위로 본다. → 사실상 공무원이론
국가기관	공무원에 포함
공무수행하는 사인	공무를 위탁받아 실질적으로 공무에 종사하고 있는 자는 공무의 위탁이 일시적이고 한정적이라고 할지라도 공무원이 될 수 있다.
공무원	기능상 공무원: 조직법상 공무원 + 공무를 수행하는 자

2. 공무원 여부

공무원으로 인정되는 자	공무원으로 인정되지 않는 자
① 전입신고서에 확인인을 찍는 통장 ② 소집 중인 예비군대원 ③ 강제집행하는 집행관 ④ 경매담당공무원 ⑤ 국가나 지방자치단체에 근무하는 청원경찰 ⑥ 시청소차 운전수 ⑦ 공중보건의 ⑧ 동장에 의해 선임된 교통할아버지 ⑨ 철도건널목 간수 ⑩ 조세원천징수자 ⑪ 별정우체국장 ⑫ 대한변호사협회의 장: 대한변호사협회의 장으로서 국가로부터 위탁받은 공행정사무인 '변호사등록에 관한 사무'를 수행하는 범위 내에서는 「국가배상법」 제2조에서 정한 공무원에 해당한다(2019다 260197).	① 의용소방대원 ② 시영버스 운전자 ③ 공공조합의 직원(공공조합이 「민법」상 손해배상 책임을 짐) ④ 영조물법인, 영조물단체의 직원(영조물법인이 「민법」상 손해배상책임을 짐) ⑤ 한국도로공사 ⑥ 한국토지주택공사 ⑦ 「부동산소유권 이전등기 등에 관한 특별조치법」상 보증인

2 '공무원이 직무를 집행하면서'

직무행위의 범위	① 권력작용과 관리작용 포함. 사경제적 활동(X), 국고행위(X) ② 국가의 철도운행사업 / 서울시의 버스운행: 사경제적 작용이다. → 「국가배상법」을 적용할 것이 아니고, 일반 「민법」의 규정에 따라야 한다.
직무내용	① 모든 행정행위 + 권력적 사실행위 + 행정지도와 같은 비권력적 사실행위 ② 법률행위적 행정행위, 인감증명서 발급과 같은 준법률행위적 행정행위, 입법작용, 사법(司法)작용
직무상 행위	① 작위 · 부작위 · 행위지체 ② 헌법상 구체적 입법의무가 있는 경우 배상이 인정될 수 있다. 군법무관 보수 관련 시행령 입법부작위 배상책임 인정

3 공무원의 행위가 직무와 관련된 행위일 것

외형설	① 당해 행위가 실질적으로 정당한 권한 내 행위인지를 불문한다. ② 직접적인 직무행위 + 직무에 부수하는 행위 ③ 외형설: 행위 자체의 외관을 객관적으로 관찰하여 공무원의 직무행위로 보일 때에는 비록 그것이 실질적으로 직무행위가 아니거나 또는 행위자로서는 주관적으로 공무집행의 의사가 없었다고 하더라도 그 행위는 <u>직무집행행위</u>이다. ④ 공무원의 행위가 실질적으로 공무집행행위가 아니라는 사실을 피해자가 알았다 하더라도 직무행위로 인정할 수 있다.
판례상 직무행위로 인정된 것	① 공무원이 자기 소유 차량을 운전하여 공무를 수행하다가 돌아오던 중 교통사고 / 개인 소유 오토바이를 운전하여 훈련지역을 돌아보다가 낸 교통사고 ② 미군부대 소속 하사관이 개인 소유 차량을 빌려 공무를 보고 나서 퇴근시간에 위 차량을 운전하여 집으로 운행하던 중 발생한 사고 ③ 울산세관 인사업무담당공무원이 다른 공무원의 공무원증을 위조한 행위 ④ 경찰관이 수사 도중 고문한 행위 ⑤ 상관의 명에 따라 이삿짐을 운전병이 운전하다가 낸 사고 ⑥ 운전병이 아닌 군인이 군복을 입고 군용차량을 불법운전한 경우 ⑦ 운전병과 군인들이 유흥목적으로 용문사에 놀다가 돌아오는 군용차량을 운행하다가 낸 사고
판례상 직무행위로 인정되지 않은 것	① 구청 세무과 소속 공무원의 시영아파트 입주권매매행위 ② 공무원이 자기 소유 차량을 운전하여 근무지를 출근하던 중 교통사고 ③ 운전병이 친구들과 술을 마시기 위해 군용차량을 운행한 것 ④ 결혼식 참석을 위하여 군용차를 운행한 경우

4 공무원의 행위가 고의 · 과실로 인한 것일 것

고의 · 과실	공무원의 과실(○), 선임감독자의 과실(X)
선임 · 감독에 상당한 주의를 한 때 면책되는지 여부	국가는 선임감독과 사무감독에 상당한 주의를 했다고 해도 배상책임이 면책되지 않는다.
과실과 위법성의 관계	① 과실과 위법성을 구별하는 것이 판례의 입장이다. ② 행정처분이 후에 항고소송에서 취소되었다고 할지라도 공무원의 고의 또는 과실로 인한 것으로서 불법행위를 구성한다고 단정할 수는 없다. ③ 경찰관의 권한불행사가 현저하게 불합리하다고 인정되는 경우: <u>직무상의 의무를 위반한 것이 되어 위법하고, 특별한 사정이 없는 한 과실이 인정된다.</u> → 성폭력범죄의 수사를 담당하는 경찰관이 직무상 의무에 위반하여 피해자의 인적사항 등을 공개 또는 누설한 경우 피해자가 입은 손해에 대하여 국가는 배상책임을 진다.

5 공무원의 과실

과실의 개념	① 주관설: 공무원이 주의의무를 게을리한 경우(다수설 · 판례) ② 객관설: 국가작용의 흠
과실의 객관화 경향	① 공무원 기준: 평균적 공무원의 객관적 주의의무 결여 ② 조직과실이론: 불특정 공무원도 포함
일응추정의 원리	공무원의 직무상 위법행위가 인정되면 고의 · 과실을 추정하는 원리이다. 이 원리가 인정되면 피해자는 고의 · 과실에 대한 입증책임이 면제된다. 그러나 판례상 인정되고 있지 않다.
과실 인정 판례	① 「농지개혁법」에 따라 국가가 매수한 농지로 원소유자에게 소유권이전등기를 해 주어야 함에도 제3자에게 처분 ② 최선순위 전세권을 매각물건명세서에 기재하지 않아 손해 ③ 도라산역사 내 벽면 및 기둥들에 벽화를 철거하여 소각한 경우 ④ 각급 부대의 관계자가 자살예방 관련 규정에 따라 필요한 조치를 취하지 않은 상황에서 소속 장병의 자살 사고가 발생한 경우 ⑤ 자살 사고가 발생할 수 있음을 예견할 수 있었고 그러한 조치를 취했을 경우 ⑥ 자살 사고의 결과를 회피할 수 있었던 경우 ⑦ 긴급조치의 발령과 집행에 따른 수사 · 공소제기와 유죄판결은 전체적으로 객관적 정당성을 상실하여 과실 인정
과실 부정 판례	① 평균적 공무원이 통상의 주의의무를 기울이지 않고 한 토지소유권 확인서 발급행위는 과실이 인정된다. 그러나 인근 거주주민의 의견청취를 생략한 채 확인서를 발급했다는 것만으로는 과실이 인정되지 않는다. ② 공무원이 주택구입 대부제도에 대한 문의에 대해 지급보증서제도에 관하여 알려 주지 않아 더 많은 이자를 부담 ③ 사법시험문제의 출제오류 ④ 재량권의 행사에 관하여 행정청 내부에 정해 둔 일응의 기준에 따른 행정처분에 관여한 공무원에게 그 직무상의 과실이 있다고 할 수 없다.

6 법령해석의 잘못과 공무원의 과실 인정 여부

과실 부정	과실 인정
① 법해석에 대해 다양한 학설이 대립하고 있던 중 그중 하나의 해석을 택해 법을 집행한 경우 ② 처분 이후 근거법률에 대한 위헌결정을 한 경우 ③ 「변리사법 시행령」 개정으로 절대평가에서 상대평가로 바뀌면서 경과규정을 두지 않고 바로 시행한 것이 위법이어서 시행령의 집행이 부당한 경우	① 법의 무지로 법을 위반한 경우 ② 대법원의 판례 등을 통해 확립된 법령해석에 어긋난 행정처분을 한 경우 ③ 민사소송의 내용을 배척한 산업재해보상심의회의 재결

7 법령위반

공무원의 행위가 법령에 위반한 행위일 것	① 단순한 부당행위: 법령위반이 아니다. → 배상(X) ② 재량권 행사가 비례원칙 등에 위반된 경우: 위법(O) ③ 행정법의 일반원칙에 위반된 경우: 법령위반에는 엄격한 의미의 법령위반뿐만 아니라 인권존중, 권력남용금지, 신의성실, 공서양속 등의 위반도 포함된다. ④ 절차상 위법: 법령위반에 해당한다. ⑤ 법규상 또는 조리상 한계를 위반한 경우: 위법(O) ⑥ 행정규칙에 위반된 경우: 위법(X) ⑦ 재해대책업무 세부 추진 실천계획에 위배하여 차량을 통제하지 아니한 행위: 위법(O) ⑧ 국회의원: 원칙은 정치적 책임만 진다. 헌법의 문언에 명백히 위배됨에도 불구하고 국회가 굳이 당해 입법을 한 경우 위법이 된다.
부작위와 위법	① 의무: 법령의무 + 조리상 의무 ② 형식적 의미의 법령에 근거가 없더라도 국민의 생명보호는 공무원의 의무이다. 이를 이행하지 않은 경우, 법령위반에 해당한다. ③ 재량권의 0으로 수축을 인정할 때 재량영역에서도 부작위는 위법하여 배상책임이 인정될 수 있다.
위법성 인정과 선결문제	처분이 아직 취소가 되지 않은 경우라도 법원은 행정처분의 위법성을 확인하고 손해배상을 명할 수 있다.
법령위반(위법)이 아닌 경우	① 서울시장을 부패혐의로 고발한 공무원을 동사무소로 전보 ② 공무원이 수익적 행정처분인 허가 등 신청인의 목적 달성에 필요한 안내나 배려 등을 하지 않았다는 사정, 하천점용허가를 하면서 개발제한구역이어서 컨테이너 설치가 불가하다는 사정 미통지 ③ 공무원의 주택구입 대부제도에 대한 문의에 대해 지급보증서제도에 관하여 알려 주지 않아 더 많은 이자 부담 ④ 개인의 권리가 침해되는 일이 생긴다고 하여 그 법령적합성이 곧바로 부정되는 것은 아니다. ⑤ 비엔나협약에 근거한 집달관의 강제집행 거부 ⑥ 미니컵젤리로 인한 질식사고에서 직무상 의무 불인정 ⑦ 기간제 교원 성과상여금 제외 ⑧ 유조선 기름 유출 사고에서 선장 징계

| 법령위반인 경우 | ① 선박검사증서를 발급하고, 해당 법규에 규정된 조치를 취함이 없이 계속 운항하게 함으로써 화재사고 발생
② 안양천 범람으로 주차장이 침수된 경우
③ 성폭력범죄의 담당경찰관이 피의자들을 세워 놓고 나이 어린 학생인 피해자에게 범인을 지목하도록 한 행위
④ 교도소 의무관이 적절한 조치를 취하지 아니하여 수용자가 실명
⑤ 경찰의 트랙터 고속도로 방치로 사고발생
⑥ 한센병 환자 정관절제수술 또는 임신중절수술
⑦ 경찰관이 가해자를 피해자와 완전히 격리하고, 흉기의 소지 여부를 확인하는 등 적절한 다른 조치를 하지 않아 살인사건 발생
⑧ 토지형질변경허가를 하면서 위해방지시설 설치의무 부과 및 사고예방조치를 취하지 아니하여 낙석으로 화재발생
⑨ 주민등록사무를 담당하는 공무원이 개명과 같은 사유로 주민등록상의 성명을 정정한 경우 본적지 관할 관청에 그 변경사항 불통보로 인한 재산상 손해발생 |

8 인과관계

사익보호성	① 사익보호성이 없는 경우 → 배상(X) ② 공공 일반의 이익이나 행정기관 내부의 질서를 유지하기 위한 것이라면 그 직무위반에 대하여 배상책임이 없다. ③ 「공직선거법」이 후보자가 되려는 자에게 전과기록을 조회할 권리를 부여하고 수사기관에 조회할 권리를 부과한 것은 개별적 이익도 보호하고자 한다.
인과관계	① 인과관계 유무: 결과발생의 개연성 + 행동규범의 목적 등을 종합적으로 고려 ② 개별공시지가 산정업무 담당공무원이 그 직무상 의무에 위반하여 현저하게 불합리한 개별공시지가가 결정되도록 함으로써 국민 개개인의 재산권을 침해한 경우, 그 담당공무원이 소속된 지방자치단체는 배상책임을 진다.
인과관계 인정	① 경매공무원의 경매기일 미통지 → 경매취소 → 경락받은 자의 손해 ② 허위인감 발급 → 부동산 담보대출 → 상호저축은행 손해 ③ 위병근무 중 탈영, 총기난사 → 민간인 피해 ④ 군 교도소 탈주 → 일반국민 손해 ⑤ 군 폭음탄 유출 → 민간인 피해 ⑥ 불량선박에 대한 합격증 발급 → 화재 피해 ⑦ 무장공비 사건에서 경찰 미출동 → 손해 ⑧ 소방공무원들의 업주들에 대한 적절한 지도 · 감독을 하지 아니한 부작위 ⑨ 윤락업소에 감금된 여성의 화재로 인한 사망사건에서 소방공무원의 시정조치 등을 명하지 않은 부작위 ⑩ 우편집배원이 압류 정본을 허위로 적법하게 송달된 것으로 보고 ⑪ 인성검사 결과를 제대로 반영하지 않음 → 자살 사고
인과관계 부정	① 군병원 탈주 → 나일론으로 살인 → 피해 ② 잘못된 개별공시지가결정 → 담보등기 후 물품추가공급 → 손해

③ 육군규정에 정해진 영내 대기기간을 초과하여 초임하사를 영내 거주하도록 한 것
→ 자살
④ 윤락업소 화재사건으로 인한 여성사망사건에서 「식품위생법」상 공무원의 시정명령
을 취하지 아니한 부작위 → 여성 사망
⑤ 자동차배출가스 → 천식
⑥ 자동차보험계약해지서를 우편집배원이 허위로 배달되었다고 기재 → 보험계약해지
(X) → 보험회사의 피해
⑦ 공공기관이 산업기술혁신 촉진법령에서 정한 인증신제품 구매의무를 위반하였다 해
도, 신제품 인증을 받은 자에 대하여 배상책임을 지지 않는다.
⑧ 「수도법」: 국민 일반의 건강을 보호하여 공공 일반의 전체적인 이익을 도모하기 위
한 것이지, 국민 개개인 이익을 직접적으로 보호하기 위한 규정이 아니다.
⑨ 「풍속영업의 규제에 관한 법률」은 선량한 풍속을 위한 경찰서장의 직무상 의무가
부과되어 있다. 개인의 이익을 보장하기 위한 것이라고 볼 수 없다.

9 타인에게 손해발생

① 재산상 손해 + 정신적 손해
② 적극적 손해 + 소극적 손해
③ 재산적 손해의 배상만으로는 회복할 수 없는 정신적 손해가 있다면 그 위자료를 인정할 수 있다.

10 입증책임

① **직무행위 위법성**: 원고(피해자)
② **직무행위 적법성**: 피고(국가)
③ 과실의 입증책임은 전환되어 원고가 아니라 배상책임자인 국가 또는 지방자치단체에 있는 것이
원칙이다. (X)

11 공무원별 정리

법관	① 법관의 재판내용이 법령을 따르지 않았다 하더라도 위법한 행위가 되어 손해배상책임이 생기는 것은 아니다. ② 법관이 위법 또는 부당한 목적을 가지고 재판을 하는 등 권한의 취지에 명백히 어긋나게 이를 행사한 경우 위법한 행위가 되어 배상책임이 인정된다. ③ 경매담당공무원의 매각물건명세서 작성 시 최선순위 전세권 인수사실 불기재: 배상책임 인정 ④ 헌법재판소 청구기간 오인에 따른 헌법소원 각하결정 　㉠ 재판관: 공무원(○) 　㉡ 헌법재판에 대한 불복·시정절차가 없는 경우 위자료를 지급할 의무가 있다. 　㉢ 헌법재판에서 청구가 기각될 것이 분명했을지라도 배상책임은 인정된다. ⑤ 경매담당법관의 배당표 원안 잘못 작성: 배상책임 부정 ⑥ 법관, 압수수색영장에 압수·수색할 물건 기재 누락: 배상책임 부정

등기 · 경매 · 인감	① 위조판결문에 따른 공무원 등기: 판결서가 위조된 것으로서 기재사항이 판결서의 작성방식과 다르다 할지라도 배상 부정
	② 등기관이 등기요건을 갖추지 못한 근저당설정등기를 받아 준 경우: 배상책임 인정
	③ 등기관이 새로운 등기부를 편제하면서 근저당설정등기 및 압류등기의 이기(移記)를 누락: 배상책임 인정
	④ 경매담당공무원이 기일통지를 잘못하여 경락허가결정이 취소된 경우: 배상책임 인정
	⑤ 인감담당공무원이 발급한 허위인감에 따른 계약체결로 인한 손해: 배상책임 인정
	⑥ 통장이 전입 여부 확인 없이 날인하여 허위의 인감증명이 발급된 경우: 배상책임 인정
	📖 인감증명 발급
	    ① 항소소송의 대상은 안 된다.
	    ② 직무상 행위이다.
	    ③ 허위인감 발급으로 인한 손해: 배상책임 인정

검사	① 검사가 공소제기한 사건을 법원이 무죄판결한 경우: 원칙적으로 배상책임 부정 ② 검사가 피고인의 무죄를 입증할 수 있는 증거를 제출하지 않은 경우: 배상책임 인정 ③ 검사가 피의자 신문 시 변호인 참여 불허: 배상책임 부정 ④ 법원이 서류에 대한 열람 · 등사를 허용할 것을 명하는 결정을 하였는데도 검사가 일부 서류의 열람 · 등사를 거부한 경우: 배상책임 인정
경찰 관련 배상 인정	① 윤락녀들이 감금된 채 윤락행위를 하고 있음을 알고도 방치한 경우 ② 고속도로에 트랙터를 방치한 경우 ③ 폭행현장에 가서 가해자를 피해자와 격리하지 않아 가해자가 피해자를 살인한 사건 ④ 성폭력을 당한 중학생을 용의자 41명을 세워 놓고 범인 식별을 하도록 한 경우 ⑤ 경찰수사관들이 고문한 경우 ⑥ 경찰관이 1~2m 이내에서 가스총을 발사해 실명한 경우 ⑦ 감방 내 폭행사건 ⑧ 형사재판에서는 무죄판결을 냈으나 배상이 인정된 사건: 경찰관이 범인을 제압하는 과정에서 총기를 사용하여 범인을 사망에 이르게 한 사안 ⑨ 고문을 통한 자백
경찰 관련 배상 부정	① 호흡측정기에 의한 음주측정 후 1시간 12분이 경과한 후 채혈한 경우 ② 교육시설이 입주해 있어 노래연습장 신고를 경찰이 수리하였고, 양수받은 자가 명의변경신고를 했는데 반려된 경우 ③ 불법유턴한 차량을 추적하다가 발생한 사고 ④ 대학교 주변의 화염병 투척으로 약국에 화재가 난 경우 경찰관들의 부작위

12 「국가배상법」과 「자동차손해배상 보장법」

양자의 관계	① 「자동차손해배상 보장법」은 손해배상에서 고의·과실을 요하지 않는다. ② 「자동차손해배상 보장법」은 배상책임의 성립요건에 관하여 「국가배상법」에 우선하여 적용된다.
관용차인 경우	① 국가나 지방자치단체가 「자동차손해배상 보장법」상 배상책임을 진다. ② 무단으로 국유의 오토바이를 운행하다 사고가 난 경우, 외형적 운행이익을 국가가 가지므로 국가가 「자동차손해배상 보장법」상 배상책임을 진다.
관용차가 아닌 경우	공무원이 자기 소유 차량으로 공무수행 중 사고를 일으킨 경우 공무원 개인은 경과실에 의한 것인지 중과실 또는 고의에 의한 것인지를 가리지 않고 「자동차손해배상 보장법」상의 운행자성이 인정되는 한 배상책임을 부담한다.

제3절   이중배상금지

1 이중배상금지 대상자

헌법상 이중배상금지 대상자	군인, 군무원, 경찰공무원, 기타 법률이 정한 자(헌법재판소: 헌법 조문은 심판대상이 안 된다는 이유로 각하결정)
「국가배상법」상 이중배상금지 대상자	군인, 군무원, 경찰공무원, 예비군(합헌결정)
판례상 금지대상자	전투경찰순경
판례상 이중배상금지 대상이 아닌 자	공익근무요원, 경비교도대원: 군인 등에 해당하지 않는 자 → 배상청구(○)

2 전투·훈련 등 직무집행과 관련하여 받은 손해일 것

교통정리를 위해 낙석사고현장 부근으로 이동 중 낙석이 순찰차를 덮쳐 사망한 경찰	○ → 배상청구(X)
소집되어 훈련 중에 있던 예비군대원	○ → 배상청구(X)
숙직실에서 연탄가스 중독으로 사망한 경찰	X → 배상청구(○)
훈련 후 점심을 먹기 위해 파출소로 걸어가던 중 사망한 전투경찰대원	X → 배상청구(○)
휴가 중 경찰차에 의한 사고로 사망한 군인	X → 배상청구(○)

3 법률에 따라 보상을 받을 수 있을 것

법률에 보상이 있는 경우	① 배상(X): 군인 등이 직무집행과 관련하여 공상을 입는 등의 이유로 「보훈보상대상자 지원에 관한 법률」이 정한 보상금 등 보훈급여금을 지급받을 수 있는 경우, 국가를 상대로 손해배상을 청구할 수 없다. ② 직무집행과 관련하여 공상을 입은 군인 등이 먼저 「국가배상법」에 따라 손해배상금을 지급받은 다음 「보훈보상대상자 지원에 관한 법률」이 정한 보훈급여금의 지급을 청구하는 경우, 「국가배상법」에 따라 손해배상을 받았다는 이유로 그 지급을 거부할 수 없다(2015두60075).
법률에 보상이 없는 경우	배상(○)

4 민간인과 군인의 공동불법행위

구분	민간인의 구상권 행사	민간인의 전액 배상	귀책부분에 한해 배상
대법원	X	X	○
헌법재판소	○		

제4절 영조물 설치 · 관리상 하자로 인한 손해배상

1 공무원의 불법행위책임과 영조물 설치 · 관리상 하자책임

구분	공무원의 불법행위책임	영조물 설치 · 관리하자책임
근거	헌법 제29조 제1항, 「국가배상법」 제2조	「국가배상법」 제5조
행위	공무원의 직무상 행위	영조물 설치 · 관리행위
고의 · 과실	○	X, 무과실책임

2 「민법」상 공작물책임과 비교

구분	「국가배상법」상 영조물책임	「민법」상 공작물책임
하자의 대상	공작물 + 하천 등 자연물 포함	공작물
점유자 면책	점유자 면책 부정	점유자 면책 인정(「민법」 제758조 단서)
배상책임자	국가, 지방자치단체	국가, 지방자치단체를 제외한 공공단체와 사인

📖 국가나 지방자치단체가 영조물 설치 · 관리 과정에서 손해방지에 필요한 주의를 해태하지 아니하였다 하더라도 면책을 주장할 수 없다.

3 영조물

개념	① 「국가배상법」 제5조상 영조물 ≠ 공적목적을 위해 제공된 인적·물적 시설의 결합체로서 영조물
	② 국가가 소유·임차하고 있는 공물(○) → 사인의 재산도 영조물이 될 수 있다.
	③ 소유권, 임차권 그 밖의 권한에 기하여 관리하고 있는 경우 + 사실상 관리하고 있는 경우
	④ 인공공물 + 자연공물
	⑤ 일반재산은 영조물이 아니다. → 국가 소유라면 모두 영조물(X)
영조물에 해당하는 예	① 여의도광장
	② 김포공항
	③ 공군사격장, 매향리 사격장
	④ 교통신호기
	⑤ 철도건널목 자동경보기
	⑥ 도로, 도로의 맨홀
	⑦ 가로수
	⑧ 홍수조절용 다목적 댐, 저수지
	⑨ 제방과 하천부지
	⑩ 커브길 안전방호벽
	⑪ 경찰관의 권총, 경찰견
영조물에 해당하지 않는 예	① 일반재산(구 잡종재산)
	② 국유림, 국유임야, 현금
	③ 군(郡)에 의하여 노선인정 기타 공용개시가 없었던 도로
	④ 언덕의 붕괴를 예방하기 위해 도급회사가 설치한 옹벽
	⑤ 시(市) 명의 종합운동장 예정부지와 한국모터스포츠연맹이 설치한 자동차 경주에 필요한 방호벽

4 영조물 설치·관리상 하자의 의의

객관설(통설)	영조물이 통상 갖추어야 할 안전성의 결함이 있다면 하자가 있다. → 객관설이 주관설보다 피해자의 구제에 유리하다.
주관설	영조물 관리자의 안전관리의무 위반(소수견해)
절충설	양자 모두 고려
판례	객관설, 변형된 객관설

- 직무상 행위: 객관설
- 과실: 주관설
- 영조물 설치·관리하자: 객관설

5 영조물 설치 · 관리상 하자의 기준

통상의 용법에 따른 안전성 결여	① 학교난간에서 흡연하다가 사망한 경우 통상 안전성을 갖추었다. ② 영조물 설치 · 관리하자: 통상 안전성을 갖추지 못한 상태 + 수인한도를 넘는 피해발생: 기능성 하자 ③ 수영금지의 경고표지판과 현수막을 설치한 경우, 방호조치를 취하지 않은 과실이 인정되더라도 손해배상책임이 없다.
손해발생의 예견가능성이나 회피가능성이 없는 경우	① 영조물의 설치 또는 관리에 하자가 있다고 할 수 없다. ② 영조물이 완전무결한 상태에 있지 않고 그 기능상 어떠한 결함이 있다는 것만으로 영조물의 설치 또는 관리에 하자가 있다고 할 수 없다.

6 영조물 설치 · 관리상 하자 판례

영조물 설치 · 관리상 하자 인정	① 상수도관 균열로 생긴 도로결빙 사건
	  ㉠ 설치 · 관리상 하자가 있다.
	  ㉡ 다른 자연적 사실이나 제3자 또는 피해자의 행위와 경합하여 발생한 손해도 하자에 의해 발생한 것이다.
	  ㉢ 피해자에게 과실이 있는 경우, 과실상계에 의해 배상액이 감액된다.
	② 국도 웅덩이 사건
	③ 가변차로 신호등 오작동 사건: 손해발생의 예견가능성이나 회피가능성이 없는 경우라 할 수 없다.
	④ 신고된 신호기 고장 사건
	⑤ 김포공항에서 발생한 소음
	⑥ 매향리 사격장에서 발생한 소음
	⑦ 사격장의 소음피해
	⑧ 공군기지 소음사건
	⑨ 고속도로 확장으로 인한 소음으로 양돈업 폐업
	⑩ 여의도광장사건

영조물 설치 · 관리상 하자 부정	① 신고되지 않은 신호기 고장으로 인한 교통사고 ② 신호기가 우측 화살표 신호가 아닌 직진 신호를 표시한 경우 ③ 차량용 방호울타리를 설치하지 않은 경우 ④ 트럭 앞바퀴가 고속도로에 떨어져 있다가 발생한 사고 ⑤ U자형 쇠파이프 도로방치 사건 ⑥ 강설로 인한 도로결빙 사건

해커스공무원 함남기 행정법총론 문제족보를 밝히다

7 영조물 설치·관리상 하자로 인한 손해발생

자연공물의 관리상 하자로 인한 손해배상	① 자연공물의 하자는 인공공물의 하자보다 좁게 인정된다. ② 일제(溢堤)형 수해의 하자기준: 계획홍수위가 적정한가? → 하천의 제방이 계획홍수위를 넘고 있다면, 하천이 그 후 새로운 하천시설을 설치할 때 '하천시설기준'이 정한 여유고를 확보하지 못하고 있다는 사정만으로 안전성이 결여된 하자가 있다고 볼 수는 없다. ③ 파제(破堤)형 수해의 하자: 일반적으로 인정된다. (X) ④ 하천관리자인 지방자치단체가 수영금지의 경고표지판과 현수막을 설치한 경우 손해배상책임이 없다.
손해와 배상	① 손해: 적극 + 소극, 재산 + 정신적 손해 ② 위자료: 영조물 설치·관리하자로 인한 손해가 발생한 경우 위자료청구가 가능하다. ③ 공군사격장의 소음을 인식하거나 과실로 인식하지 못하고 이주한 경우 배상액 산정에 있어 감경 또는 면제사유로 고려해야 한다. ④ 위험을 알면서 이주한 경우 원칙적으로 가해자의 면책을 인정할 수 있다. 그러나 위험이 존재한다는 것을 정확하게 알 수 없었던 경우 감액사유로 고려해야 한다.

8 면책사유

공무원의 과실로 손해가 확대	면책사유가 있었다 하더라도 공무원의 과실로 손해가 확대된 경우 국가의 배상책임이 인정된다.
재정적 사유	면책을 결정지을 절대적 요건은 되지 못한다.
손해발생방지 주의를 게을리 하지 않은 경우	① 「국가배상법」이 적용되는 국도: 이를 입증해도 면책되지 않는다. ② 「민법」이 적용된 고속도로: 고속도로의 점유관리자는 그 하자가 불가항력에 의한 것이거나 손해의 방지에 필요한 주의를 해태하지 아니하였다는 점을 주장·입증하여야 비로소 그 책임을 면할 수 있다.
입증책임	① 원고: 영조물 설치·관리의 하자 ② 피고: 불가항력, 면책사유
면책사유 인정	600년 또는 1,000년 발생빈도 강우에 따른 하천 범람
면책사유 부정	① 50년 빈도의 최대 강우로 제방도로 유실 ② 국도변 산비탈 붕괴로 교통사고 ③ 장마철 가로수가 쓰러져 사고 발생 ④ 폭설에 따른 고속도로 교통정체·고립

9 경합문제

① 공사의 하자로 인한 도로침수의 경우 도로공사를 한 회사와 국가는 대외적으로 배상책임을 진다. 배상을 한 국가는 도로공사를 한 회사에 배상액 전액을 구상할 수 있다.

② 「국가배상법」 제5조가 규정하는 공공시설 등의 하자로 인한 배상책임은 공무원의 직무상 위법행위로 인한 책임(제2조)과 경합할 수 있다. 제2조보다는 제5조에 따른 배상이 청구인에게 유리하다.

제5절 │ 국가배상과 책임자

1 선택적 청구

자기책임설	선택적 청구(○)
대위책임설	선택적 청구(X)
판례의 변화	선택청구 인정 → 선택적 청구 부정 → 고의·중과실의 경우에 한해 선택적 청구 인정

[판례]

경과실	국가(○), 공무원(X), 선택적 청구 부정
고의·중과실	국가(○), 공무원(○), 선택적 청구 긍정

2 공무원의 배상책임

1. 법 조항

헌법	헌법 제29조 제1항(공무원 자신의 책임은 면제되지 않는다)의 의의: 공무원 개인의 구체적인 손해배상책임의 범위까지 규정한 것은 아니다.
공무원의 배상책임범위	헌법이나 「국가배상법」에 규정은 없다.

2. 판례

경과실인 경우	① 공무원의 배상책임(X) ② 대한변호사협회 및 협회장을 상대로 변호사 등록거부사유가 없음에도 위법하게 등록심사위원회에 회부되어 변호사등록이 2개월간 지연되었음을 이유로 손해배상을 구한 사안에서, 대한변호사협회는 협회장 및 등록심사위원회 위원들이 속한 행정주체의 지위에서 甲에게 변호사등록이 위법하게 지연됨으로 인하여 얻지 못한 수입 상당액의 손해를 배상할 의무가 있는 반면, 협회장은 경과실 공무원의 면책법리에 따라 甲에 대한 배상책임을 부담하지 않는다(2019다260197).
고의·중과실인 경우	공무원의 배상책임(○): 후보자 전과를 확인하고도 범죄경력조회 회보서에 기재하지 않은 공무원은 중과실 인정 → 국가배상책임 외 공무원 배상책임도 인정(2011다34521)

3. 국가가 배상한 경우 공무원의 구상책임(「국가배상법」 제2조 제2항)

경과실	공무원에게 구상책임을 물을 수 없다. 다만, 피해자에게 손해를 직접 배상한 경과실이 있는 공무원은 국가에 대하여 변제한 금액에 관하여 구상권을 취득한다.
고의 · 중과실	공무원에게 구상책임을 물을 수 있다. 그러나 국가가 소멸시효 완성을 주장하는 것이 신의 칙에 반하는 권리남용으로 허용될 수 없어 배상책임을 이행한 경우, 특별한 사정이 없는 한 국가는 공무원에게 구상권을 행사할 수 없다.

3 선임감독자와 비용부담자

① 「국가배상법」 제6조: 비용부담자도 배상책임을 진다.
② 「국가배상법」 제6조의 비용부담자의 개념: 형식적 비용부담자와 실질적 비용부담자 모두 배상책임을 진다.
③ 비용부담자가 부담하는 책임: 「국가배상법」이 정한 자신의 고유한 배상책임

4 배상책임 판례

여의도광장사건	① 영등포구: 비용부담자로서 배상책임 ② 서울시: 선임 · 감독자로서 배상책임
자동차운전면허장 관리사건	① 대한민국: 선임 · 감독자로서 배상책임 ② 서울시: 비용부담자로서 배상책임
교통신호기	① 대전시: 제2조와 제5조의 사무귀속자 ② 충남지방경찰청 봉급을 부담하는 대한민국: 제6조의 비용부담자

5 최종적 배상책임자

법 조항	영조물의 하자로 인한 손해의 원인에 대하여 책임을 질 자가 따로 있을 때에는 국가 또는 지방자치단체는 그 자에 대하여 구상할 수 있다.
학설	사무귀속자설(다수설), 비용부담자설, 기여도설
사무귀속자설을 취한 판례	비용부담자로서 국가가 배상했다면 교통신호기사무관리자인 지방자치단체에 국가는 구상할 수 있다.
기여도설을 취한 판례	국도의 설치 · 관리하자로 사고가 발생한 경우, 국가와 지방자치단체 모두 배상책임자이다. 내부적 부담부분은 도로인수 · 인계경위, 사건발생경위 등을 종합해서 결정해야 한다(96다42819).

손실보상

제1절 행정상 손실보상

1 손해배상과 구별

구분	손해배상	손실보상
원리	① 개인주의적 사상 ② 도덕적 책임주의	① 단체주의적 사상 ② 사회적 공평부담
위법성 요건	○	X
공법 영역	○	○
사법 영역	○	X
헌법	제29조 제1항	제23조 제3항
일반법	「국가배상법」(○)	X [개별법(○)]
고의 · 과실요건	○	X
재산상 손해	○	○
비재산상 손해 (정신적 손해)	○	X
양도 · 압류	생명 · 신체침해로 인한 권리 양도 · 압류(X)	○

2 손실보상청구권의 성질

사권설을 취한 판례	「수산업법」상 어업권에 대한 손실에 따른 보상청구권은 사법상 권리이므로, 민사소송으로 손실보상금지급청구를 해야 한다.
공권설을 취한 판례	① 공유수면매립사업으로 관행어업권을 상실하게 된 자의 손실보상청구권은 「공유수면매립법」에 의해 발생한 권리로서 공권이므로, 행정소송의 방법으로 권리를 주장해야 한다. ② 「하천법」상 하천구역편입토지에 대한 손실보상청구권은 공권이고, 손실보상지급은 당사자소송에 의해야 한다. ③ 사업폐지에 대한 손실보상청구권 ④ 농업손실보상청구권 ⑤ 주거이전비 보상청구권

3 손실보상청구권의 요건

공공필요	① 국가의 재정수입은 공공필요에 해당하지 않으므로, 국고목적을 위한 재산권 수용은 허용되지 않는다. ② 공공필요의 입증책임: 사업시행자. 국가 등의 공적 기관이 직접 수용의 주체가 되는 것이든 민간기업이 수용의 주체가 되는 것이든 공공필요에 대한 판단과 수용의 범위에 있어서 본질적인 차이가 있는 것은 아니다. ③ 공공필요가 공공복리보다 좁다. ④ 공공의 이익에 도움이 되는 사업이라도 '공익사업'으로 실정법에 열거되어 있지 않은 사업은 공용수용이 허용될 수 없다. ⑤ 공공성의 확보는 1차적으로 입법자가 입법을 행할 때 판단하고, 2차적으로는 사업인정권자가 개별적·구체적으로 당해 사업에 대한 사업인정을 행할 때 공공성을 판단하는 것이다.
재산권에 대한 침해(수용·사용·제한)	① 침해는 현실적으로 발생해야 한다. ② 재산권은 공법상 권리 + 사법상 권리
특별한 희생	① 특별한 희생: 보상(○), 일반적 희생: 보상(X) ② 공유수면매립면허의 고시가 있다고 하여 반드시 그 사업이 시행되고 그로 인하여 손실이 발생한다고 할 수 없으므로, 매립면허 고시 이후 매립공사가 실행되어 관행어업권자에게 실질적이고 현실적인 피해가 발생한 경우에만 「공유수면매립법」에서 정하는 손실보상청구권이 발생한다. ③ 공공사업의 시행으로 손해를 입었다고 주장하는 자가 보상받을 권리를 가졌는지 판단하는 기준시점: 공공사업 시행 당시
수용의 주체	민간기업이 도시계획시설사업을 위해 토지를 수용할 수 있도록 한 것은 헌법 위반이 아니다.

4 헌법 제23조 제3항

헌법 조항	공공필요에 의한 재산권의 수용·사용 또는 제한 및 그에 대한 보상은 법률로써 하되, 정당한 보상을 지급하여야 한다.
법률유보	헌법은 보상청구권의 근거뿐 아니라 보상의 기준과 방법에 관해서도 법률에 유보하고 있다.
재산권 침해 목적	공공필요
침해 유형	수용·사용·제한
침해와 보상근거	법률(○), 규칙(X), 명령(X), 조례(X)
보상기준	정당보상

5 보상규정 흠결 시 권리구제

방침규정설	보상해야 할 의무는 없다.
위헌무효설 (입법자에 대한 직접효력설)	① 배상 ② 헌법 제23조 제3항, 불가분조항(○)
직접효력설	① 헌법 제23조 제3항에 근거하여 직접 보상청구 ② 헌법 제23조 제3항, 불가분조항(X)
유추적용설	① 헌법 제23조 제3항과 관계 규정을 유추적용하여 보상청구 ② 수용유사침해이론 수용에 적극적 ③ 최근 대법원 판례가 주로 취하는 견해: 「공유수면매립법」에 구체적인 보상 방법과 기준이 없어도 다른 법률 보상을 유추적용 가능

6 개발제한구역 관련 헌법재판소 판례

1. 헌법상의 재산권은 토지소유자가 이용가능한 모든 용도로 토지를 자유로이 최대한 사용할 권리나 가장 경제적 또는 효율적으로 사용할 수 있는 권리를 보장하는 것을 의미하지는 않는다.

2. 개발제한구역의 지정으로 인한 개발가능성의 소멸과 그에 따른 지가의 하락이나 지가상승률의 상대적 감소는 토지소유자가 감수해야 하는 사회적 제약의 범주에 속하는 것으로 보아야 한다.

3. 보상 여부

보상 X	보상 ○
① 헌법 제23조 제2항의 사회적 제한 내의 재산권 제한 ② 개발제한구역 지정 후 토지를 종래의 목적으로 사용할 수 있는 경우 ③ 자신의 토지를 건축이나 개발목적으로 사용할 수 있으리라는 기대가능성이나 신뢰 및 이에 따른 지가상승의 기회는 재산권의 보호범위에 속하지 않는다.	① 헌법 제23조 제2항의 사회적 제한 밖의 재산권 제한 ② 구역지정 후 토지를 종래의 목적으로도 사용할 수 없거나(예 나대지) 또는 토지를 전혀 이용할 수 있는 방법이 없는 예외적인 경우

4. 헌법불합치결정

① 개발제한구역은 합헌이다.

② 개발제한구역으로 가혹한 부담이 생긴 나대지소유자에게 보상하는 규정이 없어 평등원칙이나 재산권을 침해한다.

③ 국회는 보상방법과 기준을 정한 보상입법을 할 의무는 있다.

④ 나대지소유자는 보상입법을 기다려 보상을 청구할 수 있다. 그러나 보상입법이 마련되기 전까지는 지정행위를 항고소송으로 다투거나 법위반행위의 정당성을 다툴 수는 없다.

⑤ 금전보상, 개발제한구역의 지정해제, 매수청구권제도를 선택할 입법자의 재량은 있다.

5. 개발제한구역 지정으로 헌법 제23조 제3항의 공용수용에 해당하므로 보상(X) / 비례원칙에 반하므로 보상(○)

📖 대법원은 개발제한구역 지정으로 인한 손실에 대해 보상규정을 두지 않은 것은 헌법에 위반되지 않는다고 한다.

7 헌법의 재산권 보장

헌법 제23조 제1항의 존속보장	방어하라, 불연이면 청산한다.
헌법 제23조 제3항의 가치보장	참으라, 그리고 청산하라.

8 경계이론과 분리이론

구분	경계이론(문턱)	분리이론(단절이론)
내용규정(존속보장)과 공용침해규정(가치보장) 간의 관계	본질적 차이는 없다.	본질적 차이가 있다.
주안점	가치보장, 보상	존속보장, 재산권 침해 배제
과잉금지원칙 등에 위반되어 위헌인 내용규정	헌법 제23조 제3항의 공용침해이다.	헌법 제23조 제3항의 공용침해가 아니다.
보상이 필요한 재산권 제한	헌법 제23조 제3항에 따른 공용침해	① 헌법 제23조 제1항에 따른 비례원칙에 반하는 재산권 내용 한계규정: 보상규정이 없는 경우 ② 헌법 제23조 제3항에 따른 공용수용: 보상규정이 있는 경우
개발제한구역 지정 후 종래 용도로 사용할 수 없는 경우	헌법 제23조 제3항의 공용침해이다.	헌법 제23조 제3항의 공용침해가 아니다.
법원	독일 최고법원	① 독일 헌법재판소 ② 우리 헌법재판소

📖 사회적 제약을 벗어나는 무보상의 공용침해에 대하여, 분리이론은 당해 침해행위의 폐지를 주장함으로써 위헌적 침해의 억제에 중점을 두고 있음에 비하여, 경계이론은 보상을 통한 가치의 보장에 중점을 두고 있다.

9 손실보상기준 - 정당한 보상

정당한 보상	① 시가에 의한 완전 보상 ② 공시지가에 의한 보상도 정당한 보상이다. ③ 개발이익을 배제한 손실보상액의 산정은 정당보상의 원리에 어긋나지 않는다. ④ 표준지공시지가를 기준으로 한 보상금액이 개별공시지가보다 적어도 정당한 보상이다. ⑤ 수필지의 표준지 중 어떤 표준지를 선정하였는지를 확인할 수 없으면 각 보상대상 토지에 관한 감정평가는 적정성을 결여한 것이다. ⑥ 건물의 일부만 수용되어 잔여부분 건물가격이 하락한 경우 가치하락분에 대해 감가보상을 해야 한다.
합의가 성립한 경우	손실보상금에 관한 당사자 간의 합의가 성립한 경우 그 합의 내용이 「공익사업을 위한 토지 등의 취득 및 보상에 관한 법률」에서 정하는 손실보상 기준에 맞지 않는다고 해도 합의가 적법하게 취소되는 등의 특별한 사정이 없는 한 추가로 손실보상금청구를 할 수는 없다.
가격산정 시점	보상액의 산정은 협의에 의한 경우에는 협의 성립 당시의 가격을, 재결에 의한 경우에는 수용 또는 사용의 재결 당시의 가격을 기준으로 한다. → 해당 공익사업으로 인한 토지 등의 가격변동은 고려하지 아니한다.

10 개발이익과 보상

해당 사업으로 개발이익이 생기는 경우	개발이익 배제
다른 공공사업으로 개발이익이 생기는 경우	개발이익 포함

11 사업시행으로 인한 공법적 제한과 보상가액산정

| 해당 공익사업으로 인한 공법상 제한 | ① 공법상 제한이 없는 상태에서 토지가액평가
② 손실보상액은 당해 공공사업의 시행을 직접 목적으로 하는 계획의 승인·고시로 인한 가격변동을 고려함이 없이 수용재결 당시의 가격을 기준으로 하여 정하여야 한다.
③ 택지개발사업에 대한 실시계획의 승인으로 용도지역이 주거지역으로 변경된 경우 그 용도지역의 변경을 고려함이 없이 평가하여야 한다.
④ 공원조성사업으로 일반주거지역에서 자연녹지지역으로 변경된 토지는 일반주거지역으로 평가해야 한다.
⑤ 특정 공익사업과 관련이 있다면 용도지역 등의 지정 또는 변경이 이루어지지 않은 상태대로 지가를 산정한다.
⑥ 수용 대상 토지에 관하여 특정 시점에서 용도지역 등의 지정 또는 변경을 하지 않은 것이 특정 공익사업의 시행을 위한 것인 경우, 공익사업의 시행을 직접 목적으로 하는 제한으로 보아 용도지역 등의 지정 또는 변경이 이루어진 상태를 상정하여 토지가격을 평가해야 한다. |

다른 목적의 공익사업으로 제한받는 경우	① 공법상 제한을 받은 상태에서 토지가액평가 ② 문화재보호구역의 확대지정이 당해 공공사업인 택지개발사업의 시행을 직접 목적으로 하여 가하여진 것이 아님이 명백하므로 토지의 수용보상액은 그러한 공법상 제한을 받는 상태대로 평가하여야 한다. ③ 일반계획제한의 경우 특정 공익사업과 관련이 없다면 용도지역 등의 지정 또는 변경이 이루어진 상태대로 지가를 산정한다.

12 보상 여부에 포함하는 것

보상 포함	① 공법·사법상 재산적 가치가 있는 권리: 공권 + 사권 ② 물권 + 채권 ③ 무체재산권인 저작권, 특허권 ④ 지장물인 건물은 건축허가를 받은 건물 + 그렇지 않은 건물도 사업인정의 고시 이전에 건축된 건물이면 보상 대상 ⑤ 간접손실 ⑥ 어업허가·신고권자의 어업 손실보상
보상 제외	① 개발이익(재산권 보호 X) ② 정신적 손해 ③ 자연적·문화적·학술적 가치 ④ 기대이익(재산권 보호 X) ⑤ 영업을 하기 위해 투자한 비용과 그 영업을 통해 얻을 것으로 기대되는 이익 ⑥ 공공용물에 대한 일반사용이 적법한 개발행위로 제한됨으로 인한 불이익은 손실보상 대상이 되는 특별한 손실이 아니다. 다만, 도로·하천과 같은 공공용물의 특허·허가 사용자에 대한 특허·허가의 철회 시에는 보상 필요 ⑦ 「민법」상 재산권에 대한 상린관계에서의 제한 ⑧ 사업시행고시 후 어업허가권자의 어업손실 ⑨ 육상종묘생산어업신고의 유효기간 만료 후 항만공사실시계획이 공고된 경우 종묘생산 어업의 손실은 특별한 손실이 아니다. ⑩ 어업면허가 당해 공익사업의 고시 후 면허기간 연장신청이 거부된 경우 ⑪ 공익사업의 시행으로 토석채취허가를 연장받지 못한 경우 그로 인한 손실 ⑫ 개발제한구역 지정으로 인한 지가의 하락

13 손실보상의 변화(대인적 보상 → 대물적 보상 → 생활보상)

대인적 보상	수용되는 재산에 대한 피수용자의 이용가치
대물적 보상	수용되는 재산의 객관적 가치보상
생활보상	종전의 생활상태 보상

토지보상	① 표준지공시지가 기준 ② 지가변동률, 물가상승률, 토지의 위치 · 형상 · 환경 · 이용상황 등 고려 ③ 토지에 대한 보상액은 일시적인 이용상황과 토지소유자나 관계인이 갖는 주관적 가치 및 특별한 용도에 사용할 것을 전제로 한 경우 등은 <u>고려하지 않고</u> 산정한다. ④ 토지소유자가 갖는 주관적 가치, 투기적 성격을 띠고 우연히 결정된 거래가격, 객관적 가치증가에 기여하지 못한 투자비용은 토지보상가액에 <u>포함되지 않는다.</u>
토지 이외의 건물 등	① 사업인정 당시 건축물인 지장물은 적법한 건축물인지 묻지 않고 보상 대상이 된다. ② 건축물 · 입목 · 공작물과 그 밖에 토지에 정착한 물건에 대하여는 이전에 필요한 비용으로 보상하여야 한다. ③ 해당 물건의 가격으로 보상하는 경우 　㉠ 건축물 등을 이전하기 어렵거나 그 이전으로 인하여 건축물 등을 종래의 목적대로 사용할 수 없게 된 경우 　㉡ 건축물 등의 이전비가 그 물건의 가격을 넘는 경우 　㉢ 사업시행자가 공익사업에 직접 사용할 목적으로 취득하는 경우 ④ 이전비가 물건가격을 넘어 물건의 가격으로 보상한 경우라도, <u>수용의 절차를 거치지 아니한 이상</u> 그 보상만으로 해당 물건의 소유권까지 취득하는 것은 아니다. → 사업시행자는 소유자에게 철거를 요구할 수 없다. 소유자는 지장물 제거과정에서 물건가치 상실을 수인해야 한다. ⑤ 사업시행자가 수목의 가격으로 보상하였으나 수목을 협의 또는 수용에 의하여 취득하지 않은 경우, 수목의 소유자는 특별한 사정이 없는 한 <u>지장물의 이전의무를 부담하지 않는다.</u>
영업손실보상 (폐지보상과 휴업보상)	① 폐지 · 휴업보상의 기준: 다른 장소로 이전가능한지 여부(○) / 실제로 다른 장소로 이전했는지 여부(X) ② 이전가능성이 없는 경우: 폐업보상 ③ 토지보상법 제77조는 영업을 하기 위해 투자한 비용이나 기대이익에 대한 손실보상 청구의 근거는 아니다. ④ 위법한 영업은 휴업 · 폐업에 따른 보상이 되지 않는다. 신고를 하지 않아도 영업 자체가 위법하지 아니한 경우 영업손실을 <u>보상해야 한다.</u> ⑤ 체육시설업의 영업주 변경 시 신고하지 않은 영업도 보상해야 한다. ⑥ 매년 일정한 계절이나 일정기간에 영업하는 경우도 영업손실보상 대상이 된다. ⑦ 사업인정고시일 당시 보상 대상에 해당했다면 그 후 영업장소를 다른 장소로 이전했다고 하더라도 손실보상의 대상이 된다. ⑧ 사업인정고시일 이후 영업장소가 이전되어 수용재결 당시에는 해당 토지 위에 영업시설 등이 존재하지 않게 된 경우, 그 고시일 이전부터 영업을 해왔고 그 당시 영업시설이나 지장물이 존재하고 있었다는 점은 그 <u>주장자가 증명하여야</u> 한다. ⑨ 공익사업으로 인하여 영업을 폐지하거나 휴업하는 자가 재결절차를 거치지 않은 채 곧바로 사업시행자를 상대로 영업손실보상을 청구할 수 없다. ⑩ 실질적으로 같은 내용의 손해에 관하여 손실보상과 「환경정책기본법」에 따른 손해배상청구권이 동시에 성립하는 경우: 영업자는 <u>두 청구권을 동시에 행사할 수 없고,</u> 손실보상청구기간이 도과한 경우에도 여전히 손해배상청구는 가능하다.

PART 05

해커스공무원 황남기 행정법총론 문제족보를 밝히다

광업권 · 어업권 · 물 등의 사용권	하천수 사용권도 손실보상의 대상이 된다.
농업손실보상	① 공익사업으로 인하여 농업손실을 입게 된 자가 사업시행자에게서 보상을 받기 위해서는 재결절차를 거쳐야 한다. ② 사업시행자가 토지소유자에게 보상금을 지급하지 아니하고 그 승낙도 받지 아니한 채 미리 공사에 착수하여 영농을 계속할 수 없게 한 경우, 손해를 배상할 책임이 있다. ③ 농지개량사업시행지역 내의 토지 등 소유자가 토지사용에 관한 승낙을 하였더라도, 그에 대한 정당한 보상을 받은 바가 없다면 사업시행자는 토지소유자 및 승계인에 대하여 보상할 의무가 있다.
기타	임금손실보상, 분묘이전비보상

15 생활보상

1. 근거와 유형

인정해야 할 이유	재산권의 객관적 가치보상(대물보상)으로 전보되지 않은 생활근거를 보상할 필요성 → 객관적 가치보상은 생활보상이 아니다.
헌법의 근거	① 헌법의 재산권 보장과 인간다운 생활을 할 권리에 근거 ② 이주대책이나 생활대책이 헌법 제23조 제3항에 규정된 '정당한 보상'에 포함되는지 여부: 헌법재판소(X), 대법원(O)
생활보상의 유형	이주대책 시행, 직업훈련, 주거이전비 지급, 이주농민에 대한 이농비 보상, 배후지 상실로 인한 영업보상

2. 이주대책의 시행

이주대책의 요건	이주대책 대상자 중 이주정착지에 이주를 희망하는 자가 10호 이상인 경우
이주대책의 의무자	사업시행자
이주대책의 성질	① 이주대책 실시 여부는 입법자의 재량이다. ② 이주대책 실시 여부: 사업시행자의 의무, 강행법규 ③ 이주대책의 구체적 내용: 사업시행자는 택지 또는 주택의 내용 · 수량, 특별공급주택의 수량, 특별공급대상자의 선정에서 재량을 가진다. ④ 재개발사업의 경우에도 이주대책을 수립해야 한다.
이주대책의 대상자	① 공익사업으로 주거용 건물을 제공하여 생활근거를 상실한 자가 대상자이다. 사업시행자는 대상자를 넓혀 시혜적으로 이주대책 수립 등을 시행할 수 있다. ② 세입자: 임의적 대상자, 세입자를 이주대책 대상자에서 제외한 것은 세입자의 재산권 침해가 아니다. ③ 관할 구청장이 세입자에 대하여 영구임대아파트의 입주권부여 대상자가 아니라고 한 통보는 행정처분이다. ④ 이주대책의 대상이 되는 건물: 이주대책일 당시 주거용 건물을 의미한다. 이주대책일

	이후 적법한 절차에 따르지 않고 주거용으로 용도변경된 경우 이주대책의 대상이 되는 주거용 건물이 아니다. ⑤ 공부상 기재된 용도를 기준으로 이주대책 대상자를 선정하는 것은 위법이 아니다.
생활기본시설에 필요한 비용	① 이주대책의 내용에 포함되는 이주정착지에 대한 도로, 급수시설, 배수시설 등 통상적인 수준의 생활기본시설에 필요한 비용은 사업시행자가 부담한다. 다만, 지방자치단체는 비용의 일부를 보조할 수 있다(「공익사업을 위한 토지 등의 취득 및 보상에 관한 법률」 제78조 제4항). ② 위 ①의 법조항이 시혜적인 이주대책 대상자에게까지 적용된다고 볼 수 없다. 따라서 생활기본시설에 필요한 비용은 사업시행자가 부담하는 것은 아니다. ③ 생활기본시설: 단지 내 도로, 간선도로와 단지를 연결하는 도로, 상수도시설 ④ 생활기본시설이 아닌 것: 간선도로, 중상수도시설
이주대책 대상자의 아파트수분양권, 택지분양청구권	① 공법상 권리이나 법이 정한 요건을 충족했다고 하여 법률에 의해 직접 발생하는 것이 아니라, 사업시행자의 이주대책 대상자로 확인·결정에 의해 발생한다. ② 생활대책 대상자 선정기준에 해당하는 자는 사업시행자에게 생활대책 대상자 선정 여부의 확인·결정을 신청할 수 있는 권리를 가진다. ③ 이주대책 대상자의 특별분양신청에 대해 사업시행자의 거부행위는 항고소송의 대상이 되는 처분이다. ④ 甲이 생활대책 대상자에 해당하지 않는다는 결정을 하고 이에 대한 甲의 이의신청에 대하여 재심사 결과로도 생활대책 대상자로 선정되지 않았다는 통보를 한 경우, 그 재심사 결과의 통보는 독립한 행정처분이다.

3. 주거이전비

주거이전비보상청구권	① 공법상 권리 ② 「공익사업을 위한 토지 등의 취득 및 보상에 관한 법률」에 따라 직접 발생
주거이전비보상청구소송	당사자소송(○) / 민사소송(X), 항고소송(X)
주거이전비보상 대상자에 해당	① 공익사업 시행지구에 편입되는 주거용 건축물의 거주자로서 공익사업의 시행으로 이주하게 되는 자 ② 주거용 건축물의 소유자: 사업계획에 관한 공람공고일부터 해당 건축물에 대한 보상을 하는 때까지 계속하여 소유 및 거주한 소유자 ③ 사업인정고시일을 기준으로 해당 사업시행지구 안에 3월 이상 거주한 세입자(○) → 세입자가 주거이전비포기각서를 제출했다고 해도 포기각서는 무효이므로 보상해야 한다. 3월 이상 거주한 세입자에 대해서 주거이전비를 보상하도록 한 것은 정비사업조합의 재산권 침해가 아니다.
주거이전비보상 대상자 아님	① 주택재개발정비사업의 사업구역 내 주거용 건축물을 소유하는 주택재개발정비조합원이 사업구역 내 타인의 주거용 건축물에 거주하는 세입자일 경우, 세입자로서의 주거이전비 지급대상이 아니다. ② 도시환경정비사업에 동의하여 분양신청을 함으로써 정비사업에 참여한 '토지 등 소유자' ③ 공익사업 시행지구에 편입되는 주거용 건축물의 소유자 또는 세입자가 아닌 가구원

16 간접손실보상

1. 법적 근거와 유형

사업시행지 밖의 손실에 대한 보상 (간접손실보상)의 근거	① 헌법 제23조 제3항(판례) ② 간접손실보상에 대한 일반법 규정은 없고 개별규정은 있음. ③ 수산물위탁판매장을 운영하면서 위탁수수료를 받았던 수산업협동조합이 공유수면매립으로 인해 발생한 영업손실의 경우 관련 법조항을 유추해석해 보상
「공익사업을 위한 토지 등의 취득 및 보상에 관한 법률」	잔여지손실보상(제73조), 잔여지 매수·수용청구권(제74조), 사업지 밖의 토지 비용보상(제79조) 등

2. 잔여지 손실과 손실보상(「공익사업을 위한 토지 등의 취득 및 보상에 관한 법률」 제73조)

요건	① 일부가 수용되어 잔여지 가격이 감소된 경우 보상, 잔여지 통로나 그 밖의 공사가 필요한 경우 공사비용 ② 잔여지 가치 하락 등이 그 일부가 공익사업에 취득으로 발생한 것이 아니라면 잔여지 손실보상에 해당하지 않는다. ③ 잔여지 가격 감소가 있는 경우 종래 목적으로 사용 가능한 경우라도 잔여지 손실보상의 대상이 된다. ④ 공익사업에 영업시설 일부가 편입되어 잔여 영업시설에 새로운 시설이 필요하거나 보수할 필요가 있는 경우에도 손실보상에 포함된다.
권리행사 절차	① 수용재결을 거쳐 보상금증감청구소송 ② 재결절차를 거치지 않은 사업시행자를 상대로 잔여지 또는 잔여 건축물 가격감소 등으로 인한 <u>손실보상을 청구할 수 없다.</u>

3. 잔여지 매수·수용청구권(「공익사업을 위한 토지 등의 취득 및 보상에 관한 법률」 제74조)

요건	① 잔여지를 종래 목적에 사용하는 것이 현저히 곤란할 때(제74조 제1항) ② 사용이 현저히 곤란할 때: 사회적·경제적으로 사용하는 것이 곤란하게 된 경우(절대적으로 이용불가능한 경우) + 이용은 가능하나 많은 비용이 소요되는 경우
권리	① 사업시행자에게는 잔여지 매수청구, 관할 토지수용위원회에는 잔여지 수용청구 ② 수용의 청구는 매수협의가 성립되지 않은 경우에만 할 수 있다. ③ 사업시행자에게 한 매수청구의 의사표시는 토지수용위원회에 한 수용청구의 의사표시로 볼 수 없다.
법적 성질	잔여지수용청구권은 그 요건을 구비한 때에는 토지수용위원회의 특별한 조치를 기다릴 것 없이 청구에 의하여 수용의 효과가 발생하는 형성권적 성질을 가진다.
행사기간	협의가 성립되지 아니한 경우에는 해당 사업의 공사완료일까지이다. 잔여지수용청구권의 행사기간은 제척기간이다.
권리존속청구권	매수 또는 수용의 청구가 있는 잔여지 및 잔여지에 있는 물건에 관하여 권리를 가진 자는 사업시행자나 관할 토지수용위원회에 그 권리의 존속을 청구할 수 있다(제74조 제2항).

불복절차	수용청구 → 토지수용위원회, 기각재결 → 사업시행자를 피고로 하여 보상금증감청구소송 제기

17 손실보상의 방법

원칙적 보상방법	예외적 보상방법
① 사업시행자보상 원칙 ② 금전(현금)보상 원칙 ③ 선불(사전보상) 원칙 ④ 일시불 ⑤ 개인별(○), 물건별(X) 보상 원칙 ⑥ 일괄보상 원칙	① 채권보상 ② 현물보상(대토보상) ③ 후불 ④ 분할불 ⑤ 매수보상

[채권보상]

① 토지투기가 우려되는 지역으로서 대통령령이 정하는 지역 안에서 「택지개발촉진법」상의 택지개발사업을 시행하는 공공단체는 부재부동산소유자의 토지에 대한 보상금 중 대통령령이 정하는 1억 원 이상의 일정 금액을 초과하는 부분에 대하여는 해당 사업시행자가 발행하는 채권으로 지급하여야 한다.
② 채권상환기간은 5년을 넘지 않아야 한다.
③ 후불의 경우에는 지연손해금을 지불해야 한다(91누308).
④ 사업시행 이익과의 상계금지(제66조)

18 협의취득과 수용재결신청

사업시행자와 토지소유자 간 협의에 의한 취득	사법상 계약(판례), 협의는 필수적 절차
협의가 안 된 경우	사업시행자는 사업인정고시가 된 날부터 1년 이내에 토지수용위원회에 수용재결을 신청할 수 있다.
수용재결 신청권자	토지소유자(피수용자)는 수용재결신청을 할 수 없고, 사업시행자에게 수용재결신청을 청구할 수 있다. 사업시행자는 60일 이내 재결을 신청해야 하고 이를 거부한 경우 항고소송의 대상이 된다.

19 토지수용위원회의 재결과 불복절차

토지수용위원회의 수용재결	① 토지수용위원회는 사업시행자 · 토지소유자 또는 관계인이 신청한 범위 안에서 재결하여야 한다. 다만, 손실보상에 있어서는 증액재결을 할 수 있다. ② 토지수용위원회는 사업인정 자체를 무의미하게 하는, 즉 사업의 시행이 불가능하게 되는 것과 같은 재결을 할 수 없다. ③ 토지수용위원회가 토지에 대하여 사용재결을 하는 경우 사용할 토지의 위치와 면적, 권리자, 손실보상액, 사용 개시일뿐만 아니라 사용방법, 사용기간도 구체적으로 재결서에 특정하여야 한다. ④ 수용재결의 성질 　㉠ 형성적 행정행위로서 대리 　㉡ 항고소송의 대상이 되는 행정처분 　㉢ 사업자는 그 재결이 당연무효이거나 취소되지 않는 한, <u>이미 보상금을 지급받은 자에 대하여 민사소송으로 그 보상금을 부당이득이라 하여 반환을 구할 수 없다.</u> ⑤ 수용재결이 있은 후 토지소유자 등과 사업시행자가 협의하여 토지 등의 취득이나 사용 및 그에 대한 보상에 관하여 임의로 <u>계약을 체결할 수 있다.</u> 다만, 수용재결의 취소를 구하는 소의 이익은 부정 ⑥ 수용개시일까지 보상금 지급 또는 공탁하지 않으면 재결은 실효된다. ⑦ 토지수용위원회가 신청의 일부에 대한 재결을 빠뜨린 경우에 그 빠뜨린 부분의 신청은 계속하여 그 토지수용위원회에 계속된다. ⑧ 재개발조합이 구 「도시 및 주거환경정비법」에 따른 협의 또는 수용절차를 거치지 않고 현금청산 대상자를 상대로 토지 또는 건축물의 인도를 구할 수 없다(2019두46411).
토지수용위원회의 재결에 대한 이의신청	① 수용재결을 통지받은 날부터 통지 30일 이내 중앙토지수용위원회에 이의신청 ② 이의신청절차: 실질적 행정심판절차 → 특별 규정이 있는 것 제외하고 「행정심판법」 규정 적용(○) ③ 이의신청절차는 임의적 절차이므로 수용재결에 대해 이의신청절차를 거치지 않고 바로 항고소송을 제기할 수 있다.
이의재결	① 이의재결: 수용재결이 위법 · 부당할 때 전부 또는 일부 취소가능, 보상액 변경도 가능 ② 기간 이내에 소송이 제기되지 아니하거나 그 밖의 사유로 이의신청에 대한 재결이 확정된 때에는 「민사소송법」상의 확정판결이 있는 것으로 본다.
토지수용재결에 대한 항고소송	① 항고소송의 대상: 수용재결(○) / 이의재결(X). 다만, 이의재결에 고유한 하자가 있는 경우 소 대상(○) ② 피고: 수용재결을 한 토지수용위원회. 다만, 이의재결에 고유한 위법을 다투는 경우에 한해 이의재결을 한 중앙토지수용위원회 ③ 집행부정지: 수용재결에 대한 행정소송 제기로 토지의 수용 · 사용정지 안 됨. ④ 이의재결을 통지받은 날부터 60일 이내 항고소송 또는 수용재결을 통지받은 날부터 90일 이내 항고소송 제기

| 보상금증감청구소송 | ① 소송의 유형: 형식적 당사자소송
② 피고: 사업시행자 ⇄ 토지소유자(○), 관계인(○)
　🖳 토지수용위원회는 피고가 아님.
③ 지연가산금은 공법상 청구권이고 제소기간 내 재결보상금증감소송을 제기한 이상 제소기간에 구애받지 않고 청구할 수 있다.
④ 사용에 대해 수용청구를 하였음에도 토지수용위원회가 이를 받아들이지 않은 경우와 잔여지 수용청구를 토지수용위원회가 받아들이지 않은 경우, 사업시행자를 피고로 하여 형식적 당사자소송을 제기한다.
⑤ 어떤 보상항목이 손실보상 대상에 해당하지 않는다고 잘못된 내용의 재결을 한 경우, 토지수용위원회를 상대로 그 재결에 대한 취소소송을 제기할 것이 아니라 사업시행자를 상대로 보상금증감소송을 제기하여야 한다.
⑥ 토지소유자, 보상의 일부항목만 증액을 청구할 수 있다.
⑦ 수용재결에서 정한 보상금액이 일부 보상항목의 경우 과소하고 다른 보상항목의 경우 과다한 것으로 판명되었다면, 법원은 보상항목 상호 간의 유용을 허용하여 항목별로 과다 부분과 과소 부분을 합산하여 보상금의 합계액을 정당한 보상금으로 결정할 수 있다. |

제2절　수용유사침해에 대한 보상

수용유사침해의 요건	① 재산권 침해(○) / 비재산권 침해(X) ② 특별한 희생(○) ③ 위법(○) / 고의·과실(X) → 위법·무책
수용유사침해의 근거	① 독일 헌법재판소의 자갈채취 판례 전: 독일 헌법 제14조 제3항 ② 독일 헌법재판소의 자갈채취 판례 후: 관습법상 인정되어 온 희생보상청구권
인정 여부	① 유추적용설을 주장하는 학자들이 수용유사침해이론에 대해 적극적이다. ② 수용유사침해는 경계이론(○) / 분리이론(X)을 근거로 한다. ③ 부정적 견해: 우리나라에는 희생보상의 관습법이 없다. 위헌무효설이나 직접효력설로 문제를 해결할 수 있다. ④ 대법원 판례: 수용유사침해론을 명시적으로 인정(X)

의의	① 비의도적 · 비전형적 재산권 침해 ② 간접손실보상의 유형(○) ③ 결과책임(○) / 과실책임(X)
수용적 침해의 예	① 지하철 공사로 고객의 도로통행이 어려워져 인근상가의 매출이 감소되는 경우 ② 도시계획결정으로 도로구역으로 고시되었으나 공사는 하지 않고 오랫동안 방치함으로써 고시지역 내의 토지소유자가 큰 재산상의 불이익을 입게 되는 경우
요건	① 적법한 공권력 행사로 인한 의도되지 않은 재산권 침해(○) ② 위법(X), 고의 · 과실(X), 비재산적 법익침해(X)

[법익침해의 비교]

구분	손해배상	손실보상	수용유사 침해	수용적 침해	희생보상 청구권	결과제거 청구권
재산적 법익	○	○	○	○	X	○
비재산적 법익	○	X	X	X	○	○

[위법, 고의 · 과실을 기준으로 한 비교]

구분	손해배상	손실보상	수용유사 침해	수용적 침해	희생보상 청구권	결과제거 청구권
위법	○	X	○	X	X	○
고의 · 과실(유책)	○	X	X	X	X	X

[수용유사침해와 수용적 침해]

구분	수용유사침해	수용적 침해
위법	○	X
재산적 법익	○	○
비재산적 법익	X	X
고의 · 과실	X	X
의도 / 비의도	의도	비의도
박탈되는 재산권	대물적 손실	간접손실

의의	① 비재산적 법익침해에 대한 보상 ② 전염병 예방을 위한 예방접종으로 사망한 경우
요건	① 적법한 침해(O), 고의·과실(X) ② 비재산적 가치 있는 권리침해 ③ 고권적 침해: 직접 + 간접적인 강제 + 심리적 강제(O) ④ 특별한 희생 ⑤ 침해의 목적: 사익(X) / 공익(O)
보상내용	비재산적 법익침해로 인한 재산적 손실(O) / 정신적 피해에 대한 위자료(X)
청구권의 경합	위법한 비재산적 법익침해: 손해배상(O) / 희생보상청구권(X)
권리구제	① 개별법이 있는 경우: 개별법 적용, 희생보상청구권 적용(X) ② 개별법이 없는 경우: 희생보상청구권이론으로 인정
「감염병의 예방 및 관리에 관한 법률」 제71조에 의한 국가보상책임	① 무과실책임(O) ② 인과관계(O): 해당 예방접종으로 인해 장애 등이 발생하였을 것 → 반드시 의학적·자연과학적으로 명백히 증명될 필요는 없고, 간접적 사실관계 등을 고려할 때 인과관계가 있다고 추단되는 경우에는 증명이 있다. ③ 예방접종으로 인한 질병, 장애 또는 사망의 인정: 재량행위(O) ④ 실질은 피해자의 특별한 희생에 대한 보상

제5절 | 결과제거청구권

1 예

① 운전면허증의 압수가 취소가 되었음에도 행정청이 반환하고 있지 않은 경우
② 공직자의 직무수행 중 발언으로 명예를 훼손당한 경우
③ 행정주체가 압류승용차에 대하여 압류취소가 되었음에도 반환하지 않은 경우
④ 행정청이 법률상 원인 없이 타인의 토지를 도로로 사용하고 있는 경우
⑤ 행정청의 명령에 따라 A가 B의 가옥을 점거하고 있는 상황에서 B가 행정청에 A의 퇴거를 청구한 경우

2 청구권의 성질

성격	물권적 권리에 한정되지 않고 인격적 성격도 가짐.
법적 성질	① 다수설: 공권, 당사자소송 ② 판례: 사권, 민사소송

3 법적 근거

법치행정, 기본권 규정, 취소판결의 기속력(○)

4 요건

공행정작용으로 인한 침해	권력적 + 비권력적 행정작용(○), 법률행위 + 사실행위(○), 작위 + 부작위 (○), 사법적 활동으로 인한 침해(X)
법률상 이익이 침해되는 것	재산적 이익 + 비재산적 법익(예 명예, 신용 등), 사실상의 이익(X)
관계이익이 보호할 가치가 있을 것	불법적으로 점유하고 있는 물건(X)
위법한 상태의 존재	처음부터 위법한 행정작용 + 적법한 행정작용의 효력상실로 사후에 위법상 태 발생
위법한 상태의 계속	① 위법한 상태가 존재하지 않게 된 경우: 결과제거청구권(X) / 손해배상 (○) ② 무효가 아닌 행정행위: 취소가 안 된 경우 결과제거청구권(X)
결과제거의 기대가능성	불법으로 파손된 자동차, 결과제거청구권 행사(X) / 손해배상(○)

5 손해배상청구권과 결과제거청구권의 비교

구분	손해배상청구권	결과제거청구권
위법	○	○
고의 · 과실	○	X
권리구제수단	배상	원상회복
양자의 병존가능성	○	

📖 불법자동차를 경찰이 다른 곳으로 옮겨 놓은 경우, 결과제거청구권이 인정되지 않는다. 적법한 행위이기 때문
이다.

6 판례

① 적법한 사용권을 취득함이 없이 타인의 토지를 도로부지로 편입하여 도로로 사용하는 경우, 인도 청구할 수 없다.

② 공중의 편의를 위한 상수도시설을 대지소유자가 소유권에 기하여 철거를 요구하는 것이 권리남용에 해당되지 않는다.

7 결과제거청구권의 내용과 범위

① 원상회복
② 직접적인 결과제거(○) / 간접적인 결과제거(X)
③ **피해구제가 충분치 않은 경우:** 손해배상

8 결과제거청구권 사례

📖 **사례**

A시(市)는 복지시설의 운영자인 B에게 무주택상태에 있는 C가 6개월간 동 시설에 거주할 수 있게 하도록 명령하였다. 그러나 C가 거주한 지 6개월이 지났는데도 방을 비워 주지 않고 있는 상태이고, A시도 더 이상 아무런 조치를 취하지 않고 있다. 더욱이 C는 본인이 거주하던 방의 일부를 파손하였다. [2008년 국회 8급]

B는 A시에 대해 C를 퇴거해 줄 것을 청구(○)	결과제거청구권
C가 파손한 부분에 대해 B의 A시에 대한 원상회복청구(X)	직접적인 결과만 제거를 할 수 있음, C의 파손은 간접적인 것임.
결과제거청구소송	당사자소송(다수설) / 민사소송(판례)
A시의 거주할 수 있도록 한 명령	제소기간 도과로 취소소송 불가

PART 06

행정구제법 2

CHAPTER 01 행정심판
CHAPTER 02 행정소송

01 / 행정심판

제1절 행정쟁송 개설

시심적 쟁송	당사자소송
복심적 쟁송	항고쟁송

제2절 행정심판의 의의

1 행정심판

① 신속성, 간편성 같은 소송경제의 실현(○), 구제의 신중성 확보(X)
② 법원의 부담경감(○), 행정관청에 관련된 분쟁을 법원이 담당하는 것이 바람직하지 않으므로(X)
③ **행정심판**: 형식적 의미의 행정, 실질적 의미의 사법작용

2 행정심판절차의 사법절차 준용

① 헌법에 행정심판의 근거(○)
② **행정심판절차**: 「행정소송법」에서는 임의적 절차로 규정
③ **행정심판절차**: 전심절차(○) / 종심절차(X)
④ 행정심판을 필요적 전심절차로 규정하면서도 그 절차에 사법절차가 준용되지 않는 경우, 헌법에 위반된다.

3 이의신청절차

① 당해 행정청에 제기한다.
② 토지수용위원회의 수용재결에 대한 중앙토지수용위원회에 제기하는 이의신청절차는 특별행정심판이다.
③ 표제를 '행정심판청구서'로 한 서류를 제출한 경우, 서류의 내용에 이의신청 요건에 맞는 불복취지와 사유가 충분히 기재되어 있다면 <u>처분에 대한 이의신청으로 볼 수 있다.</u>
④ 개별법률에 이의신청제도를 두면서 행정심판에 대한 명시적인 규정이 없는 경우, 이의신청과는 별도로 행정심판을 제기할 수 없다. (X)

4 진정

신청서가 행정기관의 처분의 시정을 구하는 취지라면 행정심판청구로 볼 수 있다.

5 행정심판과 행정소송의 공통점

① 행정청의 처분을 시정하는 절차이다(행정쟁송).
② 당사자의 쟁송제기에 의해 절차가 개시된다(제기에 의한 절차개시).
③ 법률상 이익을 가진 자만이 제기할 수 있다(청구인적격, 원고적격).
④ 당사자(청구인과 행정청, 원고와 피고)는 대등한 입장에 선다(대심구조).
⑤ 당사자가 아닌 제3자(행정심판위원회, 법원)가 판단한다(판단기관).
⑥ 위법한 처분이나 부작위를 대상으로 한다(대상적격으로서 개괄주의).
⑦ 일정한 기간 내에 제기하여야 한다(쟁송기간).
⑧ 직권심리가 인정되고 있다.
⑨ 집행부정지의 원칙이 채택되어 있다.
⑩ 불고불리의 원칙이 인정된다.
⑪ 불이익변경금지의 원칙이 인정된다.
⑫ 사정판단(사정재결, 사정판결)이 인정된다.
⑬ 그 밖에도 참가제도, 청구(소)의 변경 등이 인정된다.

6 행정심판과 행정소송의 비교

구분	행정심판	행정소송
대상	처분, 부작위	처분, 행정심판 재결, 부작위 등
대통령 처분	X	○
집행부정지	○	○
집행정지제도	○	○
임시처분	○	X
불고불리	○	○
당사자주의 원칙	○	○
직권심리주의 보충	○	○
구술심리주의 원칙	X (구술심리 또는 서면심리)	○
심리공개원칙	X	○
취소심판 / 취소소송	○	○

무효확인심판 / 무효확인소송	○	○
의무이행심판 / 의무이행소송	○	X
부작위위법확인심판 / 부작위위법확인소송	X	○
위법 여부 심사 위법할 때 취소	○	○
당·부당 심사 부당할 때 취소	○	X
제3자의 심판참가 / 제3자의 소송참가	○	○
관계 행정청의 심판참가 / 관계 행정청의 소송참가	○	○
사정재결 / 사정판결	○	○
직접처분권	○	X
간접강제	○	○
처분의 소극적 변경	○	○
처분의 적극적 변경	○	X
피청구인 또는 피고를 잘못 지정한 경우 신청에 의한 경정	○	○
피청구인 또는 피고를 잘못 지정한 경우 직권에 의한 경정	○	X
제기기간	① 처분이 있음을 안 날부터 90일 ② 처분이 있은 날부터 180일	① 처분이 있음을 안 날부터 90일 ② 처분이 있은 날부터 1년

7 행정심판 간의 비교

구분	취소심판	무효확인심판	의무이행심판
청구기간	○	X	① 거부처분: ○ ② 부작위: X
집행부정지원칙	○	○	X
사정재결	○	X	○

행정심판위원회

1 행정심판위원회

① 심리 · 재결권(○), 심리 · 재결의 일원화(○) → 재결청이 별도로(X)
② 합의제 행정청(○)

2 「행정심판법」상 행정심판위원회의 종류

해당 행정청 **행정심판위원회**	① 감사원, 국가정보원장, 대통령령으로 정하는 대통령소속기관의 장(대통령 실장, 방송통신위원회)의 처분 · 부작위 ② 국회사무총장 · 법원행정처장 · 헌법재판소사무처장 및 중앙선거관리위원회사무총장의 처분 · 부작위 ③ 국가인권위원회, 그 밖에 지위 · 성격의 독립성과 특수성 등이 인정되어 대통령령으로 정하는 행정청의 처분 · 부작위
중앙행정심판위원회 **(국민권익위원회 소속)**	① 국무총리, 각부장관, 청장, 처장의 처분 · 부작위 ② 특별시장 · 광역시장 · 특별자치도지사의 처분 · 부작위 ③ 특별시 · 광역시 · 도 · 특별자치도의 교육감의 처분 · 부작위 ④ 특별시 · 광역시 · 도 · 특별자치도의 의회(의장, 위원회위원장, 사무처장 등 의회 소속 모든 행정청을 포함)의 처분 · 부작위 ⑤ 「지방자치법」에 따른 지방자치단체조합 등 관계 법률에 따라 국가 · 지방자치단체 · 공공법인 등이 공동으로 설립한 행정청의 처분 · 부작위
광역자치단체장 소속 **행정심판위원회**	① 시 · 도 소속 행정청의 처분 · 부작위 ② 시 · 도의 관할구역에 있는 시 · 군 · 자치구의 장, 소속 행정청 또는 시 · 군 · 자치구의 의회(의장, 위원회의 위원장, 사무국장, 사무과장 등 의회 소속 모든 행정청을 포함)의 처분 · 부작위 ③ 시 · 도의 관할구역에 있는 둘 이상의 지방자치단체(시 · 군 · 자치구) · 공공법인 등이 공동으로 설립한 행정청의 처분 · 부작위

3 특별법상 인정되는 특별행정심판위원회(제3기관)

① 「특허법」의 특허심판원
② 「국세기본법」의 국세심판원
③ 「해양사고의 조사 및 심판에 관한 법률」상 해양심판원
④ 「국가공무원법」의 소청심사위원회
⑤ 「공익사업을 위한 토지 등의 취득 및 보상에 관한 법률」의 중앙토지수용위원회
⑥ 「감사원법」상 재심판정하는 감사원

4 행정심판위원회의 구성

구분	일반행정심판위원회(법 제7조, 제9조)	중앙행정심판위원회(법 제8조, 제9조)
위원 수	위원장 1명 포함 50명 이내	① 위원장 1명 포함 70명 이내 ② 상임위원 4명 이내
위원장	① 행정심판위원회 소속 행정청 ② 시·도지사 소속으로 두는 행정심판위원회는 조례로 정하는 바에 따라 공무원이 아닌 위원을 위원장으로 정할 수 있다.	국민권익위원회의 부위원장 중 1명
위원의 위촉·지명·임명	해당 행정심판위원회가 소속된 행정청이 성별을 고려하여 위촉하거나 그 소속 공무원 중에서 지명한다.	① 상임위원: 일반직공무원으로서 임기제공무원 중 위원장의 제청으로 국무총리를 거쳐 대통령이 임명 ② 비상임위원: 위원장의 제청으로 국무총리가 성별을 고려하여 위촉
임기	① 위촉된 위원: 2년, 2차에 한해 연임 가능 ② 지명된 위원: 재직하는 동안	① 상임위원: 3년, 1차 연임 가능 ② 비상임위원: 2년, 2차 연임 가능
위원장 직무대행	위원장이 사전에 지명한 위원 → 지명된 공무원인 위원(2명 이상인 경우 직급 또는 직무등급이 높은 위원 → 위원 재직기간이 긴 위원 → 연장자)의 순서로	상임위원(상임으로 재직한 기간이 긴 위원 → 재직기간이 같은 경우에는 연장자의 순서로)
위원회의 회의 구성	① 위원장과 위원장이 지정하는 8명의 위원으로 구성 ② 예외적으로 6명의 위원으로 구성 가능	① 총 9명으로 구성 ② 자동차운전면허 행정처분사건을 심리·의결하는 소위원회 4명
위원회의 회의정족수	구성원 과반수 출석과 출석위원 과반수 찬성으로 의결	구성원 과반수 출석과 출석위원 과반수 찬성으로 의결

5 위원회의 권한·의무

위원회의 권한·의무인 것	위원회의 권한·의무가 아닌 것
① 심리·의결·재결권 ② 집행정지권·임시처분권 ③ 사정재결에 관한 결정권 ④ 시정명령권·직접처분권 ⑤ 간접강제권 ⑥ 중앙행정심판위원회, 명령이 법령에 위배되는 경우, 행정기관에 시정조치를 요청할 수 있다. 행정기관은 정당한 사유가 없으면 이에 따라야 한다.	① 위원회의 위원 기피·회피 결정권 → 위원회가 아니라 위원장이 가짐. 　📖 직원도 제척·기피·회피 적용(○) ② 위원의 위촉권

1 행정심판청구인

행정심판청구인	① 법률상 이익이 있는 자연인, 법인, 법인격 없는 사단·재단, 제3자(○) ② 법인이 아닌 사단 또는 재단으로서 대표자나 관리인이 정하여져 있는 경우에는 그 사단이나 재단의 이름으로 심판청구를 할 수 있다.
청구인의 지위승계	① 청구인이 사망한 경우, 법인을 합병한 경우, 청구인의 지위를 승계한다. ② 권리나 이익을 양수한 자는 위원회의 허가를 받아 승계할 수 있다.
선정대표자	① 다수가 공동으로 심판청구한 경우 청구인들 중에서 3명 이하의 선정대표자를 선정할 수 있다. ② 선정대표자는 반드시 청구인들 중에서(○), 청구인이 아닌 선정대표자 선정은 무효이다. ③ 선정대표자는 다른 청구인들을 위하여 그 사건에 관한 모든 행위를 할 수 있다. 다만, 심판청구를 취하하려면 다른 청구인들의 동의를 받아야 한다. ④ 선정대표자가 선정되면 다른 청구인들은 그 선정대표자를 통해서만 그 사건에 관한 행위를 할 수 있다.
국선대리인	① 청구인이 경제적 능력으로 인해 대리인을 선임할 수 없는 경우에는 위원회에 국선대리인을 선임하여 줄 것을 신청할 수 있다. ② 위원회는 심판청구가 명백히 부적법하거나 이유 없는 경우 또는 권리의 남용이라고 인정되는 경우에는 국선대리인을 선정하지 아니할 수 있다.

2 피청구인

권한이 다른 행정청에 승계된 경우 피청구인	승계한 행정청
청구인이 피청구인을 잘못 지정한 경우	① 직권 또는 신청으로 피청구인 경정 → 종전 심판청구 취하 ② 종전 심판청구 시 심판청구된 것으로 간주
청구인, 피청구인 모두 대리인	선임 가능

3 관계인의 행정심판 참가

신청에 의한 행정심판 참가	① 의결이 있기 전까지 심판 참가 가능 ② 제3자, 관계 행정청은 위원회의 허가를 받아 참가할 수 있다.
위원회의 요구에 의한 행정심판 참가	① 위원회, 참가 요구 ② 요구받은 자, 참가 여부 통보(○), 참가해야 한다(X)

4 심판청구 대상

대상(○)	대상(X)
① 개괄주의 ② 처분과 처분 부작위	① 대통령의 처분 · 부작위 ② 행정심판 재결

5 행정심판청구기간

알게 된 날 90일	불변기간, 불가항력이 소멸한 날부터 14일. 국외 30일 📖 개별법에 짧은 기간을 규정한 경우 개별법 적용
있었던 날 180일	불변기간(X)
양자의 관계	둘 중 하나가 도과되면 청구기간 도과로 각하됨.

6 안 날 90일

알게 된 날의 의미	① 현실적으로 안 날(○) / 추상적으로 알 수 있었던 날(X) ② 처분이 있음을 당사자가 알 수 있는 상태에 놓인 때에는 반증이 없는 한 그 처분이 있음을 알았다고 추정할 수는 있다. ③ 불특정 다수인에 대한 고시 · 공고: 현실적으로 알았는가는 관계없이 고시가 효력을 발생한 날이 안 날이다.
과징금 부과처분의 납부고지서 수령에서 안 날: 「행정심판법」 적용	① 아파트 경비원이 수령했다면 적법한 송달이 있는 것으로 본다. ② 아파트 경비원이 수령한 날: 당사자가 안 날이 아니므로 180일이 적용된다.
조세에 대한 이의신청을 한 경우 안 날	재조사결정통지일(X) / 후속처분의 통지를 받은 날(○)

7 예외적 심판기간

90일의 예외로서 불가항력	그 사유가 소멸한 날부터 14일 이내에, 국외에서 30일로 한다.
180일의 예외로서 정당한 사유	행정처분의 직접 상대방이 아닌 제3자
개별법 규정	개별법 규정에 정한 청구기간이 있으면 그에 따른다.
오고지한 경우	긴 기간으로 잘못 알린 기간 내 청구하면 된다.
불고지한 경우	처분이 있었던 날부터 180일 이내에 청구하면 된다. 📖 개별법에 규정된 청구기간이 적용되지 않는다.

8 청구기간이 적용되는 행정심판

취소심판	적용(O)
거부처분에 대한 의무이행심판	적용(O)
부작위에 대한 의무이행심판	적용(X)
무효확인심판	적용(X)

제5절 행정심판청구와 변경

1 행정심판청구

행정심판청구	① 서면(O) / 구두(X) ② 위원회에 지정·운영하는 전자정보처리조직을 통하여 제출할 수 있다. ③ 엄격한 형식을 요하지는 않는다. 제목이 진정서로 되어 있어 행정심판청구 형식을 갖추지 않았더라도 그 문서 내용이 행정심판의 청구를 구하는 내용인 경우 청구는 적법하다.
심판청구절차	① 피청구인이나 위원회에 심판청구서 제출 → 처분청 경유(임의적 절차) ② 행정심판의 청구는 처분청을 경유하여야 한다. (X) ③ 심판청구서를 다른 행정기관에 제출한 경우: 정당한 권한이 있는 피청구인에게 보내야 한다.
심판청구에 대한 피청구인인 처분청의 처리	① 접수 → 위원회에 송부(10일 이내) ② 제3자가 심판청구한 경우: 처분 상대방에게 알려야 한다. ③ 직권취소: 심판청구의 이유가 있다고 인정하면 직권으로 취소·변경하고 청구인이 취하하지 않는 한 심판청구서·답변서를 보낼 때 직권취소 등의 사실을 증명하는 서류를 위원회에 함께 제출하여야 한다.
청구 취하	청구인만 할 수 있다.

2 심판청구의 변경

청구변경의 유형	① 일반적인 청구변경: 청구인은 청구의 기초에 변경이 없는 범위에서 청구의 취지나 이유를 변경할 수 있다(「행정심판법」 제29조 제1항). ② 처분변경으로 인한 심판청구 변경: 변경된 처분에 맞추어 청구취지나 이유변경
청구변경절차	청구변경신청 → 위원회의 허가
청구변경의 효과	청구의 변경결정이 있으면 처음 행정심판이 청구되었을 때부터 변경된 청구의 취지나 이유로 행정심판이 청구된 것으로 본다.

3 처분사유의 추가 · 변경

행정심판에서 처분청은 당초 처분의 근거로 삼은 사유와 기본적 사실관계의 동일성이 인정되는 한도 내에서만 다른 사유를 추가 · 변경할 수 있다(2013두26118).

4 심판청구와 처분의 집행부정지

집행부정지	심판의 청구로 처분의 효력이나 집행이 정지되지는 않는다.
집행정지결정 요건	① 당사자 정지 신청 또는 위원회 직권으로 처분의 집행정지가 가능하다. ② 집행정지의 신청은 행정심판청구와 동시에 또는 심판청구 후 위원회의 의결이 있기 전까지 할 수 있다. ③ 공공복리에 중대한 영향을 미칠 우려가 없을 것 ④ 중대한 손해발생을 예방할 필요성이 긴급할 것
집행정지결정 취소	신청 또는 직권으로 가능

[「행정심판법」과 「행정소송법」상 집행정지의 비교]

구분	「행정심판법」	「행정소송법」
집행부정지원칙	○	○
신청 또는 직권	○	○
전부 또는 일부 정지	○	○
손해	중대한 손해	회복하기 어려운 손해
집행정지결정에 대한 즉시항고	X	○
위원장 또는 재판장 직권정지	○	X

5 임시처분(「행정심판법」 제31조)

① 위원회는 당사자의 신청 또는 직권으로, 적극적으로 임시지위를 부여하는 처분을 할 수 있다.

② **임시처분의 보충성**: 임시처분은 집행정지로 목적을 달성할 수 있는 경우에는 허용되지 아니한다.

③ 「행정심판법」은 집행정지뿐만 아니라 임시처분도 규정하고 있다. (○) → 「행정소송법」은 집행정지만 규정하고 있을 뿐 임시처분에 관한 규정이 없다.

1 요건심리와 본안심리

요건심리	심판청구의 요건심리 후 요건미비 → 보정명령 → 보정(X) → 각하재결
본안심리	① 위법, 당 · 부당 여부 심리: 처분 시를 기준으로 판단한다. ② 처분 당시 존재하였거나 행정청에 제출되었던 자료와 재결 당시까지 제출된 모든 자료를 종합하여 처분의 위법 · 부당 여부를 판단할 수 있다.
심리 범위	① 불고불리 ② 불이익변경금지: 심판청구의 대상이 되는 처분보다 청구인에게 불리한 심리를 하지 못한다. ③ 법률문제(○), 사실문제(○), 재량행위의 당 · 부당(○) ④ 행정심판에 있어서 행정심판위원회는 재결 당시까지 제출된 모든 자료를 종합하여 행정처분의 위법 · 부당 여부를 판단할 수 있다.

2 심리방식

당사자주의(대심주의)	원칙
직권심리주의 보충	위원회는 필요하면 당사자가 주장하지 아니한 사실에 대하여도 심리할 수 있다.
심리 형식	서면심리 원칙(X), 구술심리주의 원칙(X) / 구술심리 또는 서면심리(○)
비공개심리주의	① 명문규정은 없으나 비공개 원칙 ② 위원회에서 위원이 발언한 내용이나 그 밖에 공개되면 위원회의 심리 · 재결의 공정성을 해칠 우려가 있는 사항으로서 대통령령으로 정하는 사항은 공개하지 아니한다.

구분	행정심판	행정소송
당사자주의 원칙	○	○
직권주의 보충	○	○
서면 · 구술심리	서면심리 또는 구술심리	구술심리원칙
공개 여부	비공개주의	공개주의

3 증거서류 제출

① 당사자 증거서류 제출(○) → 위원회 → 다른 당사자에게 송달하여야 한다.

② 위원회(○) / 당사자(X)는 사건 심리에 필요하면 관계 행정기관이 보관 중인 관련 문서, 장부, 그 밖에 필요한 자료를 제출할 것을 요구할 수 있다.

③ 위원회, 소속 공무원에게 의견진술과 의견서 제출을 요구할 수 있다. → 요구를 받은 행정기관은 특별한 사정이 없는 한 위원회의 요구에 따라야 한다.

④ 중앙행정심판위원회에서 심리·재결하는 심판청구의 경우 소관 중앙행정기관의 장은 의견서를 제출하거나 위원회에 출석하여 의견을 진술할 수 있다.

4 증거조사

위원회의 직권 또는 당사자의 신청에 따라 다음과 같은 방법으로 증거조사할 수 있다.

① 당사자나 관계인(관계 행정기관 소속 공무원을 포함)을 위원회의 회의에 출석하게 하여 신문(訊問)하는 방법
② 당사자나 관계인이 가지고 있는 문서·장부·물건 또는 그 밖의 증거자료의 제출을 요구하고 영치(領置)하는 방법
③ 특별한 학식과 경험을 가진 제3자에게 감정을 요구하는 방법
④ 당사자 또는 관계인의 주소·거소·사업장이나 그 밖의 필요한 장소에 출입하여 당사자 또는 관계인에게 질문하거나 서류·물건 등을 조사·검증하는 방법

5 조정

위원회는 당사자의 권리 및 권한의 범위에서 당사자의 동의를 받아 심판청구의 신속하고 공정한 해결을 위하여 조정을 할 수 있다. 다만, 그 조정이 공공복리에 적합하지 아니하거나 해당 처분의 성질에 반하는 경우에는 그러하지 아니하다.

제7절 행정심판의 재결

1 재결

재결의 성질	행정심판위원회가 하는 행정행위 중 확인이다.
재결기간	① 청구서를 받은 날부터 60일 이내, 30일 연장 가능 ② 이 기간 내 행정심판 재결이 없으면 재결을 거치지 않고 처분에 대해 항고소송을 제기할 수 있다.
재결의 방식	① 서면(○), 구두(X), 구두에 의한 재결은 무효이다. ② 엄격한 요식주의 ③ 이유명시, 하지 않으면 무효
재결의 범위	① 불고불리 ② 당·부당과 위법 여부

재결의 송달과 효력	① 위원회가 재결서를 당사자에게 송달해야 한다. 　📖 행정심판위원회로부터 재결서의 정본을 송달받은 행정청은 청구인 및 참가인에게 재 　　 결서의 등본을 송달하여야 한다. (X) ② 재결의 효력발생: 청구인에게 송달되었을 때 ③ 전자정보처리조직을 이용한 송달 　㉠ 등재된 전자문서를 확인한 때에 도달 간주 　㉡ 등재사실을 통지한 날부터 2주 이내에 확인하지 아니하였을 때에는 등재사실을 통지 　　 한 날부터 2주가 지난 날에 도달 간주
재결의 유형	① 요건충족(X): 각하재결 ② 요건충족(○) 　㉠ 심판청구에 이유가 없는 경우: 기각재결 　㉡ 심판청구에 이유가 있는 경우: 인용재결 　㉢ 사정재결
인용재결의 유형	① 전부 또는 일부처분 취소재결(○): 형성재결 ② 처분변경재결(○): 형성재결 ③ 처분변경명령재결(○): 적극적 변경도 가능하고, 성질은 이행재결임. ④ 처분취소명령재결은 삭제됨. ⑤ 의무이행재결: 처분재결(형성재결)과 처분명령재결(이행재결)

2 사정재결과 사정판결의 비교

구분	사정재결	사정판결
요건	① 처분 또는 부작위의 위법 · 부당을 주문에 　 명시 ② 인용이 공공복리 위배	① 처분의 위법 ② 취소가 현저히 공공복리에 적합하지 아니 　 한 경우
구제조치	위원회는 청구인에 대하여 상당한 구제방법을 취하거나 상당한 구제방법을 취할 것을 피청 구인에게 명할 수 있다.	법원은 판결을 함에 있어서는 미리 원고가 그 로 인하여 입게 될 손해의 정도와 배상방법 그 밖의 사정을 조사하여야 한다.
적용 심판 / 적용 소송	① 취소심판(○) ② 의무이행심판(○) ③ 무효확인심판(X)	① 취소소송(○) ② 부작위위법확인소송(X) ③ 무효확인소송(X)

📖 「행정심판법」은 사정재결을 함에 있어서 구체적인 권익구제방법을 명문으로 규정하고 있다. (X)

3 재결의 효력

재결의 효력	① 구속력, 형성력, 공정력, 불가쟁력, 불가변력, 기속력(○) ② 기판력(X), 재결에 모순되는 주장 또는 판단을 할 수 없다. (X) ③ 제3자효 행정행위: 위원회, 취소재결 → 처분의 상대방은 항고소송으로 다툴 수 있다.
형성력	① 취소재결에 인정: 취소재결(형성적 재결) → 별도의 행정처분 없이 취소되어 소멸 ② 형성력의 인정범위 　㉠ 형성재결(○) / 이행재결(X) 　㉡ 인용재결(○) / 기각재결(X), 각하재결(X)
기속력	① 인정되는 범위: 인용재결(○) → 재결의 주문 및 그 전제가 된 요건사실의 인정과 판단, 즉 처분 등의 구체적 위법사유에 관한 판단에만 미친다. / 기각재결(X), 각하재결(X) ② 구속되는 상대방: 피청구인인 행정청과 관계 행정청(○), 청구인(X) 　㉠ 행정청은 인용재결에 대해 항고소송을 제기할 수 없다. 　㉡ 처분청은 위원회의 재결에 대하여 <u>수정재결이나 재의를 요구할 수가 없다.</u> ③ 「교원의 지위 향상 및 교육활동 보호를 위한 특별법」의 교원소청심사위원회: 징계처분을 받은 사립학교 교원의 소청심사청구에 대하여 교원소청심사위원회가 그 징계사유 자체가 인정되지 않는다는 이유로 징계처분을 취소하는 결정을 하고, 그에 대하여 학교법인 등이 제기한 행정소송절차에서 심리한 결과 징계사유 중 일부 사유는 인정된다고 판단되는 경우 법원으로서는 위원회의 결정을 취소하여야 한다(2012두12297).
기속력에 저촉되는 경우	① 양도소득세 부과처분을 되풀이한다면 그 부과처분이 감사원에 시정요구에 의한 것이라 해도 위법하다. ② '재조사결정'의 주문 및 그 전제가 된 요건사실의 인정과 판단, 즉 처분의 구체적 위법사유에 관한 판단에 반하여 당초 처분을 그대로 유지하는 것
기속력에 저촉되지 않는 경우	① 다른 사유를 들어서 처분을 하는 것 ② 절차적 위법사유를 시정한 후 종전과 같은 처분을 하는 것
재처분의무	① 재결에 의하여 취소되거나 무효 또는 부존재로 확인되는 처분이 당사자의 신청을 거부하는 것을 내용으로 하는 경우 ② 당사자의 신청을 거부하거나 부작위로 방치한 처분의 이행을 명하는 재결이 있는 경우 ③ 신청에 따른 처분이 절차의 위법 또는 부당을 이유로 재결로써 취소된 경우 ④ 기속행위: 신청인용처분(○), 재량행위: 신청대로 처분할 의무(X)

4 재처분의무 확보 수단

위원회의 시정명령권과 직접처분권	위원회의 이행명령재결 → 피청구인이 처분을 하지 아니한 경우 → 당사자 신청(○), 위원회 직권(X) → 위원회의 시정명령 → 행정청(피청구인) 불이행 → 위원회의 직접처분
위원회의 간접강제	① 피청구인의 재처분의무 불이행 → 청구인 신청(○), 위원회 직권(X) → 신청 상대방의 의견청취 → 위원회의 결정으로 상당한 기간을 정하고 피청구인이 기간 내 불이행하는 경우 지연기간에 따른 배상명령이나 즉시배상명령 ② 사정변경이 있는 경우 → 당사자 신청(○), 위원회 직권(X) → 신청 상대방의 의견청취 → 위원회의 결정내용 변경(○) ③ 위원회의 간접강제결정이나 내용변경결정에 불복 시 행정소송 제기(○) ④ 위원회 결정의 효력 　㉠ 피청구인인 행정청이 소속된 국가 · 지방자치단체 또는 공공단체에 미친다. 　㉡ 결정서 정본은 행정소송 제기와 관계없이 「민사집행법」에 따른 강제집행에 관하여는 집행권원과 같은 효력을 가진다.

5 집행정지와 직접처분

구분	집행정지, 임시처분	직접처분, 간접강제
신청	○	○
직권	○	X

6 직접처분과 간접강제

구분	직접처분	간접강제
의무이행심판에서 이행명령재결	○	○
취소심판, 무효확인심판에서 거부처분 취소 또는 무효확인	X	○
절차상 하자를 이유로 한 거부처분취소	X	○
요건	시정명령, 일정기간	상당한 기간 또는 즉시

7 행정심판의 재심청구 금지

① 심판청구에 대한 재결이 있으면 그 재결 및 같은 처분 또는 부작위에 대하여 다시 행정심판을 청구할 수 없다.

② 시 · 도행정심판위원회의 재결에 불복하는 경우 청구인은 그 재결 및 같은 처분 또는 부작위에 대하여 중앙행정심판위원회에 재심사를 청구할 수 있다. (X)

8 재결에 대한 행정소송

① 고유한 위법이 있는 경우에 한해 취소소송대상(○)
② 인용재결, 각하재결은 취소소송의 대상이 될 수 있다.

제8절 고지제도

1 고지의 법적 성질

① **고지**: 비권력적 사실행위(○), 준법률행위적 행정행위로서 통지(X), 항고소송 대상(X)
② **고지 신청 → 행정청의 거부**: 처분(○)
③ **고지 규정**: 훈시규정(X) / 강행규정(○)

2 고지의 법적 근거

구분	「행정절차법」	「행정심판법」
직권고지	○	○
신청에 의한 고지	X	○
행정심판청구 여부, 기간	○	○
행정소송 제기 여부	○	X
불고지 제재규정	X	○

3 고지의 배제

① 개별법에 고지를 배제하는 규정이 있으면 고지는 배제된다.
② 「국세기본법」에 「행정심판법」의 고지규정을 배제하고 있으므로 보상금을 교부하지 않기로 처분함에 있어 「행정심판법」 규정에 따라 고지할 의무는 없다(91누6016).

4 고지 비교

구분	처분의 상대방에 대한 고지 (직권에 의한 고지)	신청에 의한 고지
근거 조항	제58조 제1항	제58조 제2항
고지의 대상	서면에 의한 처분(○), 구두에 의한 처분 (학설 대립)	서면·구두에 의한 처분
	「행정심판법」상 행정심판의 대상이 되는 처분뿐만 아니라 다른 개별법령에 의한 심판청구의 대상이 되는 처분도 포함(예 「공익사업을 위한 토지 등의 취득 및 보상에 관한 법률」의 수용재결)	
신청을 요하는지 여부	X	○
고지의 상대방	처분의 상대방	이해관계인
고지의 내용	① 해당 처분에 대하여 행정심판을 청구할 수 있는지 ② 행정심판을 청구하는 경우의 심판청구절차 및 심판청구기간	① 해당 처분이 행정심판의 대상이 되는 처분인지 ② 행정심판의 대상이 되는 경우 소관 위원회 및 심판청구기간
고지의 방법	법규정은 없음. 구두에 의한 고지가 가능한지에 대해서는 학설 대립. 서면으로 하는 것이 바람직함.	① 서면·구두에 의한 고지 모두 가능 ② 서면요구가 있으면 서면으로 고지해야 함.
고지의 시기	처분 시, 처분 후일지라도 합리적 기간 내에 고지하면 불고지의 하자는 치유	신청 시 지체 없이

5 불고지 · 오고지

불고지 · 오고지로 심판청구서를 다른 행정기관에 제출한 경우	그 행정기관 → 정당한 권한이 있는 피청구인에게 송달
오고지의 경우 심판청구기간	행정청이 심판청구기간을 잘못 알린 경우에는 그 잘못 알린 기간 내에 심판청구가 있으면 그 심판청구는 적법한 심판청구가 있는 것으로 본다.
불고지의 경우 심판청구기간	행정청이 심판청구기간을 알리지 아니한 경우 처분이 있었던 날부터 180일 내에 심판청구를 할 수 있다.
고지의 하자와 처분의 효력	고지에 하자가 있더라도 처분이 위법이 되는 것은 아니다.

02 / 행정소송

제1절 행정소송 개설

1 행정소송의 유형

① **항고소송**: 취소소송, 무효등확인소송, 부작위위법확인소송
② 당사자소송
③ 기관소송
④ 민중소송

2 소송유형별 특징

주관적 소송	항고소송, 당사자소송
객관적 소송	기관소송, 민중소송
형성소송	취소소송
확인소송	무효등확인소송, 부작위위법확인소송
이행소송	부작위에 대한 의무이행소송: 현행법상 허용(X)

3 기관소송

① **기관소송 법정주의, 기관소송 열기주의**: 법률이 정한 경우에 법률이 정한 기관만이 기관소송 제기 가능
② 헌법재판소의 권한쟁의 대상이 되는 것은 기관소송 대상에서 제외된다.
③ **권한쟁의**: 국가기관 상호 간, 지방자치단체 간, 국가기관과 지방자치단체 간 권한분쟁소송
④ **서울시와 감사원**: 권한쟁의(헌법재판소)
⑤ **서울시와 동작구**: 권한쟁의(헌법재판소)
⑥ **국회의원과 국회의장**: 권한쟁의(헌법재판소)
⑦ **서울시 의회의 재의결이 법령에 위반되는 경우 서울시장의 제소**: 기관소송(대법원)

4 민중소송

민중소송 법정주의, 열기주의	법률이 정한 자만 제기할 수 있다.
민중소송유형	선거소송, 국민투표 무효확인소송, 주민투표소송, 주민소송
선거소송	① 원고: 선거인, 정당, 후보자 ② 피고: 관할 선거관리위원회 위원장 ③ 관할 법원: 대법원(대통령 선거, 국회의원 선거, 시·도지사 선거, 비례대표 시·도의원 선거), 고등법원(지역구 시·도의원 선거, 시·군·구의장 선거, 시·군·구의원 선거)

5 항고소송의 한계

반사적 이익	소제기(X) → 최근 반사적 이익 축소, 반사적 이익의 공권화
일반적·추상적 법령	소 대상(X)
사실관계의 확인을 구하는 소(X)	① 교과서에 독립운동가의 활동을 잘못 기술한 이유로 사실확인을 구하는 소: (X) ② 독립운동가들의 활동을 잘못 알고 서훈추천권을 행사한 국가보훈처장의 서훈추천권 행사·불행사의 무효 또는 위법함의 확인을 구하는 소: (X)
통치행위	사법심사(X)
자유재량행위	항고소송 대상(O)
특별권력관계에서 처분	항고소송 대상(O)

6 법정항고소송과 무명항고소송

1. 무명항고소송

의무이행소송, 예방적 금지(부작위청구)소송, 작위의무확인소송 등

2. 무명항고소송의 긍정설과 부정설

구분	긍정설	부정설
이행판결의 권력분립 위반 여부	위반 아니다.	위반이다.
「행정소송법」 제4조 항고소송의 종류	예시적	한정적 열거
「행정소송법」 제4조의 변경 (취소소송: 위법한 처분의 취소 또는 변경하는 소송)	① 소극적 변경(O) ② 적극적 변경(O)	① 소극적 변경(O) ② 적극적 변경(X)

3. 판례(무명항고소송 부정)

① 의무이행청구, 처분의 이행을 구하는 청구, 검사에 대한 압수물 환부이행을 구하는 소송은 허용되지 않는다.
② 신축건물을 준공처분을 해서는 안 된다는 내용의 부작위를 구하는 청구는 허용되지 않는다.
③ 보건복지부고시를 적용하여 요양급여비용을 결정해서는 안 된다는 판결을 구하는 소송은 인정되지 않는다.
④ 판례는 국가보훈처장 등이 발행한 책자 등에서 독립운동가 등의 활동상을 잘못 기술하였다는 등의 이유로 그 사실관계의 확인을 구하는 것은 항고소송의 대상이 되지 않는다고 한다.
⑤ 국가보훈처장 등에게 독립운동가들에 대한 서훈추천을 다시 하고, 독립운동에 관한 책자 등을 고쳐서 편찬, 보급할 의무가 있음의 확인을 구하는 청구는 항고소송의 대상이 되지 않는다.

7 현행법상 인정되는 쟁송 여부

의무이행심판	O
의무이행소송	X
부작위위법확인심판	X
부작위위법확인소송	O

제2절 취소소송의 개설

1 성질과 소송물

의의	항고소송의 일종으로서 행정청의 위법한 처분 등을 취소 또는 변경
성질	① 주관적 소송(O) ② 복심적 소송(O), 시심적 소송(X) ③ 형성소송(O), 확인소송(X)
소송물	과세처분취소소송의 소송물은 그 취소원인이 되는 위법성 일반(판례), 권리가 침해되었다는 원고의 법적 주장(X), 개개의 위법사유(X)

2 취소소송 요건

형식적 요건	실체적 요건
① 관할 법원 ② 피고적격 ③ 행정심판전치주의 ④ 제소기간 ⑤ 일정한 형식(소장)	① 대상적격성 ② 원고적격 ③ 소의 이익

제3절 취소소송의 대상적격성

1 취소소송의 대상 = 처분 + 행정심판 재결

처분의 개념	'처분'이란 행정청이 행하는 구체적 사실에 관한 법집행으로서의 공권력의 행사 또는 그 거부, 그 밖에 이에 준하는 행정작용을 말한다.
행정청의 범위	① 국가 또는 지방자치단체와 같은 행정기관뿐만 아니라 법령에 의하여 행정권한의 위임 또는 위탁을 받은 행정기관, 공공단체 및 그 기관 또는 사인이 포함 ② 근로복지공단이 사업주에 대하여 하는 '개별 사업장의 사업종류 변경결정': 처분성(○) ③ 산업단지관리공단의 「산업집적활성화 및 공장설립에 관한 법률」에 따른 입주변경계약 취소: 처분성(○) ④ 법무사의 사무원 채용승인 신청에 대하여 소속 지방법무사회가 '채용승인을 거부'하는 조치 또는 일단 채용승인을 하였으나 '채용승인을 취소'하는 조치: 처분성(○) ⑤ 보훈심사위원회의 결정: 처분성(X), 보훈심사위원회는 행정청이 아니다. ⑥ 서울특별시학교안전공제회의 학교안전공제보상심사청구 기각결정은 처분이 아니다. 공제회는 「민법」상 법인이지 행정청이 아니다. ⑦ 한국수력원자력 주식회사의 등록취소 및 그에 따른 일정기간의 거래제한조치: 처분성(○), 한국수력원자력 주식회사는 「공공기관의 운영에 관한 법률」에 따른 '공기업'으로 지정됨으로써 「공공기관의 운영에 관한 법률」 제39조 제2항에 따라 입찰참가자격 제한처분을 할 수 있는 권한을 부여받았으므로 '법령에 따라 행정처분권한을 위임받은 공공기관'으로서 행정청에 해당한다.
구체적 사실에 관한 법집행작용으로서의 행정작용	① 「노동조합 및 노동관계조정법」 제16조에 따른 노동위원회의 노동조합에 대한 노동조합규약의 변경보완시정명령 ② 서울시에 대한 「건축법」상 건축협의 취소, 서울시 건축협의 취소의 취소를 구할 수 있다. ③ 조달청의 나라장터 종합쇼핑몰 거래정지 ④ 조달청장의 중소기업자 간 경쟁입찰 참여제한대상기업에 해당하는 경우 물량 배정을 중단하겠다는 통보

	⑤ 어떠한 처분에 법령상 근거가 있는지, 「행정절차법」에서 정한 처분절차를 준수하였는지는 본안에서 해당 처분이 적법한가를 판단하는 단계에서 고려할 요소이지, 소송요건 심사단계에서 고려할 요소가 아니다(2020다222382).
의회나 법원이 하는 실질적 의미의 행정행위	① 지방의회의 의원제명결의는 행정처분이다. ② 지방의회의 의장선임의결은 행정처분이다. ③ 지방의회의 지방의회의장에 대한 불신임의결은 행정처분이다.

2 법규명령 · 조례

법규명령, 조례, 고시	① 일반적 · 추상적 성질을 가지므로 구체적인 법집행작용이 아니다. ② 다른 집행행위의 매개 없이 그 자체로서 직접 국민의 구체적인 권리 · 의무나 법률관계를 규율하는 성격을 가지는 처분적 명령이나 조례는 처분에 해당한다.
처분성 인정	① 두밀분교폐지조례 　📖 공립초등학교 두밀분교폐지절차는 조례에 따른 사후적 사무처리에 불과하므로 처분성이 없다. ② 모집단위별로 입학정원을 개정한 공주대학교 학칙개정행위 ③ 보건복지부고시인 약제급여 · 비급여목록 및 급여상한금액표 ④ 요양급여 인정기준에 관한 보건복지부고시
처분성 부정	의료기관의 명칭표시판에 진료과목을 함께 표시하는 경우 글자 크기를 제한하고 있는 구 「의료법 시행규칙」 제31조

3 일반처분

① **청소년보호위원회의 청소년유해매체물 결정 및 고시처분**: 처분성(○)
② **횡단보도 설치**: 처분성(○)

4 행정계획

처분성 인정	처분성 부정
① 도시관리계획, 도시계획결정 ② 도시설계결정, 도시계획시설결정 ③ 재개발조합의 관리처분계획 ④ 택지개발예정지구의 지정과 택지개발계획의 승인 ⑤ 환지예정지 지정과 환지처분 ⑥ 사업인정 ⑦ 「도시 및 주거환경정비법」상 이전고시 ⑧ 개발제한구역의 지정 · 고시	① 도시기본계획 ② 하수도정비기본계획 ③ 농어촌도로기본계획 ④ 지역주민의 도시계획시설결정 변경신청에 대한 거부통지 ⑤ 환지계획 ⑥ 혁신도시최종입지확정처분 ⑦ 4대강 사업 마스터플랜

⑨ 토지소유자의 도시관리계획 입안신청에 대한 군수의 반려	⑧ 해양수산부장관의 항만명칭결정
	⑨ 택지공급방법결정
⑩ 대한주택공사(현 한국토지주택공사)의 이주대책자 확인결정	⑩ 협의취득
⑪ 생활대책 대상자가 아니라는 결정에 대한 이의신청에 대한 재심사결정 통보	
⑫ 표준지가결정, 개별토지가격결정	

5 거부처분

거부처분이 항고소송의 대상이 되려면 법령 또는 조리상 신청권이 있어야 하고, 행정청의 거부행위가 법률관계에 영향을 미쳐야 한다. 그러나 신청권이 있으면 족하지, 신청이 인용될 수 있어야 하는 것은 아니다.

처분성 인정(신청권 있음)	처분성 부정(신청권 없음)
① 학력인정 학교형태의 평생교육시설의 설치자명의 변경신청에 대한 거부처분	① 철거민의 분양신청거부
② 대학교원 재임용을 거부하는 취지로 한 임용기간 만료의 통지	② 국토이용변경신청에 대한 거부
③ 대학교원의 신규채용에 있어서 유일한 면접심사 대상자로 선정된 임용지원자에 대한 교원신규채용 중단조치	③ 진료기관이 보호기관에 제출한 진료비명세서에 대한 의료보험연합회의 심사결정 통지
	④ 도지정문화재 지정처분 취소 또는 해제신청 거부
④ 서울교육대학 상근강사의 정규교원임용신청에 대한 거부	⑤ 도시계획변경신청 거부행위
⑤ 검사임용거부처분	⑥ 도시계획시설인 공원조성계획 취소신청의 거부
⑥ 일정한 기간 내 행정처분을 구하는 신청을 할 수 있는 법률상 지위에 있는 자(폐기물사업적정통보를 받은 자)의 국토이용계획변경신청에 대한 거부행위	⑦ 재개발사업지구 내 토지소유자의 사업분할시행을 요구하는 재개발사업계획 변경신청에 대한 불허 통지
⑦ 다가구주택소유자의 분양신청거부	⑧ 임야의 국토이용계획상의 용도지역변경 허가신청을 거부·반려한 행위
⑧ 토지 등을 제공한 자의 특별공급신청에 대한 거부	⑨ 감사원의 기각결정
⑨ 토지소유자의 도시계획 입안신청에 대한 도시계획 입안권자의 거부행위	📖 국민감사청구에 대한 감사원의 기각결정: 공권력 주체의 고권적 처분으로서 헌법소원의 대상이 되는 공권력 행사
⑩ 산업단지개발계획상 산업단지 안의 토지소유자의 산업단지개발계획 변경신청에 대한 거부행위	
⑪ 토지소유자의 문화재보호구역 지정해제신청에 대한 행정청의 거부행위	⑩ 산림복구설계승인 및 복구준공통보에 대한 이해관계인의 취소신청을 거부한 행위
⑫ 나대지에 건물을 신축하기 위한 국가지정문화재 현상변경신청을 허가하지 않은 경우, 그 불허가처분	⑪ 제소기간이 도과하여 불가쟁력이 생긴 행정처분에 대하여 국민에게 그 변경을 구할 신청권이 있는지 여부(원칙적 소극), 불가쟁력이 발생한 주택사업계획승인에 부가된 부관의 변경신청을 거부한 행위
⑬ 상수원보호구역 내 토지 매수신청거부	
⑭ 공유수면점용기간 연장거부처분	⑫ 건축허가 및 준공검사취소 등에 대한 거부처분
⑮ 실용신안권이 불법 또는 착오로 소멸등록된 경우, 실용신안권자의 그 회복등록신청에 대한 거부	⑬ 전통사찰의 등록말소신청을 거부한 행정청의 회신
	⑭ 교원임용거부처분

⑯ 진료기관의 보호비용청구에 대한 보호기관의 거부
⑰ 지방이전기업의 보조금신청에 대한 거부: 광역시장의 거부 처분성(O), 지식경제부장관의 거부 처분성(X)
⑱ 기반시설부담금 환급신청에 대한 거부
⑲ 불법 유출된 주민등록번호 변경신청에 대한 거부
⑳ 금치기간 중에 있는 수형자에 대한 집필제한 및 도서열람거부

⑮ 청원에 대한 심사처리 결과의 통지, 진정에 대한 거부
⑯ 문화재구역 내 토지소유자의 재결신청 청구에 대한 문화재청장의 거부회신
⑰ 乙회사가 甲이 자신의 근로자가 아니라며 행한 사업주 변경신청에 대한 근로복지공단의 거부
⑱ 시외버스 공용정류장 운영회사에 대하여 「자동차정류장법」 사업개선명령을 내리도록 신청한 것을 거부한 행위

6 준법률행위적 행정행위

처분성 인정	처분성 부정
① 진실·화해를 위한 과거사정리위원회의 진실규명 결정	① 운전경력증명서상의 기록사항삭제신청 거부처분
② 지적공부소관청의 지목변경반려행위	② 무허가건물을 무허가건물관리대장에서 삭제하는 행위
③ 건축물대장의 작성신청을 거부한 행위	③ 지적공부의 기재사항인 지적도의 경계를 정정해 달라는 지적정리 요청을 거부하는 내용의 회신
④ 건축물대장 용도변경신청 거부행위	④ 행정청의 임야도 정정행위
⑤ 토지면적등록정정신청에 대한 거부	⑤ 토지대장의 등재사항(소유자명의)에 대한 변경신청 거부
⑥ 건축주명의변경신고에 대한 수리거부행위	⑥ 하천대장상의 기재
⑦ 토지대장의 직권말소행위	⑦ 온천발견신고자 명의변경 신고수리 불가
⑧ 건축물대장의 직권말소행위	⑧ 법무법인의 공정증서 작성행위
⑨ 사업자지위승계신고를 수리한 행위	⑨ 건설부장관(현 국토교통부장관)이 공유수면매립 면허를 함에 있어 그 면허받은 자에게 당해 공유수면에 이미 토사를 투기한 지방해운항만청장에게 그 대가를 지급하도록 한 부관에 따라 한 같은 해운항만청장의 수토대금납부고지행위. 다만, 건설부장관의 토사대금납부 부관은 처분임.
⑩ 사회단체등록신청 반려처분	
⑪ 의료유사업자 자격증 갱신발급행위: 공증임	
⑫ '민주화운동관련자 명예회복 및 보상심의위원회'의 보상금 등의 지급대상자에 관한 결정 📖 광주민주화운동 보상심의위원회 결정: 처분(X)	⑩ 시장·군수·구청장이 관할구역 내 토지에 대하여 공장설립이 가능한지 여부를 확인하여 통지하는 공장입지기준확인
⑬ 친일반민족행위자재산조사위원회의 재산조사개시 결정	⑪ 인감증명발급
⑭ 건축신고 반려행위, 건축착공신고 반려행위	
⑮ 납골당설치신고 수리 또는 거부행위	
⑯ 체육시설업의 영업양수신고나 체육시설업의 시설기준에 따른 필수시설인수신고의 수리행위	
⑰ '국방전력발전업무훈령'에 따른 연구개발확인서 발급 및 그 거부	

7 사실행위

단순한 사실이나 사실확인은 처분(X), 권력적 사실행위는 처분(○)

처분성 인정	처분성 부정
① 수형자에 대한 '접견내용 녹음·녹화 및 접견 시 교도관 참여대상자'로의 지정행위 ② 교도소재소자 이송조치 ③ 한국환경산업기술원장이 환경기술개발사업연구개발중단조치 및 연구비집행중지조치 ④ 진정에 대한 국가인권위원회의 각하 및 기각결정 ⑤ 국가인권위원회의 성희롱결정 및 시정권고조치 ⑥ 교육감이 학교법인에 대한 감사 실시 후 처리지시를 하고 그와 함께 그 시정조치에 대한 결과를 증빙서를 첨부한 문서로 보고하도록 한 것: 불이행 시 제재가 있으므로 ⑦ 구청장이 사회복지법인에 특별감사 결과 지적사항에 대한 시정지시와 그 결과를 관계 서류와 함께 보고하도록 한 지시: 불이행 시 제재가 있으므로 ⑧ 공정거래위원회의 표준약관사용권장행위: 불이행 시 과태료 부과 ⑨ 공무원연금지급이 과오급된 경우 급여환수통지	① 방송통신위원회가 지상파 방송사에 대하여 「방송법」에 따라 제재조치명령과 함께 한 고지방송명령 ② 위법건축물에 대한 단전 및 전화통화 단절조치 요청행위 ③ 한국전력공사가 전기공급의 적법 여부를 조회한 데 대한 관할 구청장의 회신 ④ 세무당국이 소외 회사에 대하여 원고와의 주류거래를 일정기간 중지하여 줄 것을 요청한 행위 ⑤ 당연퇴직처분 ⑥ 당연퇴직된 공무원의 복직 또는 재임용신청에 대한 행정청의 거부행위 ⑦ 공무원연금관리공단의 공무원연금법령의 개정사실과 퇴직연금 수급자가 퇴직연금 중 일부 금액의 지급정지대상자가 되었다는 사실통보 / 공단의 건강보험 직장가입자 자격상실 안내 ⑧ 국립공원지정처분에 따라 공원관리청이 행한 경계측량 및 표지의 설치 ⑨ 연장허가를 받을 수 없는 어업권의 유효기간이 만료되는 수면을 어장이용개발계획에서 반영하지 않은 것 ⑩ 재개발조합이 조합원들에게 정해진 기한까지 분양계약에 응해 줄 것을 안내하는 '조합원분양계약에 대한 안내서'를 보낸 행위, 재개발조합이 조합원들에게 한 조합원 동·호수 추첨 결과 통보 및 분양계약 체결 안내 ⑪ 택지개발사업시행자의 택지공급방법결정 ⑫ 「식품위생법 시행규칙」 제28조 소정의 영업허가증 교부 ⑬ 법인 청산종결등기가 되었다는 이유로 상표권의 말소등록행위 ⑭ 행정 각 부처의 장 등의 법령의 해석에 관한 질의에 대한 회신 ⑮ 도시재개발구역 내 건물소유자에 대한 지장물 철거촉구: 단순한 안내 ⑯ 보훈처장의 훈격재심사계획이 없다는 회신 ⑰ 군수의 대리경작자 지정에 따른 읍장의 영농세대 지정 ⑱ 지방자치단체장의 사인 토지에 측백나무 식재행위

8 중간행위, 내부적 행위

중간행위도 독립적인 경우 처분성 인정

처분성 인정	처분성 부정
① 원자로 및 관계 시설의 부지사전승인처분	① 행정청 내부에서의 행위나 알선, 권유, 사실상의
② 폐기물처리업허가권자의 폐기물사업계획 부적정	통지
통보	② 상급행정기관의 하급행정기관에 대한 승인 · 동의
③ 항공노선에 대한 운수권배분처분: 행정규칙에 근	· 지시 / 상급행정청이나 타 행정청의 지시나 통보,
거한 처분, 항고소송의 대상이 된다.	권한의 위임이나 위탁
④ 개별토지가격결정과 표준지공시지가결정	③ 교육부장관의 대학입시기본계획 내의 내신성적산
⑤ 건축계획사전결정신청에 대한 불허처분	정지침
⑥ 건축계획심의신청에 대한 반려처분	④ 기획재정부장관의 정부투자기관에 대한 예산편성
⑦ 「산업재해보상보험법」상 장해보상금결정의 기준	지침통보
이 되는 장해등급결정	⑤ 외환은행장의 수입허가의 연장승인요청에 대한 상
⑧ 승진후보자 명부에 의한 승진심사 방식으로 행해	공부장관의 협의 불응
지는 승진임용에서 명부에 포함되어 있던 후보자	⑥ 군의관의 징병검사신체등위판정
를 승진임용인사발령에서 제외하는 행위	⑦ 상이등급재분류판정(처분성 부정)과 상이등급재분
⑨ 교육부장관이 대학에서 추천한 복수의 총장 후보	류신청거부행위(처분성 인정)
자들 전부 또는 일부를 임용제청에서 제외하는	⑧ 정보통신부장관의 국제전기통신연합에 대한 위성
행위	망 국제등록신청
⑩ 교육부장관이 특정 후보자를 임용제청에서 제외	⑨ 감사원 기각결정, 감사원의 징계요구와 재심의결정
하고 다른 후보자를 임용제청함으로써 대통령이	⑩ 고충심사위원회 결정
임용제청된 다른 후보자를 총장으로 임용한 경	⑪ 각 군 참모총장이 '군인 명예전역수당지급대상자
우, 임용제청에서 제외된 후보자가 행정소송으로	결정절차'에서 국방부장관에게 신청자 중 일부를
다툴 처분: 교육부장관의 임용제청 제외처분(X),	추천하지 않는 행위
대통령의 임용제외처분(O)	⑫ 공매(재공매)결정, 공매통지: 처분성(X), 공매처
⑪ 자동차운송사업의 양수도인가신청에 대한 내인	분: 처분성(O)
가를 받은 자의 본인가신청에 대한 행정청의 내	⑬ 국공립대학교수에 대한 자치단체장의 교수임용제청
인가취소	⑭ 시험승진후보자명부에서의 등재자 성명 삭제행위
	⑮ 공정거래위원회의 고발의결 · 고발조치: 최종적 처
	분이 아님.
	⑯ 어업권면허에 선행하는 우선순위결정
	⑰ 4대강 살리기 마스터플랜: 기본방향 제시에 불과
	⑱ 항만명칭결정처분

[등급결정 관련 처분성 인부]

처분성 인정	처분성 부정
① 「산업재해보상보험법」상 장해보상금결정의 기준이 되는 장해등급결정(2001두8155) ② 상이등급 재분류 신청에 대한 지방보훈지청장의 거부행위(97누13023)	① 「병역법」상 군의관의 신체등위판정(93누3356) ② 상이등급 재분류(변경) 과정 중에 있는 보훈병원장의 상이등급재분류판정(97누13023) ③ 「국가유공자예우 등에 관한 법률 시행령」에 의한 재심신체검사 시 행하는 등외판정(91누9206)

📖 **국가유공자 대상자 판정을 위한 재심신체검사 시 등외판정**: 신체검사등외판정의 취소를 구하는 소는 국가유공자등록신청의 기각처분취소를 구하는 취지도 포함되어 있다. 기각처분은 항고소송의 대상이 된다(91누9206).

9 조세 관련 판례

처분성 인정	처분성 부정
① 과세관청의 원천징수의무자인 법인에 대한 소득금액변동통지: 원천징수의무자에게 의무부과 ② 과세관청의 징수고지 ③ 국세체납에 따른 가산금, 중가산금의 독촉처분 ④ 세무조사결정: 납세의무자에게 수인의무 부과 ⑤ 결손금 소급공제 환급결정 ⑥ 양도소득세 기한후과세표준신고서 제출 시 과세관청이 이미 자진납부한 금액과 동일하므로 별도로 고지할 세액이 없다는 신고시인결정 통지 ⑦ 증액경정처분: 당초 과세처분은 증액결정으로 흡수 / 당초 과세처분, 항고소송 대상(X) ⑧ 원천징수의무자에 대하여 납세의무의 단위를 달리하여 순차 이루어진 2개의 징수처분은 선행처분과 후행처분 모두 대상이 된다. ⑨ 결손금 등에 대한 과세관청의 결손금 감액경정	① 원천납세의무자인 소득의 귀속자에 대한 소득금액변동통지 ② 과세관청의 감액경정결정: 처분(X), 감액되고 남은 당초 처분, 항고소송 대상(O) 📖 식품위생법령의 영업허가자에 대한 행정제재를 유리하게 변경한 경우 항고소송 대상: 변경처분(X), 변경된 내용의 당초 처분(O) ③ 과세처분에 대한 경정청구 거부행위 ④ 과세관청의 위장사업자의 사업명의 직권취소 ⑤ 「부가가치세법」상 과세관청의 사업자등록직권말소행위 ⑥ 법인세과세표준결정이나 손금불산입처분: 최종적인 과세처분이 아니므로 ⑦ 국세환급금결정 내지 환급거부결정 ⑧ 원천징수자의 원천징수행위 ⑨ 세법에 근거하지 아니한 납세의무자의 경정청구에 대한 과세관청의 거부회신 ⑩ 경정청구기간이 도과한 후 제기된 경정청구에 대한 과세관청의 경정거절

10 징계 · 경고 관련 판례

처분성 인정	처분성 부정
① 농지개량조합의 직원에 대한 징계	① 종합금융주식회사의 전 대표이사에게 '문책경고장(상당)'을 보낸 행위
② 국가나 지방자치단체에 근무하는 청원경찰에 대한 징계	② 장관의 공무원에 대한 서면에 의한 경고: 법적 불이익 없음.
③ 함양군 지방공무원 징계양정에 관한 규칙에 근거한 불문경고: 법적 불이익이 따르므로	③ 서울특별시 지하철공사 사장의 소속 직원에 대한 징계처분: 사법관계
④ 국공립학생에 대한 징계	④ 한국마사회의 조교사 및 기수 면허부여 또는 취소: 사법관계
⑤ 금융기관의 임원에 대한 경고: 3년간 금융기관 임직원 취임이 금지되므로	⑤ 주한미군 한국인 직원의료보험조합의 직원에 대한 징계면직처분: 사법관계
⑥ 공정거래위원회의 경고	⑥ 한국조폐공사 직원파면: 사법관계
⑦ 검찰총장이 검사에 대하여 하는 '경고조치'(2020두47564)	⑦ 종합유선방송위원회 소속 직원의 임금 · 퇴직금결정
	⑧ 사립학교 교원에 대한 학교법인의 해임처분: 사법관계

11 국 · 공유재산 관련 판례

처분성 인정	처분성 부정
① 행정재산의 사용 · 수익에 대한 허가신청을 거부한 행위 또는 허가의 취소	① 국유 일반재산의 대부행위 및 그 사용료납입고지
② 기부채납받은 행정재산(공물)에 대한 공유재산관리청의 사용 · 수익허가	② 국유 일반재산의 대부신청을 거부한 행위
③ 지자체장이 기부채납 및 사용 · 수익허가 방식으로 민간투자사업을 추진하는 과정에서 사업시행자를 지정하기 위한 전 단계에서 공모제안을 받아 일정한 심사를 거쳐 우선협상대상자를 선정하는 행위와 이미 선정된 우선협상대상자를 그 지위에서 배제하는 행위(2017두31064)	③ 국유림의 대부 및 무상양여행위, 무상양여신청에 대한 거부행위
	④ 입찰보증금 국고귀속조치
	⑤ 기부채납받은 공유재산을 무상으로 기부자에게 사용을 허용하는 행위
④ 국유재산 무단점유자에 대한 변상금 부과처분	⑥ 국유재산매각: 사법상 매매행위, 매각대상이 되는 재산은 사법의 지배를 받는 일반재산이므로 처분성 없음.
⑤ 「하천법」 및 「공유수면관리법」에 규정된 하천 또는 공유수면의 점용료 부과처분	
⑥ 귀속재산매각	
⑦ 국립의료원 부설주차장에 대한 위탁관리용역운영계약과 관련한 가산금부과 📺 가산금지급채무부존재: 민사소송(X), 당사자소송(O)	

12 부관

① **부담인 부관**: 항고소송 대상(○)
  📌 주택건설사업을 승인하면서 차량진입로 확보 등의 의무를 부과하고 있는 부담
② **나머지 부관**: 항고소송 대상(X)
  📌 기부채납받은 행정재산에 대한 사용·수익허가 중 사용·수익허가의 기간

13 각종 통지의 처분성

처분성 인정	처분성 부정
① 계고처분과 대집행영장 통지 ② 이행강제금 독촉 ③ 재개발사업구역 내 세입자에 대하여 영구임대아파트의 입주권부여 대상자가 아니라고 한 통보 ④ 「교통안전공단법」상 분담금납부 통지 ⑤ 시장·군수·구청장의 농지소유자에 대한 농지처분의무 통지 ⑥ 한국토지주택공사가 직권으로 甲 등이 생활대책 대상자에 해당하지 않는다는 결정(부적격통보)을 하고, 그에 대한 이의신청에 대하여 재심사 결과로도 생활대책 대상자로 선정되지 않았다는 재심사 통보(2015두58645) ⑦ 요양급여의 적정성 평가 결과 전체 하위 20% 이하에 해당하는 요양기관이 건강보험심사평가원으로부터 받은 입원료 가산 및 별도 보상 적용 제외 통보 ⑧ 과징금 감면신청에 대한 감면불인정 통지	① 공무원 당연퇴직 통보 ② 주택건설사업이 양도되었으나 그 변경승인을 받기 이전에 행정청이 양수인에 대하여 한 양도인에 대한 사업계획승인을 취소하였다는 사실의 통지 ③ 형성적 재결의 결과 통보: 행정심판위원회의 재결을 처분청이 통보한 것에 불과 ④ 민원사항에 대한 거부처분에 대한 이의신청을 받아들이지 않는 취지의 기각결정 또는 그 취지의 통지 ⑤ 국가유공자 비해당 결정에 대한 이의신청을 받아들이지 아니하는 결정 ⑥ 「민원 처리에 관한 법률」이 규정하는 사전심사결과 통보 ⑦ 수도사업자의 급수공사비납부 통지 ⑧ 자동차대여사업등록 실효 통지 ⑨ 재단법인 한국연구재단이 甲대학교 총장에게 한국(BK)21 사업 연구팀장 乙에 대한 대학 자체 징계요구 통보 cf BK21 사업 협약 해지: 처분임. ⑩ 재개발조합이 조합원들에게 한 조합원 동·호수 추첨결과 통보 및 분양계약 체결 안내 통보: 관리처분계획에 따라 확정된 내용 안내이므로 ⑪ 의료보험진료기관이 보호기관에 제출한 진료비명세서에 대한 의료보험연합회의 심사결정 통지: 의료보호기관의 결정이 최종적이므로 ⑫ 공공사업에 필요한 토지 등의 협의취득에 기한 손실보상금의 환수통보 ⑬ 납골당설치신고를 함에 있어 관리사무실, 유족편의시설 신고거부 ⑭ 고충심사위원회의 결정

14 반복적 행위

최초의 행위와 동일성이 인정되는 반복적 행위는 처분성 부정

처분성 부정	① 제2차, 제3차로 행한 계고처분 ② 지방병무청장이 복무기관을 정하여 공익근무요원 소집 통지를 한 후 소집대상자의 원에 의해 또는 직권으로 기일을 연기한 다음 다시 한 공익근무요원 소집 통지 ③ 행정관청이 노동조합에 대하여 자료제출요구를 한 뒤 이에 불응하자 2, 3차로 다시 제출요구 ④ 독촉한 후 다시 동일한 내용의 독촉
처분성 인정	신청에 대한 거부처분이 있은 후 다시 한 신청이 새로운 신청을 한 취지라면 그에 대한 거부처분도 새로운 거부처분으로 보아야 한다.

15 종전 처분의 내용을 변경하는 후속처분이 뒤따르는 경우 항고소송의 대상

① 후속처분이 종전 처분을 완전히 대체하는 것이거나 주요 부분을 실질적으로 변경하는 내용인 경우: 후속처분

② 후속처분의 내용이 종전 처분의 유효를 전제로 내용 중 일부만을 추가 · 철회 · 변경하는 것이고 그 부분이 내용과 성질상 나머지 부분과 불가분적인 것이 아닌 경우: 종전 처분

16 개별법률에서 특별한 구제절차를 둔 경우

① 검사의 공소가 행정소송의 대상이 되는 처분인지 여부: 검사의 공소에 대하여는 형사소송절차에 의하여서만 이를 다툴 수 있고, 행정소송의 방법으로 공소의 취소를 구할 수는 없다.

② 금융감독위원회의 부실금융기관에 대한 파산신청: 처분성(X)

17 항고소송 대상으로서의 행정심판 재결

소송대상에 대한 원칙	① 원처분주의(○), 재결주의(X) ② 원처분의 취소를 구하면서 재결의 하자를 주장할 수 없다.
대상이 되는 재결	① '재결 자체에 고유한 위법'의 의미: 재결 자체에 주체, 절차, 형식 또는 내용상의 위법이 있는 경우 　㉠ 서면에 의하지 않은 재결의 경우 형식상 하자가 있으므로 재결에 대해 항고소송을 제기할 수 있다. 　㉡ 재결에 이유모순의 위법이 있는 경우: 재결취소소송에서 위법사유로 주장(○), 원처분취소소송에서 위법사유로서 주장(X) ② 부적법하지 않은 행정심판청구를 각하한 재결 ③ 원처분의 상대방이 아닌 제3자가 행정심판을 청구하여 원처분에 대한 취소재결이 있은 경우 원처분의 상대방은 재결에 대해 항고소송을 제기할 수밖에 없다. 제3자효 행정행위에 대한 행정심판청구에 있어서 인용재결로 인해 비로소 권익을 침해받게 되는 자는 인용재결에 대해 항고소송을 제기할 수 있다. 　📖 행정심판의 인용재결에 대해 행정청은 항고소송을 제기할 수 없다. ④ 각하해야 함에도 인용재결한 경우 ⑤ 재결취소소송에서 처분의 위법성, 처분이 비례원칙에 위반됨을 주장할 수 없다.
대상이 안 되는 재결	① 처분을 변경하는 재결: 변경된 처분이 대상이 되고, 재결은 안 된다. ② 정직을 견책으로 변경하는 소청결정 중 견책으로 변경하는 결정이 재량권 일탈·남용이라는 사유는 소청결정의 고유한 하자라고 할 수 없다.
법률상 재결주의를 취하고 있는 경우: 처분이 아니라 재결이 소송대상임	① 감사원의 변상판정에 대한 재심의 판정 　📖 「감사원법」상 소속 장관 등의 변상명령: 항고소송 대상(○) ② 노동위원회의 처분에 대한 중앙노동위원회의 재심판정 ③ 특허심판의 심결: 「특허법」상 심판은 특허심판원에서 진행하는 행정절차로서 심결은 행정처분에 해당하고, 그에 대한 불복소송인 심결취소소송은 항고소송에 해당한다(2018후11360).

18 교원징계절차

구분	사립학교 교원	국공립 교원
징계의 성격	처분(X)	처분(○)
소청위원회 결정	처분(○)	행정심판 재결
항고소송 대상	소청위원회 결정	① 징계 ② 예외적으로 소청위원회 결정

19 그 밖에 항고소송의 대상이 되지 않는 것

① 소방서장의 부동의	② 벌금 부과
③ 통고처분	④ 범칙금 부과
⑤ 즉결심판	⑥ 과태료 부과
⑦ 과료 부과	

20 소송 대상 관련 핵심 지문

① 어떠한 처분의 근거나 법적인 효과가 행정규칙에 규정되어 있다면, 그 처분이 행정규칙의 내부적 구속력에 의하여 상대방의 권리·의무에 직접 영향을 미치는 행위라도, 항고소송의 대상이 되는 행정처분에 해당되지 않는다. (X)

② 건축허가불허가처분을 하면서 소방서장의 건축부동의를 사유로 들고 있는 경우 소방서장의 건축부동의도 행정행위이므로 그에 대한 취소를 구하는 소송을 제기할 수 있다. (X)

③ 거부처분의 처분성을 인정하기 위한 전제조건인 신청권의 존부는 신청의 인용이라는 만족적 결과를 얻을 권리가 있는지 여부에 따라 결정된다. (X)

제4절 | 취소소송의 원고적격

1 당사자능력

소송의 당자자가 될 능력	① 자연인(외국인 포함) ② 법인, 법인격 없는 사단·재단 ③ 도롱뇽, 당사자능력 부정
국가기관	① 국가는 국토이용계획과 관련한 지방자치단체의 기관위임사무처리에 관해 소를 제기할 원고적격이 인정되지 않는다. ② 충북대학교 총장은 항고소송의 당사자능력이 없다. ③ 시·도선거관리위원회 위원장, 인정: 신분보장조치를 요구받은 국민권익위원회로부터 중징계요구취소 및 신고로 인한 신분상 불이익처분·차별금지요구의 조치요구를 당한 시·도선관위 위원장이 신분보장조치를 요구한 자를 파면처분한 경우, 시·도선관위 위원장의 조치요구취소소송을 제기할 법률상 이익(O) ④ 소방청장, 인정: 법령에서 특정 행정기관에 다른 행정기관을 상대로 제재를 할 수 있도록 하면서 따르지 않은 경우 과태료나 형벌을 부과하도록 한 경우 행정기관은 항고소송의 당사자능력과 원고적격을 가진다.
지방자치단체	행정청의 건축협의 취소에 대한 서울시 인정

2 원고적격의 법률상 이익

법률상 이익을 가진 자	① 「행정소송법」 제12조의 '법률상 이익'에 관해서는 권리구제설, 법률상 보호된 이익구제설, 소송상 보호가치 있는 이익구제설, 적법성 보장설 등이 대립되고 있는데, 판례는 이 중 법률상 보호된 이익구제설을 취하고 있는 것으로 이해하는 것이 일반적이다. ② 지방법무사회가 법무사의 사무원 채용승인 신청을 거부하거나 채용승인을 얻어 채용 중인 사람에 대한 채용승인을 취소한 경우: 법무사뿐만 아니라 사무원이 될 수 없게 된 사람도 원고적격이 인정된다. ③ 간접적이거나 사실적·경제적 이해관계를 가지는 데 불과한 경우: 법률상 이익(X)
원고적격 심사	원고적격은 사실심 변론종결 시는 물론 상고심에서도 존속하여야 하고, 이를 흠결하면 부적법 각하판결을 한다.
제3자의 원고적격	① 행정처분의 직접 상대방이 아닌 제3자라도 당해 행정처분의 취소를 구할 법률상의 이익이 있는 경우에는 원고적격이 인정된다. ② 인가·허가 등 수익적 행정처분을 신청한 여러 사람이 서로 경원관계에 있는 경우, 허가 등 처분을 받지 못한 사람은 원칙적으로 자신에 대한 거부처분의 취소를 구할 원고적격과 소의 이익이 있다.
기본권도 법률상 이익	청구인의 기본권인 경쟁의 자유가(보충적으로) 바로 행정청의 지정행위(납세필 병마개제조자 지정행위)의 취소를 구할 법률상 이익이 된다 할 것이다.
단체소송	① 단체가 구성원이나 일반인을 위해 소송을 제기하는 것 ② 단체는 법률상 이익을 침해받은 자가 아니므로 단체소송을 인정하려면 법률의 규정이 필요하다.

3 경업자 · 경원자 · 주민소송에서 원고적격

1. 경업자소송

원고적격 인정	원고적격 부정
① 버스운송사업자의 이익 ② 시외버스운송사업자의 이익 ③ 사업용 화물자동차사업자의 이익 ④ 선박운송사업자의 이익 ⑤ 담배소매인의 이익(다만, 동일 시설물 내 담배소매인의 이익 부정) ⑥ 분뇨·축산폐수 수집·운반업자의 이익 ⑦ 약종상 영업허가자의 이익 ⑧ 기존 광산업자의 이익 ⑨ 중계유선방송사업자의 사업상 이익 ⑩ 주유소사업자의 이익	① 공중목욕탕업자의 이익 ② 석탄가공업자의 이익 ③ 새로운 조미료 제조업자에 대한 조미료 원료 수입허가를 다툰 기존 조미료 제조업자 ④ 여관업자의 이익 ⑤ 한의사의 이익 ⑥ 장의자동차 운송사업자에 대한 구역위반을 이유로 한 과징금 부과처분을 취소한 재결에 대한 동종 장의업자 ⑦ 양곡가공업 허가업자 ⑧ A는 기존 하천부지점용업자였는데 점용허가의 효력이 상실되었다. 행정청은 B에게 행정청의 하천부지점용허가를 하였다. 이때 A의 이익은 법률상 이익이 아니다.

2. 경원자소송

인정한 사례	부정한 사례
① 납세필 병마개제조사업자의 이익 ② 항만공사시행허가 신청자의 이익 ③ LPG충전사업 신규신청자의 이익 ④ 법학전문대학원예비인가 신청대학교의 이익	① 수학교과용 도서 검정합격처분에 대한 영어책 교과서 검정신청자 ② 국립대학교 교수임용에 있어서 기존 국립대학교 같은 과 교수 ③ 행정학 전공자를 조세정책과목의 담당교수로 임명한 데 대한 세무학과 학생들

3. 주민소송

인정	부정
① 연탄공장 허가에 대한 주민의 이익 ② 레미콘공장 설립승인처분에 대한 인근주민 ③ LPG충전허가에 있어서 주민의 이익 ④ 상수도보호구역 내 공설 화장장 설치를 위한 도시계획결정에 대한 주민의 이익 ⑤ 환경영향평가 밖의 주민으로서 수인한도를 벗어난 환경피해를 입은 주민 ⑥ 양수발전소 건설승인처분에 있어서의 환경영향평가 내 주민의 이익 ⑦ 영광원자력발전소 건설부지 사전승인처분에 있어서 환경영향평가 내 주민의 이익 ⑧ 공유수면매립면허처분 및 새만금간척개발 사업인가처분에서 환경영향평가 내 주민의 이익 ⑨ 국립공원 집단시설 개발승인결정에서 환경영향평가 내 주민의 이익 ⑩ 상수원 주변 공장설립승인처분에 있어서 환경영향평가 내 주민과 환경영향평가 밖 주민의 이익 ⑪ 아파트 건축허가 관련 주민의 이익 ⑫ 전원개발사업실시계획 관련 환경영향평가 안의 주민의 이익 ⑬ 납골당 설치허가처분 관련 환경영향평가 내 주민의 이익 ⑭ 폐기물 소각시설로부터 300m 이내의 주민 ⑮ 「환경영향평가법」상 보호되는 법률상 이익이 있는 폐기물 소각시설로부터 300m 밖의 주민	① 상수원보호구역 변경처분에 있어서의 주민 ② 발전소 건설승인에서 환경영향평가 밖의 주민의 이익, 산악인과 사진작가의 이익 ③ 문화재 지정 관련 주민 ④ 甲이 乙 소유의 도로를 공로에 이르는 유일한 통로로 이용하였으나 甲 소유의 대지에 연접하여 새로운 공로가 개설되어 그쪽으로 출입문을 내어 바로 새로운 공로에 이를 수 있게 된 경우, 甲이 乙 소유의 도로에 대한 도로폐지허가처분의 취소를 구할 법률상 이익은 없다. ⑤ 위락시설(유흥주점)로 건물용도를 변경하는 것을 허용하는 취지의 재결을 다투는 주민 　　📖 환경상 이익에 대한 침해 또는 침해 우려가 있는 것으로 사실상 추정되어 원고적격이 인정되는 사람에는 환경상 침해를 받으리라고 예상되는 영향권 내의 주민들을 비롯하여 그 영향권 내에서 농작물을 경작하는 등 현실적으로 환경상 이익을 향유하는 사람도 포함된다. 그러나 단지 그 영향권 내의 건물·토지를 소유하거나 환경상 이익을 일시적으로 향유하는 데 그치는 사람은 포함되지 않는다.

4 환경영향평가와 원고적격

환경영향평가 대상지역 내 주민	특단의 사정이 없는 한 환경상의 이익에 대한 침해 또는 침해우려가 있는 것으로 사실상 추정되어 공유수면매립면허처분 등의 무효확인을 구할 원고적격이 인정된다.
환경영향평가 대상지역 밖 주민	① 환경영향평가 대상지역 밖의 주민이라 할지라도 공유수면매립면허처분 등으로 인하여 그 처분 전과 비교하여 수인한도를 넘는 환경피해를 받거나 받을 우려가 있는 경우에는, 공유수면매립면허처분 등으로 인하여 환경상 이익에 대한 침해 또는 침해우려가 있다는 것을 입증함으로써 그 처분 등의 무효확인을 구할 원고적격을 인정받을 수 있다. ② 환경영향평가 대상지역 밖에 거주하는 주민에게 헌법상의 환경권 또는 「환경정책기본법」에 근거하여 공유수면매립면허처분과 농지개량사업시행인가처분의 무효확인을 구할 <u>원고적격은 인정되지 아니한다.</u>

5 원고적격 관련 판례

원고적격 인정	원고적격 부정
① 법인의 주주도 법인에 대한 처분(예 은행업무정지처분, 주식이 소각되거나 주주의 법인에 대한 권리가 소멸하는 등 주주의 지위에 중대한 영향을 초래하게 되는 처분)에 대해 예외적으로 원고적격을 가진다. ② 기존 분뇨와 축산폐수 수집 · 운반업자 ③ 로스쿨 예비인가를 신청한 대학교 ④ 분양전환승인처분의 취소를 구하는 약제급여고시에 있어서 제약회사 ⑤ 임차인대표회의는 분양승인처분에 대해 원고적격을 가진다. ⑥ 학교법인의 임원취임승인신청에 대한 반려처분에 대해 임원으로 선임된 사람 ⑦ 도시환경정비사업에 대한 사업시행계획이 당연무효인 경우, 조합원의 지위를 상실한 토지 등 소유자도 관리처분계획의 무효확인 또는 취소를 구할 법률상 이익이 있다. ⑧ 채석허가를 받은 자로부터 영업양수 후 명의변경신고 이전에 양도인의 법 위반사유를 이유로 채석허가가 취소된 경우, 수허가자 지위의 사실상 양수인 ⑨ 교육부장관이 학교 재단법인 이사를 선임한 경우 교수협의회와 총학생회 ⑩ 귀화불허, 체류자격불허, 강제퇴거명령에 대한 외국인	① 법인에 대한 처분에 대해 법인의 주주 ② 도시계획결정이 무효가 아닌 한 수용재결에 의해 토지소유권을 상실한 자는 도시계획결정의 취소를 구할 이익이 없다. ③ 수익적 행정처분의 상대방: 신청대로 이루어진 토지거래허가에 대해 매도인이나 당사자의 신청을 받아들이지 않은 거부처분이 취소재결된 경우 그 재결의 취소를 구하는 청구인 ④ 도로용도폐지의 취소를 구하는 일반시민으로서 도로이용자, 도로용도폐지의 취소를 구하는 산책로를 이용해 온 주민 　　📖 당해 도로와 개별성이 강한 직접적이고 구체적 이익을 부여한 자는 도로용도폐지의 취소를 구할 이익이 있다. ⑤ 행정심판의 인용재결에 대한 행정청 ⑥ 택시회사에 대한 과징금 부과처분에 있어서 그 구성원(운전기사) ⑦ 조합원에 대한 허가취소처분의 취소를 구하는 연식품 협동조합 ⑧ 건강보험요양급여 행위 및 그 상대가치점수 개정고시의 취소를 구하는 대한의사협회 ⑨ 개발제한구역 중 개발제한구역 내에서 해제하는 도시관리계획변경결정에 대해 해제대상에서 누락된 토지소유자 ⑩ 원천징수의무자에 대한 납세고지에 대해 원천납

세의무자

⑪ 국세체납처분을 원인으로 한 압류등기 이후의 압류부동산 매수자

⑫ 제주해군기지 건설을 위한 절대보존지역 변경처분에 대해 지역주민

⑬ 수녀원은 공유수면매립목적 변경승인처분의 취소를 구할 이익은 없다. 수녀원은 쾌적한 환경에서 생활할 수 있는 이익을 향수할 수 있는 주체가 아니다.

⑭ 교육부장관이 학교 재단법인 이사를 선임한 경우 전국대학노동조합 대학교 지부

⑮ 사증발급거부에 대한 외국인

제5절 | 소의 이익

1 의의

의의	① 법원은 소의 이익이 있어야 본안판단을 할 수 있다. ② 본안판결을 통해 실현되는 이익이 없다면 법원은 본안판단을 하지 않고 소의 이익이 없다는 이유로 각하한다. ③ 직권조사사항
소의 이익 판단 시점	① 사실심 변론종결 시 ② 다만, 상고심에서도 소의 이익이 없음을 이유로 각하할 수 있다.
소의 이익의 구체적 개념	① 법률상 이익 + 부수적 이익 　㉠ 넓은 의미의 소의 이익: 원고적격 + 소의 이익 　㉡ 좁은 의미의 소의 이익과 원고적격은 구별된다. ② 정보공개 청구 거부는 그 자체가 법률상 이익침해에 해당한다. ③ 사실상·경제상 이익: 소의 이익에 포함되지 않는다. → 손해배상청구소송에서 원용할 수 있는 이익은 소의 이익에 해당하지 않는다. ④ 명예: 소의 이익에 해당하지 않는다는 판례(문화재 지정사건)와 해당한다는 판례(고등학교 퇴학사건)가 있다.

2 처분의 효력이 소멸한 경우 소의 이익 부정

① 행정처분의 무효확인소송이나 취소소송이 제소 당시에는 소의 이익이 있어 적법하였더라도, 소송 계속 중 처분청이 다툼의 대상이 되는 행정처분을 직권으로 취소하면 원칙적으로 소의 이익이 소멸한다.
② 사실심 변론종결일 현재 토석채취허가기간이 경과한 경우 토석채취허가 취소처분의 취소를 구할 소의 이익은 없다.
③ 광업권취소처분에 대한 쟁송 중 광업권존속기간이 만료된 경우 취소를 구할 이익은 없다.
④ 중앙노동위원회의 임금재정이 기간 경과로 실효된 경우 이의 취소를 구할 이익은 없다.
⑤ 운전면허정지처분에서 정한 정지기간이 상고심 계속 중에 경과한 이후에는 그 운전면허정지처분의 취소를 구할 법률상의 이익이 없다.
⑥ 처분청이 당초의 운전면허취소처분을 철회하고 정지처분을 한 경우, 당초 취소처분의 취소를 구할 이익은 없다.
⑦ 환지처분 공고 후에 환지예정지 지정처분의 취소를 구할 법률상 이익은 없다. / 환지처분 확정 후 환지확정처분의 일부에 대하여 취소를 구할 이익은 없다.
⑧ 입찰참가자격제한처분을 취소한 경우
⑨ 주택재개발사업조합이 조합설립변경인가 후에 다시 변경인가를 받은 경우, 당초 변경인가의 취소를 구할 소의 이익

원칙	없다.
당초 조합설립변경인가에 기초하여 사업시행계획의 수립 등의 후속행위를 한 경우	있다.

⑩ 원과세처분에 대한 취소소송 도중 경정처분(양도소득세 부과처분취소)이 내려진 경우 원과세처분을 취소할 이익은 없다.
⑪ **영업허가반려취소 재반려**: 행정청이 당초 분뇨관련 영업허가신청반려처분을 직권취소하고 재반려하는 새로운 처분을 한 경우
⑫ 항소심판결 선고 후 개발부담금 감액경정처분이 이루어진 경우, 대법원이 감액된 부분에 대한 개발부담금 부과처분 취소청구 부분
⑬ 법인세 과세표준과 관련하여 과세관청이 법인의 소득처분 상대방에 대한 소득처분을 경정하면서 증액과 감액을 동시에 한 결과 전체로서 소득처분금액이 감소된 경우, 법인은 소득금액변동통지의 취소를 구할 소의 이익이 없다.
⑭ **학교법인, 파면처분 → 교원신청심사위원회, 파면처분취소 → 학교법인, 파면처분취소의 취소를 구하는 소제기 → 재판 도중 학교법인, 파면처분을 해임으로 변경**: 파면처분의 효력상실로 소의 이익 상실 (2008두20765)

① 행정처분의 위법을 이유로 판결을 받더라도 처분에 의하여 발생한 위법상태를 원상으로 회복시키는 것이 불가능한 경우

원칙	없다.
회복할 수 있는 다른 권리나 이익이 남아 있는 경우	예외적으로 법률상 이익이 인정될 수 있다.

② 행정처분의 무효확인 또는 취소를 구하는 소송 계속 중 해당 행정처분이 기간의 경과 등으로 효과가 소멸한 때에 처분이 취소되어도 원상회복은 불가능하더라도 예외적으로 처분의 취소를 구할 소의 이익을 인정할 수 있는 경우 및 그 예외 중 하나인 '그 행정처분과 동일한 사유로 위법한 처분이 반복될 위험성이 있는 경우'의 의미: 여기에서 '그 행정처분과 동일한 사유로 위법한 처분이 반복될 위험성이 있는 경우'란 불분명한 법률문제에 대한 해명이 필요한 상황에 대한 대표적인 예시일 뿐이며, 반드시 '해당 사건의 동일한 소송당사자 사이에서' 반복될 위험이 있는 경우만을 의미하는 것은 아니다(2020두30450).

소의 이익 부정	소의 이익 인정
① 지방의료원을 폐업하겠다는 결정	① 도시개발사업의 공사 등이 완료되고 원상회복이 사회통념상 불가능하게 된 경우 도시개발사업의 시행에 따른 도시계획변경결정처분과 도시개발구역 지정처분 및 도시개발사업실시계획인가처분의 취소를 구하는 경우, 위 각 처분의 취소를 구할 법률상 이익이 있다.
② 세무사 자격 보유 변호사 甲의 조정반 지정신청에 대하여 관할 지방국세청장이 지정거부처분을 한 경우	
③ 제주특별자치도개발공사와 먹는샘물에 관하여 협약기간 자동연장조항이 포함된 판매협약을 체결한 회사가 무효확인판결을 받더라도 판매사업자의 지위를 회복할 수 없는 경우 부칙 조항	② 근로자가 부당해고 구제신청을 하여 해고의 효력을 다투던 중 정년에 이르거나 근로계약기간이 만료하는 등의 사유로 원직에 복직하는 것이 불가능하게 되었으나 해고기간 중의 임금 상당액을 지급받을 필요가 있는 경우
④ 소음·진동 배출시설이 철거된 후 배출시설설치허가의 취소	③ 공장건물의 멸실 여부에 불구하고 그 공장등록취소처분의 취소를 구할 법률상의 이익이 있다. / 개발제한구역 공장설립승인처분이 취소되었으나 그 승인처분에 기초한 공장건축허가처분이 잔존하는 경우
⑤ 이전고시의 효력발생 후 조합설립인가처분이나 관리처분계획(수용재결이나 이의재결)의 취소	
⑥ 대집행 실행이 완료된 경우 계고처분취소	④ 금융감독위원회의 부실금융기관에 대한 영업인가 취소처분에 대한 취소
⑦ 소를 제기하기 전이나 제기 후 사실심 변론종결일 전에 건축공사가 완료된 경우 건축허가취소	⑤ 자동차의 등록을 직권말소한 처분에 대한 취소소송 계속 중에 종전과 다른 번호로 신규등록을 한 경우 직권말소처분의 취소
⑧ 「주택법」상 입주자나 입주예정자는 사용검사처분의 무효확인 또는 취소	⑥ 압류처분에 압류등기가 경료된 경우 압류처분의 무효확인을 구할 이익
⑨ 인감증명의 무효확인을 구할 이익	⑦ 도시계획사업 시행지역에 포함된 토지의 소유자는 도시계획사업실시계획 인가처분

4 병역문제에서 소의 이익

인정	부정
현역입영대상자가 입영한 후 현역병입영통지처분의 취소	① 보충역편입처분 및 공익근무요원소집처분의 취소를 구하는 소의 계속 중 병역처분변경신청에 따라 제2국민역편입처분으로 병역처분이 변경된 경우, 종전 보충역편입처분 및 공익근무요원소집처분의 취소
	② 보충역편입처분취소처분이 취소되어 확정되면 현역병입영대상편입처분에 터 잡은 현역병입영통지처분에 따라 현역병으로 복무하는 것을 피할 수 없는 경우, 보충역처분취소의 취소
	③ 상등병에서 병장으로의 진급요건을 갖춘 자에 대해 그 진급처분을 행하지 아니한 상태에서 예비역으로 편입하는 처분을 한 경우, 진급처분부작위위법을 이유로 한 예비역편입처분의 취소
	④ 공익근무요원소집해제신청을 거부한 후에 원고가 계속하여 공익근무요원으로 복무함에 따라 복무기간 만료를 이유로 소집해제처분을 한 경우, 거부처분의 취소
	⑤ 병역감면신청서회송처분과 공익근무요원소집처분이 직권으로 취소되었는데도, 이에 대한 무효확인과 취소를 구하는 소
	⑥ 현역병입영대상자로 병역처분을 받은 자가 그 취소소송 중 모병에 응하여 현역병으로 자진입대한 경우, 그 현역병입영대상자로 병역처분의 취소

5 징계에서의 소의 이익

1. 공무원 징계와 소의 이익

인정	부정
① 파면처분 후 당연퇴직한 공무원의 파면처분의 취소	① 공무원면직처분 무효확인의 소의 원고들이 상고심심리종결일 현재 이미 정년을 초과하였거나 사망한 경우, 면직처분 무효확인의 소의 이익
② 징계(감봉)처분을 받은 공무원이 자진퇴직한 경우 징계처분의 취소	② 행정청이 공무원에 대하여 새로운 직위해제사유에 기한 직위해제처분을 한 경우, 그 이전 직위해제처분의 취소
③ 해임처분에 대한 취소소송 중 임기가 만료된 경우 해임처분의 취소	③ 교원소청심사위원회의 파면처분취소결정에 대한 취소소송의 계속 중 학교법인이 교원에 대한 징계처분을 파면에서 해임으로 변경한 경우
④ 징계(파면)처분 후 일반사면이 있는 경우 징계(파면)처분의 취소	
⑤ 지방의회의원 제명의결취소소송 계속 중 의원임기만료	

2. 직위해제와 소의 이익

인정	부정
직위해제처분 → 해임	① 직위해제처분 → 새로운 직위해제처분: 종전의 직위해제처분 취소를 구할 이익이 없다. ② 직위해제처분 → 직권면직 ③ 직위해제처분 → 정직처분 ④ 직위해제처분 → 파면

6 제재처분의 효력기간 경과와 소의 이익

구분	구 판례	최근 판례
법규명령에 가중적 제재가 규정된 경우 소의 이익	○	○
행정규칙에 가중적 제재가 규정된 경우 소의 이익	X	○

📖 건축사업무정지처분을 받은 후 새로운 업무정지처분을 받음이 없이 1년이 경과하여 실제로 가중된 제재처분을 받을 우려가 없게 된 경우, 업무정지처분에서 정한 정지기간이 경과한 후에 업무정지처분의 취소를 구할 법률상 이익이 없다.

7 보다 실효적인 권리구제절차가 있는 경우와 소의 이익

① 「도시 및 주거환경정비법」상 재개발조합설립결의에 하자가 있다 하더라도 인가가 고시된 후에는 인가처분의 취소를 구할 이익은 있으나 조합설립결의의 무효확인을 구할 이익은 없다.
② 「도시 및 주거환경정비법」상 조합설립추진위원회 구성승인처분을 다투는 소송 계속 중에 조합설립인가처분이 이루어졌다면 조합설립추진위원회 구성승인처분의 취소를 구할 법률상 이익은 없다.
③ 사업의 양도행위가 무효라고 주장하는 양도자가 양도·양수행위의 무효를 구함이 없이 사업양도·양수에 따른 허가관청의 지위승계 신고수리처분의 무효확인을 구할 법률상 이익이 있다.

8 사정변경과 소의 이익

1. 수형자의 영치품에 대한 사용신청 불허처분 후 수형자가 다른 교도소로 이송된 경우, 그 불허처분의 취소를 구할 소의 이익이 있다(2007두13203).

2. 시험 관련 소의 이익

인정	부정
① 국립대학입학고사 불합격처분의 취소소송의 계속 중 당해 연도의 입학시기가 지난 경우 ② 고등학교퇴학처분의 취소소송 중 새로 실시된 검정고시시험에 합격한 경우	① 치과의사국가시험 불합격처분의 취소소송 중 새로 실시된 의사국가시험에 합격한 경우 ② 사법시험 제1차 시험 불합격처분 후 새로 실시된 제1차 시험에 합격한 경우

③ 사법시험 제2차 시험 불합격처분 후 새로 실시된
제2차와 제3차 시험에 합격한 경우

9 기타

인정	부정
① 이사의 임기가 만료되었다 하더라도 이사선임취소의 취소를 구할 이익이 있다.	① 조합설립추진위원회 구성승인처분을 다투는 소송 계속 중 조합설립인가처분이 이루어진 경우 조합설립추진위원회 구성승인처분에 대하여 취소 또는 무효확인
② 자동차운송사업의 양수도계약이 취소되었으나 행정청이 그 시정에 응하지 않은 경우 위 인가처분의 무효확인을 구할 이익이 있다.	② 보험급여수급자에 대하여 부당이득 징수결정을 한 후 그 하자를 이유로 징수금 액수를 감액하는 경우, 징수의무자에게 감액처분의 취소
③ 허가요건을 구비한 신청에 대해 행정청이 불허한 후 요건을 구비하지 못하게 된 경우라도 불허처분의 취소를 구할 이익은 있다.	③ 징계처분의 무효확인을 구하는 소가 신의칙에 반하는 경우 징계처분의 무효확인
④ 영업자의 지위를 승계한 자가 관계 행정청에 이를 신고하여 관계 행정청이 그 신고를 수리하는 처분을 종전의 영업자가 취소할 이익	④ 행정소송제기 후 판결선고 전에 행정심판에서 처분을 취소한다는 형성재결을 한 경우 당해 처분 취소
⑤ 예탁금회원제 골프장에 가입되어 있는 기존 회원은 회원모집계획서에 대한 시·도지사의 검토결과 통보의 취소	⑤ 소득처분에 따른 소득의 귀속자는 법인에 대한 소득금액변동통지의 취소
⑥ 관할청이 구「사립학교법」에 따라 하는 정식이사 선임처분에 관하여 '상당한 재산을 출연한 자'	⑥ 판결이유 중에 명백한 계산상 착오가 있는 경우 상고사유가 되지 않는다(92누17297).
⑦ 차별적 처우의 시정신청 당시 또는 시정절차 진행 도중에 근로계약기간이 만료한 경우, 기간제 근로자가 차별적 처우의 시정을 구할 시정 이익이 소멸하지 않는다.	⑦ 구「원자력법」제11조 제3항 소정의 부지사전승인제도에 터 잡은 건설허가처분이 있는 경우, 선행의 부지사전승인처분의 취소
⑧ 외국 국적의 甲이 위명(僞名)인 '乙' 명의의 여권으로 대한민국에 입국한 뒤 乙 명의로 난민신청을 하였으나 난민불인정처분을 받은 경우, 甲은 처분의 취소를 구할 법률상 이익이 있다.	

제6절 취소소송의 피고적격

1 피고적격의 의의

항고소송에서 피고가 될 수 있는 자격을 말한다.

2 각종 소송의 피고

구분	행정청	행정주체
항고소송 피고	○	X
① 당사자소송 피고 ② 손해배상청구소송 피고 ③ 부당이득반환청구소송 피고	X	○

3 행정청

독임제 행정청	① 각부 장관·청장, 지방자치단체장, 권한을 위임받은 경찰서장, 소방서장 등 ② 지방소득세 소득세분의 취소를 구하는 항고소송의 피고적격: 납세의무자의 소득세 납세지를 관할하는 시장·군수(○), 세무서장(X)
합의제 행정청	합의제 행정청이 피고가 되는 것이 원칙이고, 예외적으로 그 장이 피고가 된다.
공무수탁사인	공무수탁사인은 행정주체이자 행정청이므로 항고소송의 피고가 된다.
공공조합	농지개량조합, 도시재개발조합 등이 피고가 된다.

[합의제 행정청]

위원회가 피고인 경우	합의제 행정청인데 장이 피고인 경우 (위원장이 피고인 경우)
① 중앙선거관리위원회 ② 행정심판위원회 ③ 금융위원회 ④ 토지수용위원회 ⑤ 한국저작권위원회 ⑥ 국민권익위원회 ⑦ 공정거래위원회 ⑧ 공무원(교원)소청심사위원회 ⑨ 감사원	① 중앙노동위원회 위원장 ② 중앙해양안전심판원장 ③ 지방공무원 불합격결정에서 시·도인사위원회 위원장

4 행정청이 아닌 기관

보조기관	행정청이 아니므로 피고가 되지 못하나, 행정청의 위임을 받아 대외적으로 권한을 행사하는 경우 예외적으로 행정청이 될 수 있다.
의결기관	① 의결기관은 의사를 결정할 권한은 있으나 외부에 표시할 권한은 없는 기관을 말한다. ② 의결기관은 행정청이 아니므로 피고가 되지 못한다. ③ 종류: 경찰위원회, 세무사자격심의위원회, 보훈심사위원회, 공무원징계위원회
집행기관	① 행정청의 의사를 집행하는 기관이다. ② 행정청이 아니므로 피고가 될 수 없다.

5 처분청이 아닌 행정청이 피고가 되는 경우(개별법률에 규정이 있는 경우)

공무원의 의사에 반한 대통령의 처분에 있어서 피고	공무원에 대한 징계처분·직위해제·면직처분, 그 밖에 본인의 의사에 반한 불리한 대통령의 처분의 경우 해당 소속 장관이 피고가 된다(예 대통령의 대학교 총장 임용에서의 피고는 교육부장관). 판례 서훈취소결정의 무효확인소송의 피고: 서훈취소처분을 한 행정청인 대통령(O), 국가보훈처장(X)
중앙선거관리위원장의 처분에 있어서 피고	사무총장
국회의장의 처분에 있어서 피고	국회사무총장
대법원장의 처분에 있어서 피고	법원행정처장
헌법재판소장의 처분에 있어서 피고	헌법재판소사무처장

6 권한의 위임, 내부위임, 대리

위임의 경우	① 수임청 ② SH공사의 이주대책에 관한 처분에 대한 취소소송의 피고: SH공사(O), 서울시장(X) ③ 고용보험료 부과처분에 대한 항고소송의 피고는 근로복지공단이 아니라 국민건강보험공단이다. ④ 유족 산재급여신청에 대한 거부에 대해 피고는 근로복지공단이다. 판례 고용보험료 채무부존재에 대한 당사자소송의 피고는 근로복지공단이다.
내부위임의 경우	① 원칙: 위임청 ② 수임청이 자신의 명의로 처분을 한 경우: 수임청
권한대리	① 원칙: 피대리행정청 ② 대리기관이 대리관계를 밝히지 않은 경우: 대리기관 ③ 대리기관이 대리관계를 밝히지 않았으나 처분의 상대방이 대리관계를 알고 있는 경우: 피대리행정청

7 처분청과 통지한 행정청이 다른 경우

처분청과 통지한 행정청이 다른 경우	처분청: 인천광역시장이 처분하고, 북구청장이 통지한 경우 → 인천광역시장이 피고

8 지방의회와 지방자치단체장

조례안 의결	지방자치단체장 또는 교육감(○), 지방의회(X)
지방의회의원 징계의결	지방의회의 의원징계, 의장불신임, 의장선거 등에 있어서 피고는 지방의회이다.

9 피고경정의 유형

원고가 피고를 잘못 지정한 경우	① 원고의 신청이 있는 경우에 한해 피고경정을 허가할 수 있다. ② 피고를 잘못 지정했는지는 제소 시를 기준으로 한다.
권한승계 또는 행정청이 없게 된 경우	① 권한승계의 경우 권한을 승계한 행정청으로 피고를 경정해야 한다. ② 행정청이 없게 된 때에는 국가 또는 공공단체로 피고를 경정해야 한다. ③ 권한승계 또는 행정청이 없게 된 경우의 피고경정은 법원이 당사자의 신청 또는 직권으로 한다.
소의 변경에 대한 피고의 경정	A가 행정청(예 국방부장관)을 피고로 하여 항고소송을 제기한 후 항고소송을 당 사자소송으로 소 종류를 변경하였다. 당사자소송은 행정주체(예 대한민국)가 피 고이므로 피고를 경정해야 한다(「행정소송법」 제21조).

10 피고경정의 효과

피고경정의 종기(終期)	「행정소송법」 제14조에 의한 피고경정은 사실심 변론종결에 이르기까지 허용 되는 것으로 해석하여야 할 것이고, 굳이 제1심 단계에서만 허용되는 것으로 해 석할 근거는 없다.
피고경정의 효과	피고경정결정이 있으면 새로운 피고에 대한 소송은 처음에 소를 제기한 때 제기 된 것으로 본다.
불복절차	피고경정신청을 각하하는 결정에 대하여는 즉시항고할 수 있다.

취소소송의 제소기간

1 의의

① 제소기간은 소송요건이므로 법원의 직권조사사항이다.
② 초일불산입 원칙이 적용된다.

2 처분 등이 있음을 안 날부터 90일

처분 등이 있음을 안 날의 의미	① 통지 · 공고 기타의 방법에 의해 당해 처분이 있었다는 사실을 현실적으로 안 날(○), 처분이 위법임을 안 날(X) ② 처분서가 상대방의 주소지에 송달되는 등 사회통념상 처분이 있음을 상대방이 알 수 있는 상태에 놓인 때에는 반증이 없는 한 처분이 있음을 알았다고 추정할 수 있다. ③ 대리인이 수령한 경우: 가족 · 직원 · 아르바이트 직원이 납부고지를 수령한 경우 납부의무자는 그때 부과처분이 있음을 알았다고 추정할 수 있다.
법정 행정심판청구기간보다 긴 기간으로 잘못 고지한 경우	잘못 고지한 기간 내 심판청구가 있으면 기간 내 청구한 것으로 본다는 「행정심판법」은 행정소송에 적용되지 않는다.
당사자가 책임질 수 없는 사유	① 안 날부터 90일은 불변기간이다. 　📖 처분 등이 있은 날부터 1년은 불변기간이 아니다. ② 당사자가 책임질 수 없는 사유로 불변기간을 지킬 수 없었던 경우에는 그 사유가 없어진 날부터 2주 이내에 소를 제기할 수 있다(국외의 경우에는 30일). ③ 대표이사가 권한 정지된 경우 은행의 영업인가취소에 대해 통지된 때부터 90일이 지났다 해도 특별대리인이 선임된 때부터 2주일 이내에 소를 제기했다면 적법하다.
기산점	① 처분 당시에는 취소소송의 제기가 허용되지 않았다가 위헌결정으로 인해 취소소송을 제기할 수 있게 된 경우: 객관적으로는 '위헌결정이 있은 날', 주관적으로는 '위헌결정이 있음을 안 날' ② 처분이 유리하게 변경된 경우: 당초 처분 시 ③ 불특정 다수인에 대한 고시 · 공고에 의한 행정처분의 안 날: 고시가 효력을 발생한 날(○), 현실적으로 안 날(X) ④ 특정인의 주소불명으로 공고한 경우 안 날: 공고가 효력을 발생한 날(X), 현실적으로 안 날(○) ⑤ 이의신청하여 재조사결정을 한 경우 후속처분을 통지받은 날

행정심판을 거친 경우	① 변경재결된 경우: 소의 대상은 변경된 처분이고, 제소기간은 재결을 통지받은 날부터 90일 이내
	② 행정심판청구기간 경과 후 심판을 청구하여 재결서를 송달받은 날부터 90일 이내 원처분에 대해 취소소송을 제기한 경우: 제소기간을 준수한 것으로 볼 수 없다.
	③ 제소기간이 도과했음에도 행정심판을 청구할 수 있다고 잘못 알렸다고 하더라도 심판청구를 하여 재결서를 송달받은 날부터 취소소송의 제소기간이 기산되는 것은 아니다.

3 처분 등이 있은 날부터 1년

1년의 기산점	① 있은 날부터 1년: '안 날부터 90일' 또는 '있은 날부터 1년' 둘 중 하나만 도과되면 제소기간의 도과로 각하된다.
	② 행정심판을 거치지 아니한 경우
	㉠ 처분 등이 있은 날부터 1년: 처분 등이 있은 날이란 그 행정처분이 상대방에게 도달되어 효력을 발생한 날을 의미한다.
	㉡ 제3자의 경우: 행정처분이 있은 날부터 1년 이내에 제기해야 한다.
	③ 행정심판을 거친 경우: 행정심판의 재결이 있는 날부터 1년이다.
정당한 사유가 있는 경우	① 정당한 사유가 있는 경우: 정당한 사유가 있다면 제소기간 경과 후에도 제소할 수 있다.
	② 「행정소송법」 제20조 제2항 소정의 '정당한 사유': 정당한 사유는 당사자가 책임질 수 없는 사유(「민사소송법」)나 불가항력(「행정심판법」)보다 넓은 개념이다.
	③ 복효적 행정행위에 있어서 제3자: 제소기간 도과 후라도 취소소송을 제기할 수 있다.

4 소를 제기한 시점

처음에 소가 제기된 때를 소를 제기한 때로 보는 경우	① 피고의 경정, 소 종류의 변경, 처분변경으로 소 변경한 경우
	② 당초 부과처분의 취소소송이 계속 중 경정결정이 있는 경우, 경정결정에 대해 소를 제기한 경우 제소기간의 준수 여부는 당초 소송을 기준으로 한다.
	③ 행정제재처분(3월 영업정지처분)을 한 후 그 처분을 영업자에게 유리하게 변경하는 처분(과징금 부과처분)을 하였고, 그 변경된 내용의 행정제재가 위법하다 하여 취소소송을 제기한 경우, 소의 대상은 변경된 내용의 당초 처분이고, 제소기간의 준수 여부도 변경된 내용의 당초 처분을 기준으로 판단하여야 한다.
	④ 당초 과세처분과 증액경정처분에 마찬가지의 위법사유가 존재하고 있어 당초 과세처분이 위법하다고 판단되면 증액경정처분도 위법하다고 하지 않을 수 없는 경우에는 당초의 소제기 시를 기준으로 한다.
	⑤ 무효확인의 소를 제기하였다가 취소소송을 추가로 병합한 경우 무효확인의 소가 적법한 기간 내 제기되었다면 취소소송도 적법하게 제기된 것으로 본다.
변경된 때를 소를 제기한 때로 보는 경우	① 청구취지를 변경하여 새로운 소가 제기된 경우
	② 청구를 추가하여 청구를 변경한 경우

구분	취소소송	무효등확인소송	부작위위법확인소송	당사자소송
「행정소송법」제20조 제소기간의 적용	○	X	① 행정심판을 거치지 않은 경우: X ② 행정심판을 거친 경우: ○	X

제8절 행정심판전치주의

1 전치요건

① **「행정소송법」**: 임의적 절차
② **개별법**: 필수적 절차 규정하는 경우가 있음. 이 경우 행정심판을 거쳐 항고소송을 제기해야 함. 법원 직권조사사항, 사법절차 준용
③ 무효확인소송과 당사자소송에서 적용되지 않음.

[행정심판전치주의를 인정하는 법률]

「국세기본법」상 전치요건	① 이의신청: 임의적 절차 ② 90일 이내 심사청구 또는 심판청구: 심사청구와 심판청구 중복제기 불가 → 둘 중 한 절차만 거쳐 → 항고소송 ③ 심사청구 또는 심판청구: 필수적 절차 ④ 과세처분에 대해 감사원에 심사청구한 경우 심사청구 또는 심판청구를 거친 것으로 한다.
그 밖에 행정심판이 필수절차인 경우	① 「관세법」상 관세부과 ② 공무원·교원에 대한 징계 ③ 「도로교통법」상 면허정지·취소 ④ 감사원 변상책임 ⑤ 「지방자치법」상 사용료·수수료·분담금 부과처분 ⑥ 지방세 부과처분

[필수적 전치주의의 완화]

행정심판을 제기함이 없이 취소소송을 제기할 수 있는 경우	① 동종사건에 관하여 이미 행정심판의 기각재결이 있은 때 ② 서로 내용상 관련되는 처분 또는 같은 목적을 위하여 단계적으로 진행되는 처분 중 어느 하나가 이미 행정심판의 재결을 거친 때 ③ 행정청이 사실심의 변론종결 후 소송의 대상인 처분을 변경하여 당해 변경된 처분에 관하여 소를 제기하는 때 ④ 처분을 행한 행정청이 행정심판을 거칠 필요가 없다고 잘못 알린 때 📖 행정처분의 상대방이 아닌 제3자가 제기하는 사건은 행정심판을 제기하지 아니하고 제소할 수 있는 사건에 포함되지 않는다. → 행정심판을 제기함이 없이 곧바로 행정소송을 제기할 수는 없다(88누5150).
행정심판의 재결 없이 취소소송을 제기할 수 있는 경우	① 행정심판청구가 있은 날부터 60일이 지나도 재결이 없는 때 ② 처분의 집행 또는 절차의 속행으로 생길 중대한 손해를 예방하여야 할 긴급한 필요가 있는 때 ③ 법령의 규정에 의한 행정심판기관이 의결 또는 재결을 하지 못할 사유가 있는 때 ④ 그 밖의 정당한 사유가 있는 때

2 전치주의 요건 판단

직권조사사항	행정심판의 전치요건은 항고소송의 요건이므로 이 요건 충족 여부는 법원의 판단사항이다.
부적법한 심판청구를 각하하지 않고 행정심판위원회가 본안판단(기각재결)한 경우	행정심판을 거친 것으로 볼 수 없다.
행정심판위원회가 적법한 심판청구를 각하한 경우	행정심판전치주의 요건을 충족한 것으로 보아야 한다.
처분 전의 행정심판청구	처분 전 행정심판청구는 부적법하나, 재결 전에 처분이 행해졌다면 하자는 치유된다. 행정심판 재결 후 행정소송을 제기하면 요건은 충족된 것이다.
전치요건의 판단시점	행정소송 제기 시에는 행정심판절차를 거치지 않았으나, 사실심 변론종결 전에 행정심판절차를 거친 경우 하자는 치유된다.
행정심판과 소송의 사유	행정심판 과정에서 주장하지 아니한 사유도 행정소송에서는 제기할 수 있다.

1 관할 법원

원칙	피고인 행정청 소재지를 관할하는 행정법원으로 한다.
피고가 중앙행정기관의 장인 경우	대법원 소재 행정법원에 제기할 수 있다.
특별관할	토지의 수용 기타 부동산 또는 특정 장소에 관계되는 처분은 그 부동산 또는 장소의 소재지 관할 행정법원에 소를 제기할 수 있다.
합의관할	당사자 간 합의로 관할 법원을 결정할 수 있다(「민사소송법」).
관할 법원 이송	행정사건을 민사소송으로 제기한 경우, 민사법원은 각하할 것이 아니라 관할 법원인 행정법원에 이송해야 한다(95다28960).

2 관련청구소송의 이송과 병합

이송	당해 처분과 관련된 손해배상 · 부당이득반환 · 원상회복청구소송 등이 계속되고 있는 경우 당사자의 신청 또는 직권에 의해 관련청구소송을 취소소송이 계속된 법원(○) / 손해배상청구소송이 계속된 법원(X)에 이송할 수 있다.
원고가 고의 · 중과실 없이 행정사건을 민사소송으로 잘못 제기한 경우	① 수소법원이 행정소송에 대한 관할을 가지고 있는 경우: 항고소송으로 소 변경하게 하여 심판(○) ② 수소법원이 행정소송에 대한 관할을 가지고 있지 아니한 경우: 각하(X), 관할 법원에 이송(○) ③ 해당 소송이 이미 행정소송으로서의 전심절차 및 제소기간을 도과하였거나 행정소송의 대상이 되는 처분 등이 존재하지도 아니한 상태에 있는 등 행정소송으로서의 소송요건을 결하고 있음이 명백하여 행정소송으로 제기되었어도 어차피 부적법하게 되는 경우: 각하(○), 관할 법원에 이송(X)
병합	① 취소소송에는 사실심 변론종결 시까지 관련청구소송을 병합하거나 피고 외의 자를 상대로 한 관련청구소송을 취소소송이 계속된 법원에 병합하여 제기할 수 있다(「행정소송법」 제10조 제2항). ② 민사사건에 관련 행정사건을 병합할 수는 없다. ③ 주관적 병합도 가능 ④ 무효확인소송과 취소소송: 주위적 · 예비적 청구로서만 병합(○), 선택적 청구로서의 병합(X), 단순병합(X)
병합심리	① 부당이득반환청구가 인용되기 위해서는 처분이 취소되면 충분하고 처분의 취소가 확정되어야 하는 것은 아니다. ② 관련청구소송의 병합은 본래의 항고소송이 적법할 것을 요건으로 하므로 본래의 항고소송이 부적법하여 각하되면 그에 병합된 관련청구도 부적법 각하되어야 한다.

3 소의 변경

소의 변경 종류	① 소 종류 변경: 항고소송 간, 항고소송과 당사자소송, 민사소송과 행정소송 간 ② 처분변경으로 인한 소 종류 변경
소 변경의 요건	원고 신청 → 법원의 허가(○) / 법원 직권으로 변경(X)
소 변경의 시한	사실심 변론종결 시까지
처분변경으로 인한 소의 변경 (제22조)	① 법원은 원고의 신청에 의하여 결정으로써 청구의 취지 또는 원인의 변경을 허가 할 수 있다. ② 변경신청은 처분의 변경이 있음을 안 날부터 60일 이내에 하여야 한다.
법원의 소 변경 허가결정	즉시항고(○)
소 변경의 효과	구소가 제기된 때 새로운 소가 제기된 것으로 보고 구소는 취하된다.
소의 변경과 제소기간	당사자소송에서 취소소송으로 소 종류를 변경한 경우 구소(당사자소송)를 제기한 때를 기준으로 제소기간 준수 여부를 판단한다.

제10절 처분사유의 추가 · 변경

1 「행정소송법」

규정(X)

2 처분사유 추가 · 변경의 시간적 한계

사실심 변론종결 시까지(○), 대법원의 확정판결(X)

3 처분사유의 추가 · 변경 허용 여부

1. 위법 판단의 기준시점을 처분 시로 보는 통설과 판례에 따르면, 추가사유나 변경사유는 처분 당시에 객관적으로 존재하고 있었던 사유이어야 한다. 따라서 <u>처분 후 소송 계속 중에 발생한 새로운 사실적 · 법적 사유를 추가 · 변경할 수는 없다.</u> 이 경우 처분청은 사정변경을 이유로 계쟁처분을 직권취소하고 이를 대체하는 새로운 처분을 할 수 있다.

2. 처분사유의 변경으로 처분이 변경됨으로써 소송물이 변경되는 경우에는 청구가 변경되는 것이므로 소의 변경을 하여야 하며 처분사유의 변경은 허용될 수 없다. 처분 이후에 발생한 새로운 사실적 · 법적 사유를 추가 · 변경하고자 하는 것은 허용될 수 없고, 이 경우에는 계쟁처분을 직권취소하고 이를 대체하는 새로운 처분을 할 수 있다. 이는 처분사유의 추가 · 변경이 아니고, 처분변경으로 인한 소의 변경이다.

3. 기속행위인지 재량행위인지를 불문하고 당초 처분의 근거로 삼은 사유와 기본적 사실관계의 동일성 유무를 기준으로 처분사유의 추가·변경이 허용되는지 여부를 판단한다.

4. 추가 또는 변경된 사유가 당초의 처분 시 그 사유를 명기하지 않았을 뿐 처분 시에 이미 존재하고 있었고 당사자도 그 사실을 알고 있었다 하여 당초의 처분사유와 동일성이 있는 것이라 할 수 없다.
   🖥 행정심판 단계에서도 그대로 적용되나 처분청이 스스로 당해 처분의 적법성과 합목적성을 확보하고자 행하는 자신의 내부 시정절차에서는 당초 처분의 근거로 삼은 사유와 기본적 사실관계의 동일성이 인정되지 않는 사유라고 하더라도 처분사유로 추가·변경할 수 있다.

5. 당초 처분사유가 실질적 내용이 없었던 경우 처분사유의 추가·변경은 허용되지 않는다.

6. 품행미단정을 이유로 귀화불허하였는데, 1심에서는 「자동차관리법」 위반으로 기소유예받았다는 전력을 주장하고, 2심에서는 불법체류 전력을 추가할 수 있다. 처분사유는 품행미단정이고 불법체류 전력은 처분사유 자체가 아니라 그 근거가 되는 기초사실이나 평가에 지나지 않기 때문이다.

7. 다른 개념과 비교

구분	하자치유	처분사유 추가·변경	행정행위 전환	처분변경으로 인한 소변경
처분의 동일성	○	○	X	X
시간적 제한	쟁송제기 전	쟁송제기 후 사실심 변론종결 전	쟁송제기 전과 후	쟁송제기 후 사실심 변론종결 전
효과	절차상 하자만 치유	실체적 적법성 확보	실체적 하자 소멸	실체적 하자 소멸

4 처분사유의 추가·변경을 인정·부정한 판례

종전 처분사유와 추가·변경된 사유 간 동일성이 인정된 경우: 사유 추가·변경(○)	① 처분의 근거법령만을 추가·변경하는 것은 새로운 처분사유의 추가라고 볼 수 없으므로 이와 같은 경우에는 처분청이 처분 당시에 적시한 구체적 사실에 대하여 처분 후에 추가·변경한 법령을 적용하여 그 처분의 적법 여부를 판단하여도 무방하다. ② '담합주도로 입찰을 방해'에서 '특정인을 위한 담합한 자'로 사유 변경 ③ 준농림지역을 이유로 산림형질변경허가거부에서 자연환경, 생태계 교란 등의 이유로 사유 변경 ④ 토지가 「건축법」상 도로에 해당한다는 사유로 한 건축신고수리거부처분에서 토지가 인근 주민들의 통행에 제공된 사실상의 도로인데 주택을 건축하여 주민들의 통행을 막는 것은 사회공동체와 인근 주민들의 이익에 반한다는 사유 추가 ⑤ 과세처분사유의 이자소득과 대금업에 의한 사업소득 ⑥ 액화석유가스판매허가거부사유에 있어 허가기준에 맞지 않는다는 사유에서 판매소 사이의 이격거리가 맞지 않는다로 사유 변경 ⑦ 원천징수하는 법인세에 대한 징수처분 취소소송에서 과세관청이 소득금액 또는 수입금액의 수령자 변경

	⑧ 폐기물 중간처분업체인 甲주식회사가 소각시설을 허가받은 내용과 달리 설치하거나 증설한 후 허가받은 처분능력의 100분의 30을 초과하여 폐기물을 과다소각하였다는 이유와 甲 회사는 변경허가를 받지 않은 채 소각시설을 무단 증설하여 과다소각
종전 처분사유와 추가 · 변경된 사유 간 동일성이 없는 경우: 사유 추가 · 변경(X)	① 「도로법」에 따른 변상금 부과처분과 「국유재산법」에 따른 변상금 부과처분 ② 대법원에 재판 진행 중이라는 거부처분사유와 별개 사건인 지방법원에 재판 진행 중이라는 거부처분사유 ③ 군 부대장의 부동의사유와 공공의 안전 · 군사시설 보호사유 ④ 행정심판 중이라는 사유와 불법적인 형질변경행위사유 ⑤ 수납대장 미비치사유와 관계서류제출명령 불이행사유 ⑥ 교육부장관의 검정도서에 대한 가격조정명령의 당초 사유인 '예상 발행부수보다 실제 발행부수가 1,000부 이상 많은 경우'와 추가사유인 '제조원가 중 도서의 개발 및 제조 과정에서 실제 발생하지 아니한 제조원가가 차지하는 비율이 1,000분의 15 이상인 경우' ⑦ 학교위생정화구역 외의 허위표시사유와 상사의 결재 없이 거리표시기입사유 ⑧ 계약불이행사유와 뇌물증여사유 ⑨ 무자료 주류판매사유와 무면허판매업자에 대한 주류판매사유 ⑩ 중기취득세 체납사유와 자동차세 체납사유 ⑪ 기존 중고자동차사업자와의 거리제한규정 저촉사유와 최소주차용지 미달사유 ⑫ 토석채취허가신청 반려처분 취소소송에서 인근주민의 동의서 미제출사유와 자연경관이 훼손된다는 사유 ⑬ 당초 처분사유에 내용이 없는 경우 추가 · 변경 불가 ⑭ 당초 동일한 유효성분에 대하여 '최초 허가'를 이미 받았다는 이유로 특허권 존속기간 연장신청을 불승인하였는데, 소가 제기된 후 연장신청이 「특허법」이 허용하는 범위를 넘어서는 부당한 특허권 존속기간 연장 전략의 일환이므로 불승인처분이 적법하다는 취지로 주장하는 것 ⑮ "공사용 가설건축물이 더 이상 공사용으로 사용되지 않고 있다."라는 사유와 "대지에 관한 일부 공유지분권자의 대지사용승낙서가 제출되지 않았다."라는 당초의 처분사유

소송참가

1 제3자의 소송참가

제3자	① 판결의 형성력에 의해 권리 이익의 침해를 받는 자 + 판결의 기속력에 의해 권리 이익의 침해를 받는 자 ② 행정주체는 포함되나, 행정청은 포함 안 됨.
법원의 참가결정	신청 또는 직권
신청결정에 대한 불복가능성	신청각하결정에 대한 즉시항고(○), 소송참가허가결정에 대한 항고(X)
참가 시기	확정판결 전 상고심에서 가능
각종 소송에서 제3자의 소송참가	① 취소소송(○) ② 무효등확인소송(○) ③ 부작위위법확인소송(○) ④ 당사자소송(○)
판결의 효력	제3자에게도 미친다.
보조참가인의 지위	① 공동소송적 보조참가인(○): 행정소송사건에서 「민사소송법」상 보조참가가 허용된다(2012무84). ② 항고소송 피고(X) ③ 소 취하(X) ④ 상소(○): 제3자 소송참가의 경우 참가인이 상소를 할 경우, 피참가인은 상소취하나 상소포기를 할 수 없다(2015두36836).
제3자의 재심청구	① 제3자(행정청 X)는 자기에게 책임 없는 사유로 소송에 참가하지 못함으로써 판결의 결과에 영향을 미칠 공격 또는 방어방법을 제출하지 못한 때에는 확정된 종국판결에 대하여 재심의 청구를 할 수 있다. ② 확정판결이 있음을 안 날부터 30일, 판결이 확정된 날부터 1년

[제3자의 소송참가와 행정청의 소송참가의 비교]

구분	제3자의 소송참가	행정청의 소송참가
법적 성질	공동소송적 보조참가인	보조참가인
절차	당사자와 제3자의 신청 또는 법원의 직권	당사자 또는 행정청의 신청 또는 법원의 직권
불복	① 법원이 제3자의 신청에 대한 각하결정 → 불복(○) ② 법원이 허가결정 → 불복(X)	법원의 참가허가·거부결정 → 불복(X)

제12절 집행부정지원칙과 집행정지

1 소제기의 효과

① **집행부정지의 원칙**: 소제기로 처분의 효력, 집행, 절차 속행은 정지되지 않는다.
② 다만, 법원의 결정으로 집행이 정지될 수 있다.
③ **집행부정지원칙과 집행정지가 적용되는 소송**: 취소소송, 무효확인소송(○), 부작위위법확인소송과 당사자소송은 적용되지 않는다.

2 집행정지 요건

구분		적극적 요건	소극적 요건
요건		① 정지대상인 처분의 존재 ② 적법한 본안소송의 계속: 적법한 본안청구는 집행정지의 요건이나 행정처분 자체의 적법 여부는 집행정지의 요건이 아니다. ③ 당사자의 신청 또는 법원의 직권 ④ 신청인적격 및 정지신청을 구할 법률상 이익의 존재 📵 사실상 이익(X) ⑤ 처분의 집행 등으로 인하여 회복하기 어려운 손해(중대한 손해 X)발생의 우려 ⑥ 긴급한 필요성	① 공공복리에 중대한 영향을 미칠 우려가 없을 것 ② 본안청구가 이유 없음이 명백하지 않을 것
주장·소명책임		신청인에게 있다.	행정청에 있다.

집행정지 신청시기	① 본안소송 제기 전(X) ② 본안소송 제기와 동시에(○) ③ 본안소송 제기 후 변론종결 시까지(○)
당사자의 신청 또는 직권으로 법원 결정	신청인은 본안소송의 당사자, 처분의 집행정지를 구할 법률상 이익이 있어야 한다.
집행정지 대상으로서 처분	① 행정행위(○) ② 권력적 사실행위(○) ③ 부관 중 부담(○) ④ 항고소송의 대상이 되는 처분에 한해 집행정지 가능(○) ⑤ 행정지도(X) ⑥ 거부처분(X): 불허가처분(X), 교도소장의 접견허가거부처분(X) 　📵 유효기간 만료 후 제기한 투전기업소 갱신허가신청을 거부한 불허가처분에 대하여 그 효력정지를 구하는 신청은 적법하다. (X) ⑦ 부작위(X)

회복하기 어려운 손해발생 예방	① 금전보상으로 회복될 수 없는 손해(O): 금전보상이 가능한 손해(X)
	② 금전납부로 인한 손해도 회복하기 어려운 손해에 해당할 수 있다. (O) → 과징금 납부 → 경영상 위기 발생 → 과징금 납부명령, 집행정지 대상(O)
	③ 손해: 현저히 큰 손해를 요건(X)
	④ 4대강 살리기 마스터플랜에 따른 사업실시계획 승인처분: 효력정지(X)

3 집행정지 허용 여부

회복하기 어려운 손해발생 우려 인정	회복하기 어려운 손해발생 우려 부정
① 과징금 납부명령 ② 안양교도소로부터 진주교도소로 이송 ③ 약제비 ④ 재개발조합의 인가취소	① 2G PCS 사업폐지 승인처분 ② 투전기업소 갱신신청을 거부한 처분 ③ 한국문화예술위원회 위원장 해임처분 ④ 경쟁 항공회사에 대한 국제항공노선면허처분 ⑤ 일반음식점영업을 위하여 거의 전 재산인 금 1억 5천만 원을 투자하고 영업을 하여 온 까닭에 그 영업허가취소처분의 효력이 정지되지 않는다면 위 업소경영에 절대적인 타격을 입게 되고 그로 인하여 영업자는 물론 그 가족 및 종업원들의 생계까지 위협받게 되는 결과가 초래될 수 있다는 등의 사정(95두53)

4 집행정지결정의 범위

처분집행, 절차속행을 정지함으로써 집행정지 목적을 달성할 수 있는 경우	처분의 효력을 정지할 수 없다.
범위	① 전부 또는 일부를 정지할 수 있다. ② 법원은 신청의 범위를 넘어 직권으로 정지시킬 수 있다.

5 집행정지결정의 효력

집행정지의 효력	① 집행정지결정으로, 집행정지를 위한 행정청의 별도의 조치 없이 처분의 효력 등은 법원의 결정으로 정지된다.
	② 형성력(O), 기속력(O)
	③ 기판력(X): 집행정지결정에 모순되는 주장이나 판단을 할 수 없다. (X)
	④ 집행정지결정은 기속력은 있으나 재처분 의무는 없다.
집행정지의 시간적 효력	① 장래효(O) / 소급효(X), 소급적으로 처분의 효력정지 · 절차정지(X)
	② 효력정지결정의 효력은 결정주문에서 정한 시기까지 존속하고 그 시기의 도래와 동시에 효력이 당연히 소멸
	③ 본안소송의 판결선고 또는 본안소송이 취하되면 별도의 취소조치 없이 집행정지결정은 실효

	④ 항고소송을 제기한 원고가 본안소송에서 패소확정판결을 받았더라도 집행정지결정의 효력이 소급하여 소멸하지 않는다. ⑤ 보조금결정취소의 집행정지, 본안소송의 판결선고로 집행정지결정 당연 실효, 효력정지기간 동안 교부된 보조금의 반환을 명하여야 한다. ⑥ 과징금, 집행정지기간 동안 과징금 납부기한 진행정지, 집행정지결정이 실효되면 나머지 과징금 납부기한은 진행한다.
집행정지결정의 대인적 효력	피고행정청(○), 관계 행정청(○), 제3자(○)

6 집행정지결정에 대한 불복과 취소

집행정지결정에 대한 불복방법	① 즉시항고 ② 집행정지결정을 정지하는 효력이 없다. ③ 「행정심판법」상 집행정지결정에는 즉시항고에 관한 규정이 없다. ④ 집행정지신청을 기각한 결정에 대해 행정처분의 적법 여부를 불복사유로 삼을 수 없다.
집행정지결정의 취소	집행정지의 결정이 확정된 후 집행정지가 공공복리에 중대한 영향을 미치거나 그 정지사유가 없어진 때에는 당사자의 신청 또는 직권에 의하여 결정으로써 집행정지의 결정을 취소할 수 있다(「행정소송법」 제24조 제1항).

7 집행정지결정과 판결

제재처분에 대한 행정쟁송절차에서 처분에 대해 집행정지결정이 이루어졌더라도 본안에서 해당 처분이 최종적으로 적법한 것으로 확정되어 집행정지결정이 실효되고 제재처분을 다시 집행할 수 있게 되면, 처분청으로서는 당초 집행정지결정이 없었던 경우와 동등한 수준으로 해당 제재처분이 집행되도록 필요한 조치를 취하여야 한다. 집행정지는 행정쟁송절차에서 실효적 권리구제를 확보하기 위한 잠정적 조치일 뿐이므로, 본안 확정판결로 해당 제재처분이 적법하다는 점이 확인되었다면 제재처분의 상대방이 잠정적 집행정지를 통해 집행정지가 이루어지지 않은 경우와 비교하여 제재를 덜 받게 되는 결과가 초래되도록 해서는 안 된다. 반대로, 처분상대방이 집행정지결정을 받지 못했으나 본안소송에서 해당 제재처분이 위법하다는 것이 확인되어 취소하는 판결이 확정되면, 처분청은 그 제재처분으로 처분상대방에게 초래된 불이익한 결과를 제거하기 위하여 필요한 조치를 취하여야 한다(2020두34070).

8 가처분

① 「행정소송법」 규정(X)
② 「민사집행법」 규정(○): 행정소송에 적용할지 학설 대립
③ 판례: 항고소송에서 가처분 부정
   cf 당사자소송에서는 간접강제가 없으므로 가처분 인정

심리의 내용·범위·절차

1 취소소송 심리의 내용

요건심리	① 사실심 변론종결 시를 기준으로 적법성 요건 충족 여부 심리 ② 요건은 법원이 직권심리 ③ 요건의 입증책임은 원고가 진다.
본안심리	① 불고불리의 원칙: 소제기 없는 사건에 대한 심리금지, 청구의 범위를 넘어 인용 불가 ② 법률문제(○), 사실문제(○) ③ 당·부당 심리(X) ④ 처분에 법령상 근거가 있는지, 「행정절차법」에서 정한 처분절차를 준수하였는지 여부: 본안에서 당해 처분이 적법한가를 판단하는 단계에서 고려할 요소(○) / 소송요건 심사단계에서 고려할 요소(X) ⑤ 재량권의 일탈·남용이면 인용판결, 아니면 기각판결(○) / 각하판결(X)

2 본안심리 원칙

일반원칙	① 당사자주의: 처분권주의, 변론주의 ② 구술심리주의 ③ 공개심리주의
특수한 심리절차	직권주의(직권탐지주의, 직권심리주의 → 「행정소송법」 규정)
직권심리주의	① 법원은 필요하다고 인정할 때에는 직권으로 증거조사를 할 수 있고, 당사자가 주장하지 아니한 사실에 대하여도 판단할 수 있다(「행정소송법」 제26조). ② 「행정소송법」 제26조의 의미: 원고의 청구범위를 초월하여 그 이상의 청구를 인용할 수 있다는 의미는 아니다. ③ 사실심에서 변론종결 시까지 당사자가 주장하지 않던 직권조사사항에 해당하는 사항을 상고심에서 비로소 주장하는 경우 그 직권조사사항에 해당하는 사항은 상고심의 심판범위에 해당한다.
직권심리주의의 한계	① 법원은 아무런 제한 없이 당사자가 주장하지 아니한 사실 판단(X) ② 법원은 기록에 현출되어 있는 사항 중 당사자가 주장하지 아니한 사항을 직권으로 증거조사할 수 있다. 즉, 기록에 현출되지 않은 사항에 대해 직권조사할 수 있는 것은 아니다. ③ 처분청이 공무수행과 사이에 인과관계가 없다는 이유로 국가유공자 비해당결정을 한 데 대하여 법원이 그 인과관계의 존재는 인정하면서 직권으로 본인 과실이 경합된 사유가 있다는 이유로 그 처분이 정당하다고 판단하는 것은 직권심사주의의 한계를 벗어난 것으로서 위법하다. ④ 당사자가 주장하지도 아니한 법률효과에 관한 요건사실이나 독립된 공격방어방법을 시사하여 그 제출을 권유하는 것은 변론주의 원칙에 위배된다.

3 주장책임

① 자기에게 유리한 주장을 할 책임 → 자기에게 유리한 주장을 하지 않으면 자기에게 불이익이 발생한다.
② 행정심판절차에서 주장하지 아니한 사항에 대해서도 원고는 취소소송에서 주장할 수 있다.
③ 법원의 직권조사사항을 제외하고는 취소를 구하는 자가 처분의 위법성을 먼저 주장해야 한다.

4 입증책임

1. 취소소송 입증책임의 분배

구분	입증책임	예
소송요건	원고	처분의 존재는 법원의 직권조사사항이나, 다툼이 있는 경우 소송요건은 원고가 입증책임을 진다.
권한행사의 적법성	피고	① 처분의 적법성은 피고에게 증명책임이 있다. ② 과세처분의 적법성과 과세요건, 사실의 증명책임은 과세관청에 있다. ③ 과세요건이 경험칙상 추정되면 납세자가 경험칙을 배제할 만한 사정을 입증하지 못하면 과세처분이 위법이라고 할 수 없다. ④ 성희롱을 사유로 한 징계처분의 당부를 다투는 행정소송에서 징계사유에 대한 증명책임은 피고에게 있다.
권한장애사유의 존재	원고	비과세관행 또는 세금부과 대상이 아니라는 사실
권한행사를 해야 할 의무존재	원고	허가신청 거부처분에 대해 허가처분을 해야 할 법적 의무가 있다는 것은 원고가 입증해야 한다.
권한행사를 할 수 없었던 사유	피고	정보공개 청구에 대해 「공공기관의 정보공개에 관한 법률」상 비공개사유라는 사실은 피고가 입증해야 한다.
재량권의 일탈 · 남용	원고	처분이 재량권의 한계를 벗어난 것이라는 입증책임은 원고가 지고, 피고는 재량권 행사가 정당한지에 대해 입증할 필요까지는 없다.
절차의 적법성	피고	납세고지서 송달이 되었다는 사실은 피고가 입증해야 한다.

2. 무효확인소송에서의 입증책임

하자가 중대 · 명백하다는 것에 대한 주장책임과 입증책임 모두 원고가 진다. 처분이 적법하다는 것은 피고가 진다.

1 판결의 유형

① **각하판결**: 소송요건 존부판단시기, 사실심 변론종결 시 기준
② 기각판결   ③ 기각판결인 사정판결   ④ 인용판결

2 사정판결

요건	① 처분 위법, 취소가 현저히 공공복리에 적합하지 않은 경우 ② 사정판결의 요건에 해당하는지는 위법·부당한 행정처분을 취소·변경하여야 할 필요와 취소·변경으로 발생할 수 있는 공공복리에 반하는 사태 등을 비교·교량하여 엄격하게 판단
주문	기각, 처분의 위법함 명시
사정판결이 가능한 경우	당사자의 신청에 의한 사정판결(○), 법원의 직권으로 사정판결(○, 판례)
판단시점	① 처분의 위법 여부: 처분 시 ② 처분의 취소가 현저히 공공복리에 적합하지 아니할 것: 변론종결(판결) 시
소송비용	원고(X) / 피고(○)
효과	① 청구기각, 처분 위법(기판력 인정) → 사정판결이 처분이 적법하다고 인정하는 것은 아니다(2015두4167). ② 법원이 직접 손해배상을 명하는 것은 아니다.
원고	<u>피고인 행정청이 속하는 국가 또는 공공단체(처분행정청 X)를 상대로 손해배상</u> 등 구제방법을 취소소송이 계속된 법원에 병합하여 제기할 수 있다.
사정판결이 인정되는 소송	취소소송(○), 무효등확인소송(X), 부작위위법확인소송(X)

3 사정판결 허용 여부

허용	① 법학전문대학원 설치 예비인가취소소송이 인용될 경우 ② 「도시재개발법」에 따른 재개발조합설립 및 사업시행인가처분이 처분 당시 법정요건인 토지 및 건축물 소유자 총수의 각 3분의 2 이상의 동의를 얻지 못하여 위법하더라도 그 후 90% 이상의 소유자가 재개발사업의 속행을 바라고 있는 경우
불허	① 위법하게 징계면직된 검사의 복직 ② 위법한 관리처분계획의 수정을 위한 조합원총회의 재결의를 위하여 시간과 비용이 많이 소요된다는 등의 사정 ③ 신뢰보호의 원칙과 비례의 원칙에 반하는 위법한 생활폐기물처리업허가의 거부처분이 취소될 경우 기존의 동종업체에 경쟁상대를 추가함으로써 일시적인 공급시설의 과잉현상이 나타나 업체의 난립 및 과당경쟁으로 인한 부작용이 예상되는 사정

4 일부취소 · 전부취소

전부취소	① 재량행위 ② 과징금: 전부취소 ③ 영업정지기간: 전부취소 ④ 기속행위이나 법에서 금액을 산출할 수 없는 경우
일부취소	① 기속행위이고 금액산출 가능: 과세처분 → 법에 따른 정당한 세액을 초과한 부분만 취소 (○) / 전부취소(X) ② 여러 개의 위반행위에 대하여 외형상 하나의 과징금 납부명령을 하였으나 여러 개의 위반행위 중 일부의 위반행위에 대한 과징금 부과만이 위법하고 소송상 그 일부의 위반행위를 기초로 한 과징금액을 산정할 수 있는 자료가 있는 경우 ③ 비공개 대상 정보와 공개 가능한 부분이 분리 가능한 경우, 정보공개에 대한 거부처분 ④ 여러 개의 상이에 대한 국가유공자요건 비해당처분에 대한 취소소송에서 그중 일부 상이가 국가유공자요건이 인정되는 상이에 해당하더라도 나머지 상이에 대하여 위 요건이 인정되지 아니하는 경우

5 항고소송상 위법성 판단의 기준시점

소송	취소소송	무효등확인소송	부작위위법확인소송	사정판결
위법성 판단의 기준시점	① 처분 시 ② 제재처분의 경우: 위반시법(○), 처분시법(X)	처분 시	판결 시	처분 시. 다만, 사정판결의 필요성 판단시점은 판결(변론종결) 시

① **판단 자료**: 처분 당시 자료뿐 아니라 모든 자료를 종합하여 위법 여부 판단
② 처분 후 법령의 개폐나 사실상태의 변동은 고려하지 않는다. → 난민인정 거부처분 이후 국적국의 정치적 상황변화로 처분의 적법 여부가 달라지지 않는다.

제15절 판결의 효력

1 판결의 효력

자박력(불가변력), 불가쟁력(형식적 확정력), 기판력(실질적 확정력), 기속력, 형성력

2 기판력

불가쟁력과의 관계	형식적 확정력인 불가쟁력이 발생해야 실질적 확정력인 기판력이 인정된다.
기판력	「행정소송법」 규정(X) / 「민사소송법」 규정(○)
기판력이 인정되는 판결	기각판결, 인용판결
기판력의 객관적 범위	주문(○) / 개별적 사유(X)
기판력의 주관적 범위	원고(○), 피고행정청이 속한 국가 또는 공공단체(○) / 제3자(X)
기판력의 시간적 범위	사실심 변론종결 시
취소소송에서 기각판결의 기판력	취소소송에서 기각판결이 나오면 무효등확인소송을 제기하는 것은 기판력에 저촉된다.
무효등확인소송에서 기각판결의 기판력	취소소송을 제기해도 기판력에 저촉되지 않는다.
취소소송 판결의 기판력과 손해배상청구소송	① 국가배상에서 항고소송보다 위법성을 넓게 보는 견해: 인용판결의 경우에는 기판력이 인정되나, 기각판결의 기판력은 부정된다. ② 국가배상청구소송의 기판력은 취소소송에 영향을 미치지 않는다.
취소소송에서 처분적법으로 확정된 후	행정청, 직권으로 기판력이 발생한 행정처분 취소가능(○)

3 기속력

1. 기속력 일반

「행정소송법」 규정	○
인정되는 범위	취소소송(○), 무효등확인소송(○), 부작위위법확인소송(○), 당사자소송(○)
인정되는 판결	① 인용판결(○) ② 기각판결(X): 취소소송이 기각되어 처분의 적법성이 확정된 이후에도 처분청은 당해 처분이 위법함을 이유로 직권취소할 수 있다.
주관적 범위	당사자인 행정청(○), 그 밖의 모든 행정청(○)
객관적 범위	주문 + 위법사유에 관한 이유(○)
기속력의 성질	① 기판력과 특수효력설 대립 ② 특수효력설(다수설) ③ 판례: 기판력과 기속력 용어 혼용 사용

2. 반복행위금지효 위반인 것과 아닌 것

위반인 것	위반이 아닌 것
위법사유를 반복하여 처분한 경우	① 처분 시에 존재한 다른 사유를 들어 동일한 내용의 처분을 하는 것 ② 처분 이후 사유를 이유로 새로이 처분하는 것 ③ 절차상 하자를 이유로 처분이 취소된 후 처분청이 위법사유를 보완하여 동일한 내용의 처분을 하는 것 ④ 파면처분 취소 후, 다시 징계절차를 거쳐 해임처분하는 것

3. 재처분의무

사유	① 신청 → 거부처분 → 거부처분 취소 → 행정청, 재처분의무 ② 신청 → 부작위 → 부작위위법확인 → 행정청, 재처분의무
인정되는 소송	① 항고소송(취소, 부작위, 무효)에서 인정 ② 당사자소송에서는 인정되지 않는다.
의미	① 어떤 행정처분을 위법하다고 판단하여 취소하는 판결이 확정되면 행정청은 그 위법사유를 배제한 상태에서 다시 처분을 하거나 그 밖에 위법한 결과를 제거하는 조치를 할 의무가 있다(2019두49953). ② 신청에 대한 처분: 신청한 대로 처분(X)
기속력에 저촉되는 경우	① 거부처분이 실체법상의 위법을 이유로 취소된 경우: 행정청은 원칙적으로 신청을 인용하는 처분을 해야 하고, 사실심 변론종결 이전의 사유를 내세워 다시 거부처분을 하는 것은 기속력에 저촉된다. ② 거부처분 이후 변경된 법령에 따라 새로운 사유를 들어 재차 거부하는 경우에도 개정법령에 경과규정을 둔 경우, 거부처분은 기속력에 반한다.
기속력에 저촉되지 않는 경우	① 거부처분이 절차법상의 위법을 이유로 취소된 경우: 행정청은 다른 이유로 거부처분을 할 수 있다. ② 사실심 변론종결 이후 발생한 새로운 사유를 내세워 다시 이전의 신청을 거부해도, 재처분에 해당하고 기속력에 반하지 않는다. ③ 취소확정판결의 당사자인 처분행정청은 종전 처분 후에 발생한 새로운 사유를 내세워 다시 처분을 할 수 있고, 새로운 처분의 사유가 종전 처분의 사유와 기본적 사실관계에서 다르지만 종전 처분 당시 이미 존재하고 있었고 당사자가 알고 있었던 경우, 이를 내세워 새로이 처분을 하는 것이 확정판결의 기속력에 저촉되지 않는다. ④ 법령이 개정 시행된 경우, 개정된 법령에 따라 다시 거부처분할 수 있으며, 재처분에 해당한다.

4. 원상회복의무
파면처분을 취소한 경우 복직, 압류처분을 취소한 경우 반환

5. 기속력을 위반한 처분
무효(○)

[기속력과 기판력의 비교]

구분	기속력	기판력
규정	「행정소송법」 제30조	「민사소송법」에 규정, 행정소송에도 준용
적용판결	인용판결	인용 · 기각판결
주관적 범위	당사자인 행정청 + 관계 행정청	원고, 피고행정청이 속한 국가 또는 공공단체, 후소법원
객관적 범위	판결주문과 판결이유에 설시된 개개의 위법사유	판결주문에 표시된 처분의 위법 또는 적법성 일반(○) + 이유(X)
성격	실체적 구속력	소송법적 효력
의미	행정청의 반복금지의무, 재처분의무	당사자, 법원은 기판력에 저촉되는 주장 · 판단을 할 수 없다.

4 형성력

형성력이 인정되는 판결의 범위	인용판결(○) / 기각판결(X)
형성력의 효력	① 취소판결이 있으면 행정청의 별다른 의사표시 없이 처분 시로 소급하여 처분의 효력상실 ② 운전면허나 영업허가의 취소처분에 대한 취소판결이 내려진 경우, 그 취소처분 이후의 운전이나 영업은 무면허운전 · 무허가영업이 아니다. ③ 과세처분을 취소하는 판결이 확정되면 그 과세처분은 처분 시에 소급하여 소멸하는 것이므로 과세처분을 취소하는 판결이 확정된 뒤에는 그 과세처분을 경정하는 이른바 경정처분을 할 수 없다. → 취소판결의 형성력
주관적 범위	소송당사자(○), 판결에 참여하지 않은 제3자(○)
대세효	제3자에 대한 효력, 집행정지결정도 제3자효 있음(「행정소송법」 규정 있음).

[기판력과 형성력의 비교]

구분	소송에 참여하지 않은 제3자
기판력	X → 재심청구(○)
제3자효(대세효)	○ → 제3자에 대한 수익적 처분취소

[판결의 효력 범위 비교]

구분	인용판결	기각판결
불가쟁력, 기판력	○	○
기속력	○	X
형성력	○	X

[판결의 효력의 주관적 범위]

자박력	선고법원에 대한 효력
기판력	후소법원과 원고, 피고가 속한 행정주체에 대한 효력
기속력	처분청 및 관계 행정기관에 대한 효력
형성력	제3자에 대한 효력

[판결의 효력과 소송유형]

구분	기판력	기속력	형성효	제3자효	간접강제
취소소송	○	○	○	○	○
무효등확인소송	○	○	○	○	×
부작위위법확인소송	○	○	×	○	○
당사자소송	○	○	×	×	×
「행정소송법」에 규정	×	○	×	○	○

[「행정소송법」 규정과 판결의 효력]

① 기판력 규정 없음.
② 기속력 규정 있음.
③ 형성효 규정 없음.
④ 제3자효 규정 있음.

제16절 간접강제

인정되는 소송	취소소송과 부작위위법확인소송에서 인정 → 무효등확인소송에서는 인정되지 않음.
간접강제의 요건	① 인용판결: 거부취소, 부작위위법확인판결 ② 행정청, 재처분의무 불이행: 행정청의 재처분이 종전 거부처분에 대한 취소의 확정판결의 기속력에 반하는 경우 간접강제신청에 필요한 요건을 갖춘 것이 된다. ③ 당사자 신청
간접강제의 방법	① 법원, 상당한 기간 내 재처분명령 → 이행하지 않은 경우 → 배상명령 ② 법원, 즉시 배상명령
간접강제에 기한 배상금의 성질	① 재처분 지연에 대한 제재(X), 손해배상(X) / 재처분 이행에 관한 심리적 강제수단(O) ② 특별한 사정이 없는 한 간접강제결정에서 정한 의무이행기간이 경과한 후에라도 확정판결의 취지에 따른 재처분의 이행이 있으면 배상금을 추심함으로써 심리적 강제를 꾀할 목적이 상실되어 상대방이 더 이상 배상금을 추심하는 것은 허용되지 않는다.

제17절 취소소송 종료 · 불복절차 · 소송비용

1 취소소송의 종료

① **소 취하**: 종료
② **일신전속적인 소송에서 원고 사망**: 면직처분을 받은 A가 무효등확인소송 중에 사망 → 소는 종료된다.

2 불복절차

① 1심 판결 - 항소 - 상고
② 1심 결정 - 항고 - 재항고
③ 재심
　　㉠ 「민사소송법」 규정에 따른 재심
　　㉡ 제3자의 재심청구

해커스공무원 한눈기 행정법총론 문제집으로 끝이하다

3 소송비용

사정판결에 따른 기각	피고
행정청이 처분을 취소 · 변경해서 청구가 각하 또는 기각된 경우	피고
기각 · 각하판결	원고
인용판결	피고

제18절 헌법소원과 항고소송의 관계

1 법률관계와 소송유형

법률관계는 공법관계와 사법관계로 나눌 수 있다. 사법관계에서 발생하는 법적 분쟁을 해결하는 소송이 민사소송이라면, 공법관계에서 발생하는 법적 분쟁을 해결하는 대표적인 소송이 항고소송과 헌법소원이다.

2 헌법소원

> **| 조문 |**
>
> **헌법 제111조** ① 헌법재판소는 다음 사항을 관장한다.
> 5. 법률이 정하는 헌법소원에 관한 심판
>
> **「헌법재판소법」 제68조 【청구사유】** ① 공권력의 행사 또는 불행사(不行使)로 인하여 헌법상 보장된 기본권을 침해받은 자는 법원의 재판을 제외하고는 헌법재판소에 헌법소원심판을 청구할 수 있다. 다만, 다른 법률에 구제절차가 있는 경우에는 그 절차를 모두 거친 후에 청구할 수 있다.

1. 헌법소원의 의의

공권력 행사 · 불행사로 헌법상 기본권을 침해받은 자는 헌법소원심판을 청구할 수 있다. 헌법재판소는 공권력 행사가 헌법상 기본권을 침해한 경우 이를 취소하고, 불행사가 헌법상 기본권을 침해한 경우 위헌확인함으로써 기본권 침해를 배제한다. 이러한 심판을 헌법소원이라 한다.

2. 보충성 원칙

① **의의:** 「헌법재판소법」 제68조 제1항의 단서는 다른 법률의 구제절차가 있는 경우, 이를 모두 거쳐 헌법소원심판을 청구할 수 있다고 규정하고 있다. 이를 보충성의 원칙이라 한다. 다른 법률의 구제절차가 있음에도 이를 거치지 아니하고 헌법소원심판을 청구한다면 이는 보충성원칙에 위반된다.

② **항고소송과 보충성 원칙:** 「헌법재판소법」 제68조 제1항 단서의 다른 법률의 구제절차는 대부분 「행정소송법」의 항고소송이다. 즉, 공권력 행사 · 불행사로 권리를 침해받은 자가 항고소송을 통해 권

리를 구제받을 수 있음에도 이를 거치지 아니하고 헌법소원심판을 청구해서는 안 된다. 권리를 침해당한 경우 1차적 권리구제수단은 항고소송이지 헌법소원이 아니다. 헌법소원은 2차적 · 보충적 권리구제수단이라는 것이 헌법소원의 보충성 요건이다.

③ **헌법소원과 항고소송의 관할**: 보충성 원칙에 따라 법원이 어떤 공권력 행사에 대해 처분성과 소의 이익을 인정하면 법원이 재판관할을 가지게 되므로 헌법소원에서 심리할 수 없게 된다. 그러나 어떠한 공권력 행사 · 불행사에 대해 법원이 처분성을 부정하거나 소의 이익을 부정한다면 헌법재판소는 헌법소원심판에서 헌법 위반 여부를 심리할 수 있다.

3 항고소송과 헌법소원의 관계

1. 행정행위

행정행위는 처분이므로 항고소송의 대상이 된다. 따라서 행정행위로 권리를 침해받은 자가 헌법소원심판을 바로 청구하게 되면 「헌법재판소법」 제68조 제1항의 단서의 보충성의 원칙에 반하여 헌법재판소는 각하결정해야 한다. 예를 들면, 과세처분은 항고소송의 대상이 되므로 과세처분으로 권리를 침해당한 자가 바로 헌법소원심판을 청구하게 되면 헌법재판소는 본안심리를 해서는 안 되고 각하해야 한다.

2. 대법원 판례 변경과 보충성

기존 대법원 판례는 지목변경신청서반려처분, 교수재임용거부처분에 대해 처분성을 부정해서 헌법재판소가 헌법소원심판에서 대상으로 삼아 본안심리를 한 바 있다. 그러나 대법원 판례가 변경되어 수사기록교부거부처분, 지목변경신청서반려처분, 교수재임용거부처분에 대해 처분성을 인정하고 있다. 그렇다면 수사기록교부거부처분, 지목변경신청서반려처분, 교수재임용거부처분에 대해 헌법재판소는 본안심리를 할 수 없게 된다.

3. 권력적 사실행위(서신검열)

권력적 사실행위는 항고소송의 대상이 된다. 그러나 권력적 사실행위가 종료된 상태에서 항고소송을 제기하면 법원은 소의 이익이 없다는 이유로 각하하게 된다. 이런 경우에는 헌법소원심판을 청구할 수 있다. 피의자였던 甲이 있다. 2020년 1월 1일부터 1월 30일까지 구치소에서 수감되었다고 가정해 보자. 甲이 1월 15일에 변호인에게 보낸 편지를 교도소에서 검열하자, 甲은 2월 10일 항고소송을 제기했다. 법원은 이에 서신검열행위가 종료된 행위라고 보아 소의 이익이 없다는 이유로 각하하게 된다. 따라서 서신검열로 기본권을 침해받은 甲은 항고소송을 통해서 권리구제를 받을 여지가 없으므로 바로 헌법소원심판을 청구할 수 있다.

4. 법규명령, 조례

법규명령, 조례는 일반적 · 추상적 법규범이므로 처분성이 인정될 수 없어 항고소송의 대상이 되지 않는다. 따라서 바로 헌법소원을 제기할 수 있다. 다만, 처분적 법규명령과 처분적 조례는 항고소송의 대상이 되므로 항고소송을 제기해야 한다.

5. 행정입법부작위

「행정소송법」상 부작위위법확인소송은 처분을 할 의무가 있음에도 처분을 하지 아니한 부작위를 대상으로 삼는다. 따라서 행정입법할 의무가 있음에도 입법을 하지 않은 행정입법부작위는 부작위위법확인소송의 대상이 되지 않으므로 헌법소원심판을 청구할 수 있다.

4 법원재판에 대한 헌법소원

1. 법원재판과 원행정처분에 대한 헌법소원금지

「헌법재판소법」 제68조 제1항은 법원의 재판에 대해 헌법소원청구를 금지하고 있으므로 법원의 재판과 원행정처분은 헌법소원의 대상이 되지 않는다.

2. 예외적으로 헌법소원의 대상이 되는 법원재판과 원행정처분

헌법재판소가 위헌으로 결정한 법령을 적용하여 기본권을 침해하는 법원의 재판과 그 법원의 재판에 의해 확정된 원행정처분은 헌법소원의 대상이 된다.

제19절 무효등확인소송

1 성질

① **기본적 성격**: 확인소송
② **부차적 성격**: 형성소송

2 대상

① 처분
② 고유한 하자 있는 행정심판 재결
③ 처분의 존재 · 부존재

3 소의 이익

① 즉시확정의 이익설과 법정이익보호설이 대립하나, 판례는 법정이익보호설을 취하고 있다.
② 「행정소송법」의 무효확인소송에서 보충성 원칙을 규정하고 있지 않다.
③ 무효확인소송의 소의 이익은 보충성을 요건으로 하지 않는다.
④ 무효확인소송의 보충성이 요구되는 것은 아니므로 행정처분의 무효를 전제로 한 이행소송 등과 같은 직접적인 구제수단이 있는지 여부를 따질 필요가 없다.

⑤ 부당이득반환청구의 소로써 위법적 상태를 제거할 수 있는지 여부에 관계없이 무효확인의 소를 제기한 경우 법률상 이익이 있는 한 소는 적법하다(2007두6432 전합).

⑥ 판례는 무효확인소송에서 즉시확정이익을 요하지 않는다고 한다.

[공법상 계약 완료와 소의 이익]

① 공법상 계약기간이 완료된 경우 채용계약해지에 대한 무효확인을 구할 소의 이익은 없다.
② 급료비지급청구소송 또는 손해배상청구소송의 이행청구소송으로 직접 권리구제방법이 있는 이상 무효확인소송은 적절한 권리구제수단이 아니다(2006두16328).
③ 이 경우 판례는 소의 이익에서 즉시확정의 이익을 요한다고 한다.

[조합설립인가처분과 무효확인의 소의 이익]

① 당초 조합설립인가처분에 대한 무효확인소송 중 새로운 조합설립인가처분이 있더라도 당초 인가처분의 무효확인을 구할 소의 이익은 당연히 소멸된다고 할 수 없다.
② 조합설립인가처분 이후 경미한 사항의 변경에 대한 신고를 수리했다고 하더라도 조합설립인가처분의 무효확인을 구할 이익이 소멸된다고 할 수는 없다.

4 행정심판과 제소기간

개별법률이 행정심판을 거쳐 행정소송을 제기하도록 규정하고 있더라도 행정심판절차를 거치지 아니하고 무효확인의 소를 제기할 수 있다.

5 취소소송과 무효확인소송의 비교

구분	취소소송	무효확인소송
제소기간 제한	O	X
사정판결	O	X
예외적 행정심판전치주의	O	X
간접강제	O	X
집행부정지 · 집행정지결정제도	O	O
제3자의 소송참가	O	O

6 무효확인소송의 입증책임

원고입증책임설(판례)

7 무효확인소송과 취소소송

무효사유에 해당하는 처분에 대한 취소소송의 제기	① 취소소송의 요건을 구비하여 제기할 수 있다. ② 행정심판전치주의가 개별법에 규정되어 있는 경우 행정심판을 거쳐 소를 제기해야 한다. ③ 제소기간을 준수해야 한다.
취소사유에 해당하는 처분에 대한 무효확인소송의 제기	① 무효확인을 구하는 소에는 취소를 구하는 취지도 포함되어 있다(2005두3554). ② 취소사유가 있는지 심리 → 취소 여부 판결(94누477) ③ 취소소송 제기요건을 갖추지 못한 경우: 기각판결
양자의 병합	① 행정처분에 대한 무효확인과 취소청구는 서로 양립할 수 없는 청구로서 주위적·예비적 청구로서만 병합이 가능하고, 선택적 청구로서의 병합이나 단순병합은 허용되지 아니한다. ② 동일한 행정처분에 대하여 무효확인의 소를 제기하였다가 그 후 그 처분의 취소를 구하는 소를 추가적으로 병합한 경우, 주된 청구인 무효확인의 소가 적법한 제소기간 내에 제기되었다면 추가로 병합된 취소청구의 소도 적법하게 제기된 것이다.

제20절 부작위위법확인소송

1 요건

대상	① 처분부작위 ② 행정입법부작위는 부작위위법확인소송의 대상이 되지 않는다.

대상적격성	① 법령상·조리상 신청권이 있을 것: 공사중지명령 → 공사중지명령 원인사유 소멸 → 중지명령철회신청 → 행정청 부작위 → 중지명령의 철회를 요구할 신청권이 있다.
	② 행정청이 법률상 처분할 의무가 있을 것: 의무는 법령상 의무 + 조리상 의무
	  📖 부작위가 소의 대상이 되려면 행정청에 신청을 인용하여야 할 법률상의 의무가 있어야 한다. (X)
	③ 상당한 기간 경과
	④ 행정청이 아무런 처분을 하지 않을 것
	  ㉠ 거부처분: 부작위위법확인소송(X), 취소소송(O)
	  ㉡ 간주거부: 부작위위법확인소송(X), 취소소송(O)
	  ㉢ 묵시적 거부: 부작위위법확인소송(O), 취소소송(O)

원고적격	① 처분을 신청한 자 ② 부작위 관련 법률상·조리상 이익을 가지는 제3자

소의 이익	① 심판 도중 처분이 있으면: 소의 이익(X) ② 부작위위법확인소송의 변론종결 전 신청에 대한 적극적 · 소극적 처분이 있으면 소의 이익을 상실하여 각하된다. ③ 처분의 신청 후에 원고에게 생긴 사정의 변화로 인해 부작위위법확인을 받아도 종국적으로 침해되거나 방해받은 권익을 보호 · 구제받는 것이 불가능하게 되었다면 각하된다. ④ 사실상 노무에 종사하는 공무원의 범위에 대한 조례부작위에 대한 소송 도중 공무원이 정년퇴직한 경우 권리구제가 불가하므로 소의 이익은 없다.
제소기간	① 행정심판을 거친 경우: 재결서 송달 90일 이내 ② 행정심판을 거치지 아니한 경우: 제소기간 제한 없다. ③ 당사자가 적법한 제소기간 내에 부작위위법확인의 소를 제기한 후, 동일한 신청에 대하여 소극적 처분이 있다고 보아 처분취소소송으로 소를 교환적으로 변경한 후 부작위위법확인의 소를 추가적으로 병합한 경우, 제소기간을 준수한 것으로 볼 수 있다.

2 취소소송과의 비교

구분	취소소송	부작위위법확인소송
소 종류의 변경	○	○
처분변경으로 인한 소 변경	○	X
집행정지	○	X
사정판결	○	X
행정심판전치주의	○	○
제3자, 행정청의 소송참가	○	○
간접강제	○	○
형성력	○	X
기속력	○	○
제3자효	○	○

3 심리의 내용

절차적 심리설 (통설 · 판례)	① 부작위위법확인소송에서 부작위위법 여부만 심리(O), 신청인용 여부 심리(X) ② 부작위위법확인소송의 인용판결의 경우에 행정청이 신청에 대한 가부의 응답만 하여도 '일정한 처분'을 취한 것이 된다. ③ 부작위위법확인의 인용판결: 행정청은 반드시 신청인용(X), 거부처분할 수도 있다. (O)
실체적 심리설	① 부작위위법확인소송에서 부작위위법 여부 심리(O), 신청의 실체적 내용도 심리(O) ② 부작위위법확인소송의 인용판결에 실질적 기속력을 인정한다.
입증책임	① 원고: 신청권 ② 피고: 처분을 하지 못한 장애사유
부작위의 위법성 판단시점	판결(사실심 구두변론종결) 시

4 부작위위법확인판결

판결의 종류	① 각하 · 기각 · 인용판결(O) ② 사정판결(X)
판결의 효력	① 기속력(O), 재처분의무, 불이행 시 간접강제 ② 형성력(X)

1 실질적 당사자소송

① 처분 등을 원인으로 하여 발생한 법률관계소송
② 공법상 지위확인을 구하는 소송
③ 개별법의 근거를 요하지 않으나, 형식적 당사자소송은 개별법의 근거 필요

2 공법상 금전급부청구소송 중 민사소송인 경우와 당사자소송인 경우

민사소송	당사자소송
① 국가배상청구소송 ② 공법상 부당이득반환(조세과오납금환급)청구소송 ③ 「수산업법」상 손실보상청구소송 ④ 토지의 협의취득 시 보상금청구소송 ⑤ 환매권존부확인소송 및 환매금액증감청구소송 ⑥ 국·공유 일반재산(구 잡종재산)의 대부료납부에 관한 소송	① 부가가치세 환급청구소송 ② 「하천법」상 손실보상청구소송 ③ 공유수면매립사업으로 인한 관행어업권을 상실한 자의 보상금증감청구소송 ④ 「공익사업을 위한 토지 등의 취득 및 보상에 관한 법률」 제85조 제2항상의 보상금증감청구소송: 형식적 당사자소송 ⑤ 「석탄산업법」에 의한 석탄가격안정지원금청구소송 ⑥ 석탄산업법령상 폐광된 광산에서 업무상 재해를 입은 근로자의 재해위로금지급청구소송 ⑦ 「공무원연금법」상 유족부조금청구소송 ⑧ 공무원이 미지급 퇴직연금의 지급을 구하는 소송, 명예퇴직한 법관이 미지급 명예퇴직수당액의 지급을 구하는 소송 ⑨ 법령의 개정에 따른 국방부장관의 퇴역연금액감액조치에 대한 퇴역연금수급권자의 차액지급청구소송 ⑩ 사실상 교사의 업무를 담당하여 온 공립유치원 교사의 자격이 있는 자의 수령지체된 보수지급청구소송 ⑪ 지방소방공무원이 소속 지방자치단체를 상대로 초과근무수당의 지급을 구하는 소송 ⑫ 중앙관서장이나 지방자치단체의 보조금반환청구소송 ⑬ 주거이전비지급청구소송 ⑭ 국책사업인 '한국형 헬기 개발사업'에 개발주관사업자 중 하나로 참여하여 국가 산하 중앙행정기관인 방위사업청과 '한국형 헬기 민군겸용 핵심구성품 개발협약'을 체결한 회사의 협약금액을 초과하는 비용에 대한 지급청구소송

3 공법상 신분 · 지위 등의 확인소송 중 민사소송인 경우와 당사자소송인 경우

민사소송	당사자소송
① 재개발조합 조합장과 조합임원의 선임 · 해임을 다투는 소송 ② 서울특별시 지하철공사 사장의 소속 직원에 대한 징계처분	① 주택재건축정비조합의 총회결의(조합설립변경결의 또는 사업시행계획결의)의 효력을 다투는 소송 ② 재개발조합에 대한 조합원자격확인소송 　　**cf** 재개발조합의 관리처분계획은 항고소송의 대상이 되는 행정처분이다. ③ 농지개량조합에 대한 직원지위확인소송 ④ 공무원지위확인소송 ⑤ 지방자치단체가 토지구획정리조합을 상대로 환지처분의 공고 다음 날에 토지의 소유권을 원시취득할 지위에 있음의 확인을 구한 소송 ⑥ 한국전력공사가 한국방송공사로부터 수신료의 징수업무를 위탁받아 자신의 고유업무와 관련된 고지행위와 결합하여 수신료를 징수할 권한이 있는지 여부를 다투는 방송수신료통합징수권한부존재확인소송 ⑦ 「도시개발법」상 도시개발사업조합의 청산금지급청구소송, 「도시 및 주거환경정비법」상 사업시행자의 청산금청구소송: 지방자치단체장이 청산금의 징수 위탁에 응하지 아니한 경우 → 응한 경우에는 당사자소송으로 청산금청구를 할 수 없다. ⑧ 국가의 훈기부상 화랑무공훈장을 수여받은 것으로 기재되어 있는 자가 태극무공훈장을 수여받은 자임의 확인을 구하는 소송 ⑨ 재향군인회장과 국방부장관을 피고로 하여 제기한 영관생계보조기금권리자(연금수혜대상자)확인소송 ⑩ 납세의무부존재확인소송 ⑪ 국가 등 과세주체가 당해 확정된 조세채권의 소멸시효 중단을 위하여 납세의무자를 상대로 제기한 조세채권존재확인소송(2017두41771) ⑫ 고용 · 산재보험료납부의무부존재확인소송 ⑬ 전문직공무원인 공중보건의사(국방일보의 발행책임자인 국방홍보원장 · 서울특별시의 경찰국 산하 서울대공전술연구소 연구위원)에 대한 채용계약 해지의 의사표시를 다투는 소송 ⑭ 서울특별시립무용단원의 해촉을 다투는 소송 ⑮ 광주광역시립합창단원으로서 위촉기간이 만료되는 자들의 재위촉신청에 대한 재위촉거부를 다투는 소송 ⑯ 「국토의 계획 및 이용에 관한 법률」상 도시 · 군계획시설 사업시행자의 토지의 일시사용에 대하여 토지소유자 등이 그 동의를 거부한 경우, 그 동의의 의사표시를 할 의무의 존부를 다투는 소송(2016다262550)

4 형식적 당사자소송

① 보상금증감청구소송

　　㉠ **잔여지수용청구**: 토지수용위원회 수용청구 기각재결 → 보상금증감청구소송

　　㉡ **피고**: 사업시행자 ↔ 토지소유자, 관계인(○), 토지수용위원회(X)

② 「특허법」상 보상금 또는 대가에 관한 소송

5 당사자소송의 요건

당사자소송의 피고	① 피고적격: 행정주체(○), 행정청(X), 국가(○), 지방자치단체(○), 공무수탁사인(○) ② 사인을 피고로 하는 당사자소송을 제기할 수도 있다. ③ 고용·산재보험료납부의무부존재확인소송의 피고적격: 국민건강보험공단(X), 근로복지공단(○) ④ 국가를 당사자로 하는 소송: 법무부장관이 국가를 대표, 지방자치단체를 당사자로 하는 소송: 지방자치단체장이 해당 지방자치단체를 대표 ⑤ 당사자소송에서 원고가 피고를 잘못 지정한 때에는 법원은 원고의 신청에 의하여 결정으로써 피고의 경정을 허가할 수 있다. ⑥ 당사자소송에서 원고가 피고를 잘못 지정한 것으로 보이는 경우 법원으로서는 석명권을 행사하여 피고경정하게 하여 소송을 진행하도록 하여야 하는 것이지 막바로 소를 각하할 것은 아니다.
원고	「행정소송법」에 규정은 없으나 법률상 이익을 요한다.
제소기간	① 취소소송 제소기간 적용(X) ② 법령에 정해져 있는 제소기간: 불변기간(○)
행정심판 전심요건	적용(X)

6 절차

관할 법원	피고 소재지를 관할하는 법원, 국가 또는 공공단체가 피고인 경우 관계 행정청 소재지를 피고의 소재지로 본다.
소의 변경	① 당사자소송과 항고소송 간 소의 변경(○) ② 원고가 고의 또는 중대한 과실 없이 당사자소송으로 제기해야 할 것을 항고소송으로 잘못 제기한 경우, 법원으로서는 원고가 당사자소송으로 소 변경을 하도록 하여 심리·판단해야 한다.
관련청구소송의 이송과 병합	당사자소송에 관련청구소송인 민사소송을 병합할 수 있지만, <u>민사소송에는 당사자소송을 병합할 수 없다</u>.
집행정지	적용 안 됨.
가처분	집행정지에 관한 규정이 준용되지 않으므로, 「민사집행법」상 가처분에 관한 규정이 준용된다.

7 판결

판결의 종류	사정판결은 없다.
판결의 효력	① 기속력, 기판력은 있으나, 제3자효 또는 대세효는 없다. ② 재처분의무나 간접강제는 없다.
가집행	① 「행정소송법」: 국가를 상대로 하는 당사자소송의 경우에는 가집행선고를 할 수 없다(제43조). ② 헌법재판소: 헌법재판소는 가집행선고를 금지한 「소송촉진 등에 관한 특례법」에 대해 위헌결정한 바 있다. ③ 대법원: 공법상 당사자소송에서 재산권의 청구를 인용하는 판결을 하는 경우 가집행선고를 할 수 있다. ④ 「행정소송법」 제34조 위헌결정: 가집행선고가 붙은 판결의 피고도 가집행판결에 따른 집행을 면하기 위하여 변제를 할 수 있으므로, 피고인 국가는 가집행으로 인한 회계질서 문란을 피하기 위하여 변제 여부를 고려하면 되고, 만일 변제를 한다면 더 이상 이자가 발생하지 않으므로 오히려 국고손실의 위험도 일부 줄일 수 있다. 이를 종합하면, 심판대상조항은 국가가 당사자소송의 피고인 경우 가집행의 선고를 제한하여 국가가 아닌 공공단체 그 밖의 권리주체가 피고인 경우에 비하여 합리적인 이유 없이 차별하고 있으므로 평등원칙에 위반된다(2020헌가12).

8 당사자소송과 항고소송

1. 판별기준

법률규정에 의해 직접 권리발생 → 당사자소송, 법률에 근거한 처분에 의해 권리발생 → 항고소송

2. 「5 · 18민주화운동 관련자 보상 등에 관한 법률」

상금수급권 법률에 의해 발생 → 5 · 18광주민주화운동심의회 보상결정, 처분성(X)

3. 민주화운동 보상금결정

구분	처분성	소송절차
5 · 18광주민주화운동심의회의 보상금결정	X	당사자소송
민주화운동보상심의회의 보상금결정	○	항고소송

4. 퇴직금소송

구분	군인(공무원)퇴직금결정	퇴직금감액, 일부지급정지
법률에 의해 내용 결정	X	○
처분성	○	X
소송절차	항고소송	당사자소송

5. 항고소송과 당사자소송

항고소송	당사자소송
① 「민주화운동관련자 명예회복 및 보상 등에 관한 법률」에 따른 위원회의 보상결정 ② 토지수용위원회의 수용재결 ③ 재건축(재개발)조합의 관리처분계획 ④ 군인·공무원 퇴직급여결정 ⑤ 과다지급된 공무원퇴직연금 환수통지(2007두16202) ⑥ 「군인연금법」상 선순위 유족이 유족연금수급권을 상실함에 따라 동순위 또는 차순위 유족의 유족연금수급권 이전청구에 관한 국방부장관의 결정 → 국방부장관이 거부결정을 한 경우 청구인이 정당한 유족연금수급권자라는 국방부장관의 심사·확인 결정 없이 곧바로 당사자소송으로 그 권리의 확인이나 유족연금의 지급을 소구할 수 없다(2018두46780). ⑦ 진료기관의 보호비용청구에 대하여 보호기관의 지급을 거부한 결정(97다42250) ⑧ 재활용자원시설의 민간위탁대상자선정행위(2006두7973) ⑨ 지방공무원 보수삭감(2006두16328) ⑩ 특수임무수행자 보상심의위원회결정(2008두6554) ⑪ 구 군인연금법령상 급여를 받으려고 하는 사람이 관계 법령에 따라 국방부장관 등에게 급여지급을 청구하였으나 국방부장관 등이 이를 거부하거나 일부 금액만 인정하는 급여지급결정을 하는 경우, 그 결정을 대상으로 항고소송을 제기하는 등으로 구체적 권리를 인정받지 않은 상태에서 곧바로 국가를 상대로 한 당사자소송으로 급여의 지급을 소구하는 것은 허용되지 않는다.	① 「5·18민주화운동 관련자 보상 등에 관한 법률」에 따른 보상 ② 재건축조합 총회결의 ③ 퇴직연금감액결정 ④ 퇴직연금 일부 미지급결정 ⑤ 보상금증감청구소송 ⑥ 주거이전비보상청구소송

9 공무원에 대한 파면처분

1. 취소사유 있는 파면처분

취소소송(○), 당사자소송(X)

2. 무효인 파면처분

항고소송으로서의 파면처분무효확인소송(○), 파면처분이 무효임을 전제로 한 당사자소송으로서의 공무원지위확인소송(○)

🔟 소송의 비교

구분	취소소송	무효확인소송	부작위위법확인소송	당사자소송
행정심판 예외적 전치주의	○	X	○	X
취소소송 제소기간 적용	○	X	○	X
소의 변경	○	○	○	○
처분변경으로 인한 소의 변경	○	○	X	○
집행부정지원칙 / 예외적 정지	○	○	X	X
직권심리	○	○	○	○
사정판결	○	X	X	X
판결의 대세적 효력	○	○	○	X
판결의 간접강제	○	X	○	X
제3자와 행정청의 소송참가	○	○	○	○
기속력	○	○	○	○
기판력	○	○	○	○

부록

핵심정리

1 법령 효력발생기간

2 위원회

3 행정소송법상 신청 또는 법원 직권

1 법령 효력발생기간

법률	대통령령, 총리령 및 부령	국민의 권리제한 및 의무부과	조례와 규칙
20일	20일	30일	20일

2 위원회

[위원회]

국민권익위원회	소속	국무총리	
	구성	15명	위원장 1명
			부위원장 3명
			상임위원 3명
	임기	3년	1차 연임 가능
	처리결과 통보	30일 이내	
행정규제개혁위원회	소속	대통령	
	구성	20명 이상 25명 이하	위원장 2명
	임기	2년	1차 연임 가능
시민고충처리위원회	소속	각 지방자치단체	
	임기	4년	연임 불가
정보공개심의회	소속	국가기관 및 지방자치단체	
	구성	5명 이상 7명 이하	위원장 1명
정보공개위원회	소속	국무총리	
	구성	11명	위원장 1명
			부위원장 1명
	임기	2년	연임 가능

개인정보 보호위원회	소속	국무총리	
	구성	9명	상임위원 2명(위원장 1명, 부위원장 1명)
	임기	3년	1차 연임 가능
개인정보 분쟁조정위원회	구성	20명 이내	위원장 1명
			당연직 위원과 위촉위원
	임기	2년	1차 연임 가능
	분쟁조정 심사	60일 이내	의결로 연장 가능

[신청 · 직권]

신청 · 직권	청문주재자는 신청 또는 직권에 의하여 필요한 조사를 할 수 있으며, 당사자등이 주장하지 아니한 사실에 대하여도 조사할 수 있다(「행정절차법」 제33조 제1항).
행정심판위원회 위원 제척	위원장의 직권 또는 당사자의 신청에 의한 위원장의 결정(「행정심판법」 제10조)
청구인이 피청구인을 잘못 지정한 경우	직권 또는 신청으로 피청구인 경정(「행정심판법」 제17조)
행정심판의 집행정지, 임시처분	직권 또는 신청(「행정심판법」 제30조, 제31조)
위원회의 직접처분	신청 → 시정명령 → 이행하지 않으면 직접처분(「행정심판법」 제50조)
위원회의 간접강제	신청(「행정심판법」 제50조의2) → 직권(X)

3 행정소송법상 신청 또는 법원 직권

[「행정소송법」상 신청 또는 법원 직권]

관련청구소송의 이송과 병합(제10조)	당사자의 신청(○)	법원 직권(○)
일반적인 피고의 경정(제14조)	원고의 신청(○)	X
행정청 권한승계 또는 행정청의 소멸에 의한 피고경정(제14조 제6항)	당사자의 신청(○)	○
제3자의 소송참가(제16조)	당사자 또는 제3자의 신청(○)	○
행정청의 소송참가(제17조)	당해 행정청의 신청(○)	직권
소의 변경(제21조)	원고의 신청(○)	X
처분변경으로 인한 소의 변경(제22조)	원고의 신청(○)	X
집행정지(제23조)	당사자의 신청(○)	○
집행정지취소(제24조)	당사자의 신청(○)	○
행정심판기록 제출명령(제25조)	당사자의 신청(○)	X
직권증거조사(제26조)	당사자의 주장이 없어도	○
사정판결(제28조)	법규정 없음. ① 다수설: 행정청의 신청 필요 ② 판례: 법원이 직권으로 가능	

[문서 · 구두(말)]

행정지도	① 「행정절차법」에 문서주의 규정(X) ② 구술로 가능, 구술로 한 경우 서면교부 요구 시 서면교부
공법상 계약	문서 일반적, 구두 가능
처분의 신청	문서 원칙 ① 법령에 특별한 규정이 있는 경우 ② 행정청이 다른 방법을 고시한 경우 문서 이외의 방식으로 신청 가능(「행정절차법」 제17조)
처분 방식	문서 원칙 ① 다른 법령에 규정이 있는 경우 문서 이외 가능 ② 신속히 처리할 필요가 있거나 사안이 경미한 경우 말 기타 방법 가능 ③ 당사자의 요청이 있을 때 문서교부(「행정절차법」 제24조)
정보공개 청구	청구서 제출 또는 말로(「공공기관의 정보공개에 관한 법률」 제10조 제1항)
행정심판청구	문서(「행정심판법」 제28조), 전자정보처리방식

행정심판 재결	반드시 문서(「행정심판법」 제46조)
행정청의 고지	서면이 바람직, 구술로 가능
행정심판 심리	구술심리 또는 서면심리
행정소송	구술심리
민원 처리결과 통지	문서, 대통령령으로 정하는 경우 구술 또는 전화로 통지 가능(「민원 처리에 관한 법률」 제27조)
민원 신청	문서, '기타 민원'은 구술 또는 전화로 신청 가능(「민원 처리에 관한 법률」 제8조)
법정민원에 대한 거부처분 시 이의신청	문서(「민원 처리에 관한 법률」 제35조 제1항)
계고	반드시 문서

[공개 여부]

청문	① 공개 원칙(X) ② 공개신청이 있거나 청문주재자가 필요하다고 인정하는 경우에 공개(「행정절차법」 제30조)
다수인을 대상으로 행정지도	행정지도에 공통적인 내용이 되는 사항은 특별한 사정이 없는 한 공표(「행정절차법」 제51조)
처리기간	설정 · 공표(「행정절차법」 제19조)
민원처리기준표 공개	「민원 처리에 관한 법률」 제36조
개인정보처리자, 개인정보처리방침 등 개인정보처리에 관한 사항	공개(「개인정보 보호법」 제3조)
행정조사 내용	공표금지(「행정조사기본법」 제4조 제5항)
행정심판	비공개 원칙
행정소송	공개 원칙

[법적 근거]

인허가의제제도	반드시 법적 근거(O)
법률효과의 일부배제	반드시 법적 근거(O)
철회나 직권취소	반드시 법적 근거(X)
형질변경허가신청 거부나 산림훼손허가신청 거부	법률의 명문규정이 없어도 가능하다.
확약	별도의 법적 근거는 필요 없다.

[법규정 존재 여부]

신의성실, 신뢰보호	「행정절차법」과 「행정기본법」에 있다.
행정선례법	「행정절차법」, 「국세기본법」 규정(O)
자기구속의 법리	「행정기본법」에 규정 없다.
비례원칙	헌법 제37조 제2항 등에 근거, 「행정기본법」에 규정 있다.
행정무능력자에 의한 사인의 공법행위를 유효한 것으로 규정한 법	「우편법」
사인의 공법행위에 관한 일반법 조항	없다.
행정행위 용어	규정 없다.
처분 용어	규정 있다(「행정절차법」, 「행정심판법」, 「행정소송법」).
처분이 재량권 일탈·남용일 때 법원 취소	「행정소송법」에 규정 있다.
공정력	① 「행정기본법」에 규정 있다. ② 근거: 직권취소, 행정심판 취소조항, 행정소송 취소조항, 불가 쟁력, 제소기간조항
불가쟁력	「행정소송법」 제20조가 근거
불가쟁력이 발생한 행정행위 재심사 규정	「행정절차법」에 규정 없다. 「행정기본법」에 있다.
불가변력	「행정절차법」과 「행정기본법」에 규정 없다.
직권취소기간 제한규정	「행정절차법」과 「행정기본법」에 규정 없다.
행정행위의 자력집행력, 강제력	「행정절차법」에 규정 없다. 「행정기본법」에 있다.
직권취소와 철회	「행정기본법」에 있다.
행정행위의 하자치유, 전환	「행정절차법」과 「행정기본법」에 규정 없다.

행정상 확약	「행정절차법」에 규정되어 있다.
행정계획 확정절차	「행정절차법」에 규정 있다.
형량명령	「행정절차법」에 규정되어 있다.
공법상 계약	① 「행정기본법」이 일반법이다. ② 「국가를 당사자로 하는 계약에 관한 법률」에 규정 있다. ③ 「행정절차법」에 규정 없다.
행정지도	「행정절차법」에 규정 있다.
행정조사	「행정절차법」에 규정 없다. 「행정조사기본법」에 있다.
행정자동화 결정	「행정절차법」에 규정 없다. 「행정기본법」에 자동적 처분 규정 있다.
제3자에 대한 정보공개	① 「개인정보 보호법」(X) ② 「공공기관의 정보공개에 관한 법률」(O)
대집행	「행정대집행법」(일반법)
강제징수	「국세징수법」(일반법으로 기능)
직접강제	「행정기본법」이 일반법이다.
이행강제금	「행정기본법」이 일반법이다.
행정형벌 과벌절차	「형사소송법」
행정질서벌 절차	① 「질서위반행위규제법」(O) ② 「비송사건절차법」에 따른다. (X)
가산세	「국세기본법」, 「국세징수법」
명단공표	① 「행정절차법」이 일반법(O) ② 「공직자윤리법」(O), 「식품위생법」(O), 「공공기관의 정보공개에 관한 법률」(X)
고액체납자 명단공개	「국세징수법」
공급거부	「건축법」 규정 삭제
공무수탁사인의 불법행위에 대한 국가, 지방자치단체 배상책임	「국가배상법」에 규정 있다.
손실보상	① 일반법(X) ② 개별법(O)
임시처분, 집행정지	「행정심판법」(O)
집행정지	「행정소송법」에 규정 있다.

력 규정, 가처분 규정	「행정소송법」에 규정 없다.
기속력	「행정소송법」에 규정 있다.

해커스공무원

황남기
행정법총론
문제족보를 밝히다

개정 2판 1쇄 발행 2023년 2월 3일

지은이	황남기
펴낸곳	해커스패스
펴낸이	해커스공무원 출판팀

주소	서울특별시 강남구 강남대로 428 해커스공무원
고객센터	1588-4055
교재 관련 문의	gosi@hackerspass.com
	해커스공무원 사이트(gosi.Hackers.com) 교재 Q&A 게시판
	카카오톡 플러스 친구 [해커스공무원 노량진캠퍼스]
학원 강의 및 동영상강의	gosi.Hackers.com

ISBN	979-11-6880-997-0 (13360)
Serial Number	02-01-01

공무원 교육 1위,
해커스공무원 gosi.Hackers.com

해커스공무원

· '회독'의 방법과 공부 습관을 제시하는 **해커스 회독증강 콘텐츠**(교재 내 할인쿠폰 수록)
· 정확한 성적 분석으로 약점 극복이 가능한 **합격예측 모의고사**(교재 내 응시권 및 해설강의 수강권 수록)
· 해커스 스타강사의 **공무원 행정법 무료 동영상강의**
· **해커스공무원 학원 및 인강**(교재 내 인강 할인쿠폰 수록)